光明社科文库

商业地产与地产商业

十年实战经验谈

王桂军　　王国军◎编

光明日报出版社

图书在版编目（CIP）数据

商业地产与地产商业：十年实战经验谈 / 王桂军，

王国军编．－－北京：光明日报出版社，2020.3（2022.4重印）

（光明社科文库）

ISBN 978－7－5194－5018－2

Ⅰ．①商…　Ⅱ．①王…②王…　Ⅲ．①城市商业—房

地产开发—基本知识　Ⅳ．①F293.35

中国版本图书馆 CIP 数据核字（2019）第 114089 号

商业地产与地产商业：十年实战经验谈

SHANGYE DICHAN YU DICHAN SHANGYE：SHINIAN SHIZHAN JINGYANTAN

编　　者：王桂军　王国军

责任编辑：陆希宇　　　　　　　　责任校对：龚彩虹

封面设计：中联学林　　　　　　　责任印制：曹　净

出版发行：光明日报出版社

地　　址：北京市西城区永安路 106 号，100050

电　　话：010－63139890（咨询），010－63131930（邮购）

传　　真：010－63131930

网　　址：http：//book. gmw. cn

E － mail：gmrbcbs@ gmw. cn

法律顾问：北京市兰台律师事务所龚柳方律师

印　　刷：三河市华东印刷有限公司

装　　订：三河市华东印刷有限公司

本书如有破损、缺页、装订错误，请与本社联系调换，电话：010-63131930

开　　本：170mm×240mm

字　　数：357 千字　　　　　　　印　　张：22.5

版　　次：2020 年 3 月第 1 版　　　印　　次：2022 年 4 月第 2 次印刷

书　　号：ISBN 978－7－5194－5018－2

定　　价：98.00 元

序

改革开放四十多年来，尤其是近几年来，中国的商业地产和商业都取得了空前的发展和繁荣。商业地产不断地更新着城市的面貌，商业也在不断地进行着迭代。

过往传统的商业物业已经很难满足新型商业的要求，这就给房地产行业留下了巨大的市场空白，大量房地产企业接连涉足商业地产领域使商业地产和商业的融合更为紧密，商业地产也呈现爆发式增长。同时，房地产从业人员对于商业地产和商业专业知识的提升也愈加迫切。然而，商业地产和商业管理人才的培训一方面依靠成人和继续教育的外部培训，另一方面是依靠实力企业的内训。对于绝大多数新成立的商业地产公司及项目来说，便捷和快速提升技能的学习通道则显得尤为不足。

笔者二人一个在商业地产行业从事项目开发十多年，一个在商业领域从事管理十多年，得益于这个商业地产与商业大融合的时代，二人曾共事于一家大型商业地产开发企业。一人负责商业地产公司的开发工作，一人负责商业公司的管理工作。出于对商业地产和商业的热爱，一次偶然的工作聊天，促使笔者二人决定将日常对商业地产和商业的笔记、心得加以整理出版。

笔者希望将十多年来从业经验中得来的知识分享给广大从业者，让他们在这个商业地产和商业快速发展的时代大背景下掌握一定的知识和技能，认知商业地产和商业的关系，为他们提供借鉴。同时，也希望提升他们在企业管理和运作经营上的水平，帮助从业者重新审视自身商业定位、开拓职场视野；辅助创业者了解商业地产和商业环境，认清机遇与风险。

未来，随着中国经济的不断发展，城市面积的不断扩大，人们对于商业需求及消费的不断提升，商业地产和商业的大发展也是必然趋势。今后的商业地产和商业行业依然蕴含着巨大商机。但我们也必须清醒地看到，商业地产和商业知识的更新也必将随着地产与商业结合的延伸，变异和变化。任何经验和知识都具有一定的时代性特征，愿本书能开启广大读者对商业地产和商业规律的探索之路，愿从业者在行业工作中能够学会牢牢抓住商业地产和商业的本质特征和不断演变的规律，在商业地产和商业的大发展中迎来收获。

岁月有痕，笔记留真。希望您打开这本书，用心去触摸这些在实际工作经验中形成的知识和鲜活的文字时，能为您带来切切实实的益处。

笔者于郑州

2019 年 5 月 15 日

目　录
CONTENTS

第一章　商业运营如何在资管时代打造自己的核心竞争力 …………… 1

第二章　房地产企业存量时代的转型方向 …………………………… 108

第三章　商业地产开发商如何从城市视角解读项目 ……………… 131

第四章　商业地产的建筑设计 ……………………………………… 135

第五章　商业地产选址及市场研究 ………………………………… 161

第六章　销售型商业物业的投资决策 ……………………………… 167

第七章　销售返租型商业物业的操作技巧 ………………………… 203

第八章　商管人员需要了解的项目管理知识 ……………………… 212

第九章　旅游与商业的结合 ………………………………………… 283

第十章　商业地产的三大问题及解决方案 ………………………… 285

第十一章　新零售 …………………………………………………… 339

第十二章　商业地产人应该了解的经济学常识 …………………… 347

第一章　商业运营如何在资管时代打造自己的核心竞争力

一个商业项目同时具备地产、商业、资本这三重属性，三者交融在一起相互影响，商业地产项目操作起来复杂性高、难度大的主要原因也是因此而造成的。

商业地产的三重属性 | 01

下面我们开始一个新的主题《商业运营如何在资管时代打造自己的核心竞争力》，首先讲一下商业地产的三重属性。

从 2015 年开始，商业地产进入资管时代的说法就开始在业内流行。事实上，这两年资本的确开始关注和进入商业地产。在资本推动下，商业地产领域的收购、并购、资产证券化等也越来越多。

到了 2016 年，房地产信托投资基金（以下称 REITs）更是满天飞，仿佛 REITs 就要呼之欲出了。资本的大门正在打开，但是商业地产行业真的做好准备了吗？

我们知道商业地产具有三重属性。第一重属性是地产属性，以地产的视角来看，商业地产就是个钢筋水泥的建筑，它的要点是资金、成本和投资回收周期。在商业地产融投管退的闭环中，它的专注点是投与退。

第二重属性是商业属性，以商业的视角来看，商业地产是一个生财的工具，它是通过对建筑空间的有效利用来获得收入，它的要点是运营。在商业地产融投管退的闭环中，它的专注点是管。

第三重属性是资本属性，以资本的视角来看，商业地产是一个金融工具，它是通过对不同成本的资金进行有效利用，进而获得资产，然后在产业的大周期中，通过买进和退出来获得溢价。在商业地产融投管退的闭环中，它的专注点是融和退。

这三重属性在一个商业项目中是同时具备的，三者交融在一起相互影响，商业地产项目操作起来复杂性高、难度大的主要原因也是因此而造成的。在操盘时，它需要把三种不同的逻辑贯通于一体，否则自己就会前后矛盾，那项目的成功当然就难以保证。

这三者是三位一体不可偏废的，但从产业的视角来看其重要性，顺序是倒着的。资本第一，运营第二，地产第三。

为什么资本是第一位的呢？因为没有资本就没有项目，建一个商业项目是需要钱的，网上有一些网民总是攻击开发商没有情怀，这让人会觉得这是一帮不食人间烟火的神人，仿佛他们从来不需要考虑钱的问题。

正是因为资本在商业地产中的缺位，导致绝大多数开发商没有能力持有商业项目，因此，不得不采取分割销售来退出，这也是造成国内商业地产以售为主的主要原因。

那运营是在商业建成之后，但它的重要性为什么要排在地产之前呢？因为在地产开发建设的整个过程中，要想获得成功，商业运营的思路必须贯穿始终。商业项目的开发建设是一个以终为始的过程，它必须要沿着开发节点，从工程、设计、定位、规划、拿地，一直倒推到项目的起点，这所有的环节都必须以运营的需求为核心来展开。

从这个角度来讲，地产的职能就仅限于施工建设和成本控制。因此，它的重要性在产业中就只能排在第三位了。

当长期资本介入商业地产之后，行业将会发生巨大的变化，因为资本看中的是商业项目的长期价值，而要获得长期价值，就必须回归商业运营的本质。

商业运营的春天将临 | 02

从商业地产产业的角度来看，是资本第一，运营第二，地产第三。这个顺序指的是在商业项目做决策时，应该满足的优先级。

但是这个商业逻辑在现实中并没有得到尊重，大多数情况下，往往是地产一家独大。

原因很简单，在国外成熟的商业地产市场中，这三个逻辑对应的是三家公司，而这三家公司都是独立的。在国内可能也是三家公司，但这三家公司事实上是一家，都是由开发商自己做的。

在现实中，商业项目多数是开发主导、以地产思维来操盘就不足为奇了。

但是地产可以忽略运营，却无法忽略资本，因为资本在一切行业里，永远都是老大。

商业项目需要的资本是长期低成本的资金，而在地产领域里的一直是短期高成本的资金，正是因为资金的不匹配，导致国内商业地产项目的盈利模式多数以散售为主。

我们现在所谓的资本开始关注商业地产，其实指的是长期资本开始进入商业地产，而这正是商业地产可以健康发展的前提。

回到现实，商业地产之所以问题重重，是因为长期资本的缺位，才导致短期套现思维大行其道。既然短期可以变现，那必然会忽视商业项目的长期价值。

直到变现出现了困难，才想起需要运营，但事实上，多数开发商根本没有运营的概念，他们所说的运营其实就是两个字——招商。

所以很多项目都是在建筑已经封顶时才引进商业管理公司，这个时候运营所能发挥的作用，要么是锦上添花，要么是修修改改。如果项目有硬伤，再厉害的高手也无力回天。

当然，很多开发商已经知道要运营先行了，但是由于开发商根本不知道运营是什么意思，所谓的让商业管理公司提前介入，不过是在销售思维绑架下的招商配合而已，并没有真正将运营的思维贯穿于整个项目的开发全过程。

但是在长期资本介入后，行业将会发生巨大的变化，因为资本看中的是商业项目的长期价值，而要获得长期价值，就必须回归商业运营的本质。

因此，如果从行业来看，在商业地产中，资本是第一位，它的性质决定了项目的顶层战略。但是，如果我们换个角度，从商业项目的价值实现来看，则运营才是第一位，也就是说我们这些做运营的已经快熬到天亮了。

资本进入之后，会改变商业地产操作模式，解决困扰商业地产的钱的问题，不过这只是说整个行业将不缺乏资金，但并不是所有项目都能顺利拿到这个钱。

资本进入商业的途径 ┃ 03

资本进入之后，会改变商业地产操作模式。因为资本看中的是商业项目的长期价值，而项目的长期价值是以项目的经营性现金流为依托的，经营性现金流是运营创造的。在这种情况下运营能力就变成了商业项目的核心能力。

也就说未来困扰商业地产的钱的问题将会得到解决，不过这只是说整个行业将不缺乏资金，但并不是所有项目都能顺利拿到这个钱。那么谁能拿到钱呢？

很简单，因为资本的目标是需要运营来支撑的，也就是说谁有运营能力谁就能拿到钱。

一般来说，资本进入商业地产会有两个途径。第一，直接投钱给有运营能力的团队，比如万科印力它能够一下收购凯德 20 个项目，而且每个项目都需要再投入一笔不菲的调改资金，这背后一定是有资本支持的。第二，资本收购一家有运营能力的商管公司，然后，一手通过钱去收项目，一手通过商管公司来运营管理。

还有一种情况是先收项目，再组建运营团队，就像长沙悦方 IDmall，这是当年中信先收项目、后组建团队做起来的。但是这种做法风险过大，一般用的都是自有资金，这跟资本用别人的钱来赚钱的思路不吻合，因此，这种做法会比较少见。

进入资管时代，运营就成了核心能力，因此说，资管时代其实也是运营时代。但是不是所有的运营团队都做好了迎接运营时代的到来，我感觉还远远没有做到。这就牵扯到我们怎么来定义运营能力，很多做运营的人或者商管团队，认为自己是做运营的，那么自己就具备运营能力。这种想法有点妄自尊大，不过很多做运营的人就是这样想的。

事实上，我认为国内在商业地产行业，运营是最大的短板，只不过之前，因为商业资本缺位，开发商以短期变现为主。在这种情况下，很多的运营问题被掩盖了。

的确有很多项目先天问题严重，运营无力回天，只有重来，但是也有很多项目稍加调改和重新定位后，是可以做好的，而实际却没有做好。那么这一部分没有做好的项目，就是运营的责任了。可是运营往往以开发商不懂商业或者开发商没有情怀为借口，把责任推卸掉。因此，商业地产的现状是：商管在现实中背锅，而开发商在道德层面背锅。

如果商管真的把眼光回到自身，就会发现我们的运营能力真的还非常薄弱，远远没有做好对接资本的准备。

大运营指的是商场的经营管理，它的关注点是收入与成本，小运营主要的工作职责是现场营业秩序的维护与管理，因此，所谓的商业地产运营是核心，指的就是大运营。

大运营与小运营 ｜ 04

关于小运营和大运营的观念，大家还是要做个区分。

什么是小运营呢？就是指商场里运营部门的具体工作，当然这个部门有的叫运营部，也有的叫营运部，还有的叫营业部，指的就是具体管现场的那个部门。这个部门的工作职责是现场营业秩序的维护与管理，主要包括卖场环境的管理、商户店铺运营的监督和辅导、顾客服务的管理、物业及安全管理等等。

而大运营指的是商场的经营管理，它的关注点是两个：收入与成本。具体的工作内容涵盖了商场招商、运营和企划三大部门的工作。也就是说大运营指的是店总的工作，他更多的工作内容是决策性的，关注的是结果，而具体的过程是由业务部门完成。

虽然说运营部也会背负具体楼层的业绩指标，但他是被动的背负，他是把店总下达的业绩指标进行分解，然后在日常工作中持续地监督指标的完成情况，出现偏差及时上报，同时分析原因并给出改进建议，最终的决策还是由店总来做。我们这样分析下来就会清楚，所谓的商业地产运营是核心，这里的运营指的是大运营。那么我们说运营是最重要的，意思是说商业地产项目最重要的是要找一个合格的店总。

很多开发商看到媒体上在讲运营很重要，他以为这个运营指的是商场里的那个运营部，所以他往往在商场的运营口找一个人，就认为自己拥有运营能力了。更有开发商嘴上在强调运营很重要，但实际上他理解的运营就是招商。所以他往往是在招商口找人，而且他关注的是招商达成率，并不是综合性的经营指标。

于是很多商业项目进入运营期后，在项目没有硬伤或者说硬伤不严重的情况下，出现严重的经营问题，很大程度上是开发商给商管公司找错了操盘手。

对于独立的第三方公司来说，本来这类公司手里的牌是最好的。因为在开发商最早开始做商业地产时对商业完全不了解，自己也没有团队，因此，最初的一批商业项目完全依赖于第三方的顾问公司。

商管团队的选择 ｜ 05

除了甲方在组建商管团队时会失误外，现在活跃在市场中的成熟团队也存在一系列的问题。

目前在市场中的商管团队有两类，一类是独立的第三方团队，这类公司又分为三种。第一种是在地产咨询服务领域里具有巨大品牌影响力的公司的业务延伸；第二种是明星经理人依据自己在业内的影响力所成立的公司；第三种是普通的零售从业者成立的合伙型公司。这种公司一般会向开发商提供从规划、定位、招商到开业运营的全链条的服务。

另一类公司是甲方自建的商管团队，这种情况现在也比较多见，一线商业地产开发商基本都拥有自己的团队。就是单项目的商业地产项目以及第一次做商业的开发商都开始倾向于自建团队。

这两类公司都分别存在自己的问题。

对于独立的第三方公司来说，本来手里的牌是最好的。因为在开发商最早开始做商业地产时对商业完全不了解，自己也没有团队，因此，最初的一批商业项目完全依赖于第三方的顾问公司。这类公司原本应该利用自己的先发优势，梳理产品线，建立自己的操盘标准，通过对开业项目的持续运营，一方面赚取运营管理费，另一方面进一步巩固自己的品牌优势。但是很可惜，一把好牌被自己打坏了，为了赚快钱，这类公司把商业项目的筹备，人为地划分成前策、招商和运营三段，分别由三个不同的团队来完成。本来开发商把商业项目分为招商和运营两个阶段就有问题，因为招商只能算是运营的准备阶段，所有的品类规划、品牌落位、招商策略都应该是由运营策略倒推出来的。

现在，顾问公司人为地又切了一段，而且很多顾问公司在自己内部，为同一个项目服务的三个团队之间的沟通也非常不充分，往往是各干各的。因此，导致顾问公司在项目初期还可以服务于甲方，但是随着项目的推进，当服务的落地性要求越来越高时，顾问公司就显得心有余而力不足了。

顾问公司最大的问题就是业务向务虚的方向发展了，缺乏务实的精神。当然，业内也有一些后起之秀，正在尝试一起承接前策、招商、运营的全链条工作，从项目初期就由各版块核心人员组成同一团队，全程参与项目直至开业运营，但是这种模式的可行性还要看甲方的接受度，以及能否找到这样有责任的团队。

虽说现在业内口碑好的顾问公司越来越少，但实际上，顾问公司还是拥有自己的优势。一是人才优势，顾问公司还是有高手的，问题是顾问公司的优秀人才不愿具体做项目，所以顾问公司应该理顺自己的内部机制，把优秀人才投入到具体项目的运作，这对公司、对个人都是有益的。二是资讯优势，顾问公司掌握的行业信息比较充分，大一点的公司都有自己的数据库，对国内国外的项目非常清楚，往往能够最先发现行业的变化，对行业的发展趋势也把握的比较准。三是敏感度高，顾问公司对新事物的敏感性要高于甲方团队，企业文化也更开放，对行业变化往往持有更积极的态度。

自建商管团队的优劣势 ｜ 06

当然，我们这里谈的是成功的团队，失败的不在我们这个主题的讨论范畴。

目前，除了一线商业地产公司之外，很多地方性的中小开发商的自建商管团队基本是处于失控状态，集团总部很难对商管公司进行有效的管控。原因是很多开发商自建的商管公司都处于人治状态，并没有建立一套长治久安的运营体系。

一线的商业地产公司在这方面做得就比较好，像万达、龙湖、中粮等集团，都有自己的标准作业手册，大多数的工作都是标准化、规范化的，这样就能从源头保证项目的品质。比如万达，万达的人员流动性非常高，有人戏称，员工能在万达做满两年，就能算得上元老级别了。而且万达的人员来自各个企业，有购物中心出身的，有百货出身的，还有超市出身的。

这些来自各个不同背景、不同企业文化的人，聚合在一起，一年半开一个场地出来，开业后可能一年多就换一任店长。而且万达一年要开一百多个场地，它能保证项目基本不走样，都能顺利开业，品牌配置还不错，依靠的就是一套标准化的流程。

你可以说万达太过标准化，项目没有个性，但你不能否认万达的开店能力。这套标准化的作业流程突破了对人的依赖，只要照着规范做就可以了。这就是用制度来管理的优势。人可以不稳定，人也最难管控。但是因为系统是稳定的，就保证了出品是稳定的。因此，这套操作体系就是有价值的。

反观大多数中小开发商所建立的商管公司，则完全是建立在人治的基础上，这些商管公司，没有成型的运营体系，公司和项目的运作完全依赖于商管总经理。而这样的商管总经理往往也比较强势，因为一个弱势总经理是根本没有办法在开发主导的企业里，把一个商业项目顺利开发出来的。往往是项目还没有开业，总经理就换掉了好几个。这样的总经理对商管团队的掌控也比较强，很多情况下，团队就是由他的"老班底"构成。

于是呈现出的状态往往是封闭的，其内部的资源和信息都是向集团公司封锁的，外部很难了解其真实的资源和运营的细节。其运营能力具有不稳定性，因为任何一个封闭系统最终都会走向崩溃。即使这样的团队在运营一个成功的项目，你也很难判断这个团队的价值，因为缺乏客观依据来证明团队经营的稳定性。如果从资本的角度来看价值，那无论是一个团队，还是一个项目，长期的稳定性是一个非常重要的衡量指标。

互联网兴起之后，中国的零售行业发展十分迅速，但是零售却一直封闭在自己的系统里，并没有与外界充分的沟通，于是，虽然零售企业具有较强的运营能力，但其自我封闭性又形成了进入商业地产的障碍。

传统零售思维解读 | 07

在商业地产领域，除了第三方顾问公司和甲方自建团队之外，还有一类团队，就是原来的零售企业转型做商业地产的，实际上这也是甲方自建的团队，但是情况又有点特殊。零售企业是自成体系的，之前很少跟外界进行互动，这从市场营销的理论与实践在中国的发展就能看出来。

中国改革开放之后，市场营销的理念开始在国内流行，这是一套非常实用的营销工具，但是零售领域却很少有人关注这个，因为零售企业有自己非常成熟的一套运作模式。所以市场营销理念在中国的普及是由快消品行业完成的，像宝洁、可口可乐等，在中国营销界都是元老级的企业。

互联网兴起之后，因为这些新经济企业，多数都是媒体或者技术出身，对传统零售的话语体系和运作模式并不是十分清楚。因此，他们开始大量的使用市场营销的理念。互联网企业非常善于造概念，但是如果你学过市场营销就会发现，这些概念不过是对传统营销理念的包装与再造。

而这同期中国的零售行业发展也十分迅速，但是零售一直封闭在自己的系统里，并没有与外界充分的沟通。因此，一方面，零售企业具有较强的运营能力，但另一方面，自我封闭又形成了零售企业进入商业地产的障碍。

实际上，商业地产并不是传统的零售，它跟传统零售有着巨大的差异。如果还带着传统零售的观念，是做不好商业地产的。首先，商业地产的核心产品是购物中心，而购物中心虽然也是一种零售业态，但它与其他业态完全不同。其他业态都是以达成销售为目的，只有它做的是生活方式。很多做百货的人，都理解不了为什么购物中心要做那么大的公共空间，简直是浪费面积。而且，至今还有很多百货人认为传统百货加上一个影院，再加一点餐饮就是购物中心了。因此，传统零售企业进入商业地产，首先要做的就是抛开自己的传统观念，特别是百货观念，要对商业地产的核心产品购物中心有个充分正确的认识。

传统零售企业非常重视成本控制，往往都是精打细算过日子，这就导致零售企业进入商业地产领域之后，在项目的建筑、空间、机电、景观、灯光上的投入过于成本导向，而实际上做商业地产应该更加重视资产价值。

资产价值的塑造 ｜ 08

传统零售企业转型商业地产最重要的是要有一个空杯心态，先放下自己之前的认知与经验，从零开始认识商业地产、认识购物中心。当然，这是比较难的，因为传统零售是自成体系的，本身跟外界交流就少，自身也非常自负。想要在理念上做一些突破是有难度的，而且这种突破不单涉及个体，它是需要团队整体转型的，这样难度就更大了。

除了对商业地产有一个正确的认识之外，传统零售人还需要哪些观念上的转型呢？

第一，要更加重视资产价值。传统零售是一个比较艰苦的行业，但利润很薄，我们常说做零售，钱不是赚出来的，而是省出来的。因此，零售企业非常重视成本控制，往往都是精打细算过日子。这就导致零售企业进入商业地产领域之后，在项目的建筑、空间、机电、景观、灯光上的投入过于成本导向。

传统零售是卖货，它的核心是商品，所以商品的陈列非常重要，而建筑、景观都是次要的。但是到了购物中心时代是做生活方式的，商场的体验性是核心，因此，建筑、空间、景观就变得非常重要。

在竞争激烈的市场，这些要素的重要性甚至会高于商品。因为如果你的场地体验性不够，顾客就不愿意来，那你商品再好也没有用。所以我们看上海每开发一个项目，在建筑、空间、景观上都有可观之处。如果你在上海敢建一个外观上非常平庸的项目，那你的运营估计会非常吃力。

机电相当于商业项目的血液循环系统和新陈代谢系统，非常重要。机电系统有两个成本，一个是初始成本，一个是使用成本。这两个成本之间要找到一个平衡才行。

一般项目由地产公司主导时，会把初始成本降到最低，这样就会导致使用成本的加大。传统零售的团队是不会犯这个错误的。但是他容易犯另一个错误，就是过于重视使用成本，往往会在设备选型时，选择低端产品和低端的解决方案，进入运营之后，这同样会影响空间的品质，降低顾客的体验感。

在建筑和机电上过于控制成本还会导致另一个严重问题，就是压缩了商场升级的空间，一般一个好的商场品牌级次是逐渐提高的。如果一个商场品牌级次一直保持不变，则意味着这个商场仅仅是在维持。而如果品牌级次下降，则商场肯定在走下坡路。

品牌级次越高，对建筑要求就越高，如果建筑达不到品牌的要求，即使市场可以支撑品牌的业绩，品牌也不会进。那时候，要么就放弃升级，而放弃升级很可能就意味着放弃市场。要么就要花一笔不菲的代价，把建筑按照品牌商的要求重新调改一遍。

国内零售企业一般现金流是比较好的，上游可以赊账，下游是现金交易，原则上讲它们并不缺钱，然而，进入商业地产领域之后，情况就发生了变化，需要打通资本市场，利用资本的力量来拓展。

资本运作的重要性 | 09

国内零售企业会有大量的现金沉淀，原则上讲它们并不缺钱。

因此，大多数零售企业对资本市场并不是十分关注，比如，河南本土的丹尼斯、胖东来，其实早几年就有资本看好它们，但是它们对资本市场不感兴趣，它们并不缺钱，干嘛要资本的钱呢？还要分股权给人家。

当然，这跟企业的战略有关，如果企业不想局限于区域市场，想要在更大的市场中发展，资本就是很重要的助力。看看永辉的发展就很清楚了，上市前，永辉只是一个区域龙头，上市之后，很快就成为一个全国性的连锁企业。

传统零售企业不太重视资本还有一个原因，就是它具有很重的运营思维，对于它来讲，商业物业只是他的一个运营工具，相当于是它的一种生产资料。它是靠运营赚钱的，并没有想过要退出。凡是传统零售企业的退出，都不是提前设计好的，要么是被逼无奈，要么是重大战略调整。正是因为缺乏对资本市场应用，才导致国内的传统零售没有完成行业集中，呈现出诸侯分据的局面。

进入商业地产领域之后，情况就发生了变化。一方面商业模式变成了重资产开发，之前零售企业的拓展轻重并举，而且以轻为主，多数都是租赁店面，但是进入商业地产之后，就从租户变成了业主，完全成了重资产。另一方面传统零售原有模式是在区域市场密集开店，很多资源可以共享，综合成本是不断降低的。但是进入商业地产之后，很可能是全国发展，对企业资本实力的要求更高了。

这时候如果还是使用原有零售版块沉淀的现金流来发展，一方面资金量远远不够；另一方面这属于短融长投，是投资大忌，很容易出现财务风险。因此，对于传统零售业来讲，进入商业地产，要利用好运营能力强、现金流好的优势，打通资本市场，利用资本的力量来拓展。

中小开发商做商业地产时，往往会忽视标准和规范的建设。其实，标准化代表的是企业运营管理的能力，它跟企业大小没有关系，并不是企业做大了，才有能力做标准化，恰恰是因为企业坚持了标准化，才有能力做大的。

运营标准化的建设 ｜ 10

在目前的商业地产领域里，优秀的运营团队是稀缺的。很多项目的运营团队都是在勉强维持，而在少数成功的项目里，又有相当一部分具有随机性，根本没有把握将成功的经验进行复制。

在运营时代到来时，现有的运营团队，由于没有做好准备，而错失了发展机会，就非常可惜了。那如何提高运营能力呢？首先要做的就是运营标准化。

其实，一线商业地产公司一直以来都是非常重视标准化建设。现在市面上流传最多的就是万达的标准，很多人就是以这些标准为教科书来操作自己的项目。但是中小开发商做商业地产时，往往会忽视标准和规范的建设。

产生这种现状的原因有两个：一个是开发商自己不重视，要么认为我们就这一个项目，找个有经验的店总管管就行了，用不着花费精力去设立什么标准。要么认为建标准是大企业做的事，自己是中小企业，实力规模有限，做不了。

其实，标准化代表的是企业运营管理的能力，它跟企业大小没有关系，这里面的逻辑关系很多企业都搞反了。并不是企业做大了，才有能力做标准化，恰恰是因为企业坚持了标准化，才有能力做大的。

标准化当然有利于企业复制自己的商业模式，比如万达，一年开几十家店，而且多数团队都是临时组建的，有时候筹备中还会经历主要负责人的更换。但无论怎么样，它都能保证项目按时、按设定的品牌级次开出来。如果他没有一套系统的标准，而是依靠人来管理，不要说做大了，可能早就倒闭了。

但是如果只有一家店，也不知道以后是否还会继续做新的商业项目。也就是说，可能自己不需要去复制项目。那是不是就不需要标准化了呢？这也是一个严重的误区，因为标准化的作用，首先是建立团队对运营的共识，从而保证项目的持续盈利，同时让企业的经验能够积淀下来。我们看到很多项目，团队根本没有统一思想，是四分五裂、各有思路的状态，而运营管理就是依赖于某一个人，感觉这个人不行就换，换一个人，所有事情就得重来一遍，本来一个有希望的项目，几次折腾下来，也变成了一个困难项目。

而标准化对企业的意义，首先就是解决上面的内耗问题。因此，某种程度上说，小企业更要重视标准和规范的建设。

运营中的安全感 | 11

中小商业地产开发商忽视项目标准化运作，除了自身的意识之外，跟运营团队本身也有很大的关系。

目前在商业地产领域里，无论第三方团队，还是甲方的自建团队，都严重缺乏安全感。这种现状导致运营团队往往是过分注重自我保护，不愿意把工作规范化。因为标准化和规范化要求所有的管理动作都要做到透明化，而现在的运营团队多数都是自我封闭的，资源和信息都是对开发商封锁的，真的敢把自己所有的工作都透明化的很少。

如果是第三方，则运营团队始终无法消除甲乙双方的隔阂，随时提防着甲方会与自己解约。按照法律性质来讲，甲乙双方是一种委托关系，在这种关系中，甲方的义务比较单纯，就是按时按约定付款。而乙方的义务则比较复杂，乙方必须站在甲方立场上，按照甲方所托，以自己的专业能力来维护甲方的利益，但是现实中，乙方往往是把自身的利益放在首位。这种错位，在合作中会造成对甲方的不信任，而委托关系的基础就是信任，如果信任缺失了，自然合作不会长久，因此，乙方看似在自我保护，实际上是在损害双方的长期关系。

而如果是甲方自建团队，则往往是从一个人开始的，而在零售业内，职业经理人意识还很弱，相反江湖意识则很重。所以这个人到了之后，往往第一件要做的事就是大换血，会把团队都换成"自己人"，至少也得是自己招进来的人。如果这个时候，团队里有一些公司的"老人"，是他换不掉的，他就会把这些人隔离起来，有些事情是不会让这些人知道的。他在运营团队内部都会进行信息封锁，更不要说让他把信息向公司公开了。

在这种情况下，即使开发商想要做到运营的标准化，也会受到运营团队的抵触，运营团队甚至会误解开发商让自己规范化，是不是要为开掉自己做准备。事实上，企业最重要的工作就是防范风险，而风险其实意味着不确定性，运营的标准化正是通过制度化、规范化和透明化，把运营中的不确定性降到最低。

开发商对现有团队的不信任，恰恰是从无法对其行为进行预期开始的，然后，这种不信任会越积越大，最终不可调和，只能以"分手"告终。而运营的标准化是可以增进双方的了解，从而减少不信任的产生。某种程度上讲，透明反而是对自己更好的保护。

最后退一步说，就算甲方真的与现有运营团队解约了，标准化对运营团队也是只有好处，没有坏处。因为在整个标准化建设的过程，也是运营团队自身能力的一次飞跃，它可能意味着你这个团队的运营能力，从管一家店，提升为管十家店，甚至管一百家店。所以对于运营团队来说，如果有一个甲方愿意配合你，完成项目运营的标准化建设，这是你很好的运气，一定要把握住，不要让自己那点小算盘误了自己的大机会。

运营的标准化既然如此重要，那么我们首先要搞清楚哪些内容需要标准化，主要包括产品标准化、流程标准化、合约标准化、规范标准化和成果标准化。

哪些内容需要标准化？ | 12

运营的标准化既然如此重要，那么应该如何来操作呢？

在做标准化之前，我们首先要搞清楚哪些内容需要标准化。

第一，产品标准化。产品的标准化指的是开发阶段的标准化，它包括两大内容，一个是建筑设计的标准化，一个是商业规划的标准化。前者包括建筑、结构、外立面、室内、机电、景观、灯光、导视等。后者包括商业定位、功能设置、品牌级次等。

这部分是开发阶段的工作，而且是在项目开发的初期就已经完成了。很多项目把这个部分跟后期的运营期分隔开来，甚至有人把紧随其后的招商阶段也独立出来。这种分隔是不对的，无论是前期规划，还是招商都是运营的一部分，运营是一个整体，现在商业地产项目很多问题都是由于这种人为的分隔所造成的，而且产品标准化是其他标准化的基础。

第二，流程标准化。流程是做事的先后顺序，这些先后顺序不仅代表着工作在一个部门内部的流转，而且意味着跨部门的协作和不同层级之间的审批和监督。

很多项目内耗严重，内部的事甚至比外部还难搞定，有职责不清的原因，更重要的原因是流程不顺。而内部效率低下，一定是流程的问题。而且流程也是信息化的基础，只有企业完成流程规范化之后，才具备导入信息化的条件，很多企业不明白为什么自己大力推行信息化，但效果却不明显，就是因为跳过了流程梳理而直接进入信息化。

第三，合约标准化。合约标准化是建立统一的、规范的、可执行的合同范本。合约对商业地产而言非常重要，但是在很多企业并没有引起足够的重视。

合同不但决定着项目的短期收益，还影响商业项目的长期估值。同时还决定了项目未来的风险状况。合同还跟税有关系，怎么样签合同，就会产生怎么样的税。我们常规的会重视合同的商务部分，而对其他部分往往是忽视的，认为都是无关紧要的，其实合同里面是没有小事的，任何一项条款都是有它的目的和意义的。

第四，规范标准化。规范标准化意味着运营中的每件事该怎么做，要做到什么标准，都有一个详尽的规划。它相当于一本完整的项目运营操作手册。无论什么人来做事，也无论他出自哪个体系，都必须在这个统一的规范下工作。这样才能够实现我们所说的统一管理，否则统一就是个空谈。

第五，成果标准化。成果的标准化意味着要建立一套标准化的工作模板，它包括各种表格、表单、计划、报告以及提案的模板。这样就能保证了每个人，无论是向上汇报，还是与其他部门协调，输出的工作内容都有一个统一的格式。这既便于准确理解工作的目的与要点，同时又能方便地发现事情的遗漏，从而提高我们的工作效率。

在商业地产领域谈产品的标准化，可能会引起争议，这里的标准化，绝不意味着像流水线生产工业品一样，完全原样复制，这里的标准化仅是对商业规律和实践经验的复制。

产品标准化的误区 ┃ 13

在商业地产领域讲产品的标准化，可能会引起争议，因为商业地产的核心产品是购物中心，而购物中心是做生活方式的，体验是它的一项重要特征，而要保证顾客拥有良好的体验感，产品的个性化是个基本要求。

业内对万达主要的诟病就是产品过于标准化，体验性不足。

在这里，大家对商业地产的产品标准化存在一个误区，这里的标准化，绝不意味着像流水线生产工业品一样，完全的原样复制。这里的标准化仅是对商业规律和实践经验的复制。也就是说，它是把自己操作项目的经验教训以及别人的经验教训总结出来，凝结成操作原则，在新的项目里，以此为基础，来对产品进行规划与设计，避免重复"再交学费"。

业内标准化做的最好的就是万达了，尽管万达的项目的确是缺乏体验性，但是你不能否认，万达的产品设计是绝对不会犯错的。事实上，万达的过分标准化是跟他的商业模式有关的，如果从拿地到开业仅有18个月，你哪有时间去雕琢一个项目呢？其实，如果留意的话，你会发现就是在这样的时间约束下，万达的产品还是有变化的，它还是在追求创新。它的变化反映在外立面上，你会发现万达的建筑是一样的，但外立面是不同的。

因为如果想在18个月内完成一个项目，那就必须在第一时间内，完成建筑设计，也就是在拿地的同时，基本上就要完成方案设计，然后尽快出图，走政府流程报建。这样的话是没有时间去追求建筑的个性化的，但是优化一下外立面还是有时间的。因此，万达的设计流程往往是这样的，首先，建筑方案是由自己的规划设计院完成，时间基本是跟拿地同步的，这个过程基本是套图，是没有时间做创新的。

方案完成之后，会委托项目所在地的一家本土设计院，出施工图，同步办理建筑规划许可证。等施工图出来，迅速拿到施工许可证，施工队进场，开始施工。

在完成施工图的同时，万达会委托两家建筑设计院来出外立面的设计方案，一般会要求两家设计院各拿两套方案。这样，万达就可以拿到四套外立面的设计方案，最终会从中选择一个。

所以你会看到，就是在这么短的开发周期内，万达还是想办法进行了一部分的创新。

做商业地产，最好是研究完万达，再研究一遍万象城，这样对商业项目从低配到高配就有一个直观的概念了，然后根据项目所在的城市、区域位置、公司的盈利模式以及经营战略来确定配置标准。

购物中心的配置标准 | 14

上一篇讲了万达的产品标准化，万达产品标准化的成果就是它的设计导则，一共分为两个：一个是室内步行街的设计导则，另一个是室外步行街的设计导则。

首次做商业地产的企业，可以把这两个文件当成教科书，好好学一下，在这两个文件里，万达把购物中心的量化指标研究得非常透彻，它基本可以当作设计院的设计任务书来用。当然，当你要把它当作设计任务书时，有两个问题是需要注意的。

第一，万达所设定的标准是社区型购物中心的标准。购物中心按照商圈的辐射范围可以分为城市型、区域型、社区型和邻里型四种。其中邻里型在国内缺乏发展的土壤，只有在苏州工业园区可以看到。因此，国内做购物中心从选址来判断有三种类型可供选择。这里面社区型是配置最低的，设计标准与建造标准都是经济型的，成本管控比较严格；区域型介于两者之间，辐射商圈比社区型更大；城市型一般处于城市核心商圈，设计标准和建造标准都是最高的，城市型项目的代表就是万象城。

所以做商业地产，最好是研究完万达，再研究一遍万象城，这样你对商业项目从低配到高配就有一个直观的概念了，然后就可以根据项目所在的城市、区域位置、公司的盈利模式以及经营战略来确定你的定位。

当然，万达的标准在网上很好找，但是万象城的标准就不太好找，不过也没有关系，它们的标准不一样，可背后的设计理念是一样的，只不过是万象城各方面的指标都比万达大，机电配置和建造标准都比万达高。如果把万达的设计导则吃透之后，然后去现场把万象城各个方面的尺度都量出来，再把万达的指标替换掉，万象城的标准就清楚了。机电相对会麻烦一点，但是你找一个专业的机电顾问，再跟万象城的运营管理人员和物业公司沟通一下，基本上也就能够判断出项目该如何配置。

第二，就是万达是分 A 级店和 B 级店的，这两类店的投入标准是不一样的。笔者认为，如果做商业地产的话，至少也要达到万达 A 级店的标准，这是底线了，标准不能再低了。从商业地产长期发展来看，最好是在万达和万象城之间取一个标准来做。如果标准太低，虽然初始投资降低了，但未来维护和调改的成本会加大，而且在国内消费快速升级的状况下，项目未来的竞争力也会降低，也会影响项目的长期估值。

另外，如果按万达 A 级店的标准来规划，一定不能按万达 A 级店的标准来做预算，因为万达是集团采购，它的成本一定比较低，若你按万达 A 级店的标准来做预算，做出来的可能是 B 级店，所以你要想达到万达 A 级店的标准，至少要比万达的建造标准高出 20% 才行。

商业项目的个性化能做到什么程度，主要取决于三点：第一，对项目需求的清晰程度；第二，是否所托良人；第三，有多少时间来做设计。个性化不是由钱堆出来的，而是由创意来实现的。

如何在标准化的同时保持个性化？┃ 15

如果谈到个性化，万达不是好典型的代表，当然，这是它的商业模式所造成的。

事实上，如果你仔细观察的话，万象城也是一个高度复制的产品，只不过因为它的定位是城市型购物中心，所以它的建筑会更有品质感，空间体验感也更好，但是基本上是一个模子，由于万象城大多数项目都是由凯里森设计的，所以有时候你会觉得凯里森就只有一套图纸。当然，在这件事上，凯里森应该是受制于万象城的。万象城所给出的设计任务书就已经把它给"框死"了，留给它发挥的空间并不多。

如果你想要建筑更个性化、更有特色，就要给建筑师更多的发挥空间。但这并不是让建筑师去天马行空，他要在你给定的条件下去发挥，所以在这之前你想要什么东西，一定要想明白。最好的甲方就是知道自己想要什么，同时又非常尊重专业。不过，前提是你得找到一个值得尊重的建筑师。

这很像政府的城市规划管理，控规是一样的，但是不同建筑师给出的解决方案是不同的，笔者参加过航空港区一个项目的政府竞标，当时有三家设计院参加，一家国内的，一家德国的，还有一家是扎哈哈迪德的事务所。扎哈的方案一展示，基本就没有什么疑义，中标的肯定是它。

当然，具体到商业项目，指标会管控得更细，同时对造价也会有所控制。但是有指标，并不意味着要管死。这里面还有一个因素，就是时间，一个好方案是需要时间来打磨的。比如，在国内还有一家做城市型购物中心的企业，它所有的项目既有统一，又有个性，你一眼看去就知道这是它家的项目，但是每个项目的设计又都不同，这就是恒隆。

恒隆之所以能做到这一点，是因为万达用 18 个月项目就从拿地到开业，而对恒隆来讲，18 个月只不过是刚完成建筑设计。因此，你的项目个性化能做到什么程度，取决于三点：第一，你对自己需求的清晰程度；第二，是否所托良人；第三，你有多少时间来做设计。

你会说这里不用考虑成本吗？当然要考虑，万达与万象城、恒隆在成本上是没有可比性的。但是成本仅是你的约束条件，它跟你的定位有关，跟你的个性化是没有关系的。个性化不是由钱堆出来的，而是由创意来实现的。

一线房企在住宅版块里，都有自己的产品线，进入商业地产之后，往往都同步建立了商业的产品线，甚至有部分企业是产品线先行的，还没有产品，就先把产品线规划出来了。

一线房企的商业产品线 | 16

产品的标准化其实对应的就是一线房企的产品线战略，一线房企在住宅版块里，都有自己的产品线，进入商业地产之后，往往都同步建立了商业的产品线。甚至有部分企业是产品线先行的，还没有产品，就先把产品线规划出来了。

万达采取的是单一产品模式，就是一个万达广场闯天下。所以没有提过产品线，但他其实是把产品线的逻辑做到了极致。不过，在后期的文旅项目中，出现了万达茂的概念，但万达茂跟万达广场如出一辙，只是多了一些室内主题乐园和科技类的主力店而已。

华润则很明确地提出了三大产品线，万象城主打城市型项目，走高端路线，是华润商业的主力产品；五彩城主打区域型项目，在国内有20多个项目，但是最近两年，这个产品线好像已经淡出了，取而代之的是万象汇；华润还有一个小的产品叫"1234space"，这是一个针对年轻人的主题型购物中心。

近几年，开放型商业逐渐成为国内潮流，所以去年华润还推出了一个盒子加街区的新产品万象天地。

另外，华润商业的兄弟单位，华润万家旗下还有一个产品叫欢乐颂，主打社区型商业。

恒隆也是单一产品线，都是定位于高端奢华，但是每个恒隆广场的建筑设计都是不同的，各具特色，不过，不同之中又有相同的元素，让你一眼就能认出这是恒隆的项目。在恒隆的产品里，只有一个另类，就是上海徐家汇的港汇，当年做港汇时，为了跟南京路恒隆做错位，采取了时尚型的定位，也采取了不同的建筑形式。正是恒隆在做这个项目时，把凯里森引入了中国，到现在为止，笔者还是觉得港汇是凯里森在国内设计的最好项目。

在中国最成功的商业地产公司无疑是凯德，它有两条产品线，一个是凯德广场，这是凯德的区域型/社区型项目。这个产品在设计上，好像没有一定之规，这是因为里面多数都是收购型项目，而且大部分凯德广场项目已经打包出售给了万科印力。另一个产品是来福士广场。它的定位是走都市路线，品牌级次要高于凯德广场。它在建筑设计中倒是没有什么统一要素，每个项目都不同。但是他绝不是没有标准或让设计师随意发挥的，它对于项目关键指标的把控不会弱于万达。

还有一个企业，在建筑设计上，也是没有统一要素的，就像这个企业在业内是以创新见长的，它的建筑设计，在每个项目中也都是创新的。这个企业就是中粮，它的产品线叫大悦城，国内几个大悦城放在一起，你是完全看不出它们之间有"血缘关系"的。但是它有一个很明显的标志，就是体验型的主题街区，正是大悦城引发了全国性的主题街区热潮。

中粮也是以大悦城为单一产品线的，但是它还有一个街区型项目叫作祥云小镇，做的也很好，中粮是否会把它上升为另一条产品线还不知道。

现在做商业完全不是摸着石头过河，河里面大多数的坑早就有人摸过了，你只需要花点时间、用点心思，就可以在操作中避免相同问题，因此，对于很多进入商业地产的中小开发商来讲，做项目之前先研究一下别人的产品是很有必要的。

标准化与差异化研究 | 17

商业地产开发商做产品线一般有两个目的，其中主要目的是为了复制，因为一线房企进入商业地产，很少是单项目，都是多项目操作。因此，需要一个标准化的产品来快速发展。

另外一个目的是提高项目开发的成功率。商业地产的操作难度要远远高于住宅，因此，在动手之前，先做一番研究，制定出一个标准，可以控制开发风险。比如万科，很早就针对邻里型社区商业做过一个研究，制定了一系列的标准，确定了什么样的项目配什么样的商业。这样在实际项目中，商管公司就不用完全从零开始研究，而可以在一定工作成果的基础上进行深化。当然，这种研究前置型的企业，在实际操作中也不是完全僵化的照搬模式，而是根据项目的现实情况有一定的自由发挥。

还说万科，其实早几年它们就有个四条产品线的商业规划，但是在实际中从来没有见过它们严格按照这个套路去操作项目。这就是理论和实践的结合，所以万科说不做商业，如果突然要做了，马上在北京、上海都能开出来不错的项目，是因为人家之前对商业就有过研究。现在万科收购了印力，而印力一直坚持的产品线是印象城，这个产品已经非常成熟了，今后可能万科的项目会更加标准化，也许会慢慢形成自己独有的风格。

这对中小开发商来说也是一个提示，很多开发商会认为自己就一个项目，用不着太费事，简单找一个设计院画画图，建好之后，找一帮招商人员招招商，后面就是坐收租金了。正是这种思路，导致现在大量的商业项目建成之后，问题不少甚至有相当一部分商业项目被迫陷入招商停泄。

上面分析过一大堆企业，它们都对商业项目的操作做过实际研究，而且每家都有大量的项目开出来，也就是现在做商业完全不是摸着石头过河，河里面大多数的"坑"早就有人摸过了，你只要花点时间、用点心思就可以知道，从而在操作中就可以避免，所以对很多要进入商业地产的中小开发商来讲，做之前先研究一下产品是很有必要的，因为别人已经把"雷"趟过了，你就不要自己再去趟一遍了。

当然，在商业地产领域里，除了多项目复制做标准化的之外，还有一类企业是做差异化的。这类企业可能也是只做一个项目，但是这个项目可能会不计成本，他并不是通过项目赚钱的，它的目的是展示实力和形象。比如侨福芳草地购物中心，这个项目的开发周期就用了十年，建造的成本以及后期商场内所陈列的艺术品的投入，都是一般企业不可想象的。

这种项目的产品具有巨大的创造性，在未来很长一段时间，都很难有人能超越它。但是如果把这个项目研究透之后就会发现，当把那些差异性的东西全部抽掉之后，它所展示出来的商业最本质的功能是完全符合商业规律的。也就是在华丽的外衣下，所包裹的仍是一个标准的商业产品。这正是甲方的厉害之处，也是建筑师的高明之处。

一个商业建筑可以无趣，但是一定不能够违规，如果建筑无趣，运营中还可以用品牌、美陈来补足，但违背商业规律的结果，则是出现大量等待炸掉重来的项目。

标准化与个性化的正确应用 | 18

经过上面的分析，我们可以看到对于商业地产产品标准化来说，它是有两层内容的：第一层是硬件，就是关于建筑的标准化；第二层是软件，就是建筑所对应的商业规律的标准化。关于软件这部分需要解释一下，比如动线规划、主力店设置、业态布局、划铺原则等，这些都属于软件部分。

正确的做法有两种：第一种是软硬件全部都标准化，典型的就是万达；第二种是软件标准化，硬件个性化，把这个模式做到极致的就是侨福芳草地购物中心。这两种方法本身是没有对错的，只有放在企业战略之下，才有对错。因此，做商业地产一定是战略先行、盈利模式先行的。

但是有一点很重要，个性化和差异化只能做在硬件上，对于软件是必须要标准化的，因为软件标准化其实就是对商业规律的遵守，而商业规律往往代表的是"红线"，如果触碰了就会付出代价。

其实我们这里是在做分析，所以就有软件标准化的概念，在实践中，是没有这个概念的，有的只是你遵不遵守商业规律。从这个角度讲，现实中有两种情况，一种情况是无论建筑和空间是标准化，还是个性化，其所内含的商业规律是一致的。另一种情况就是莫名其妙，完全没有商业逻辑，就是开发商和建筑师一起在"瞎画"。

比如郑州的一个项目，当时是一家号称"国内最大"的设计院给做的设计，我第一次看方案时，就觉得有问题，因为这个方案表现得太有秩序，内圆外方，上下一致，左右对称。我有一个经验，在图纸上表现得很规矩、很有秩序的方案，在现实中往往是不好用的。

一般做出这种方案都是建筑师经验欠缺，因为他缺乏人的视角，他不知道人在一个建筑里是什么感觉，人在建筑里是如何行走、如何观看、如何体验的，所以只能趴在桌子上，看着那张纸来画。这种方案一般我都称之为给鸟设计的，因为设计理念最终呈现出来的，只有鸟能看得见。

细看之后，这个方案果真是问题很严重。等项目建成，我再去看时，发现一个更严重的问题，这个项目本来四面临路，但是建筑师竟然在四个方向上都设计了一堆人为障碍，导致一个四面临路的项目，竟然没有一个开敞顺畅的商业入口。人完全被隔离在项目外部，这样的建筑设计怎么能保证后期的运营？

所以一个商业建筑可以无趣，但是一定不能够违规，法规不能违，商业之规也一样不能违。如果建筑无趣，运营中还可以用品牌、美陈来补足。但违背商业规律的结果，就是出现大量等待重来的项目。

商业标准化案例分享 ┃ 19

关于商业建筑的标准化，也是有一个认知过程的。就像佛家讲的那样，从见山是山，到见山不是山，再到见山依然是山。

首先是见山是山，我最早了解购物中心就是万达，在这之前因为接触的都是百货，所以第一次看到万达的这种空间感，还是很受触动的，而且万达很早就形成了标准化的设计导则，于是基本上那个时候就是以万达为模板。

不过，我第一个项目并不是照搬的万达，而是复制的印象城。当然，印象城也是一个标准化的产品，当时学印象城是基于两点：第一，万达有万达百货做主力店，当时还是叫万千百货，而印象城没有百货主力店，它把"比较厚"的那块建筑做成了同层停车。第二，当时的万达还不接受扣点租金，所以快时尚、星巴克、屈臣氏这些时尚品牌它一概没有，这跟我们的定位不符。这一阶段只是从商业功能的角度来理解商业建筑和空间，注重的是实用和成本。

接着是见山不是山，先是看了万象城之后，对空间舒适感的理解就又高了一个层次，又看了西单大悦城的飞天梯，开始关注空间的体验感了。

这个阶段对笔者影响最大的是南京水游城，原来还可以像做公园一样来做商业。考察过水游城，我再看商业项目，就把建筑和空间放在首位了。后来又看了K11、侨福芳草地购物中心，基本就明确了一个理念，未来的商业逻辑是建筑第一，空间第二，品牌第三，服务第四。

因为品牌会同质化，建筑和空间却是唯一的，当人们的需求从购物转向休闲时，他们对休闲场所的选择不是以品牌为标准，而是以体验为主导。所以这个阶段笔者关注的重点，开始从商业功能转向商业建筑和空间，注重的是创新和体验。

最近笔者又对商业建筑进行了一下反思，因为笔者发现很多商业项目，在建筑和空间上让人眼前一亮的创新性设计，在进入运营后，这些亮点往往都归于平淡，甚至是沦为摆设。在运营中，并没有给项目加分，而且纯建筑的亮点也缺乏持久的吸引力，很快就被人无视了。当然，也有做得好的，像K11和侨福芳草地购物中心，始终是常看常新，持续具有吸引力。

纵观这些做得好的企业。首先，它们的设计与商业结合得很好，不是一味地追求建筑特色，而是将设计作为舞台，突出的是商业。另外，他们都有很强的运营能力，能够持续地让建筑的特色发挥效用，而不是让这些创意坐"冷板凳"，最后沦为摆设。而且就商论商而言，业内还有些企业，不去过于追求建筑创新，也一样做得很好。

比如永旺，它其实比万达还要标准化，只不过它很低调，大家没有过多注意它而已。它的项目都是主力店在两端，中间是两条动线，一条主动线做零售，一条副动线做餐饮，建筑只做三层，不做地下室，拥有超大的停车场。

还有一家是宜家荟聚，它的建筑和空间的体验感、舒适度要高于永旺，但它也是个很标准化的产品，没有太多花哨的设计，宽大舒适的空间，简洁流畅的动线，主力店在端点，中间是店铺。

这两家企业都没有以建筑吸引人，但这是两家企业都有超强的运营能力，都敢于在城市远郊、缺乏人气的地方开店，而且业绩都还不错。

对于商业建筑而言，如何去设计和取舍，都应该以商业的本质为原则。在商言商，消费者的需求、商品才是商业最核心的要素，所有的繁华都是锦上添花，只有需求与供给才是商业不变的真理。

流程标准化的产生 ｜ 20

流程就是做事的次序，或者叫步骤。流程首先是出现在制造业，它是科学管理的产物。它的起源可以推到经济学之父亚当·斯密，亚当·斯密第一次提出了分工理论，就是把一件商品的生产过程拆成不同工序，由不同的人分别负责不同的工序，然后共同完成一件商品的生产，这样可以极大地提高生产效率。

亚当·斯密曾举过一个制针的例子：如果按照传统的生产方法，由一个人完成所有的工序，那么一个人一天可以制造 20 根针，但是这里还要有一个前提，就是他必须是一个熟练的制针工匠，如果是个新手，一天下来，他一根针也做不出来。现在如果把制作一根针分成 18 道工序，由 18 个人来分别完成，那么这 18 个人一天可以生产 4.8 万根针，每人每天就是制造约 2666 根针。生产效率是原来作坊式生产方式的 133 倍。而且因为分工，导致每道工序都变得十分简单，就是一个普通人也能很快上手。

当这种理论在生产中开始实践之后，传统的作坊化工匠式的生产方式根本无法与它抗衡。所以那个时候出现过很多砸毁机器的暴力事件，但这些也抵挡不住时代的发展。随着大量工厂的出现，大批的作坊倒闭了，工匠被消灭了。

在工厂出现的同时，管理这个职能也就出现了，因为是一群人通过分工在合作一件事，所以必须要有人来监督、协调和控制。与管理职能同时出现的就是科学管理的思想。于是就出现了一派人，他们把每件工作都拆成不同的工序，然后拿着秒表测时间，拿着尺子量距离，把每件工作都给予量化。

这种管理方式在富士康可以看到，在麦当劳、肯德基可以看到，它基本上是把工作中的每一个动作都给标准化，一个新手经过简单的培训，马上就可以上岗，而且工作量也是量化的，很容易进行管理。

这种把每件工作都拆成最小单位，然后精细化地研究每一动作该怎么做才是最有效率的方式，再把所有的工作按照先后顺序串起来，制定成标准和手册，要求每一个员工遵照执行的管理方式就是流程管理。

工匠式管理与流程化管理 | 21

建立流程对一个企业来讲，是从无序到有序的过程。它对企业的好处是很明显的：第一，提高效率，使同样的投入可以得到更多的产出。第二，降低工作的难度，使低技能的普通员工可以完成高度复杂的工作。第三，增进企业的协调统一，可以有效地规避风险，并且能够保持产品和服务的质量。第四，能够使企业的运营经验得到积累，并且可以持续改进。

流程管理是把整个经济活动看成是一个输入输出的过程，通过把输入过程分解成最小单位，然后把每一个单位标准化，从而以最佳的效益比输出产品和服务。这个过程会使输入变得简单化，从而使企业从原来对工匠和核心人物的依赖中解脱出来。而这种模式出来之后，大部分工匠就消失了。

当然，工匠并没有完全消失，它通过对自身的重新定位，生存了下来，而且还生存得很好。比如瑞士的钟表匠、意大利的皮革匠、劳斯莱斯的打造者，他们已经不能称之为工匠了，他们都是各自领域的大师。

这种工匠式的管理跟流程化的科学管理是完全不同的，他们依靠的是传统的学徒制，以师傅带徒弟的模式来运作。这是一种封闭的运作模式，师傅掌控着核心的技艺，徒弟要花漫长的时间来学习，而且师傅往往会留下几招，只有到关键时刻才会传给徒弟。比如有篇文章讲日本的一个寿司店，徒弟在店里干了两三年了，不要说学手艺了，连后厨都没进过，整整洗了三年菜。

当然，这是一个产生大师的模式，但是它对于现代社会来讲，效率太低，虽然听起来很"浪漫"，但是假如说站在徒弟的角度，现实可一点都不"浪漫"。

零售是一种现代企业生产方式，但中国的传统零售实际上有点像学徒制，很多企业也流行以师傅来称自己的上司。很多传统零售人也不愿意把自己的诀窍公布出来，他们对下属说的最多的就是你要有悟性。你想一想，这跟麦当劳、星巴克的管理模式完全不同，在这种企业里，根本不需要你去悟，你只要按手册照做就好了。

所以中小企业做商业地产，有时候会被职业经理人"绑架"，一旦运营团队发生变故，就会给项目造成巨大的震荡。一线的商业地产公司则不同，它们一开始就会定出标准来，这样企业就不是依赖于人，而是依靠系统在运作。比如万达应该属于人员流动比较频繁的企业，但是在万达，任何人离开都无所谓，企业照常运作，不会受任何影响。

做商业地产，引入职业经理人时，千万别玩江湖那一套："兄弟，我什么也不管，都交给你了，我只看结果，不管过程。"问题是你不管过程，也就管不住结果，所托非人你就会很惨；即使托对了人，也会出现让你很难受的局面。

如何做好流程标准化？ | 22

流程标准化其实并不难，就是把运营中要做的所有事都列出来，然后归下类，再逐条拆解成步骤即可。

一个商业项目在运营中，从业务版块来讲，主要有四大块工作，即招商、运营、企划和物业。这些工作可以分成两部分，日常管理和关键性决策。其中日常管理是工作量最大的一块，工作难度并不大，但是要求细致，而且非常烦琐。关键性决策则相对复杂，而且意义重大。比如，定位是否需要调整，把现有客群做透还是开发新客群，什么品类要扩大，什么品类要缩小，什么品牌要引进，什么品牌要淘汰，等等。

这些工作有的简单，有的复杂，但是因为商业运营的特点是周而复始、往返重复。因此，它也是容易标准化的。

日常管理这块是很容易标准化的，因为它里面大部分都是重复的事务性工作，而且这块工作，企业之间可以相互借鉴，而且标杆企业的标准化成果也可以拿来直接用。当然，用的时候根据自己的企业文化、工作习惯、组织架构、岗位职责等，进行必要的调整也是需要的。

决策工作虽然有难度，但也不是完全无法规范和把控，因为企业信息化的工作，就是在为决策提供工具和数据依据。因此，我们会看到目前企业标准化的工作，很多是由信息服务类的供应商在推动。但是它们也存在一些问题，比如，他们会倾向于把前者过度复杂化，而对后者则提不出有效的解决方案，这个在后面笔者会分析，虽然存在问题，但是信息化已经可以让企业的决策走向科学化和标准化。

一线商业地产开发商在这方面也做出了榜样，这个是值得中小商业地产开发商和首次开发商业项目的企业去学习的。千万不要有"人家是大企业才能标准化，我们是小企业做不了"的意识。

正确的逻辑是正是因为做个标准化，这些企业才得以做大的。如果没有标准化，即使碰巧做大了，也不会长久。因为企业很快就会失控，比如郑州当年的亚细亚，资金问题只是它失败的表象，深层问题其实是管理的失控。

做商业地产，引入职业经理人时，千万别玩江湖那一套："兄弟，我什么也不管，都交给你了，都听你的，你说怎么办就怎么办！""我不管你怎么做，你需要什么人就招什么人，我只看结果，不管过程。"问题是你不管过程，也就管不住结果，所托非人你会很惨，即使托对了人，也会出现让你很难受的局面。

所以一开始就把工作规范化、透明化，对双方都是一个保护。一个聪明的开发商给职业经理人的要求应该是："我一开始不追求高大上，接地气就好，但是物业条件你给我预留好，开业后，我慢慢往上调，头三年我不追求业绩快速提升，但要稳定，不过，你一定得给我建立一套系统规范的管理体系。"

在流程的标准化方面，企业的表现往往是两个极端，一个是认为不需要，另一个是过度流程化。其实，规范化的流程管理，是任何类型的企业都需要的，但切忌把流程整得非常复杂，影响到业务部门的正常工作。

过度流程化 | 23

在流程的标准化方面，企业的表现往往是两个极端，一个极端是认为不需要，另一个是过度流程化。

规范化的流程管理，对任何类型的企业都是需要的。但是我们也要注意不要进入另一个极端，就是把流程整得非常复杂，复杂到已经影响业务部门的正常工作了。这种情况出现的还很多，主要原因一方面是企业管理经验不足，从无序到有序，难免矫枉过正；另一方面是我们的很多流程标准化的工作，其实是由信息软件的供应商推动的。而这些软件商是技术服务商，他们的强项体现在技术上，对管理并不精通，针对具体行业的管理要求就更不了解，但是他们现在往往是以解决方案供应商的角色来定位自己。

笔者前面说过，信息系统的作用是给管理层提供决策依据。它更重要的意义是帮助企业解决决策规范化的问题。但是软件服务商并不懂具体行业的经营，因此，他也不知道什么样的数据能支撑企业做决策，他们只是服务过一线企业，知道一线企业的做法，就把一线企业的系统模板套给了企业。他只是知道一线企业用了这样的流程、这样的报表，但是他并不知道一线企业在具体决策时是怎么来应用这些系统数据的。

所以他在这一块给企业提供具体服务时，是一知半解、语焉不详的。因为对这一块的深度不够，他就会把重点放在日常管理上，而日常管理是一些重复性的工作，针对重复性的工作，从管理的需求来说，理应是去简化的。这样才能把员工的精力和时间，更多地应用到具体业务上。

很多企业就是在这种错误的理念下，在做流程标准化时，会倾向于把本来简单的工作复杂化，会事无巨细地制定各种流程。这导致有些企业的员工在面对内部事务时，会感觉自己是在与"一只巨兽"作战，大量的时间花在内部流程上；在面对外部时，在开发客户和给客户提供价值方面投入的时间和精力反而减少了。

集团型企业和经过并购的企业在这一块如果做不好的话会更麻烦，因为它会使员工同时与几套系统作战。比如，假定某一线房企在全国开发项目，其商管公司是属于区域公司或城市公司下属的，它就可能会面临两套系统：集团的系统和项目公司的系统。现在这家房企收购了一家专业的商业管理公司，将原来的商管团队并入这家管理公司，由这家公司来运作旗下的所有商业，这样很可能会在前两套系统的基础上，又加入了一套商业管理公司的系统。如此，一个商管的员工可能就会同时面对三套系统，你就可以想象内部流程的复杂性了。

流程标准化的核心是理念的问题，就是你规范化的目的是什么？如果是控制，那你一定会走上过度标准化的路子，因为如何更好地为客户创造价值才是流程标准化的目的，而控制只是它的一个副产物。

流程标准化的目的 ｜ 24

在前面的表述中，笔者似乎把企业流程过度复杂化的原因归结到软件供应商，这是不公平的。流程复杂化是大企业的通病，在企业管理领域有个概念叫"大企业病"，指的就是流程过度复杂化的问题。流程标准化的作用之一就是控制，而随着企业越做越大，管控的要求也随之增大。这时企业内部运营往往就会走上复杂化。

一般在小企业中，老板或者创始人是全程参与运营的，事无巨细一把抓，企业运作完全在老板的把控之中，因此，企业会一心扑在业务上，对管控没有太多的要求。

随着企业做大，需要管的事越来越多，而老板的精力是有限的，很快就会发现企业正在失去控制。这个时候就会有规范化的需求，于是就开始对流程进行标准化。具体做法往往是照搬大企业的模式，而且会把控制放在第一位，这样就会形成企业"未大先老"的情况，就是企业还没做大，大企业病就已经出现了。

这种表现跟企业的管理水平有关，它错误地将控制提高到价值创造之上。当然，它跟上文提到的软件公司的误导也有关系。另外，还有一些"三脚猫"的咨询公司也起到了推波助澜的作用。这些咨询公司的危害往往会更大，因为他们会给老板洗脑，从而让老板陷入严重的错误理念之中却不能自拔。

既然是企业做大之后才需要规范化，为什么笔者主张商管公司一开始就要走规范化的道路呢？因为商管往往是由开发业务延伸出来的，开发是主体，商管只是对开发中需要运营的资产进行管理而已。因此，老板是不会全程、事无巨细地参与的，而且商管工作专业性较强，往往会委托给专业的职业经理人来做。

这样的性质就决定了，如果不一开始就对它进行规范化的话，后面就会对企业的资产和资源失去控制。不规范不行，规范了也有问题，那到底该怎么做呢？其实核心是个理念的问题，就是规范化的目的是什么？如果你的目的是控制，那你一定会走上过度标准化的路子。那什么样的目的才是正确的呢？那就是，如何更好地为客户创造价值才是流程标准化的目的，而控制只是它的一个副产物。

为了更好地说明流程标准化，我们将使用的流程分为两种类型：一种是发生在人与物之间的流程；另一种是发生在人与人之间的流程。前者我们叫作机械型流程，它指的就是那些由人利用机械来完成的工作，后者叫作知识型流程。本篇主要介绍机械型流程。

何谓机械型流程 | 25

我们使用的流程一般分为两种类型，一种是发生在人与物之间的流程，一种是发生在人与人之间的流程。

前者我们叫作机械型流程，之所以这么叫，是因为它指的是那些由人利用机械来完成的工作。工厂的流水线就是最典型的机械型流程，这类流程比较容易定义，也比较容易规划。而且结果非常明确，非黑即白，是非对错非常清晰。这种流程在制造业里非常常见，最初的科学管理就是从工厂开始的，通过研究"工作的步骤"与"人的动作"形成了分工和标准化，接着就出现了机械化的流水线。

这种情况下人和机器的矛盾是很重的，因为机器是不吃不喝不睡，不受任何情绪影响的，而人是有血有肉有感情的，机器把人的体能发挥到了极致，当人无法忍受时，就表现为劳资冲突。为了解决这个问题，制造业实现了自动化，最大限度地减少了人的参与。我们现在所谓的工业机器人，实际上早就实现了，它其实就是生产自动化而已。只是在这个过程中，生产决策还是要由人来做。

我们现在所说的智能制造、工业4.0，其实就是通过大数据、云计算等技术，把生产决策也自动化了。就是整个制造过程都不需要人的参与。

服务业是人力密集型行业，人在服务业中是很重要的一环，但是我们其实是能感受到，服务业的趋势也是在"去人化"。比如第三次零售革命，超市业态的出现，就是在很多流程中将人去掉了。

第一，从有人服务到自助服务，是将顾客与商品之间的导购去掉了，那么销售过程就从顾客与导购的关系变成了顾客与商品的关系。第二，实现收银的自动化，大量的账务处理都是由机器来完成的。现在出现的无人超市，最核心的技术其实就是取消收银员。这样就实现了收银的完全自动化。第三，结算系统的信息化。现在很多超市都实现了供应商网上对账，自动结算的功能。第四，物流系统的自动化。这方面的典范就是沃尔玛和7－11。不过，这一块国内的电商做得也很强。比如，盒马的线上接单系统就非常智能，它不但能实现自动接单，而且会自动分单，就是将大订单拆分成若干个小订单，然后派给不同的拣货员。这些过程都完全没有人参与。

总之服务业的一个重要趋势就是去人化，就是尽量减少流程中人与人的交集，将人与人的流程变成人与物的流程，那么人与人的流程有什么问题呢？

知识型流程 ｜ 26

上一篇我们讲了机械型流程，还有一部分流程是通过人与人之间的合作来完成的，我们叫它知识型流程，由于双方都是人，具有不确定性，因此，流程的结果就很难把控。之所以叫知识型流程，是因为这部分流程的顺利运营依赖于企业的制度建设，以及个人的技能与经验，这些都属于企业知识管理的范畴。

在服务行业里大量存在知识型流程，但是制造业里这类流程也不少，比如，企业的人力资源和市场营销中的流程，大部分都属于这种类型。这类流程的特点是结果的不确定性。在机械型流程中结果是确定的，比如，一旦流水线开动，结果是什么你是清楚的。

但是知识型流程则不同，因为它是靠人与人的互动来推动工作的，而人是一个不确定的因素，在机械型流程中，因为一方是机器，人是活的，但机器是固定的，机器会对人进行限定，人的行动必须跟上机器的节奏。社会学家管这个现象叫作人的异化，意思是说本来人发明了机器，是为自己服务的，现在机器却变成了主人，人必须按机器的要求而工作。

但是在知识型流程中由于双方都是人，双方都具有不确定性，因此，流程的结果就很难把控。比如，我们经常会看到，同样一个内部流程，由不同的人来走，效率是不一样的，甚至会出现有些人能走通，有些人走不通的问题。就是同一个人每次走同一个流程时，可能也会出现不同的结果。

这是因为知识型流程的每一步，都需要人通过自己的技能、经验来做出思考和判断，在这个过程中，有谈判、有协调，这又牵扯到双方如何适应的问题，比如，两方性格是否相符，说话处事方式是否合拍，等等。另外，人是情感动物，所以还会受到情绪的影响。因此，人的事情是比较麻烦的，所以我们都在尽量地把知识型流程转化为机械型流程。但是因为在知识型流程中存在大量决策问题，因此，在人工智能尚未高度发达的情况下，知识型流程还会大量存在。

回到流程复杂化的问题，其实机械型流程是很容易简化的，它只是个技术问题。而知识型流程是很容易被复杂化的，因为它很难把控，企业又想把它控制住，于是制度就会越出越细，流程就会越来越复杂，最后员工大量时间用来应付内部流程，反而没时间考虑客户、考虑业务了。

企业运营的实质是将输入的资源转化成输出的成果，而根据输出价值的高低，可以把企业的流程分为决策流程、计划流程和行动流程三个等级，它在企业内的分工必然是高层做决策，中层定计划，基层负责执行，但是我们企业的流程都是这样规范的吗？

正确的企业管理流程 | 27

企业运营的实质是将输入的资源转化成输出的成果，而流程标准化的目的，就是要保证这个过程是可控的、可预期的。既然是以转化为目的，那么所有的流程最终都会形成一个成果，而成果与成果之间必然会有价值高低之分。

根据输出价值的高低，可以把企业的流程分为三个等级。

第一，决策流程。这是等级最高的流程，因为它的输出价值最高。它需要站在行业高度对企业发展做出长远思考与规划，需要在不同的方案之中做出判断与选择，需要评估和防范可能出现的风险，等等。

这类流程的特点是新和变。"新"指的是往往面临的是新问题，比如，传统零售要不要拓展线上渠道？是拓展线上传播渠道呢，还是拓展线上销售渠道呢？

还是两个都要拓展？这些问题是以前没有出现过的，没有经验可遵循，必须要做出创新性的决策。"变"指的是不确定性，也就是说所做出的决策，并不能保证必然实现预期的结果。

这类流程对企业的意义是十分重大的，它是企业最重要的事情。

第二，计划流程。这是次一级的流程，它要做的是把决策流程中所做出的决策成果转化成可执行的计划。

它的特点是周期性的、可预期的，比如年度预算计划、月度工作计划等。这些计划的模板是固定的，因此，它是可预期的。但是在计划制订过程中，还是有创新性要求的。因为它会涉及任务分解、资源分配和策略使用等。

第三，行动流程。这是最低等级的流程，其中多数都是例行公事、照章办事。你只要按规定去做就行了。

这三个等级的流程，所面对的工作的重要性是一目了然的，所以它在企业内的分工必然是高层做决策，中层定计划，基层负责执行。

但是我们企业的流程都是这样规范的吗？笔者就看到有些企业的高管，一个人要面临三个流程，但是人的精力是有限的，如果在事务性工作中花了太多时间，必然花在决策上的时间就会减少。那么这个企业可能就要反思：高薪雇来的高管是让他帮企业定方向做决策的，还是要他来填表格跑流程的。

那些不做流程标准化的企业，更是如此，基本是老总一个人在做事；因为没有标准化的流程是没法培养员工，员工能力不足，必然会事事依赖老总。

一个高效的企业必然是高层、中层、基层分工明确，具体事应该是由中、基层来完成，企业高层的任务是集中精力思考企业的发展战略，为企业争取更多的外部资源，而不是陷入内部事务。

事实上，流程标准化并不难，难在要做得恰到好处，既规范了企业的运营行为，又不至于过度复杂。如果我们自己要做流程标准化的话，可以简单梳理为制定流程清单、划定范围和标准、进行步骤分解、权衡利弊、持续改进这五个步骤。

制定流程标准化的步骤 | 28

讲了这么多篇流程标准化，事实上流程标准化并不难，难在要做得恰到好处。既规范了企业的运营行为，又不至于过度复杂。

流程标准化是个持续优化的过程，并不是毕其功于一役、一劳永逸的事。

所以应该先做出来，不管能不能做到位，有了基础版本就可以不断改进和优化。

零售业的管理是自成体系的，而且非常成熟，因此，在流程标准化方面也可以采取"拿来主义"，把标杆企业的文件拿来，稍加内部化的调改，先用起来，采取边用边改的模式。如果要自己做的话，我们可以简单把流程标准化的具体步骤梳理一下。

第一步，制定流程清单。这一步是把运营工作做一次盘点，每个部门把自己要做的事逐一列出来，做的过程中，要"求繁"，不要"求简"，尽量做到不遗漏，哪怕重复都没关系。

第二步，划定范围和标准。通常一个流程会涉及多个部门，其中起点和终点最重要，起点代表由谁来发起，终点代表由谁来接手。有的流程还可能会涉及多个部门，每当一件事要在部门之间转手时，最容易发生"扯皮"和内耗。

因此，这里要给每件事都划定范围和标准。范围就是每件事由谁发起，做到哪个阶段，下一道程序的接手部门是谁；然后要给每件事制定一个标准，就是做到什么程度才是合格的。

第三步，进行步骤分解。就是把每件事都拆解成不同的步骤。从发起点开始，找出每一个流程节点，直到最后完成这一阶段的任务。然后就变成了下一个流程的起点，进入新的流程。

第四步，权衡利弊。把步骤拆解完之后，还要进行一个优化，就是要再评判每个流程是否过于复杂，是否有简化的可能。比如，很多企业的合同会签流程，都需要经过各个部门的主管签字，事实上，大可不必这么复杂，因为多数部门对其他部门的业务并不清楚，让他去会签，他只能签同意，根本发挥不了实质的作用。

因此，一个合同会签仅需发起部门主管、法务、财务、主管副总、总经理、董事长签字即可。至于其他平行部门的主管签字完全可以简化掉。

第五步，持续改进。流程标准化不是一次性完成的，它实际上是一个长期的管理优化的过程，因此最好每年都要对流程做一次检核。其中对两类流程要重点留意：一类就是大家普遍有意见的，这类流程要分析一下是否合理，是否有可以简化的空间；另一类是形成顾客价值的流程，这类流程要考虑如何更好地实现顾客价值，从而可以更好地形成溢价。

在商业运营中的合约标准化，主要是指租赁合同的标准化，原则上讲，物业所有人与租户之间是既博弈又合作的关系，双方通过合作来创造利润，然后通过博弈来分配利润。

合约对应的风险与收益 ｜ 29

本篇开始谈合约的标准化。合约是社会通过经济杠杆分配社会资源的主要手段。在商业运营中的合约标准化，主要是指租赁合同的标准化。原则上讲，物业所有人与租户之间是既博弈又合作的关系。双方通过合作来创造利润，然后通过博弈来分配利润。而这个复杂的关系就是靠一纸合约来规定和约束的。

对于物业所有人而言，合约既意味着收入和利润，也意味着成本和风险；对于持有型物业来说，在后期需要退出而进行估值时，合约质量对估值的影响也是很大的。因为从资本的角度来看，投资就是在给定风险范围内，追求收益最大化。那么，对于商业地产来讲，其风险和收益都是由合约所确定的。

因此，合约管理对商业地产项目而言意义十分重大，但是我发现很多中小开发商对合约的重视是不够的。大家往往只是重视商务的部分，而一份合约涉及的内容是非常丰富的，商务仅仅代表了收入部分，而其他部分往往代表着成本与风险。

中小开发商在商业地产运营过程中，不重视合约管理有以下三个原因。

第一，由于租赁合约是由招商部门来把控的，招商人员并不是专业的法律人员，他所关注的就是商务条款，至于其他部分他并没有能力去把控。

第二，企业的法律人员对商业地产租赁业务的特性了解不够。笔者在几个企业中接触到的法律顾问，在专业上都很可疑，往往是你在分析，你在找法律依据，而对方却是支支吾吾、语焉不详地说得很含糊，都是你说出一个思路来，他才会跟着说："这样也可以，这样也是个办法。"

第三，在面对主力店和标志性品牌时，乙方处于弱势。在目前的谈判环境下，乙方多数情况下处于弱势，往往使用的是甲方起草的合同，而甲方合同往往会将风险最大限度地转移给乙方，而在谈判中，由于甲方的谈判人员怕麻烦，拒绝进行修改，乙方如果也不坚持的话，就很可能完全采用了甲方版本，这就会给自己后期的运营带来很多隐患和风险。

法律顾问在商业项目运营中非常重要，企业要引起足够的重视，要选择一个专业能力强，并且精通租赁业务的法律顾问来为自己服务。

法律顾问的作用 | 30

法律顾问这个角色在商业项目的运营中非常重要，企业还是要引起足够的重视，要选择一个专业能力强，并且精通租赁业务的法律顾问来为自己服务。

法律顾问在商业项目中能发挥哪些作用呢？

第一，合同审查。合同审查就是法律专业人员通过对合同条款的研究和分析，找出对甲方不利的条款。这是最普遍的一项法务工作。

现在大多数企业中，合同基本都是要经过法务审核的。但是，合同审查的质量水平和工作量则存在很大的差异。这取决于企业法务人员的专业能力和工作态度。

专业能力是指法务人员对合同和交易的理解程度以及发现问题的能力。如果法务人员对租赁业务一知半解，也没有研究过相关的案例。那指望他能有高水平的表现，肯定是不现实的。工作态度就很简单了，就是主观上用心不够、敷衍了事，不愿意多操心。

合同审查在主力店签约中非常重要，因为这种合同，往往使用的是对方的版本，在合同里对对方的保护是很充分的。相反，对乙方的保护是不够的，甚至可能会有意加大对乙方的风险。

当然，在乙方处于弱势的情况下，并不是所有的问题条款都能够修改，但是法务人员必须要让乙方清楚，合同中的条款存在什么问题，可能导致什么样的不利后果，从而让乙方对潜在风险做到心中有数。

第二，合同修改。合同修改就是在合同审查完之后，对有问题的条款进行重新约定，从而解决和回避掉对乙方不利的条款。一般来讲的话，审查和修改是同时进行的，也有只审不改的。

这里面又会有两个问题：一个问题是合同修改的质量，合同修改的前提是合同审查，如果合同审查的质量就很低，那么合同修改的质量一定也不会高。另一个问题我在上面也提过，因为合同修改不是单方的，是需要征求对方同意的，所以合同修改的范围和程度会受到一定的限制。如果对方比较强势，或者乙方谈判人员的经验不够丰富，合同就不一定能完全按照乙方的设想去修改，也不一定能达成乙方的目标。

但是由于合同规定了双方的权利和义务，决定了双方的收益和风险，因此，还是需要努力去争取的，只要双方坐在谈判桌上，就意味着双方都是希望达成合作的，在这种前提下，就要本着公平的原则，大胆地主张自己的利益，谈判有的时候就是意志的较量。

第三，合同起草。合同起草就是制定企业自己的合同版本。在合作中，采用自己的版本是最有利的一种方式。一般一个十万平方米的商业项目会有300多个租户，除了主力店、次主力店和一部分标志性品牌会采用对方的合同之外，其余租户都应该采用企业自己的合同版本。

合同起草对法务人员的要求就更高了，要想做出一份细致严谨的合同，不但要熟悉合同的内容构成，还要熟悉商业地产租赁业务的特点，同时还要熟知大量的案例。因此，只有专业能力强，并且有丰富实践经验的人才能胜任。当然，还有一种特殊情况，就是虽然没有正式起草合同，但是由于对原合同做了大量修改，基本相当于重新起草了，这种情况就是你的法务人员非常尽责，相当于在对方版本基础上把合同重新做了一遍。

由于合同起草是更高层次的工作，它对人的要求高，收费也高。在企业外聘法律顾问时，可能并没有明确这项工作。企业自己的法务人员往往也不愿意揽这个事，因为难度大，工作量也大。所以最后这个合同可能是招商部门找了一份外部的合同，比如万达的合同，然后稍加修改，就拿来用了。

但是合同是很专业的事，招商人员比较熟悉的是交易内容和商务条款，对于合作中的问题处理以及法律细节并不完全清楚。如果都由招商人员来把控的话，就会增加企业运营的风险。因此，关于合同这件事，企业还是要花点钱的。

第四，合同谈判。合同谈判就是法务人员直接参与谈判。一般在商业项目中，律师和法务人员是不参与谈判的。但是，我建议在主力店招商谈判中，最好是让法务人员参加。这样做有两个好处。

一是避免双方在个别措辞上反复地修改，很多招商人员都会有这种经验，合同所涉及的业务部分、商务部分都谈好了，就是几个字眼，双方法务人员反复地改来改去，导致合同一直签不下来。这个时候，如果让双方的法务人员见面，问题就简单了，可能十几分钟就解决问题了。

二是当双方在一些法律问题上争执不下、达不成一致时，如果只是让招商人员去面对，对自己是十分不利的，因为在面对主力店时，很多甲方本身就处于弱势，这个时候，如果品牌商的开发人员用法务人员作为"挡箭牌"的话，甲方的招商人员是很难坚持立场的。

而如果让双方法务人员见面来谈这些问题，由于双方都是法律从业人员，是在同一个话语体系下谈问题的，他们之间会存在一个对法律基本原则的尊重，因此更容易协商出一个公平合理的条款。

以上就是法务人员在商业项目中的四大块工作内容，这些工作对实现项目收益和防范风险都十分重要，因此，企业要足够的重视。

正所谓合同无小事，一般大家不会注意到合同名称这个问题，因为双方签订的基本就是租赁合同，但是大家要明白不同的合同名称对应的是不同的法律关系。

合同的名称 | 31

下面我们来看合同四大功能之锁定交易平台功能的第一项——合同的名称。

合同是交易主体之间为了达成交易目的，而对双方权利义务的约定。它的目的是把不确定性变成确定性，从而使整个交易过程以及交易双方的行为都变得可以预期。因此，合同的主要功能就是锁定。从这个角度来看，无论简单还是复杂，一份合同主要包括四大功能。

合同的第一个功能是锁定交易平台。这一功能是为了建立合同主体以及合同本身的基本规则。这一部分的内容非常简单，很多人会觉得不值一提，但是大家一定要有个意识，就是合同无小事。

一般我们不会注意到合同的名称这个问题，因为我们签的基本就是租赁合同。但是大家要明白，不同的合同名称对应的是不同的法律关系。

这个在我们跟顾问公司合作时经常出现问题，因为我们一般会让顾问公司提供两项服务：一个是前期策划，一个是招商。这两个服务对应的是两种不同的法律关系。

前期策划是一种委托关系，招商服务是一种代理关系。很多时候我们都是直接跟对方签署招商代理合同，其中包含前期策划。

在委托关系中，合同成立的基础是信任，如果你不信任对方了，随时可以解除合同，当然，别人已经付出的劳动，是要给予补偿的，但是不会牵扯到违约。而代理合同的解除则比较麻烦，很可能会导致违约。

特别是经过前期策划服务，你判断对方的能力不足以支撑下面的招商工作，这时如果是分开签的合同，就比较简单，策划合同结束，招商合同不生效即可。但是如果你签的是招商代理合同，这时你就会很尴尬：继续合作，你已经判断对方的能力不行；终止合作，你就违约。

另外，笔者还碰到过一件事，就是一个项目把商业整体租给一家主力店，但是由于乙方缺钱，于是这家百货公司就提前付给乙方一笔钱，作为商场的建设费用，然后从后期的租金中逐年抵扣。在签订合同时，甲方把合同的名称写为投资租赁合同，乙方没有注意这些细节，就把合同签订了。

后来，双方合作出现矛盾，最后对簿公堂，甲方律师主张这是一份投资合同，不但拒绝支付违约金，还要求乙方支付投资收益。因此，案子的关键就不是要确认甲方违约的事实，而是首先要确定这份合同是投资合同还是租赁合同。

合同中交易各方的名称与基本情况 | 32

这个也很简单，就是把双方的名称填写出来。一般是双方合同，也有三方或者四方合同的，但在商业地产租赁中多方合同是比较少见的，这里面有一个关键问题往往被忽视，就是对对方的资格审查问题。

按照法律规定如果合同主体资格不合格的话，合同就是无效的。对于招商人员来说，实现交易目的才是第一位的，他所关注的是招商达成率，对于合同主体是否合格，合同是否有效并不关心。所以虽然每家公司在管理中都会要求招商人员审查对方的五证，但是大部分招商人员都不会很严格地来审查。公司往往也不会很认真地对待这件事，因为合同有效与否所造成的风险对商场来讲一般是可控的和可以接受的。

相反，有经验的商户会非常重视对商场资格的审查，因为如果商场的手续不完善，就会导致商户无法正常办理营业执照，从而影响其正常开业。

不过，商场还是要认真对待这件事，虽然有时候为了保证开业率，即使一些商户在资格上有瑕疵，对方也会与其签约。因为经营中不可能做到百分百无风险，但前提是风险必须可控，这就要求我们提前知道哪些商户是存在风险的。那么资格审查包括哪些方面呢？

第一，企业登记管理。各类企业都必须依法登记，才能取得法人资格并开始经营，没有法人资格就是违法经营。

第二，经营范围。每个企业在进行工商注册时，都有一定的经营范围，企业必须在注册的范围内经营，超出经营范围从事经营活动就是非法的。

第三，许可证管理。有些行业是需要先领取许可证，才可以从事经营活动的。比如，药店需要药品经营许可证，出售香烟需要烟草专卖许可证，影院需要电影放映许可证，KTV需要文化许可证，餐饮需要餐饮服务许可证，等等。

第四，签订及履行合同的资格。比如加盟商、代理商必须要有授权书等。

在租赁业务中，合同的有效性对商场而言，风险是可控的。但是，签约人的履约能力对于商场而言风险较大。这个在三、四线城市更为突出一点。因为

一、二线城市，商场基本上是与品牌商或者实力强大的代理商来合作的，这些商户的实力是有保障的。

而在三、四线城市，商户往往是实力较弱的小代理商，很可能他跟你签约了，但最后他的店开不出来或者是他没有办法按时开业，从而影响了商场的开业效果。这是招商人员一定要重点留意的，特别是一些第一次开店的新手，他们往往对投资没有概念，对开店成本预估较为保守，很可能在最后时刻掉链子。

法律起源于逻辑，而逻辑的基础就是概念，但是很多人并不太喜欢研究概念，喜欢把话说得很含糊，目的是把不确定性变成确定性，那么大家对同一个概念的理解就必须一致。

关于对合同中的术语解释的说明 | 33

很多商管公司自己起草的合同中是没有这块内容的，但是如果签订主力店时，对方提供的合同在这一块会有详细的说明，像万达等一线商业地产房企自拟的合同中也有这一块内容。很多商管人员在合同中看到这个内容时，会认为是多此一举，这些名词概念不都是清楚明白的吗，还用再说一遍吗？

其实，这块内容非常重要，法律起源于逻辑，而逻辑的基础就是概念，但是很多人并不太喜欢研究概念。

这个大家都会有经验，平时三五好友闲聊时，很容易发生争执，而多数时候并不是双方真的观点不一致，是大家对同一概念的理解不一致，从而造成各执己见。

而合同的目的是把不确定性变成确定性，那么双方对同一个概念的理解就必须是一致的。这样才好区分彼此的权利义务，否则虽然表面上合同达成了一致，但是对具体问题的理解可能是南辕北辙，不出问题还好，一出问题就是纠纷。

所以在合同中，要对一些重要的关键词做出明确说明，把这些词的内涵和外延界定清楚。一般的词还会有广义、狭义之分，术语和俗语之分，本合同里是在哪个层面上使用该词语，都要做出清晰的说明。这样就能将双方的权利义务限定在特定的范围之内，从而为避免争议建立一道"防火墙"。

另外要注意，如果使用的是对方的合同版本，对方做的名词解释会更倾向于保护自身的利益，所以这一块需要认真地审查，这对了解合同中的风险十分关键。

由于在一份合同中所涉及的概念非常多，如果都在开篇进行集中说明的话，篇幅就会过长。因此，除了把一些复杂、重要和反复出现的关键词在开篇集中进行说明外。对一般的概念或者是出现频率很低的概念，还有两种方式进行解释。

一种是附带解释，就是在该词语首次出现后，在本句紧接着进行说明，一般的表述是"即……"。

另一种是括号解释，就是在概念出现后，加括号进行解释。

那么，在使用对方合同版本时，碰到即字与括号时，要多留个心眼，仔细读一读它到底在讲什么东西，千万不要认为不重要，一扫而过。

合同生效 ｜ 34

合同一旦生效即可产生法律效力，双方的权利就会受到法律的保护，但同时各自的行为也会受到法律的约束。

关于合同生效的约定一般都是在合同的最后，严格的表述为"本合同自双方法定代表人或授权代表签字并加盖各自的公章之日起生效"。这样的表述把人、行为、时间都讲得非常清楚明白，不会有任何的歧义。

笔者见过一种表述是"本合同自双方签署之日起生效"。这个表述就有很多模糊之处，比如签署，究竟是双方签字就算是签署了呢，还是要签字后加盖公章才是签署？

在实际操作中，还有一种风险需要我们留意。就是在一般情况下，双方并不是当场签字盖章的。一方面现在很少有公司会让员工随身携带公章到处乱跑，另一方面每个企业都有自己的用章流程。

那么这样，就必然有一方是先盖章的，然后交给对方或者是邮寄给对方去盖章，在这个过程中是有一个漏洞的，就是对方也许会利用这个机会对相关条款进行篡改，由于这时合同的原件全部都在对方手里，一旦出现这种情况，先盖章的一方就会很被动。

因此，在我们的签约过程中，最好是让对方先盖章，拿回来之后，我们还要对一些关键条款再审核一遍，无误之后再盖章。

如果需要自己先盖章的，一定要加盖骑缝章，同时对内文中凡是涂改之处都需要加盖公章。

当然，合同生效对商场来说，在一、二线城市风险很小，因为面对的都是正规的企业，做事都是很规范的，但是到了三、四线城市，随着商户质量的降低，以上风险还是要留意一下的。

合同解除权是商业项目规避风险的重要措施，在商业项目中，甲方的风险主要有两个：一是乙方不配合甲方的统一管理，从而影响到甲方的整体运营；二是乙方不按时缴纳租金，从而给甲方的收益带来损失。

合同解除 | 35

合同是为了消除合作中的不确定性，目的是使双方的行为变得可控、可预期。特别是在商业租赁中，一般合同周期较长，合作内容复杂，考虑到未来可能会出现一些非正常的情况，因此，必须要把可能发生的不利因素控制在可以接受的范围内。这就需要解除权的约定。

合同解除权是商业项目规避风险的重要措施，在商业项目中，甲方的风险主要有两个：第一，乙方不配合甲方的统一管理，从而影响到甲方的整体运营。第二，乙方不按时缴纳租金，从而给甲方的收益带来损失。前者的风险主要发生在商场的筹备开业阶段，属于是阶段性风险。比如乙方迟迟不进场装修或者已经装修完毕，但就是不开业，甚至甲方商场整体都开业了，乙方的店铺仍然不开业。

再比如，我们跟某代理商签约了某个品牌，为了冲签约率，可能在其尚未拿到品牌授权时，就先签约了，可是最后他拿不到品牌授权，而这时我们合同已经签了。又或者商户给我们签的是 A 品牌，但他实际做的却是 B 品牌。诸如此类的事情都会影响开业率以及开业效果，因此，在合同中应该对此类事情有提前的约定，一旦出现，在一定时间内，商户仍不能配合甲方工作的，甲方就有权解除合同。

一般进入运营期，商户基本上都会配合商场的工作。商场在运营中的主要风险是欠租。商场的生意其实就是在出售空间，而这个空间是具有时间性的，因此，每一天都是独一无二的，失去了就永远失去了。

因此，欠租是商场运营中最大的风险，一旦出现这种情况，合同条款必须能保证可以及时止损，也就是及时解除合同。

比如说，合同约定商户连续三个月不缴纳租金，商场即有权利解除合同。如果没有这样的约定，那么即使商户不向商场缴纳租金，商场也不能解除合同。一旦商场私自解除合同，商场就涉嫌违约了。商户不交租金是违约，商场私自解除合同也是违约，这两个违约比起来，商场的违约责任还要重于对方。所以说合同解除权是商场利益的重要保障，一定要下功夫研究。

无论大家从事什么行业，都应该重视合同。特别是这几天连续分享的这七项内容，看似无关紧要，实则是在制定游戏规则，只有规则越严谨，才越是对合同双方的一种保护。

合同份数与合同附件 ｜ 36

1. 合同的份数和双方持有的数量

这一条非常简单，需要注意的是合同最好多签几份，很多地市的商业项目，合同只签三份，对方一份，财务一份，商管自留一份。

现在的企业档案管理还是比较滞后的，人员流动也频繁，份数太少很容易发生遗失和找不到的情况。合同是一个重要文件，关键时刻找不到是很麻烦的。因此，最好多签订几份。

2. 合同附件的份数及页数

合同附件与合同具有同等法律效力，是合同的组成部分。如果没有明确约定，附件一般可以用来解释合同。附件要服从合同的约定。所以合同的附件也要引起高度重视。

在跟主力店签约时，要特别注意，因为他们会有两个重要附件让你签，一个是工程技术条件，一个是物业交付标准。这两个文件包含着巨大的合同义务和投资成本。因此，一定要注意。

这七项内容基本涵盖了商铺租赁业务中关于交易平台的内容，这些内容等于是搭建了一个合作平台，确定了双方合作的基本秩序。这些内容有的是在合同的首部，有的是在正文部分，有的是在末尾。由于都不涉及具体的合作内容，所以招商人员一般不会太重视这些条款，但是合同的每一条都有它特定的意义。

现实中很多人没有规则意识和契约精神，如果发现自己答应的事情可能对自己不利，他就会反悔。

有些人并不关注法律的规定，只要能够证明自己理由充分，哪怕是强词夺理，他也可以拒绝执行承诺。这种情况下，我们其实更应该重视合同，特别是上面这些看似无关紧要的内容，其实它是在制定游戏规则。规则越严谨，对合同双方都是一种保护。

商铺租赁业务的本质实际是一种销售行为，它出售的是一定时间内的商铺使用权，这种产品的销售收入是按面积和时间来计量的，也就是计租面积与租赁期限。

计租面积与租赁期限 | 37

本篇谈合同四大功能之锁定交易内容的功能的第一项第一条——计租面积与租赁期限。

合同的第二个功能是锁定交易内容。这一部分是要锁定双方要做什么，即锁定交易的具体内容。

交易内容在租赁合同中主要涉及三个问题。

第一，计租面积与租赁期限。商铺租赁业务的本质实际是一种销售行为，它出售的是一定时间内的商铺使用权。这种产品的销售收入是按面积和时间来计量的。

先说计租面积，在房地产中会有三个面积，即建筑面积、套内建筑面积和套内使用面积。

个人之前在项目中采用的是套内使用面积，这样做是为了方便，因为它就是商铺的墙内使用面积，俗称地毯面积，很好测量和复核。

采用这个面积实际上甲方是吃亏了，但是如果采用建筑面积，里面含有大量公摊，这个对商户是不公平的，而且也要求甲方非常强势，否则很难谈下来。

所以笔者认为最佳的计租面积是套内建筑面积。这个面积对双方都是公平的。

关于租赁期限，由于法律明确规定租赁期限不能超过 20 年，所以法律是给租赁业务设定了最高上限的，这个上限是不能突破的，突破之后就不受法律保护了。但实际上租期越长对甲方越不利，很多老板第一次做商业，对商业不是很了解，担心掉铺，所以会希望租期长一点，他认为这样就可以保障自己的收入。

事实上，长租期根本保障不了甲方的收益，反而会降低甲方的收益。

如果商户是一个成熟的品牌商家，特别是国际品牌或者是国内的一线品牌，他们的经营是比较稳定的，跟商场的配合也是比较好的，但是在前期他们的谈判地位要优于甲方，这个时候甲方一般会对自身的收益做出一定的折让，如果合约周期过长，就把这个折让给锁定了。从长期看是降低了自身的收益。

如果商户是代理商或者加盟商，又是第一次做生意，这种商户在三、四线城市的商业项目中特别常见，对于这种商户来说，他们的违约成本是很低的，你不要想签个长租约就能拴住他，他三个月不赚钱就可能会跑路，往往让你措手不及，一夜之间店就空了，造成空置率增加，从而影响收益。

如果碰见更恶劣的，他既不调整货品，努力经营好店铺，又不走人，赖着向你索赔，那就更麻烦了，不但降低了你的收益，还牵扯了你的精力。

所以原则上讲，零售商家租期不宜超过 3 年，餐饮商家租期不宜超过 5 年，次主力店租期可以放在 8 年之内，主力店一般会要求 20 年，你应该照着 15 年来争取。

免租期和计租日 ┃ 38

在租赁期限中还有两个小问题需要补充一下，就是免租期和计租日（或者叫起租日）。这两个概念在第一部分所讲的合同术语解释中是要做出说明的。笔者建议是在合同中凡是涉及时间的概念，最好都做一个详细的说明，以免在合作中引起歧义。

免租期原则上指的是装修期，这个时间是给予乙方进行装修的时间，因为正在装修，无法对外营业，所以这个时间对乙方来说是没有收入的。如果商业项目正处于筹备期，此时商场也并没有正式开业，因此，这段时间甲方会给予乙方免租。

一般品牌的装修期三个月就足够了，但是筹备期的项目，由于甲方处于弱势，很可能会延长给予乙方的免租期，笔者见过最长的免租期有一年以上的。也就是说乙方很可能已经正式营业了，仍在享受免租期。当然，新开业的商场由于商业氛围需要培养，因此，延长免租期，即在一定时间内不向商户收取租金也是正常的。

但是，需要注意的是，免租期是甲方基于乙方能够完全履行合同而给予的一种优惠，如果在合作期间因乙方违约或者因乙方原因导致合同解除，则乙方应该向甲方补交免租期间的租金。因此，在合同中需要明确乙方获得免租期的前提是能够完全履行合同。关于这一点在合同中即使不约定，在司法实践中，法官也会判决乙方全部或者部分赔偿免租期的租金。双方尽量不要走到法院打官司这一局面，所以在合同中有明确约定是比较好的。

关于计租日或者起租日，原则上应该是在免租期结束的次日。新开业项目需要注意的是如果乙方装修免租期已经结束，但甲方尚未对外营业，则计租日应该改为甲方正式对外营业之日。这里又会涉及一个时间，就是开业日，在合同中凡涉及时间的都需要做明确说明，这里的开业日，应该明确为甲方开业日。

如果乙方装修免租期已经结束，并且甲方已经对外营业，而乙方此时尚未对外营业，则乙方应该照常缴纳租金。因为，甲方实际上在开业前已经为乙方留出了充足的装修筹备的时间，原则上讲，乙方应该正常配合甲方开业的，如果甲方已经开业，而乙方因为自身装修或者筹备的原因没有及时开业，则在正常缴纳租金的情况下，可以继续装修或者是筹备。

这里会涉及我们说过的合同解除权的问题，合同中要明确如果甲方已经开业一定时间，一般是三个月，乙方仍无法正常开业，除非是因为甲方的原因，否则即是构成乙方违约，甲方有权解除合同，并向乙方索取违约赔偿。

因为在实践中凡是出现这种情况，往往是乙方无法正常履约了，比如，有些第一次开店的人，自身实力较弱，又对成本预估过于乐观，结果在装修过程中资金链断裂，这时他往往不愿意撤，因为前面的钱他已经投进去了，所以他会耗在这里，逼迫甲方给予补偿，所以合同中要对这种情况做出明确规定。

另外，还有一些商户，特别是主力店会对商场开业率做出一定要求，规定商场开业率未达到一定比例则乙方可以继续享受免租。这样的条款原则上甲方是要拒绝的，迫于形势不得不签时，也要争取一个较为合理的比例，不宜过高。因为甲方不一定会采取满铺开业的策略，满铺开业是万达的要求，但它并不是一个最佳的开业策略，在开业时，留有一定空间是对甲方最有利的方案。

关于商铺的用途，甲方在合同中必须做出明确的规定，并不是乙方交了租金之后，想做什么就做什么，乙方经营的品类和品牌必须符合甲方的规定，如若增加经营品类需提前申请，获得批准之后才可实行。

商铺用途 | 39

现在我们来谈一下合同四大功能之锁定交易内容功能的第一项"交易内容"的第二条——商铺用途。

在商业项目中，租赁面积和租赁期限对应的是甲方所提供的产品，当然，甲方所提供的是一整套解决方案，不仅仅是出租空间，它还包含全套的运营管理服务。空间是硬件的部分，它还包括非常多的软性服务，但是这些软性服务在合同中很难做详尽的约定，因此，合同涉及的大部分是硬件部分。

相对来说，租赁面积和租赁期限对甲方而言则意味着收入，但是收入是甲方的经营目标，从运营的角度来讲，甲方的需求是实现自己所设定的商业定位，也就是品类规划和品牌落位。因此，并不是乙方交了租金之后，想做什么就做什么，乙方经营的品类和品牌必须要符合甲方的规定。所以，甲方在合同中必须对商铺的用途做出明确的规定。

首先，限定品类。该商铺在规划中是经营哪一类商品，或者是从事哪一类服务的，要明确规定。这个一般是限定乙方随意增加品类和更改品类而设定的。

在一、二线城市中，由于商户多是成熟品牌，这种现象比较少见。不过，现在集合店、复合店、生活方式店日渐增多，而这种改变都是在原有品类的基础上增加其他的品类，比如咖啡，现在已经变成通用品类了，基本上谁都可以跟它来搭。当然，现在甲方是欢迎乙方这样做的，但是我们也需要在合同中约定，乙方增加经营品类要提前向甲方申请，获得批准之后才可以实行，否则谁想怎么做就怎么做，运营管理就无秩序了。

而在三、四线城市随着商户质量的降低，随意更改品类现象出现的几率就会增加。本来是经营女装的，生意不好，如果不限定的话，说不定他就改成水吧了。或者他在自己的铺位里划出一块分租出去了，比如，搞个"烤香肠"之类的，那就惨了，味道熏的周边一圈商铺都留不住人了。因此，在三、四线城市要严格执行商户的品类管理。

对于甲方来讲，执行品类管理的前提是必须保证店铺具备品类经营的条件，比如，如果做餐饮，上下水、排烟、排污功能都是要具备的。

关于商铺的用途，除了限定品类外，还应明确品牌及其合法性，因为商场组织是从人到商品再到品牌的推演，所以招商实际上是对号入座，每一个铺位对应的品牌都应提前设定好。

商铺用途之明确品牌及其合法性 ｜ 40

了解了商铺用途之品类限定，我们接着来谈一下商铺用途之明确品牌及其合法性。

其次，明确品牌。甲方的租户选择实际上是对商品与服务的组织，而这个组织的过程是有明确目标的，就是满足目标客户层的消费需求。这个过程对甲方来讲，是从人到商品再到品牌的推演。所以甲方的招商实际上是对号入座的。每一个铺位对应的品牌是提前设定好的。

在跟乙方确定合作关系时，甲方也是基于设定品牌为前提的。因此，合同中必须明确该店铺所经营的品牌。同时，还必须要求乙方拥有使用该品牌的合法资格。乙方要么是该品牌的拥有者，要么是拥有品牌所有人的合法授权。否则就是乙方违约，甲方有权解除合同。

最后，还有一些合法性的要求，主要包括三个方面。

（1）经营手续合法。乙方在正式开展经营活动前，必须申请必要的执照、批准证书和许可证等。在这个过程中，甲方可以提供必要的协助。

（2）经营活动必须要合法。所有的经营活动都必须是合法的，比如，有些经营手法会涉嫌赌博等，这些都是不允许的。

（3）经营的商品必须合法。就是不能经营假冒伪劣和违禁物品。比如，之前有些商场会招一个折扣店，这个折扣店会出售一些国际一、二线品牌的过期断码商品。但实际上这些商品可能并不是真货，而是高仿的产品。

关于合法性的问题，也是城市级别越低越需要重视的。

一般跟品牌商直接合作，出现上述问题的几率很少。

加盟商也会好一点，因为品牌商本身对加盟商是有管控的，只不过不同品牌对下游加盟商的管控力度有强有弱。如果品牌商对加盟商管控力度很强，就"省点事"；如果品牌商对加盟商管控力度比较弱，就要"多操点心"。

代理商一般要重视一下。因为代理模式下，很多品牌商是没有渠道管理能力的，因此，出问题的几率就会大一些。

最容易出事的是本地品牌，像本地餐饮、本地的买手店等，针对这些店铺，商场方在日常经营中，要对他们的经营行为有更多的关注，一旦发现情况就要及时做出处理。

在商业项目运营中，同时存在固定租金、提成租金、固定租金与提成租金两者取高的三种租金形式，但在实际操作中，采取固定租金与提成租金两者取高的方式越来越多。

租金的形式 | 41

下面我们来谈一下合同四大功能之锁定交易内容功能的第二项"交易价格"的第一条——租金的形式。

目前在商业地产行业内经常采用的租金形式有以下三种。

（1）固定租金。这种租金方式比较简单，就是双方约定一个固定的租金金额，无论乙方经营如何，都需要按照约定金额缴纳租金。

（2）提成租金。这种方式是确定一个租金比例，每个月商户的营业额乘以该比例所得的金额即为乙方应该向甲方缴纳的租金金额。

这种方式与第一种的区别是，甲方没有固定收益的保证，租金收入完全取决于商户的经营好坏。

（3）固定租金与提成租金两者取高。这种方式是双方约定一个提成比例，每个月按营业额计算提成租金，同时，双方另行约定一个固定租金。如果是提成租金高于固定租金，则实际租金按提成租金计算。如果是固定租金高于提成租金，则实际租金按固定租金计算。

这种方式在操作中，一般是先预交固定租金，然后按营业额计算提成租金，如果提成租金低于或者等于固定租金，则本月租金就是预交的租金；如果高于固定租金，则乙方应在约定的时间内补足差额。

在商业项目的运营中，这三种租金形式是同时存在的。但是如果租金太高，则商户的经营压力太大。如果租金过低，则甲方的投资收益是无法保障的。因此，在实际操作中，采取固定租金与提成租金两者取高的方式越来越多。这样甲方会有一个固定收益的保障，同时还可以分享乙方经营提升的成果。这是一个可以保障双方利益，同时使双方的利润可以同时增长的模式。

但是两者取高与提成租金模式中都有一个很关键的问题，就是如何确认乙方的营业额？

在提成租金模式中，会涉及两个数字，一个是提成比例，一个是营业额，而容易出现问题的是营业额的确定，因为每个月的营业额不固定，并且无法直接获得商户的销售数据。

如何确认乙方营业额？ ┃ 42

现在我们来谈一下提成租金模式中的一个问题——如何确认乙方营业额？

凡是涉及提成租金的模式，在实际操作中都会碰到如何确认乙方营业额的问题。

在提成租金模式中，会涉及两个数字，一个是提成比例，一个是营业额。

提成比例是事先约定的，是一个明确的数。在实践中又有两种方式，一种是固定扣点，就是比例始终相同，无论对方营业额发生怎么的变化，提成比例不变。

另一种是阶梯扣点，就是提成比例随着对方营业额的增长而变化，比如，对方营业额为500万时，可能是6%，500万~800万是7%，如果超过了800万就是8%了。

不管是哪种提成方式，只要事先约定好，在执行中，比例一般不会出现问题。

容易出现问题的是营业额的确定，因为营业额是不固定的，它每个月都不同，而且在购物中心这种模式下，是商户自收银的，商场方并不能直接获得商户的销售数据。商场获得的销售数据是商户提供的，这里面就会存在一定的水分。

如果店铺是品牌商自营，这种商户我们是可以放心的，他所提供的数据基本是准确的，因为这类商户内部管理很规范，如果数据造假，会给他自身带来一定的内外部风险。

如果是代理商、加盟商，我们就要小心一点，因为这类商户往往都是小生意人，在利益上斤斤计较，往往会在数据上造假，这是因为他少报营业额，就可以少缴租金。实际上，大部分这样做的商户是占小便宜吃大亏，因为他这样做的同时，就是在告诉员工还可以通过不诚信来赚钱，员工今天可以帮你偷商场的钱，明天就会偷你的钱。员工的道德风险是企业经营最大的风险。

有些老板用的是自己的亲戚，他觉得这是没问题的，其实这又是一个误区，如果外人想对你占便宜，还会有所顾忌；可是自己的家人可能会放心大胆地做，因为他清楚就算你知道了，也不能拿他怎么样。

所以无论员工是什么人，内部营造一种诚信的经营文化，对商户才是最有利的。但是并不是每个商户都能想得这么远，想得这么明白。特别是，还有一种商户是老板自己坐店的：老公负责采购，老婆负责收银，这种商户你就非常难以保证数据真实性了。

因此，原则上只有品牌自营的商户才可以签纯提成租金。而在两者取高模式中，品牌自营的商户我们可以在保底租金上做一些让步，争取一个比较好的扣点比例，在运营中我们要帮助商户把业绩做起来，拿他的扣点租金。但是，如果面对实力较小的个体经营者，我们就要谈一个比较好的保底租金，因为扣点租金你不一定能拿到。

在商业中，内盗永远比外盗可怕，所以对商户而言，道德风险才是最大的风险。然而即使商家都很讲诚信，商场还面临另一个风险，就是关于营业额认定的风险，那么可以对这些商户统一采取固定租金的模式。

关于营业额认定的风险 | 43

知道如何确认乙方营业额？我们来看关于营业额认定的风险。

对于在提成租金中，商户向商场隐瞒收入会给自己带来风险，有些朋友不太明白，询问是不是笔者作为商场方，故意在夸大这件事。笔者这里再解释一下。

其实，这件事有运营经验的人都是清楚的。因为员工本来只知道努力地工作，靠业绩去赚钱。现在你告诉他，向商场隐瞒收入可以给公司带来好处，他很快就会明白，他既然可以向商场隐瞒这笔收入，那他也可以向你隐瞒这笔收入。就算月底盘点出现问题，也是大家来摊，而且是按照进价来摊的。如果你的管理不是很健全的话，他还能造假，让你的盘点不出现问题，等到问题暴露时，就是一个"大洞"，而且不知道原因。

在商业中，内盗永远比外盗可怕，所以对商户而言道德风险才是最大的风险，所以企业对外保持诚信是让员工对你保持诚信的基础。那么在提成租金中，对商场来讲是不是只有道德风险呢？还不仅如此，即使商家都很讲诚信，商场还面临另一个风险，就是关于营业额认定的风险。

上面所讲的会被隐瞒的，那是营业额的确认，就是营业额到底是多少的问题。这里说的认定指的是"营业额是什么"的意思，就是哪些收入包含在营业额里。所以我前面说过，关键概念的解释非常重要，营业额就是一个关键概念，只要你的合同中涉及提成租金，那么一定要在前面把它解释清楚。

如果没有运营经验的人会奇怪，营业额为什么还需要解释？比如婚纱店，向顾客出售婚纱肯定不用解释，这是算在营业额里的，但是如果他在出售婚纱的同时，还向顾客提供收费的婚礼服务，这个收入算不算在营业额之内呢？从商场的角度来讲肯定要算，但是如果没有在合同中提前约定，这就会产生一个争议点。因为我们都知道合理避税，那商户合理避租也是正常的。

这样的问题其实现在有很多，比如有些业态是售卡的，像儿童乐园、美容美发、教育培训等，那么卡钱算不算营业额呢？商户可能会辩解这只是充值，顾客还没有真正消费，而且还可能会遇到退卡。那这些卡的收入该怎么计算呢？

还有现在外卖如此发达，很多餐饮店铺除了在店消费之外，还有大量的外卖，那么这些外卖又怎么算呢？

如果你嫌麻烦，干脆对这些商户统统采取固定租金的模式。那么，零售店铺就没有问题了吗？线上支付的怎么算，线上交易的又怎么算？

营业额的统计方法 | 44

营业额不但是提成租金的基础，而且掌握了营业额也便于商场提升运营管理的能力。因此，商场无论采取提成租金与否，都需要对各个商户的营业额进行统计。所以，在合同中还应该明确营业额统计的方法。

当然，最佳的方法是统一收银，就是商场来负责收银，月底再给商户结算。这种情况下，数据是最真实的。不过，也需要防止商户私下收银的情况。但是这种方法是百货的模式，购物中心一般是没法采用的。

购物中心正常的经营模式是租赁制，在租赁制下商户是自收银的，营业数据是在商户手中的，因此，商场就需要采取一定的方法对收银数据进行统计。

目前商场统计营业额的方法有以下5种。

（1）报表上报，就是购物中心在自己的ERP管理系统中，给每个商户一个入口，每天晚上营业结束，营业员将数据录入系统。这种方法操作简单，但漏洞也大。（2）系统对接，就是品牌商的POS系统和购物中心的ERP系统直接对接，自动上传数据。这种方法数据就很准确了，但它受制于品牌商的配合度，一般的项目很难说服品牌商接受这种安排。另外，这种方式对商场信息部的技术能力要求也很高。

（3）数据采集，实践中又分为两种。一种是硬件采集，就是在每个商户的收款机上安装一个硬件采集盒子；另一种是软件采集，就是在商户电脑上安装采集程序。如此，在商户收银的同时可以自动采集数据。这种方法数据也相对准确，但是要在每个商户的终端上安装一个硬件或者一个软件，投入相对会大。

（4）顾客上传，这是最新出现的一种方法，就是顾客购物之后，利用微信小程序拍照上传消费小票，购物中心后台进行采集和处理。这种方法需要顾客的配合，所以需要一定的激励手段，因此，必须配合商场的会员管理体系来设计。

（5）人工统计，这是最传统的手段，就是营业口负责人，每天或者每周向商户要数据，然后进行汇总。这种方法是传统的做法，耗人耗力，数据也不一定准确。

以上方法各有利弊，投入成本也是不一样的，企业应该根据自己的实际情况来进行选择。但是不管选择哪种方法，第一，必须要坚持数据收集与统计。第二，统计方法最好提前在合同中约定清楚，以免在运营中发生争议。

在租赁业务中，乙方也就是承租人的义务是按时按约定支付租金，所以合同中除了要明确租金的金额以及计算方式之外，还有一个重要问题，就是如果乙方也就是承租人不按期支付租金怎么处理？

在实践中，如果商户不履约，商场可以采取的救助手段有三种：收取违约金、对承租人停水停电、强制承租人停业。

收取违约金 ｜ 45

在租赁合同中通常都会约定，当承租人未按时支付租金时，出租人有权按照一定标准收取延期付款的违约金。一般标准是千分之几或者是万分之几。

很多人在合同中会把违约金写成滞纳金，有一次笔者在跟一个律师聊天时，他告诉笔者，滞纳金其实是行政法的范畴，而合同属于民商法，在民商法范畴之内是没有滞纳金的概念的，在民商法里就是违约金的概念。但是，由于大家都这样写，所以法院一般也会认定滞纳金就是违约金。

从立法精神来讲，违约金有两种，一种是补偿性的，一种是惩罚性的。补偿性顾名思义就是用来弥补一方因另一方违约所遭受的损失，它的功能是补偿；惩罚性就是对违约行为进行惩罚，它的功能是惩罚。

从我们国家的立法来看，我们的违约金是补偿性的，因此，如果违约金约定过高，在司法中，法院是不支持的，笔者在一个项目中就遇到过这种情况。不过，合同中约定的违约金如果低于对方违约给你造成的实际损失，法院也会支持你要求对方增加违约金的主张。但是这种情况下，你必须能证明你的损失是因为对方违约所造成的，因此，在合作中，不但要签订好合同，还要保留好相关的证据。

当下，市场中诚信度缺失，契约精神缺乏，所以笔者认为应该加重违约成本，修改立法精神，改补偿性为惩罚性为好。这里还有一个问题需要注意，就是在商场实际运营中，商场方往往是从继续合作的角度去解决问题的，因此，只要商户及承租方补交了拖欠的租金，一般商场会免除其违约金。

另外，在商场开业初期，有时候会碰到抗租的事情，就是商户会以生意不好为由，要求商场给予免租优惠。多数情况下，商场为了培养商户，都会做出一定的妥协。

以上这些免除违约金和减免租金的措施，都是在经营中的正常行为，本身是没有问题的。但是，出租方一定要记住，出租方给予的这些优惠措施，都是基于承租方今后能够正常履约所做出的。为了避免对方一再违约，出租方在给予减免的同时，要保留追究其违约责任的权利。

所以，我们要在合同中明确约定，甲方原谅乙方的违约行为，但并不构成甲方放弃追究乙方违约责任的依据和权利。

最后，商场在运营中，还要注意避免给对方留下口实，因为对方想要违约之前，一定会先挑出出租方的毛病，他要找出出租方的过错，然后名正言顺地不交租金，并要求出租方给予减免。一般容易被挑出毛病的有两个地方：一个是前期招商人员的过度承诺；一个是后期的物业管理。所以，笔者一直主张，在商业运营中，不要额外的再增加一个物业管理公司，所有的物业管理都由商管公司承担为好。这样就能保证商管公司对整体运营都能保持足够的管控力。

对承租人停水停电 | 46

收取违约金对于出租人来讲是一种被动的自救手段，并不能及时中止损失，因为承租人明明知道合同中有违约金的约定，仍然拖欠租金，就证明他根本没把合同当回事，这时候其实违约金对其并没有什么威慑力。

因此，一旦承租方出现欠租，违约就会一直持续下去，直到双方通过交涉达成一致，而且这种情况，一般都是出租方做出了妥协和让步。如果情况进一步恶化，承租方有更严重的违约，出租方就只能通过司法手段来追回损失。这是一个漫长的调查、取证、审判的过程。最后，即使赢了官司，执行也是个难题。所以对于出租方来说，一旦承租方欠缴租金，就应该立刻以更主动的措施向承租方施压，迫使其遵守合同的约定。

一般采取的就是停水停电措施。笔者常看到媒体对商场的这种断水断电措施多有微词，这是非常不公平的，因为租赁合同是一个双务合同，双方互相承担义务，承租人的义务是按时缴租，出租人的义务是按约定提供符合承租人经营需要的物业。

按照合同精神，如果一方拒绝履行合同义务，另一方可以履行抗辩权，即也有权拒绝继续履行合同义务。因此，即使合同中没有明确约定在承租人欠缴租金的情况下，出租人有权做出停水停电措施，出租人也拥有以上权利。

但是为了避免不必要的争议，合同中还是要明确出租人这种自救权利的。另外，在履行该权利的时候，一定要以书面形式提前通知对方，把停水停电可能给对方造成的损失减到最低。

不过在实践中，有经验的承租人会诱导出租人在合同中明确放弃该项权利，比如签署"无论在何种情况下，甲方都不得对乙方采取停水停电措施"之类的条款。这个是不能接受的，这是让出租方单方面解除武装，意思是即使承租方违约了，出租方也必须照常履行合同。

最后，谁是用水用电协议的主体也很重要，如果是商场跟自来水公司和电力公司签署的用水协议和购电协议，那么在商户欠租的情况下，商场对其停水停电没有任何问题。

但如果商户是直接跟自来水公司和电力公司签署的用水、用电协议。这时候用水、用电就是商户跟自来水公司和电力公司之间的关系了，跟商场是没有关系的，在这种情况下，商场是无权停水停电的。

因此，有些主力店会以需要水电发票的名义，要求商场将用水用电过户到其名下。其实，要发票只是一个借口，真实的目的是为了限制商场的权利。而且他还会将因此而导致的手续上的麻烦和额外增加的费用都转嫁给商场方。这一点在跟主力店谈判时是要注意的。

停水停电是商场保护自己权益的重要手段，一定要留在自己手中，否则商户违约之后，商场没有任何反制手段，只能以违约对违约就对自己非常不利了。

强制承租人停业 ｜ 47

强制封门、强制闭店是商场采取的最严厉的制裁措施。在商场运营中封门闭店时有所见，不过由于这种措施过于激烈，要慎重使用，不到万不得已不要轻易采用。

如果在合同中有明确的约定，在承租方连续欠缴租金，经过出租方催要无果的情况下，出租方有权强制承租方停业。此时这种强制行为就是有法律依据的。但是，如果在合同中没有上述约定，则出租方强制承租方停业的行为就涉嫌违约了。这种情况下就属于双方都有违约行为，至于谁的违约责任更重还不好说。

一开始做商业时，笔者一直不理解，为什么别人用着我们的房子，不给我们交租金，我们限制他使用还会涉嫌违约。

其实，这跟我们国家的立法精神有关，上面所说的三种行为，即违约金、停水停电和强制停业都属于行为人在自身权益受到侵害之后的私力救济行为。

违约金是一种被动措施，属于事后对自身损失的追讨，而且这种救济很大程度上是要依赖于法院等公力机构。

停水停电有一定强度，但主要针对的是切断能源供应，引发激烈冲突的可能比较小。

但强制停业则不同，当你强制对方关门时，无论合同中是否有约定，也就是无论你的行为是否拥有法律依据，对方都会进行激烈的抗拒，这样很可能导致双方发生激烈的冲突。

从我国的立法精神来讲，不太主张权利人自己通过激烈的手段来争取权益，而是希望大家通过公力来进行救助。所以冲突可能性小的停水停电可以得到法律的支持。但强制停业如果未在合同中约定，该行为法律是不支持的。

而且法律在自力救济的行为中，对救济一方有很多的约束，比如它要求只能采取恰当的行为，那么什么是恰当的行为是很难定义的。这个有点类似于正当防卫，防不好就会有过错，变成防卫过当。而在强制停业中，双方会发生激烈对抗，这个恰当的分寸是很难把握，所以很多情况下，即使在合同中有约定，出租人在具体执行中也会因为某些行为而出现过错。因此，不到万不得已是不建议大家采取此项措施的。

在承租人欠租时，商场可以采取收取违约金、对承租人停水停电、强制承租人停业这三条措施，但仅有这些对承租人利益的保护还是不完备的，出租方为了更好地保护自己的利益，在合同中还要约定一个重要概念，那就是保证金。

保证金的约定 | 48

我们讲了在承租人欠租时，商场可以采取的三条措施，但仅有这些措施对出租人利益的保护还是不完备的。因为这些措施的作用要么是追讨损失补偿，要么是为了止损。因此，出租方为了更好地保护自己的利益，在合同中还要约定一个重要概念，那就是保证金。

在具体实践中，有的叫作"履约保证金"，有的叫作"租赁保证金"，还有的叫作"押金"。其实都是一个意思，其法律效力也都是一样的。

这种保证金相当于是一种履约担保，有点类似于担保中的质押，只不过质押物是钱而已。一般我们会规定三个月的租金作为保证金，并在合同中约定如果承租方违约，导致甲方出现损失的，甲方有权直接从保证金中扣除相应的金额，而且承租方在甲方扣除之后的规定时间内，必须补足保证金。

在这里我们还要区别一个概念就是定金，关于保证金法律是没有专门规定的，但是定金则是法定的。法律规定定金是当事人一方给予另一方的债权担保。债务人履行债务之后，定金应当抵作价款或者是收回。如果给付定金的一方不履行约定的债务，则定金予以没收，即无权要求对方返还定金。但如果是收受定金的一方不履行债务，则应双倍返还定金。

定金约束的是双方的开店行为，而不是租金给付行为。一般签约之后，承租方会给出租方缴纳一笔定金，这笔定金是保证承租方按约定开店，而出租方必须守约不能反悔或转租他人，否则违约一方就要受到定金没收或双倍返还的惩罚。

商业项目在跟主力店签约时，一般会遇到定金问题，因为主力店签约是前置的，有时候在拿地时就会跟主力店签约，由于中间建设筹备的周期较长，因此，有必要缴纳一笔定金，来约束双方的行为和保护双方的权益。

对于其他商户，有时因为签约时已临近开业，双方的行为可以预判，有时候会省掉定金环节，直接约定为保证金。但是大家一定要清楚，定金和保证金在法律上的意义是不同的，定金是有明确法律规定的。一旦承租方履约按时开店，按照法律规定定金要么作为预付的租金，要么是要返还的。无论是哪种情况，商场方都会失去租金担保。

因此，如果合同中注明是定金的话，一定要明确约定，此定金在开业后，自动转为保证金，如果定金金额超过保证金，则超出部分返还乙方，如果定金金额不足保证金金额，则乙方应在规定时间内补足款项。

关于保证金，在签署合同的过程中，有金额问题、担保范围、书面告知、不得要求抵扣条款、抵扣顺序这五项需要注意的问题，请大家一定要特别慎重。

关于保证金需要注意的问题 | 49

关于保证金，在签署合同的过程中，还有哪些问题需要注意的呢？

1. 金额问题

保证金在法律上是没有明文规定的，所以并没有法定限制，行规一般是收三个月的租金。但是，上文所说的定金则是有上限约束的，法律规定定金最高不可超过合同标的的20%。

2. 担保范围

在租赁合同中，保证金作为履约担保，其担保范围不仅是租金，还包括租赁物业的毁损、物业管理费、能源费以及发生纠纷时的争议解决费。由于保证金不是法定的，因此，这些范围最好是在合同中明确说明，以免出现争议。

3. 书面告知

这是执行中的一个细节，就是如果承租方违约，给出租方造成一定的损失，出租方从保证金中进行了扣除，应在第一时间书面通知承租方。

这样做的好处是：第一，如果承租方有异议可以及时提出，双方可以及时进行交涉，避免日后纠缠不清。第二，保证金扣除之后，需要承租方及时补足，否则就会降低保证金的担保效力，这就需要出租方及时告知承租方保证金已被扣减，需要补交了。

4. 不得要求抵扣条款

就是说在承租方违约给出租方造成损失之后，只有出租方有权做出以保证金抵扣损失的决定，而承租方无权要求出租方抵扣保证金，从而拒绝支付欠款或者是赔偿。

为什么要有这样的条款？因为保证金的作用是担保，它不是预付款。我们的手机预交话费是预付款，就是我们先交费再使用，边用边扣，扣完我们再补交。保证金不是这个性质，它是合同一方为自己履约所提供的一种担保。如果承租方有权随意进行抵扣的话，它就变成预付款了，从而失去了担保的意义。

而且保证金在抵扣之后，一般在七天之内是要补足的。承租方一旦做出这样的意思表示，通常情况下意味着有问题，他可能要恶意欠租，然后退铺了。

这时候，虽然商场手里有相当于三个月租金作为保证金，但是如果你让他冲抵完之后，商户就变成主动的了，他可以继续欠租欠下去，本来是他做不下去，要退铺的，现在变成他逼迫商场不得不主动提出解约。既然是商场提出解约的，他就会跟你提出赔偿的问题了。

5. 抵扣顺序

抵扣顺序也是有讲究的，因为承租人违约，会造成多种欠款，比如租金、物业费、水电费，还有因拖欠而形成的违约金。这些钱先抵消哪个，后抵消哪个，形成的效果是不同的。

如果先抵物业费、水电费之后，承租人还拖欠租金，则不但会继续产生违约金，而且还可能会满足出租人解约的条件。如果先抵消了租金，则违约金不会继续产生，而且即使承租人继续拖欠物业费，也不会构成解约的条件。

在实际操作中保证金的使用技巧 ｜ 50

保证金是出租方保护自己权益的重要手段，除了在合同约定中要尽可能周详完备之外，在具体操作中也要讲究一下技巧。

一般承租方欠缴租金之后，出租方首先会上门当面催缴，接着就是下催收函。如果对方置之不理，继续欠租，有些商场这个时候会直接从保证金中扣除，然后，通知对方补交保证金。

这种处理是不妥的，因为一旦这样做了之后，对方就不欠租了，而合同解除的构成要件是承租方连续三个月欠缴租金。如果对方一直拖欠，而你一直在扣，三个月后保证金就扣完了，而这个时候如果对方仍然拒不交租的话，你需要再等三个月之后，才有权解除合同。也就是说你的保证金条款事实上是完全失效了。这也是为什么在合同中要有"承租方不得要求抵扣"条款的原因。

正确做法是在承租方连续两个月欠缴租金时，向承租方下函，通知对方如果继续欠缴租金，即构成连续三个月欠租的合同解除要件，如果还不履行缴租义务，出租方将依法解除合同。

三个月满，如承租方仍不履行交租义务，则下函解除合同，同时，以保证金冲抵欠租，并向承租方追讨其他欠款及违约金。

这里为什么还会有其他欠款呢？因为承租方一旦欠款之后，形成拖欠的往往不只是租金，还包括其他费用，比如物业管理费等。

因此，实际上我们通常约定三个月的租金作为保证金，对出租方利益的保护是不周全的。如果承租方连续三个月欠缴租金，出租方在通知对方解约，然后以保证金冲抵租金之后，事实上形成了物业费无担保的状况。

所以，如果想要对出租方利益做到保护周全，那么保证金的金额，就必须是三个月的租金再加上三个月的物业管理费。

在实践中，还有一种解决办法，就是在合同中约定，在承租人欠缴租金的情况下，出租人从保证金中冲抵欠款，如承租人未按合同及时补足保证金，则欠款按欠付租金承担违约责任。或者进一步明确在承租人欠缴保证金达到一定数额后，出租人有权解除合同。

最后，还有一个小问题，就是有时候约定的出租面积会发生变化，如果出租面积缩小没有问题，但如果扩大了，则应该相应的追加保证金的数额，否则就会使一部分租金处于无担保状态。

有些有经验的商户会在合同中诱导我们，让我们接受"如果实际租赁面积增加，则保证金不再调整"的条款。

这个要区别对待，如果是因测量而产生的面积增加，这个误差会很小，还是可以接受的。但如果是对方经营策略调整，则有可能大幅增加租赁面积，在这种情况下，保证金保持不变是不可接受的。

承租人是有义务保证所租物业始终具有起租时的品质，是具有保护照管责任的。为防止对物业造成破坏，在收取的保证金范围里，不但包括租金，还包括其他费用，其中一项费用是对物业损毁的赔偿。

租赁物业的合理使用 | 51

我们顺着保证金往下讲，在保证金范围里，不但包括租金，还包括其他费用，其中一项费用是对物业损毁的赔偿。

这个本身是没有疑义的，承租人租赁房屋只有使用权和收益权，而且收益权也是受限制的，比如转租、分租，这些行为在一般商业项目里是被禁止的。承租人更没有所有权，租赁到期之后是要将物业权利返还给出租方的。因此，承租人就有义务保证所租物业始终具有起租时的品质，是具有保护照管责任的。

但是如果合同中仅仅只是笼统地概述一下，很容易引起争议，因此，关于对租赁物业的保护照管责任是要细化的，其中第一条就是租赁物业的合理使用。

关于合理使用中最重要的就是不得擅自改变物业的结构，改变结构会影响物业的整体安全，所以一定要明确禁止。

对于乱改结构的事情，在购物中心项目中会好一点，一方面购物中心商户的品牌级次比较高，做事都比较规范。另一方面，运营方对商户装修的审核与监控也比较严格。所以一般不会出什么大问题。

至于对结构有要求的特殊商户，在设计阶段或者是建设阶段就已经解决了。

对于街区型项目就需要注意了，特别是散售型项目。由于商户层次低，项目的管控能力也较弱，很可能就会在结构问题上出一些状况。因为小商户们往往规则意识淡薄，而且缺乏风险意识，所以可能会随意改建。比如底商或者裙房商业，有些店铺里是会出现承重的剪力墙，这些墙对商业经营是没有用的，还影响使用效果。有些商户就会把它砸掉，这样他是好用了，整栋楼的安全可能就会出现问题。

还有外墙部分也不能随意改变。一般改外墙有两种情况，一种是店铺立面设计问题，但是它可能会破坏项目整体的立面风格，所以能不能改，改到什么程度是要经过项目方审核的。另一种就涉及加建问题，这个就比较严重了，不但会涉及安全问题，还可能违章，涉嫌私搭乱建。

最后顶和地也要约定好能不能改，比如，能不能把实顶改成采光顶？地板上能不能掏洞？这个不是说一定不能改，但是一定要在合同中说明，涉及这些改变的，一定要先向项目方提供方案，经过审批同意后才能执行。

所以在合同中对于建筑结构、墙体和顶地，最好是明确禁止擅自改动，至于商户因装修方案涉及改动的，需要向项目方提供详细的装修方案，经项目方审核批准之后，才可以执行，有些改动还需要就合同结束后，是否要恢复原状做出明确约定。

关于合理使用的第二块内容是设备设施，在购物中心里这些系统的主线路都是由商场统一提供，然后把末端接到店铺，铺内部分由商户自己来完成，那么就需要注意损坏和故障的责任划分。

设备设施的责任划分 | 52

关于合理使用的第二块内容是设备设施。对一个商业物业来讲，不仅仅是四面墙加上一扇门的空间，如果拿一个人来比喻的话，空间仅仅相当于人的骨架，而人的皮肤和长相，相当于商铺的外立面和装修设计，有了骨架和长相，人还是个死人，只有具备血液循环系统和新陈代谢系统，人才是一个活生生的人。而这些对应到商铺里，就是机电系统，也就是我们所说的设施设备。

它包括电气设施、燃气设施、空调设备、上下水管道、消防系统、保安系统等。在购物中心里这些系统的主线路都是由商场统一提供的，然后把末端接到店铺，铺内部分由商户自己来完成。

这样就需要注意以下两方面。

第一，要在合同里或者附件里，把双方的责任界面划分清楚，哪些是由商场方来提供的，哪些是由商户自己承担的。

第二，要将商户在装修及使用过程中的责任讲清楚，如果因为商户的原因导致上述设施设备出现损坏和故障，应承担相应的责任。

除了上述末端到达店铺的设备之外，还有一些公共设备，如电梯、扶梯、洗手间等。关于这些也需要制定明确的使用规则，比如货物不得经客梯上下，这个一方面会影响顾客的体验，另一方面因为货物比较沉，可能会导致电梯出现故障或者影响电梯的使用寿命。

再比如有些商场夜间闭店之后，会将消防卷帘放下来，这就要求卷帘下方不能放置任何物品，否则卷帘放下的时候就会受到损坏，这种事情其实在很多商场都发生过。

当然，上述内容如果都写入租赁合同的话，租赁合同就会显得过长，所以有些内容是写进商管协议或者是物业协议的。而商管协议和物业协议一般是在租赁协议之后的，因此，在租赁协议里要有要求对方遵守商管协议和物业协议的条款，如果违反上述协议造成损失的，商场方有权要求商户提供赔偿。如果商户延迟赔偿，商场有权从保证金中扣除，扣除之后一定时间内，商户必须补足保证金。

租赁物业的妥善保管 ┃ 53

下面我们来讲一下对租赁物业保护照管责任的第二条——妥善保管。

这个理解很简单，因为很多设备设施是在承租人租赁范围内的，并且是供其使用的，因此，承租人就有义务看护好这些设备设施。

在法律中有一个善良管理人的概念，就是承租人应该把出租人提供的设备设施当成自己的财产去加以管理。其实，照管好这些设备对承租人自己也是有利的，它可以保证承租人更好地使用租赁物业。

这里面需要注意的消防设施，因为水、电、气都是商户日常需要使用的，为了自己的利益他也会把这些设施维护好的。但是消防设施则不同，这些设施是他平时用不到的，很多商户从开店到撤店就没碰上使用这些设施。对这些设施的维护有些商户可能就不是很在意，甚至会觉得碍事，比如消防栓。

但是这些都是必要的生命保障设施，如果一旦出事，这些设施不能正常发生效力，后果是很严重的，不但会造成重大的人身和财产损失，而且要承担相应的法律责任。

另外，妥善保管还包括了日常的巡检与维护，这里面首先也是责任划分的问题，就是哪些设施设备或者设施设备的哪一部分是由出租人负责维护的，哪些部分是由承租人维护的。

这些划分一方面是责任的划分，另一方面是费用的划分。特别是有些主力店独立使用的设备是由出租方提供的，比如影院的空调，因为商场与影院的营业时间不一样，它是条独立系统，专供影院使用。再比如，跨层快时尚店铺里的上下交通的电梯。这些设施设备多数是由购物中心提供的，但是专供某一家商户单独使用。

因此，它们的日常维护和费用负担就需要明确说明，以免引起争议，不过这些条款越模糊其实对出租方越有利。

其次，承租方要配合出租方对设施设备进行巡检与维护，因为这种巡检和维护一般都会进入到承租方的租赁范围。

对于承租方来说，从内部装修上就不能形成对巡检维护的阻碍，比如分布在店铺内部的空调检修口，商家就不能在装修上将其封死。

同时，商家也不得以任何理由拒绝出租方进入其租赁面积，对设施设备进行巡检和维护。

承租人对租赁物业应尽的照管责任里,除了合理使用和妥善保管之外,还有相应的公共安全的义务,也就是承租人在使用租赁物业时,还承担着保护第三方人身与财产不受损害的义务。

公共安全义务 | 54

接下来我们来讲对租赁物业保护照管责任的第三条——公共安全。

承租人对租赁物业应尽的照管责任里,除了合理使用和妥善保管之外,还有相应的公共安全的义务。

这里的公共安全指的是除了承租方与出租方之外的第三方,主要包括顾客和其他商户。也就是承租人在使用租赁物业时,还承担着保护第三方人身与财产不受损害的义务。

首先,顾客在承租人店铺内闲逛或消费时,其财产和人身安全应得到有效的保护,这是没有争议的。

其次,如果因为承租人对相关设施设备的使用不善或者是失误给其他商户造成了损失,应该承担相应的赔偿责任。

在这个问题上容易出现问题的一个是水,一个是火。火又是由于两个原因造成的,一个是电,一个是气。

一般来说,在装修期容易出现问题的是电。特别是有些私人的装修队,工人没有安全意识,在用电上私拉乱搭,很容易造成火灾隐患。而且这些人没有经过专业训练,一旦出现火情,往往处置不当。

要么是错失控制火情的最佳时机,本来火情只是处于萌芽状态,利用现场的消防设施就可以消除,但是工人在慌乱中,可能一哄而散,导致火情蔓延,以致不可控制。

要么就是不能及时报警,错失了扑救时间,导致损失加重。这种情况下,施工单位肯定是有责任的,但是在合同中应该明确的是一旦出现上述事故,第一责任人就是承租人,承租人不得以损失是由施工单位造成的为理由,而拒绝承担赔偿责任。

在商场正常运营期间,容易出现问题的是餐饮业态,因为餐饮业态水、电、气都会用到。水的损害是有限的,最多会造成左右相邻店铺和下层店铺的损失,一般不会大范围的蔓延。但是火则不同,很容易蔓延扩大,造成巨大的损失。

北京曾有一家商场因为一家甜品店电动车充电引发火灾，导致两百多间店铺过火，幸亏是在非营业时间，没有造成人员伤亡。

以上这些损害一旦发生，就会牵涉赔偿问题，因此，在合同中应该明确承租人因自身原因给第三方造成损失的赔偿责任。

另外，为了应对可能出现的风险，合同中还应该有要求商户购买保险的条款，因为一旦发生重大事故，有些肇事的商家可能并不具备完全的赔偿能力。比如上述北京的火灾事故，责任方是一家国际连锁的餐饮品牌，事故发生之后，品牌方迅速拿出了两千多万的赔偿金来赔偿过火商户的损失。但是像曾在达州发生的火灾，整整烧了四天，损失是巨大的，其中一个商户已经被警方带走接受调查，如果最终认定他是责任人，那他根本没有能力赔偿所有的损失。

保险是一种风险控制，它是对承租人和出租人责任的一种保证，因此，在租赁合同中，一定要有保险条款，而对于承租人来讲，其保险责任主要在装修和运营两个阶段。

保险责任条款 ｜ 55

上一篇文章中提到了保险，那么我们就专门谈谈保险的问题。

保险是一种风险控制，它是对承租人和出租人责任的一种保证。因此，在租赁合同中，一定要有保险条款。

对于承租人来讲，其保险责任主要在两个阶段。

一个是装修阶段，在这个阶段承租人应该购买装修工程一切险和第三者责任险。一般来讲，装修工程一切险是包含第三者责任险的，它承保的是在装修期间可能出现的财产损失和第三者责任。

具体来讲就是两个方面，一方面是装修过程中因自然灾害和意外事故造成的物质损失。另一方面是指装修过程中，因意外事故导致第三者人身伤亡或者财产损失，而需要承担的经济赔偿责任。

对于装修工程一切险来说，在合同中，出租方应该注意以下要点。

（1）购买装修工程一切险是商户进场装修的前提条件，如果商户未购买保险或者不能向商场出示已购买保险的有效证明，商场应该有权拒绝其进场装修。同时，因为并不是商场过错导致商户不能进场装修，因此，装修免租期正常计算。

（2）保险的责任期间为开始装修之日起至开始营业之日止。时间全程覆盖整个装修期。

（3）在第三者责任险中应将甲方同时列为共同被保险人。

另一个是在运营阶段。这个阶段承租人应该购买的是财产一切险及公众责任险。这个险是对财产进行承保，财产的范围包括商户的装修、货品及自装的设施设备。

对于财产一切险来说，出租方应该在合同中注意的要点有以下方面。

（1）购买财产一切险是商户开业的前提条件，如果商户未购买保险或者不能向商场出示已购买保险的有效证明，商场应该有权拒绝其开业。同时，因为并不是商场过错导致商户不能开业，因此，起租日正常计算。

（2）保险的责任间间为开业之日起至合同租期届满之日止。时间全程覆盖整个租赁期。

（3）承租人应该购买一定金额的公众责任险。在购物中心里，原则上保额不低于 100 万人民币。而且在公众责任险中应该将甲方同时列为共同被保险人。

（4）如果因为承租人的原因，发生涉及出租人损失的保险事故，保险公司的赔款应当首先用于赔偿出租人的损失。如果保险公司的赔款不足以赔偿出租人损失的，则差额部分应由承租人承担赔偿责任。

很多人有一个误区，认为税是个财务概念，事实上，虽然纳税的职能在财务部，但是，税其实不是财务概念，而是个法律概念。它跟合同是息息相关的，因为合同决定业务，业务决定税，所以说你怎么签合同，就会产生怎么样的税。

税收风险控制 ｜ 56

我们来谈谈税的问题，没有经验的人会奇怪，我们在谈合同，怎么会谈到税？其实税跟合同是息息相关的，因为合同决定业务，业务决定税，所以说你怎么签合同，就会产生怎么样的税。

很多人有一个误区，认为税是个财务概念，事实上，虽然纳税的职能是在财务部的，但是，税其实不是财务概念，它是个法律概念。因为用来规范税的，不是财务制度，而是法律。

对于企业来讲，税收风险来自两个方面，都跟合同有关。一个是账务、税务与合同不匹配。因为合同决定账务与税务，因此，出现这种情况是以合同为基准来判断的。那么这种不匹配要么是错账，要么是假账。另一个是合同与发票不匹配，这种情况就更严重了，因为这时不是虚开发票，就是假票。

由于税收涉及刑法，所以一个人一旦出现税收风险，就不仅仅是造成经济损失的问题，很可能是触犯法律的问题。

企业在税收上出问题主要是为了避税，因为没有处理好，结果变成了偷税漏税，而要想合理避税就得把税务筹划的工作做到前面，一旦合同已经签订，业务已经发生，再想在合法范围内找到合理的避税方案就比较难了。而且，商业企业税务负担本来就很重，所以更需要税务筹划。因此，在合同审批过程中，要有法税同审的理念，不但要审法务，还要审税务。

关于法税同审，就不仅仅是租赁合同的范畴，它涉及企业更大范围的业务设计和合约规划，包括从公司设立到各项具体业务的合同，都要进行统筹设计，从而可以在合法范围内使企业实现税负最低。

在营改增之后，商业项目的税收发生了很大的变化，目前一个商业项目所需要承担的税收明细包括房产税、增值税、城建税与教育附加、印花税、企业所得税。

商业项目所需要承担的税收 | 57

在营改增之后，商业项目的税收发生了很大的变化。目前一个商业项目所需要承担的税收明细包括以下方面。

1. 房产税

现在关于房产税的议论比较多，都在讨论收还是不收，什么时间收，怎么收。实际上，这种讨论针对的是住宅，对于经营性物业其实一直都在收房产税。只是对私人拥有的经营性物业的征收没有那么严格而已，但是企业所拥有的经营性物业是一直在交房产税的。

很多人不知道的是，即使这个经营性物业是企业自用的或者是空置并没有产生收入的，企业仍然要交房产税。因为房产税是一种财产税，它并不管你有没有收益，只要你拥有这个财产，你就要交税。

因此，房产税就有两种征收方法：如果有租金收入，按从租的方式征收，目前的税率是年租金收入的12%；如果没有租金收入，按从价的方式征收，目前的税率是房产余值的1.2%。

这里要注意一点，购物中心的租赁面积是按套内建筑面积来计租的，但是在合同中除了注明套内建筑面积之外，最好再明确一个转换后的建筑面积。以免在缴纳房产税时出现歧义。

2. 增值税

增值税是流转税,它是针对商品或者服务在流转过程中增值的部分所征收的税。因此,只要有收入,不管是否盈利都需要缴纳增值税。

但由于是针对增值的部分进行征收,所以企业在缴税时,是可以用上游的进项税进行抵扣的。但是对于商业管理公司来说,比较尴尬的是,进项很少。因此,如果没有合理的筹划,增值税负担是比较重的。

增值税是以收入为计税依据,对于我们来讲会涉及两方面:第一,房租是按11%计税。第二,物业费是按6%计税。

这里我们要注意的是,主力店跟我们约定的往往只是一个总费用。这里面包含租金和物业费,在合同中,我们最好是把它拆开,否则在税上我们就会吃亏。

3. 城建税与教育附加

它们是增值税的一种附加税,是以增值税税额为计税依据的。加起来大约为收入的0.6%。

4. 印花税

印花税是针对合同交的税,只要你签合同就要交这个税。它针对不同的合同是不一样的,对于租赁合同,它的税率是租赁金额的0.1%。

5. 企业所得税

企业所得税是针对企业经营所得而征收的税,也就是说只有在盈利的时候才有这个税。它的税率是企业净收入的25%。

我们会看到在企业经营的各个环节,都需要缴纳相应的税,因此,我们必须要进行合理的税务筹划。

这里还需要解释一下,业内常有人用租赁税这个概念,其实租赁税并不是一个单独的税种,它是对上述在租赁环节所要缴纳的税的统称。

如何做好税务筹划？∣ 58

关于税务筹划,并不是指一个具体的税怎么去少交,如果是这样思考问题,离偷税漏税也就不远了。真正的税务筹划其实筹划的是业务行为,因为有什么样的业务,对应的就有什么样的税,一旦业务行为确定了,那税也就确定了。

所以税务筹划一定是在做事之前进行的,如果事都已经定了,合同也签了,那税务筹划的空间就很小了。

商业地产的业务是比较复杂的,现在多数项目都是租售结合,很多还涉及销售返租，而且还需要为持有资产后期退出预留条件。对很多企业的财务人员来说，搞清楚这一堆业务之间的逻辑关系和业务性质就不是一件轻松的事情，更不要说去做专业的税务筹划了。

而且现在还面临营改增，税收的政策和环境都发生了很大的变化。如何利用税收政策使我们的税负降低而不是增加？就是摆在项目总和财务总面前的一道课题。

因此，如果项目体量比较大、投资金额高、业态复杂的情况下，建议企业要专门请一个税务顾问或者是请一个专注于法税领域的律师。

至少也应该在前期就开始思考这个问题，针对企业的税负多做一些探讨。比如说商管公司由于进项少，可能导致增值税的税负较重。而现在有一个政策是企业购买不动产可以抵扣增值税。

而现在多数商业项目都是租售结合型的，为了保证对销售部分有一定的控制力，一般开发商都会在关键位置持有一部分商铺。那么我们是不是可以让商管公司购买这些商铺，这样商管公司就可以用购房的增值税作为进项去抵扣。

但是如果采用这样的设计，在交易环节开发公司会增加一系列税收，而且商管公司在抵扣时，是两年就抵完了，以后每年商管公司还要承担一个房产税，所以这样做到底划不划算，是需要研究的。

另外，这样做了之后，商管公司就从一个完全轻资产的公司变重了，它拥有自己的资产了，这个符合不符合企业对商管公司的战略定位，这些都是需要思考的。由于商业地产的复杂程度，在前期税务筹划方面是有大量工作可以做的。

税收的社会效应 | 59

税收具有收入调节作用，它会直接影响企业的收入，因此，它是有激励效应的。

对于商业地产来说，运营收益过低一直是行业的痛。但是运营属于存量资产的经营，特别像商业这种人力密集型行业，能解决大量就业问题，同时它像一个下金蛋的鹅一样，能够为地方政府提供持续的税收收入，所以为了鼓励企业主动持有商业项目，政府有必要提供一系列减税措施，来提高持有商业的运营收益。

怎么减？原来笔者一直认为应该减房产税，因为这个税很重，而且不论是否有收入都得交。但是现在笔者倒是认为这个税不应该减，而且要加强征收。

要减的是所得税。因为房产税是对占有征的税，所得税是对经营所得征收的税。如果减房产税，就意味着占有房产交税低，而投入心血去运营，因为有所得，反而交税高，这对运营是不公平的。

人类社会的基本特征就是资源稀缺，因此，如何发挥资源的最大效用，从而更好地造福人类是一切社会制度的出发点。所以对于那些占有资产，但是无法发挥资产效益的人就应该征税，这样如果他有钱就通过交税为社会做出贡献。如果他无法承受这个税负，就会将资产转移到有运营能力的人手中，从而使商业物业的社会效应最大化。

相反，对于那些专注于运营的商业地产人是要给予奖励的，因此，针对经营所得征收的所得税是要降低的，从而可以鼓励更多的人投入到商业运营中来。

以上都是商业项目内部的税务筹划，最后再谈谈与外部有关的合同内容。

租赁业务的特点是出租人向承租人提供物业供其使用，承租人按约定支付租金。因此，跟租赁业务有关的税都在出租人一方，至于承租人所要缴纳的税是跟他的经营行为有关的，跟租赁行为是没有关系的。所以在租赁合同中，关于税的内容是比较少的。

需要注意的有以下方面。

（1）明确一下双方需要各自依法纳税。因为笔者曾经在一些项目中见过，商户利用自己的市场地位，要求商场方为其承担税负的条款，笔者不知道这样的条款是否合法，但提出这样条件的商户不要也罢。

在此需要注意的是开发商引入外部管理公司的轻资产项目，有些品牌输出方是要求开发商承担其税负的，这个要求也是不合理的。

（2）在扣点租金模式下，营业额的认定一定是税前收入。因为税前收入都有可能作假，税后收入商场方就更难掌控与把握了。

在实际中，笔者竟然还看到过按净利润分成的，在这种模式下，承租人完全有能力让出租人一分钱都拿不到。因此，凡是涉及扣点租金的，应一律以税前营业额为准。

如何规范承租人对租赁商铺的处置权 | 60

在租赁业务中，承租人对商铺只是拥有合同期内的使用权，而这个使用权主要是用来经营出租方认可的业态和品牌。因此，在商铺的处置中，如果超出这个范围，其行为就要受到一定的约束。

在实践中所遇到的主要有转租和分租。

转租的出现，一般有两种情况，一种情况是在炒铺，这个商户是在赚转让费。另一种是承租人经营不善，做不下去了，找一个下家来接手。

严格来讲，在统一运营管理的商业项目中是禁止转租的。因为转租在某种程度上是在侵害出租人的利益。

很多人会不理解，可能会说：人家转租，又不欠你租金，怎么会侵害你的利益呢？

因为前面讲过，在统一运营的项目里面，特别是在购物中心，出租人所需要的不仅仅是租金，更重要的是符合自己的商业定位、品类规划以及品牌落位。

也就是说在商业项目中，出租人的需求是具体到品牌的，而转租可能会涉及品牌的改变，甚至是品类的改变，这种情况下，这个合同就严重违反了出租人的初衷，就会使这个租赁行为变得没有意义了。

对于前者是严格禁止的，即使他能保证品牌的延续性，也需要禁止，因为炒铺的承租人中间是要加价的，这种加价成本会转移给第二承租人，导致第二承租人的运营成本增加，那么他的经营风险就增加了，商户的风险某种程度上就是商场的风险。因为一旦商户经营不善而关店，出租人就会损失租金。

商场通过自己的运营努力，所实现的这种差价空间，理论上要么由商场来享受，要么让利给经营者，而不能让中间一个投机人平白无故地给拿走了。

而在第二种情况下，要区别对待，如果是品牌本身的原因导致经营不好，干脆提前解除合同，撤柜好了，最多不追究其违约责任。

如果是品牌本身没有问题，做得还很好，但是因为经营者本身实力有限，无法对品牌进行持续的投入，从而导致品牌出现问题。这种情况下，我们可能还想保留这个品牌。如果承租人能找到一个下家，愿意接手，我们是可以同意的。

但是这种情况就不是我们常规意义上的转租，因为法律上的转租涵盖两种情况：一种是我们传统意义上的转租，指的是上手租赁关系不解除，增加了一个新的第二承租人。

另一种情况是承租权转让，是指上手租赁关系解除，新承租人直接替代原承租人与出租人建立租赁关系。

所以原则上是不允许转租的，但是在合同中我们是不说死的，通常的合同表述是，未经出租人书面同意，承租人不得转租该商铺。在这里我们会留一个活口的。

　　法律意义上的转租涵盖两种情况：一种是常规理解中的转租，就是出租人将商铺租给承租人，承租人再将商铺租给第三人；另一种就是承租权的转让。

何谓承租权转让 | 61

　　有人表示不理解什么是承租权转让，那么笔者再解释一下何谓承租权转让。

　　法律意义上的转租涵盖以下两种情况。

　　一种是常规理解中的转租，就是出租人将商铺租给承租人，承租人再将商铺租给第三人，出租人与原承租人之间的法律关系继续有效。而新进的第三人只与原承租人有法律关系，与出租人没有关系。

　　转租后原承租人虽然仍是租赁关系的当事人，但实际上是将租赁物有偿地再转移给第三人即第二承租人使用，而租赁物如何进行使用，对出租人有着直接的利害关系。因此，我们才需要在合同中规定，承租人转租须经出租人同意，非经出租人同意承租人不得转租。

　　这里经出租人同意非常重要，从法律上来说，出租人的同意不一定是明示同意，也可能是推定同意。也就是说，如果出租人知道或者是应该知道承租人进行了转租，在法律允许的时间内没有制止或者是行使解除权，则这种转租是有效的。

　　所以为了避免出现争议，一定要在合同中约定，这种同意必须是书面同意，这样约定就限定了承租人的告知义务，也就是说他要想获得书面同意，就必须要把转租这件事告诉出租人。

　　另一种情况就是承租权的转让。这种情况有点类似于房产销售中的更名，就是出租人跟原承租人解除租赁关系，新承租人直接替代原承租人与出租人建立租赁关系。

　　这种情况有时候是允许的，比如，本来是代理商在做，他做了一段时间不愿意做下去了，但是品牌商还愿意继续跟商场来合作，他可能会找个新代理商来替代原代理商，或者是品牌商直接直营了。如果这个品牌还可以，商场可能是允许他转让的。不过在出现这种情况时，我们应该优先考虑品牌商直营，因为这样更换之后，实际上租户质量是提升了，品牌的运营能力和抗风险能力都得到了加强。

　　而如果更换的新承租人是个新手，这时候可能是在降低租户质量，租户质量降低就是在加大出租人的风险。因此，如果我们判断租户质量是在降低的，就应该要求在新合同中追加品牌商或者是原承租人为连带责任人。如果新承租人违约，给出租人造成损失，他们将承担连带责任，也就是说，需要他们给新承租人做个担保。

有时候承租权转让会比较隐蔽。比如，原承租人直接将公司转让给了新承租人。表面上一切合作都没有发生变化，只有经过一段时间，商管人员才能发现异样，感觉老板似乎换人了。

为了避免出现这种情况，在合同中要约定，涉及承租人公司法人变更、股权转让等行为都应该履行告知义务，否则出租人有权解除合同，并追究原承租人的违约责任，也就是说不能让原承租人轻易逃脱合同义务。

有些分租是商场鼓励的，有些分租是要禁止的，为了对分租行为进行有效的控制，商场在起草合同时，不妨在合同中直接禁止分租，这样有分租需求的商家就会在合同谈判时，提出分租的要求，同时说明理由。

分租权利的规范 | 62

所谓分租，就是原承租人在继续使用租赁店铺的情况下，将店铺的一部分面积租给其他商家使用。

分租现象在现实中会经常出现，主要分为三种情况。

第一种情况是在商户的商业模式中本身就含有分租的内容。比如，主力店基本都会涉及分租，百货本身就是一个二房东模式，除了大量的联营商户外，有少部分商户就直接采取了租金模式。

大部分超市的模式是自营加外租。自营部分是在收银线以内，收银线以外的面积基本是采取的对外出租的模式。如果做得好的话，超市能通过对外分租的收入，完全覆盖向甲方支付的租金。

影院在售票大厅也会做一些附属经营，像利润比较高的爆米花、饮料，一般是影院自营的，除此之外，影院还会分租一部分面积，引入不同的商家。从而可以丰富售票大厅的功能，并且可以增加影院的收入。

第二种情况是在当下追求顾客体验的趋势下，很多品牌在经营上会走向复合化，比如，大量的品牌在推出生活馆或者旗舰店模式。

这些模式往往都是多种经营的，会在原有经营主业之外再加入一些新业态。比如，咖啡已经成为一种百搭业态，可以与各种品类相结合，在服装店、书店、面包店等店铺内，现在基本已经看到了咖啡的身影。在这些植入的非主营业态里，有一些是品牌自营的，还有一些是采取分租形式完成的。

第三种情况是商家纯粹为了降低成本，采取分租引入其他商家，来分摊自己的租金成本。这种情况一般在街区项目中比较多见，比如二七万达金街，有一段时期，几乎每家店铺门口都有一个分租的柜台，虽然表面上显得街区很热闹，但是实际上不仅导致了脏、乱、差，更重要的是造成了主店铺经营业绩的下降。

所以有些分租是商场鼓励的，有些分租是要禁止的，为了对分租行为进行有效的控制，商场在起草合同时，不妨在合同中直接禁止分租。这样有分租需求的商家就会在合同谈判时，提出分租的要求，同时会说明理由。

至于一开始并没有分租需求的品牌，在经营中如果出现分租的需求，因为合同的约束，它就会提前与商场沟通并获得商场允许才可以执行。这样在运营中，商场方就非常清楚哪些商家有分租行为，这些分租行为对商场是否有利，而且商场方也掌握着是否允许其分租的权力。

在商业项目中一般会有统一管理的要求，这是对商场和商户都有利的事情，因此，商户理应配合商场的管理要求，首先一条就是营业时间。

商户营业时间要求 ┃ 63

商户应该遵守哪些基本管理要求呢？

在商业项目中一般会有统一管理的要求，这是对商场和商户都有利的事情，因此，商户理应配合商场的管理要求。但在实际运作中，经常会碰到一些缺乏大局观，甚至都认不清什么事是对自己有利，什么事是对自己不利的商户。

所以在合同中，我们有必要对商户应该遵守的基本管理要求，做出明确的约定。

商户应该按照商场规定的营业时间正常经营，这包括以下两个方面。

第一，开闭店。

任何一个商场都会有自己的开闭店时间，这是商场对顾客的承诺，也就是只要消费者在这个时间段到达商场，都会得到商场的正常服务。

如果商户不遵守这个时间就会使商场失信于消费者，不但会损失营业额，而且对商场的信誉及品牌都会造成伤害。因此，每个商户应该做到的最基本的要求就是按时开闭店。

按时含义包括两个方面，不能提前，也不能延迟。提前主要指的是不能提前闭店，延迟指的是不能延迟开店。

当然，在合同里我们只是约定要准时开闭店，在实际运营中会有更细的要求，假定我们的营业时间是早十点到晚十点。

那么在早十点，第一波顾客可能已经在门口等候了，这时商场一开门，就要能正常为顾客提供服务，而不能还在上货、打扫卫生、整理仪容。因此，商场规定的十点开门，并不是十点工作人员能到店，把门打开就行了，而必须是已经做好了充分的营业准备，所以十点开门，商户的工作人员是要在九点就要到达商场的。

闭店也一样，十点闭店并不是十点准时关门，而是说十点钟商场就不再接待新顾客了，对已经在店的顾客，要继续提供服务，直到他离开，这时是不能催促顾客或者降低服务标准的。比如打扫卫生、收起货品等，这些都是不允许的。也就是说商场规定十点闭店，实际接待完顾客可能已经十点半了，打扫卫生、开完会，最后店员离店的时间可能是十一点。

第二，连续经营。

连续经营指的是在商场正常的营业时间，店铺是不能中断服务的，店员不能锁门出去办事或者吃饭。因为顾客随时会来，即使顾客不来，当他在商场里经过锁着门的店铺时，也会留下不好的印象。

因此，店员必须倒班吃饭，店内不能离人，如果店面较小，只有一个人的情况，必须要找其他商铺的店员代为照顾店面才能离开。

这些规定并不是苛刻，而是因为我们定了早十点到晚十点的营业时间，这是我们对外的承诺，那么在这个时间内，顾客随时会来，只要顾客是在这个时间段到达商场的，他就必须能获得良好的服务，否则就是我们失信，会损害我们的品牌形象，甚至会失去顾客。

国内商业项目所面对的商户参差不齐，因此，会制定统一的管理规范和规章制度。表面上是约束商家，其实是在提高商户的店面管理能力，同时可以替老板或者是公司有效地监控店面的运营情况，及时发现问题，及时纠正错误行为。

规章制度的意义 ｜ 64

因为国内的商业项目所面对的商户参差不齐，因此，要制定统一的管理规范和规章制度，来约束商家的经营行为。

这些规章制度表面是约束，其实是在提高商户的店面管理能力，同时可以替老板或者是公司有效地监控店面的运营情况，及时发现问题，及时纠正错误行为。

所以有经验的商户都是支持商场统一管理的，而且希望商场管的越严越好，但是也有少部分第一次做生意或者之前没有跟商场合作过的商户，可能会不理解，认为商场是在针对他。

比如，笔者在河南周口做过一个项目，当时有个女装品牌是从步行街过来的，这个老板之前没有做过商场店，店面管理很松散，店员接待顾客很不主动，动不动就跑到试衣间去玩手机，我们的楼管制止了几次，发现没有效果，就给她的店员开了罚单。结果这个老板气势汹汹地来找商场理论，认为商场在欺负她。

面对这样的商户，我们其实是挺无语的，她根本就不知道商场是在帮她，但是像这样的商户在现实中确实是存在的。因此，在合同中就需要明确商户必须要遵守商场的管理规范。这是涉及管理权的问题，是需要明确的。

但是商业管理都是细节，这些细节是不可能都写进合同的，所以关于管理规范的内容是以商户手册的形式体现的。这个手册非常全面，包括商场自身的介绍、商场给商户提供的服务、商场对商户的要求，等等。

其中在执行中会经常涉及的，一个是对商户员工行为规范的要求，一个是对商户顾客服务标准的要求。所谓在执行中经常会涉及，就是说在这两个方面经常会涉及处罚问题。

在商业经营中，商户的质量越高，自身的管理水平也就越高，商场的日常管理相对就越轻松，像很多外资的、港资的购物中心里，由于租户都是一些国际、国内的一线品牌，商户的自我管理能力非常强，商场往往就没有运营这个部门，只有一个租务部或者叫作租赁部。

但是如果场地里大量的商户都是代理商或者加盟商，那是必须要强化日常管理的，特别是当项目处于三、四线城市，品牌直营的比例非常低，而且多数品牌商也根本没有能力将自己管控下沉到当地的代理商，这个时候对日常管理的提升就主要依赖于商场的运营管理能力。这也是国内的商业都很重视运营部的原因。

对于商场而言，在商品环节还是存在一定风险的，因此，在合同中不但要明确商户的商品责任，同时还要约定，当商户出现商品质量问题，如果不能及时解决，给商场造成经济和声誉损害或者商户在经营中存在造假问题，商场方有权解除合同，并有权向该商户追讨损失。

商品的严格管控 | 65

国家对实体零售的管控是很严格的，一旦销售的商品出现问题，商场是要承担连带责任的，甚至会涉及双倍赔偿的处罚，这跟电商售假、平台免责，是完全不同的法律环境。

这种经济上的损失还是小事，形象与声誉的损失则是更为严重的后果。

所以说商品是商业企业生存的基础，其他的地方做得再好，如果在商品环节出问题，所有的努力都是白费。因此，合同中应该明确商户的商品责任，必须保证所出售的商品都是合格合法的。

商品出问题主要是两类：一类是质量低劣，一类是假冒伪劣。

国内的产品质量实际上是个大问题，不过一般商场在招商时，对品牌是有选择的，招进的基本都是市场销售良好、产品质量有保障的品牌。所以在实体商业中心购物，商品质量还是有保证的。

在这个问题上，城市级别越高，品牌级次也就越高，相对质量就越容易把控；城市级别越低，品牌级次就越低，质量问题也就越容易出问题，像在四线城市做商业项目，想用正规的品牌填满一个商场都很难。在这种项目中，商管部门就要花更多的精力在商品质量上。

另外一个容易出现的是假冒伪劣问题，这个又有两种情况，一种情况是品牌本身就是假冒的，比如，有段时间有个品牌假冒法国大公鸡，在国内开了很多店，甚至比正牌的法国大公鸡影响力还大，这恨得品牌方直咬牙；还有一种情况是，品牌本身是真的，但是自己在假冒自己，这个主要是一些代理商为了追求自己的利益，在代理原品牌的货品基础上，自己又另外采购了一些便宜的商品，然后换上该品牌的商标，混在一起销售。

这种情况不但会出在品牌代理商身上，甚至一些品牌的直营店也会出现问题，比如，上海就出过某国际一线奢侈品专卖店售假的事件，但实际上并不是品牌商在售假，而是店员将一部分仿制品冒充专卖店的商品在售卖。

在级别较低的城市，特别是四线以下城市还会出现一种特殊的情况。因为当地市场缺乏成熟的品牌，现有的一些专卖店做的都是通路货，这些通路品牌很多是没有完整产品线的，可能只有春夏装，而没有秋冬装。这就迫使我们同意商户在一个铺位可以经营多个品牌，比如一主一副或一主两副。在这种情况下，我们一定要加强对商户所申报的副牌的审核。防止商户以主品牌的名义拿铺，实际经营的却是不符合商场品质要求的商品。

综上所述，对于商场而言，在商品环节还是存在一定风险的。因此，在合同中不但要明确商户的商品责任，同时还要约定，当商户出现商品质量问题，如果不能及时解决，给商场造成经济和声誉损害或者商户在经营中存在造假问题，商场方有权解除合同，并有权向该商户追讨损失。

服务应该跟商品是一体的，提供商品的过程，就是服务的过程，对于有些商家来说，服务本身就是主要的交易内容。而对于购物中心来说，其商业模式的本质是在经营顾客，因此，对于任何降低顾客体验或者会导致顾客流失的情况，都必须有效监督与管控。

服务态度的要求 ｜ 66

服务应该跟商品是一体的，提供商品的过程，就是服务的过程，对于有些商家来说，服务本身就是主要的交易内容。比如餐饮，它的交易内容一半是实体商品，一半是服务。而像休闲娱乐业态，它所交易的很可能就是纯服务。

现在我们越来越重视顾客的购物体验，体验是顾客在整个消费过程中的感受，这里面服务占了相当大的比例。而且在实体商业中，整个体验过程往往服务是最难保证的，因为物理环境是固化的，很容易进行设计和控制，而绝大多数服务是需要由人来传递的，由于人是活的，他的心态和情绪都会影响到服务的提供，所以要想把人的服务保持在一定品质和稳定状态中是很难的。

很多人会把提供服务与自己的人格联系起来，他会认为提供最低限度的服务就可以了，如果进一步提供细致贴心服务，他就会认为这是有损自己人格的事。比如，如果到过国内很多城市的话，你就会发现有些城市的服务人员是不会笑的，而且这种现象不是个例，而是整个城市都是如此。其中，餐饮业体现得最明显，你看到的几乎都是"讨债脸"。

这个跟在日本看到的情况截然不同，日本人的服务是发自内心的，他会以服务为荣，以为人提供服务为乐趣。

如果是国内品牌，又是代理商操作，那服务问题就会更多，所以在商场中，运营人员巡场的一个重要内容就是监督商户工作人员的服务。

另外一个在服务中容易出现问题的是退换货，按照现代商业理念，商家是要做到无因退货的，在欧美国家这种理念从一百多年前百货业态诞生就开始了，一直延续到今天，甚至很多商场都不设置退货的时间门槛，你随时可以退。

在我国，法律对退换货是有明文规定的，但是由于有些人短视，只看中眼下一点蝇头微利，对客户长期关系的建立和维护，并不是很在意。所以即使有点质量瑕疵，只要不严重，商家就不愿意给客户退。这个就很容易引起顾客跟商家之间的摩擦，甚至造成客户对整个商场形成负面的评价。

比如，笔者在逛一家快时尚店铺，路过收银台时，隐约听到收银员向顾客说了一句："这个包是售后不调不换的。"他可能自己都没底气，所以语气都是嘀嘀咕咕的。笔者猜想这款包可能质量是没问题的，但是由于设计缺陷导致退换率很高，店长出于小心机，就让店面限制顾客退换，这实际上是跟我国的消费者保护法有冲突的，这样就预设了跟商家冲突的隐患。

对于购物中心来说，其商业模式的本质是在经营顾客，因此，对于任何降低顾客体验或者会导致顾客流失的情况，都是不允许出现的。而要想对此有效监督、有效管控，就必须有管理权，因此，在合同中就必须要跟商户约定，其经营必须遵守商场管理制度，如因商家服务不当造成商场损失的，商场有权解除合同，并向其追讨损失。

在合同中，我们必须对推广也做出一定约定。因为进入运营期后，要保证项目的正常成长，统一推广是必要的手段，一般包括广告、公关、促销和美陈，目的是获取顾客，也就是现在说的流量。

推广策略的组合应用 | 67

在合同中，我们必须对推广也做出一定约定。因为进入运营期后，要保证项目的正常成长，统一推广是必要的手段。

推广工作在商业项目中是由企划部负责的，它属于运营中的进攻性手段，目的是获取顾客，也就是现在说的流量。

一般包括广告、公关和促销。另外因为实体商业是在现场提供服务的，因此，现场环境营造越来越重要，所以这块工作也归入企划，它也是具有推广效应的，这块工作叫美陈。

广告这种手段，实体商业本来就用得非常少，原来只是定期推自己的促销活动，现在传统媒体比较衰落，实体商业就用得更少了。对于媒体告知的需求，现在越来越多的是用线上媒体和新媒体来满足的。

公关，又简称"PR"，在实体商业中更多地是以活动的形式表现的。它的主要作用就是拉动客流，提高场地的流量。

促销，又简称"SP"，通常也是以活动形式体现的，但它的作用更直接了当，因为它的目的就是提高转化率，提升销售业绩。

美陈，属于环境艺术的一部分，主要目的是营造氛围，这两年比较热的"IP"，更多地就是属于美陈的范畴。

以上这些推广的目的就是为了增加客流，提升业绩。这些推广手段往往是一个组合，要想有效发挥作用，受制于两点。

第一，费用投入。以上这些手段绝大多数都是需要花钱的，即使手段本身不需要花钱，传播也是需要投入的。

第二，商家配合。因为以上手段的核心其实是围绕商家展开的，很多内容都是来自于商家，特别是大型促销活动，是需要商家的积极配合才能执行的，因为它们涉及商家的让利。

国内的商业项目中，除了商家促销部分，费用投入一般是由商场承担的，有些时候商家促销部分也是由商场做出补贴。只有少数项目或者非常成熟的项目，才会向商家收取推广费。

在这种情况下，费用不用商户负担，那么在营业和促销上，商户是需要积极配合的。

推广工作对商家是有利的，一般成熟的商家都是希望商场多搞活动的，并且也会积极配合商场的推广，但是城市级别低了之后，会有一部分商户眼界太低，对推广配合比较消极。因此，就需要招商人员和运营人员在招商和运营的过程中，积极地进行引导，转变其理念，同时，在合同中也要对其配合义务做出明确说明。

公共关系处理 | 68

这里的公共关系并不是上一篇所说的商场统一搞的"PR"活动。而是指商户在日常经营中，如何处理好跟商场公共空间以及左邻右舍的关系。

由于购物中心采取的是统一管理、分散经营的模式，所有的商户既是一个整体，又各自独立。因此，商户在开展自己的经营活动时，就不能像在街铺中那样随心所欲，而必须对自己的行为有所约束。

作为购物中心的管理方，所充当的角色就是游戏规则的制定者，如果这个职能不能发挥效力，所有参与者就会处于博弈状态。在这种情况下，按照博弈论的理论，参与者往往会采取双输的策略，导致大家的利益都得不到有效的保障。

购物中心既然要充当游戏规则的制定者，就必须在合同中明确限制条款，要告诉大家哪些行为是不能做的。

在实践中，主要涉及以下方面。

第一，不能超出划定的商铺范围。也就是说，商户无论是装修，还是日常经营，都必须在约定的商铺范围内进行，不能够越界。

最容易这样做的就是那些进店率低的商户，既然顾客不进去，他就会出来，先是摆一个模特，如果没人制止，就会出来一个花车，接着干脆就把货架摆出来。而且，只要有一家商户这样做，所有店铺都会跟着这样做，结果不但影响商场的空间形象，还堵塞了通道。本来还有客流，只是进店率低而已，最后连客流都没有了。

第二，商户的宣传品不得随意在商场公共空间派发和摆放。这些行为必须经过商场批准之后，才可以进行，并且物料品质必须达到商场的要求。

派单行为会干扰顾客，如果一个商场满是派单人员，就会让顾客不胜其烦。当然，在就餐时间是可以允许部分餐饮进行派单的，一方面可以为商户导流，另一方面也可以帮助顾客选择。但是也要有所控制，不能一窝蜂地都出来。

宣传品的摆放，主要是些水牌、X展架、易拉宝之类的。这些东西如果不进行管制，到处摆放的话，会破坏商场空间的整体形象，阻碍顾客通行，而且有些商家制作的宣传道具的品质非常低劣，这些都会降低顾客的体验，进一步造成顾客满意度的降低。

商场经营需要一个良好的环境，这个环境需要所有参与者一起来维护和打造，因此，每个商户不仅需要对自己的店铺负责，也需要对公共环境负责，为此我们在合同中需要在商铺范围、宣传品派发、广告、噪音、卫生等方面，对商户的内部公共责任做出一定约定。

公共责任的约定 | 69

除了上一篇谈到的两个方面，还要对商户的内部公共责任做出一定约定。

第一，在使用商场广告位时，设计与制作的品质必须达标，而且不得随意更换内容。

商场做规划时，会在内部和外部设计出一些广告位。在运营中，会提供给商户来使用。其中，有收费的，也有免费的。但是不管是收费还是免费，在内容、设计和材质上都必须要满足商场的品质要求。而且一旦出现破坏和损坏，必须及时维修，不能让顾客看到残破的广告。这一方面是维护商场的形象，同时也是在维护商户自己的品牌形象。

另外，一旦广告内容确定之后，是不能随意更换的，如果需要更换必须向商场申请，在内容和材质上还要再次让商场审核，通过之后，才可以更换。更换和安装的时间也必须按照商场的规定进行，原则上需要在非营业时间进行。

第二，商场一般会有统一的播音系统，有些商户会在店铺内部再设立一套自己的音响或播音系统。这个原则上是允许的，但是其音量必须控制在合理范围内，标准就是不能干扰到公区的播音和相邻店铺的经营。

商户在经营中还会有一个迎宾的动作，有点类似传统商业中的叫卖。这个动作是站在店门口，向路过顾客打招呼，邀请其进店选购。这个动作商场也是鼓励的，甚至会强制要求。但是如果商户懒得迎宾，而是录个音，在门口放个喇叭，"哇哇"地喊，这个是坚决要制止的。这不但是在制造噪音，而且没有一点迎宾的诚意。

除了迎宾不能用录音之外，其他只要是与顾客进行个性化交流的环节，最好都是要有温度的，就是要通过人来直接沟通。

第三，卫生主要是垃圾的清运，特别是餐饮店铺每天都会产生大量的垃圾。因此，关于垃圾清运商场都会做出严格的规定。

如果是有货运通道的商场，垃圾清运必须走货运通道，是不能进入前场的。如果没有设计货运通道，垃圾清运是有严格的时间规定的，只有在规定时间内才可以将垃圾送出。

另外，在一些四线城市的街区型商业中，由于有些商户素质很低，会把店内的垃圾直接清扫到街上去，这些都是要加强管制的。

综上所述，商场经营需要一个良好的环境，这个环境是需要所有参与者一起来维护和打造的，因此，每个商户不仅需要对自己的店铺负责，也需要对公共环境负责。

卡、券是商家一种正常的营销手段，现实中的很多商家在经营过程中都会用到卡券。但在实践中，容易出现的问题是顾客手中的卡券还没有消费完，商家就停业关门了，因此，商场对商家的发卡售券行为一定要加强管理。

卡与券发放的管控 | 70

卡、券是商家一种正常的营销手段，现实中的很多商家在经营过程中都会用到卡、券。这里的卡，主要指的是提货卡和充值卡，跟会员卡是有区别的，当然，也有将会员卡和充值卡功能合一的，也就是会员卡带有充值功能。券主要是代金券。就是有面值的，在该店铺可以冲抵现金的。

这些卡、券本来是商家的营销行为，跟商场是没有关系的。但是在实际经营中，作为平台方的商场肩负有很多的连带责任。因此，如果在卡券上出了问题，商场是脱不了干系的。

在实践中，容易出现的问题是顾客手中的卡券还没有消费完，商家就停业关门了。顾客找不到当事的商家，他自然就会找商场。在这种情况下，即使这件事跟商场没有任何关系，最终商场也不得不担下这个责任。

因为这种事涉及的往往不是一两个顾客，很容易形成群体事件。处理如果不当，一方面对商场的形象是一个损害；另一方面政府也会出面施压商场先行解决顾客的问题，再去向当事商家追讨。

一般情况下，券还好说，因为券往往是商家的一种优惠措施，它是之前消费的一种奖励，如果券无法使用，并没有造成顾客的直接损失，顾客还是比较好接受的。但是，如果这个券是顾客花现金购买的，那就跟卡的问题是一样了。

卡往往是一种预付费行为，就是顾客还没有实际消费就先付了款。如果商家不能兑现，就会给顾客造成实际的损失，这是顾客很难接受的。

现在售卡比较多的商户集中在美容美发、餐饮娱乐、母婴儿童等业态。而且这些商户中相当一部分都不是全国连锁品牌，而是本地商家，甚至很多都是个体经营。所以容易出问题，并且出了问题，追讨难度比较大。

笔者在一个商场里就碰到过这种事情，当时是一个儿童乐园，突然就关门了，购卡的顾客就闹了起来，区里领导很快就找相关者谈话，要求相关者先赔偿顾客的损失，然后再去找这个商户追讨。幸亏保安负责人有经验，迅速找到这个商户的家，确认他在家，同时报警把当事人给控制了起来。这样才迫使当事人主动把问题给解决了。实际上，当事人已经买好第二天去深圳的车票了，如果商场相关人员动作不快，这个人就不好找了。很可能这个损失最后就是商场承担了。

因此对商家的发卡售券行为一定要加强管理，跟上面几篇所讲的一样，商场要想管理，就得要管理权。因此，在合同中就必须有所约定。

第一，如果有发卡售券的行为必须提前向商场备案，并且服从商场的管理规定，规定的具体内容可以在商户手册中体现。第二，商户发放卡券的使用期限，不能超出它的租约期限。

　　关于数据采集的技术越来越先进，但是技术是需要商户接受并且配合的，如果进入运营期，商户已经开业经营了，再来要求数据采集，沟通难度就会加大。因此，最好的办法就是把问题前置，提前在租赁合同中约定。

数据采集模式的确定 ｜ 71

　　在合同中，需要约定的最后一个管理要求是数据采集，这里所说的数据采集主要是指商家的销售数据。关于这一点在前面已经提到过，它对商场意义十分重大。

　　一方面在扣点租金和两者取高模式中，准确的数据采集，意味着商场能不能拿到应得的租金。另一方面准确的数据采集，也便于商场掌握整体运营情况，利于及时发现问题，及时做出相应的措施。

　　商场采集商户销售数据一共有五种方法，每种方法的技术手段是不同的，需要商家配合的方式也是不同的。因此，商场必须在租赁合同签订之前，就要确定销售数据采集的方式，否则就无法在合同中明确约定。

　　另外，如果采集方式需要通过信息系统完成，信息系统必须在与商户签约之前采购到位。因为这种方式会涉及双方系统的对接或者是需要商户使用商场方的系统，这些流程会涉及一些操作细节，这些细节最好是以附件的形式在签约时一并签订。

　　目前采用最多的就是让商户租用商场所提供的 POS 机，这个 POS 机商场也不用采购，可以由合作的银行来提供。在这种模式下，商户发生销售时，使用的是商场的系统，并且直接输入商场提供的 POS 机，如果自己的总部需要数据，就在自己的系统里再录入一遍。

　　在采用这种模式时，收款会有两种形式，常见的是商户使用商场的统一系统，但是钱是收进自己账户的。还有一种方式是钱要收进商场统一的账户，在约定的结算时间，商场再把钱结给商户。一般纯扣点的项目会采用这样的方式。

　　也就是说，现在关于数据采集的技术已经越来越先进，但是技术是需要商户接受并且配合的，如果是进入运营期，商户都已经开业经营了，再来要求数据采集，沟通难度就会加大。因此，最好的办法就是把问题前置，提前想清楚，直接在签订租赁合同时，把这些问题一并进行约定。

　　现在主流的数据采集方式是 POS 形式。这种方式不能简单地用一句话说清楚，需要用一个管理协议作为合同附件，来约定所有细节，特别是随着非现金交易占比越来越高，商场与商户最好提前商量好结算方式。

POS 数据采集方式 ｜ 72

接下来我们来详细谈一下 POS 数据采集方式。

现在主流的数据采集方式是 POS 的形式，也就是商场统一向商户提供 POS 机，商户要把销售数据录入商场提供的 POS 系统中。

那么这种方式存在很多细节，在合同中，就不能简单的用一句话来约定。而必须要用一个管理协议作为合同附件，来把所有细节都约定清楚。

需要约定的主要包括以下内容。

第一，安装。因为这套系统包括软件、硬件及布线，因此，需要把双方责任的界面划分清楚，一般情况下，硬件和系统都是由商场提供的，布线由商场完成到商家的租赁区域，商家负责店内布线，并且实现与收银机的连接。

第二，租金与押金。商场所提供的 POS 机是租给商户使用的。那么相应就会产生租金和押金，一般情况下，押金是必须要交的。而租金，有的项目是免的。具体收还是不收，要看项目的实际情况。

第三，培训与操作。商场所提供的 POS 是一套独立的系统，必然会涉及操作人员的培训，为了保证系统能够有效使用，应该要求商户的收银人员必须通过商场的培训，合格之后才可以上岗。因此，这个收银员也不应该随意更换，如有更换必须要通知商场，新收银员仍然要通过培训才能上岗。

第四，使用。商户应正确使用该系统，并对系统进行合理的维护。如果出现人为损坏，应照价赔偿。

第五，如实录入。商户应将店铺内产生的每一笔交易，包括现金、银行卡及微信、支付宝等线上支付方式所产生的交易，如实录入系统，不得以任何方式隐瞒销售额。

第六，非现金交易。关于非现金交易有两种处理方式：一种是指向商户自己的账户，由银行、微信、支付宝等机构直接与商户进行结算；另一种方式是指向商场统一的账户，由银行、微信、支付宝等机构先与商场结算，然后商场再与商户结算。

非现金结算在交易中占比越来越高，这一块是需要商场重视的，笔者主张应该采取后一种方式，由商场统一来结算。因为一方面这可以使商场掌握一部分现金流；另一方面这是一个重要的数据入口，掌握了这个入口，商场才能够进一步去充实和完善自己的数据，同时才有资格跟互联网巨头们坐下来谈合作、谈数据共享。

关于停车位 | 73

停车位分为机动车停车位和非机动车停车位，它是建筑的重要附属设施，不同的建筑类型，对停车位配置的要求也不同。

关于停车位的配置，各地政府都有明文规定，比如，郑州市关于商业项目的停车位配比要求是机动车停车位每百平方米建筑面积配置一个，非机动停车位每百平方米建筑面积配置四个。也就是说，一个建筑面积十万平方米的商业项目，如果是在郑州的话，它需要配置 1000 个机动车停车位和 4000 个非机动车停车位。

停车位是政府规划的强制要求，而且对于商业项目而言，停车位也十分重要，很多项目会超配。按道理这跟租赁合同是没有关系的。但是主力店在合同中，都会向商场提出免费停车位的要求。有的项目主力店多了，都按主力店要求做，商场的停车位可能还不够主力店分的。

主力店要的免费停车位分为两种，一种是员工免费停车位，这种类型机动车位非常少，非机动车位比较多。另一种是顾客免费停车位，这种类型往往要的机动车免费停车位非常多，基本都要上百个。

停车位收入是商业项目重要的创收来源，在开业初期，为了培养客流，商场也会采取一定的免费措施，但是后期一定是要收费的。而且停车位收费也是一项重要的企划资源，在运营期的企划活动及会员管理中都会发挥很大的作用。

主力店索要免费停车位，主要是为了方便员工停车和增加顾客体验感。但是如果都免费了对商场就是损失。而且停车位的收入是由两部分构成的，一部分是车位的租金，一部分是车位的物业管理费。租金是收入，物业管理费则是成本。因此，免费停车位并不仅仅只是免费而已，而且还意味着商场的补贴。

不过为了顺利完成主力店的招商，通常商业项目会做出一些让步。首先，员工停车位是可以免费提供的，但是数量要控制。至于顾客停车位不能全免费，可以有条件的免费，比如，凭购物小票免三个小时的停车费。这样既能实现主力店增加顾客体验的目的，又能保证商场的利益。

在实践中，如果主力店要求独立管理商场给予它免费停车位，有时候项目方觉得这样也会省事，往往会答应主力店的这个要求，但这里面可能隐藏着一些风险，需要在合同中把风险和责任一并转移。

主力店停车位管理的权责 | 74

停车场不能完全免费还有个好处，就是避免了把商场车库变成免费的社会停车场，因为国内停车位紧张已经是个社会问题，如果你这边有免费停车位的话，很多人可能会长时间占用。

当然，商场并不怕别人占便宜，但是如果让这些人占着停车位，真正的顾客来了，反而会找不到停车位，从而降低了在商场的购物体验，这就不是我们想看到的了。商场的资源都是有限的，应该尽可能地用到自己的核心顾客身上。

在实践中，笔者还碰到过一种情况，就是主力店要求独立管理商场给予它的免费停车位，一般这种情况会出在单一主力店占比过大项目上，比如项目超过半数面积为一家百货或者是超市。

在这种情况下，当主力店提出这个要求时，项目的停车位在物理空间和物业管理层面又是可以独立分割的，有时候项目方会觉得这样也省事，往往会答应主力店的这个要求。这时候项目方要注意，这里面可能隐藏着一个风险。就是主力店在合同中会把停车场排除在租赁范围之外。

一方面主力店希望停车场是免租的，而合同中的租赁面积是计租的，因此，它不愿意写入租赁面积。另一方面它想回避一个法律风险，主力店会在合同中注明，在自己承租范围内，如果出现意外造成第三者损失的，由自己承担责任。而如果是在自己租赁范围之外，第三者出现损失是由业主方负责。

这些条款前后对照所表达的意思是，停车场的使用权和收益权归主力店所有，而风险则由业主方承担。那么会出现什么风险呢？比如，最常见的是车内物品被盗、车辆被盗或者是车辆受损。关于这些问题本来就有争议，车主将车辆停放在停车场，他跟管理方之间究竟是车位出租行为，还是车辆保管行为。如果是出租行为，车辆丢失受损及物品丢失是跟管理方没有关系的。如果是保管行为，则管理方是要尽到照管义务的。

在司法实践中，如果车主进入车库要领卡或者用其他方式记录，停车要计时，离开要核实车辆并缴费。如果停车需要履行以上程序，法律大多是认定该停车行为具有保管性质，管理方应为车主财物安全负责。

因此，如果业主方要将停车场完全交给主力店管理，那么在合同中就要把风险和责任一并转移。

另外，在实践中还有一个争议，就是在业主方管理的停车场中，给予主力店的免费停车位究竟是车位使用权转让？还是车辆保管？比如，主力店员工使用免费停车位时，其财物受损或者是丢失，商场物业管理方要不要承担责任呢？

店招和广告位 ｜ 75

主力店和一部分次主力店在合同中，除了要求免费停车位之外，还会提出要店招位和广告位，当然这也是免费的。

店招是没问题的，即使主力店不提出要求，我们也会把他们的店招设计得非常醒目。因为主力店就是项目的客流发动机，我们所看中的就是他们自带流量的特点。因此，我们是希望顾客在很远的地方就能看到主力店的店招，知道我们项目里有这些品牌，从而吸引顾客光顾我们的项目。

我们不但会在店招位上精心规划与设计，还会在导视系统上精心安排，从而指引着顾客一路顺畅地到达主力店。

至于广告位就存在问题了。

首先，广告位是商场进入运营期后的一项重要创收来源，如果都免费给出去了，就会限制自身的盈利能力。

其次，现在商业项目的设计趋势是外立面广告位越来越少，求精而不求量。很多商家由于之前合作的都是低端项目，以为你的项目也一样会布满广告位，但是很可能你的项目外立面根本就没有几块，甚至有可能外立面根本就没有广告位。

最后，主力店的广告不一定能达到商场的品质要求。外立面的广告位之所以越来越少，是因为商场越来越追求自身的整体形象。广告位虽然是越来越少了，但是对广告制作品质的要求是越来越高了。主力店在客流上有保证，但是在广告品质上不一定能满足商场的标准。

因此，广告位最好是掌握在自己手中，不要轻易交给商家，即使最终仍然免费让商家使用了，但广告制作品质的审核权仍然掌握在商场手里，也就是说利可以让，但品质是不能让的。

如果广告位是交给商户免费使用的，商场就不要再多此一举，去推荐广告制作、安装和维护单位了。这避免发生事故时，商户辩称自己并没有独立管理广告位，那么关于广告位要交就全交，包括使用权、管理权和法律责任。

广告位的风险移交 ｜ 76

关于广告位，就像停车位一样，也有一个风险防范的问题。如果商场不得不把广告位免费交给商家使用时，一定记得要把责任一同移交。

广告位属于商业建筑的悬挂物，它是附在建筑的楼顶或者外立面上的，因此，它是存在一定风险的。如果因为设计、施工或者其他原因，比如狂风暴雨，造成广告脱落，很可能会给第三人造成人身或者是财产损失。这时就会涉及赔偿问题，有时候这个责任会很重。

根据法律规定，建筑物的搁置物、悬挂物发生脱落、坠落造成他人损害，所有人、管理人、使用人不能证明自己没有过错的，都应当承担侵权责任。

在商业项目中，一般所有人和管理人都是商场自己，如果广告位是由商场自己经营的，那使用者也是商场自己。在这种情况下，出现问题是没有争议的，商场就是责任人。

但是如果商场把广告位交给商户免费使用，那么使用者就变成商户了。

本着"谁受益谁担责"的原则，这时商场就要在合同里把商户的责任讲清楚，因为按法律规定，商场如果想免责，就必须证明自己没有过错，而这个举证责任在实践中很难证明。因此，如果广告位交给商户免费使用，那么在合同中，商场就要明确说明这个广告位的使用权和管理权都是由该商户负责的，如果发生意外，其应承担所有的责任。

同时，在发生意外事故的时候，商家作为物业所有人，即使合同中做了上述约定，也很难置身事外。因此，在合同中还要约定，如果因商户自己管理的广告位发生事故造成第三者损失的，商户不能第一时间给予受损方赔偿的，商场有权从租赁保证金中先行赔付，然后商户必须在约定的时间内补足保证金，否则商场有权解除合同，并向该商户追讨损失。

另外，在发生广告位意外脱落事故时，上述所有人、管理人、使用人是第一层次的责任人。事实上，还有第二层次的责任人，就是广告位的设计人和施工者。如果事故原因包含设计和施工的缺陷，第一层次的责任人可以在承担责任之后，向第二层次的责任人追讨。

因此，如果广告位是交给商户免费使用的，商场就不要再多此一举，去推荐广告制作、安装和维护单位。这避免出了事故，商户辩称自己并没有独立管理广告位，而商场方也参与了广告位的管理，因此也应承担责任。所以关于广告位要交就全交，包括使用权、管理权和法律责任。要收就全收，所有都由自己主导。

关于续租问题 | 77

通常我们在合同中关于续租的约定：如果承租人愿意在租赁期限届满后继续租用该商铺，应在租赁期满之日三个月前向出租人提出书面续租要求。在同等条件下，原承租人享有优先续租权。

实际上，这种约定并不适合所有的项目以及所有的商户。只有在底商和招租型物业中才适合这种约定，底商大家都清楚，招租型物业就是那种只需要提供物业管理服务，而不需要提供商业管理服务的项目。由于这类项目是靠自然成长发展起来的，商家具有充分的经营独立性，保证租约的长期性对承租人和出租人都是有利的。

而对于购物中心或者是需要统一管理的项目，则不适用这种约定，因为在这类项目中，每个商家都不是完全独立的，项目运营具有整体性，所有商家是整合在一起为消费者提供综合性服务的。因此，这类项目的运营管理中有一个业态组合和品牌选择的问题，这个过程就相当于单店经营的商家的选品工作，选品的标准是要跟消费需求相匹配。

所以统一运营的商场是一手托两家，不断在品牌和需求之间进行调整和平衡。这时他在租约稳定性的前提下，还会有一个灵活性的要求。因此，优先续租权不适合统一运营的项目，在统一运营的项目里，续租方式应该是协商续租，即在租赁期限届满之日三个月前双方按照商场新的租赁政策及租金标准签署续租协议。如果逾期不能签署续租协议，则合同到期自动终止。当然，这样的条款不是所有的租户都会同意，特别是主力店，很可能会强调要按照优先续租权来签约。

由于，在谈判阶段主力店更加强势，因此，在主力店的合同中，我们往往会做出妥协，而使用优先续租权的续租方式。

另外，如果在合同中不提续租的问题，就会出现不确定性，而这跟合同要消除不确定性的目的是相冲突的。这种不确定性是因为法律中并没有优先续租权的概念。如果合同中没有约定续租问题而导致双方出现争议，就只有靠法官的自由裁量权了。

在实际案例中，有的法官会认为优先续租权是对物业所有人的占有权和处分权的侵害。因此，他会判商场有权终止合作。但是，也有法官认为，在租赁中承租人更应该受到保护，如果承租人在合同履约期间没有明显过错的话，他会判承租人拥有优先续租权，商场必须与原承租人续约。

所以说合同无小事，续租问题虽然跟当下的合作无关，但是也需要进行明确的约定。

优先购买权的意思是在合同租期内，如果出租人要出售房屋，那么承租人在同等条件下，拥有优先于他人购买的权利。这种权利是一种强制性的请求权，就是如果承租人与第三人条件相同，出租人必须同意与承租人交易，否则就要赔偿承租人损失。关于这项权利有以下三个关键点：告知义务、同等条件、赔偿标准。

关于优先购买权的告知义务 | 78

我们讲优先续租权并不是一项法定权利，但是优先购买权则是一项法定权利，其实优先续租权可以说是从优先购买权推导出来的一项权利。

优先购买权的第一个关键点就是告知义务。也就是说出租人打算出售物业，必须提前告知承租人，这里面还有个时间要求，法律规定叫合理期限内，一般合同里常用的时间是商铺完成交易之日前的三个月。

笔者有一个朋友就在这一点上出过问题，他们是一个销售型的商业项目。当时因为销售团队没有经验，项目都已经开街了，还没有卖完，那么商铺都已经租出去了，后来又陆陆续续在卖，卖的时候商铺都已经有租户在正常经营了。

当时，他们把问题想得很简单，就是他们招商时就告诉商户："我这个铺子是要卖的，你是买还是租？"大部分商户都表示："我只租不买的。"但这个过程都是口头交流，并没有留下书面证据。

结果有一间商铺销售之后就出了问题，当时，投资人完成了商铺的过户手续，开发商就通知承租的商户，下个月交租金就不要交给开发商了，直接交给现在的业主就可以了。没想到商户不认，把开发商告上了法庭，说开发商在销售商铺时，没有履行告知义务，侵害了他的优先购买权，要求法庭判决销售无效并赔偿他的损失。

当时，由于开发商拿不出有效的证据，证明自己已经履行了告知义务，因为在告知的时候都是口头交流，而且销售团队也已经解散了，同期也没有什么销售推广，所以能证明的就是自己的招商人员。而在这件事上，法院认为员工跟公司有利害关系，他的口供是不可信的，所以法院最后并没有采纳员工的口供，认定开发商没有履行告知义务。

当然，法院为了维护交易秩序，也没有判商铺销售行为无效，但是判开发商赔偿了商户五十多万的损失。

同等条件是对承租人权利的一种限定，用于平衡出租人和买受人的利益，但关键是同等条件该怎么认定。它指的是多种因素，不仅仅是价格，还应包括房价、支付方式、支付时间、购买标的等等。

同等条件的限定 ｜ 79

优先购买权实际上是在保护承租人，它是对出租人和买受人的一种约束。但是也不能为了保护承租人，无限地损害出租人和买受人的利益，因此需要平衡，而同等条件就是对承租人权利的一种限定。

这里的关键是同等条件该怎么认定。这里的条件指的是多种因素，不仅仅是价格，它应该包括房价、支付方式、支付时间、购买标的等等。

价格是最容易确定的因素，因为它可以量化，所以很好比较，而其他因素的比较就没有那么容易了。

因为同等条件是对承租人的一种限定，所以在判定是否符合同等条件时，司法实践会更多地从出卖人的角度来判断。因此，同等条件就是多种因素的综合，其中只要有一条不符就不能算是同等条件。比如出价相同，但是承租人需要分期付款，而第三方买受人是一次性付款，这也就构不成同等条件。

在实践中容易出现争议的是购买标的。比如，一个十万平方米的商场整体出售，它可能包括两三百间商铺。那么其中的一个商户对他所租用的那一间铺子是否拥有优先购买权呢？这里就涉及一个捆绑销售的问题，在这一点上是有争议的，因为如果认可捆绑销售，那么在承租人只有能力购买自己所用的这一间商铺时，实际上就剥夺了承租人的优先购买权。

一般来讲，如果是一个商场整体出售，法律是不支持个别商铺的优先购买权的。他会判定一方只购买一间商铺，而另一方是购买整体商场，这就构不成同等条件。

但是，如果是买受人只买一层或者是购买几间商铺时，这个在法律上没有明确的规定，也没有明确的惯例，完全靠法官的自由裁量权。法官可能支持出卖人，也可能支持承租人。

这种情况对出卖人就非常不公平。因为第三方的买受人如果购买整层或者是多间商铺时，出卖人会给予一定价格折扣的，如果法官支持了承租人的优先购买权，也就是意味着承租人可以用较低的价格购买自己使用的那一间商铺；所以这实际上就造成了出卖人的损失。

如果法律判定承租人的优先购买权被侵犯了，那么他是可以得到赔偿的，具体内容包括寻找新店铺的费用、搬迁费用和预期收益的赔偿。

赔偿标准 | 80

如果出租人真的被判定侵犯了承租人的优先购买权，那么要承担什么样的责任呢？

首先是出租人与买受人之间的这份房产交易合同是否有效呢？之前确实会判交易无效，甚至出现过法院强制判定，房子必须卖给承租人的案例。现在法律有所变化，因为买受人是无辜的，不能因为要保护承租人，而损害了买受人的利益。

但是，法律又规定这里的买受人必须是善意的买受人。关于什么叫善意的买受人或者是什么是恶意的买受人，笔者没看到法律的解释，如果真的没有法律解释，这里面是有争议空间的。

因为买受人在买商铺之前是知道这个商铺是有人在使用的，它是有一个租户的，那么他必然会考虑到这个租户该怎么处理，而且他一定会跟出租人谈到这个问题的。那么这个过程中是否会涉及善意、恶意的问题呢？

因此，凡是带租户或者叫带租约式销售的，不管涉及不涉及现有租户的优先购买权，出租人都必须在第一时间内，帮助买受人迅速完成房产证的办理。这是因为一旦房产证办理完毕，法律为了维护交易秩序，一般都会判交易有效的。

其次，既然房产交易会被判定有效，那么如果法律判定承租人的优先购买权被侵犯了，那承租人能得到什么呢？

法律规定他是可以得到赔偿的，赔偿的内容是他因失去优先购买权而遭受到的损失，包括以下内容：

（1）寻找新店铺的费用。这个费用只有在他不能继续经营，而必须另外寻找新店面时才会发生，而且必须要提供费用真实发生的依据，同时其不能继续经营必须是因新房东的原因才行。

（2）搬迁费用。该费用也必须要提供真实发生的依据。

（3）预期收益的赔偿。上面两个费用都是真实发生的成本的弥补，只有这一项才真正是损失赔偿。

这项赔偿的逻辑是，如果承租人享受了优先购买权，则其会取得房屋的所有权，这个房子当下的现值与当时的交易价格之差，就是他的损失。比如，当时100万元成交的房子，现值为120万元，则20万元即他的损失。他就可以获得20万元的赔偿。

关于优先购买权，商场要注意：第一，回复时间，指的是租户在十五天内没有明确表示要购买该商铺，法律上即视为其放弃了优先购买权；第二，合同关系成立，指的是只有在租赁双方合同关系成立的基础上，才有优先购买权。

关于优先购买权商场的注意事项 ｜ 81

关于优先购买权，商场还要注意以下方面。

1. 回复时间

一般情况下，商场要销售已租商铺时，会通知现有的租户，询问他愿不愿意购买，如果他表示不愿意购买，商场会让他签一个放弃优先购买权的函。

这本来是件很正常的事情，但是有些租户的心态会很奇怪，他既不愿意购买商铺，也不愿意签放弃函。出现这种情况没有关系，只要商场履行了告知义务，租户在十五天内没有明确表示要购买，法律上即视为他已经放弃了优先购买权。

商场要做的是保留好证据，证明商场在这个时点上通知过他，就可以了。如果租户不愿意签收公司的函件怎么办？这里就涉及租赁合同中的通知与送达条款。这一条款看似并非实质性条款，但实际上与合同的成立、解除以及具体操作息息相关。因为这个条款还比较重要，所以笔者后面会花一个整篇幅来介绍，这里就简单说一下。

商场在合同中应该约定一种送达方式，在这种方式下，根本就不需要对方在文件上签字，即可视同送达。同时，如果送达五天之内，对方没有回复的话，即视同对方同意。

2. 合同关系成立

只有在租赁双方合同关系成立的基础上，才有优先购买权，如果合同关系已经中止或者解除，则原承租人是没有优先购买权的。

这个道理很简单，不需要学习法律即可明白。但是需要注意的是一种特殊情况。比如，跟现有租户的租期已经结束，而这个时候，商场正在与一个意向购买者进行洽谈，而且成交的可能性非常大，但是双方尚未达成交易协议。这时商场可能就不急着与租户续租，可能会默认他继续使用商铺，并且还会正常向他收取租金。

没有法律经验的人会认为在这种情况下，商场跟租户的合同关系已经结束，商场在销售商铺时，是不受优先购买权限制的。

实际上，法律明文规定，租赁期间届满，承租人继续使用租赁物，出租人没有提出异议的，原租赁合同继续有效，但租赁期限为不定期。因此，在这种情况下，原租户是仍然享有优先购买权的。如果处置不当，就会形成侵权。

所以，如果出现这种情况，要么就按该租户拥有优先购买权来处理；要么就先解约，再交易。

关于租户行使优先购买权的时间节点 | 82

关于租户行使优先购买权的时间节点，这个问题对租赁双方都非常重要，一方面它涉及出租人是否可以免责，另一方面它能保证承租人合理行使权利。它包括两个问题，一个是行使权利的起点，一个是行使权利的终点。

笔者发现国内的法律对这个问题并没有明确的规定，而且有些规定本身就是矛盾的。在《关于贯彻执行〈中华人民共和国民法通则〉若干问题的意见》中，规定应提前三个月通知承租人。而在《关于审理城镇房屋租赁合同纠纷案件具体应用法律若干问题的解释》中，规定出租人履行通知义务后，承租人在十五日内未明确表示购买的，视为承租人放弃优先购买权。

如果按照前者来执行，需要提前三个月通知承租人，那意味着承租人有三个月的考虑期。而后者则明确指出承租人只有十五天的考虑期。

在实践中，按照公平的原则，应该执行后者，即十五天。因为优先购买权是保护承租人的，但是也不能因此而损害出租人和买受人的权利。在商铺销售中，三个月足以发生很大的变故，可能交易最后就实现不了了。

而且笔者仔细思考了一下，在出售前三个月通知承租人的规定，其实是无法执行的，因为出租人怎么能够知道什么时间能够达成交易呢？即使他已经开始跟买受人展开销售谈判，他也不可能知道什么时间能达成交易。

要想按照这个规定来执行，就只能把所有问题都谈妥，然后搁置三个月再来完成最后的交易，如果这样执行对出租人是非常不利的。因此，十五天就足够了，承租人要想保护自己的利益必须积极行使权利，如果其消极应对，则理应失去优先购买权。

那么接到通知十五天之后，就是承租人行使权利的终点。那么起点呢？就是出租人该在什么时候通知承租人呢？

如果出租人在跟买受人接触的时候，就通知承租人，这个时候只有出租人的出卖意向，而实际的交易条件还没有谈定，承租人是无法实现同等条件下优先购买的。如果是在交易完成，产权过户再通知承租人，事实上承租人也就失去优先购买权了。如果站在保护承租人利益的基础上，合理的通知时间应该是在出租人与买受人签订房屋购买合同之日。关于这个法律也没有明确规定，因此，出现争议之后，还要看法官怎么来认定。

综上所述，对租赁双方都公平合理的时间节点应该是，在出租人与买受人的销售合同签订之日通知承租人，十五天之后该权利中止。

关于事先放弃优先购买权的特别约定 │ 83

通过上面对优先购买权的分析，我们会发现优先购买权在法律的规定中，文义过于宽泛，现实中很容易发生纠纷。对于出租人来说，无论再怎么防止，都难免引发争议，因此，最好的办法就是出租人在租赁合同中，明确要求承租人承诺放弃优先购买权。

这一点在商业地产项目中非常重要，一定要引起重视。因为商业地产项目无非就是两类，一类是销售导向的项目，一类是持有型项目。

对于销售型项目，本来是不会涉及优先购买权的，因为销售是在前面的，交房、招商、开业是在后面的。而在现实中，很多项目受制于销售能力，无法正常完成销售，结果拖到后面，变成先租后售了，还美其名曰叫作"带租约式销售"。

这种情况下，销售行为就会受到优先购买权的制约。在当下，商铺销售机会是稍纵即逝的，要碰上不配合的租户，东拉西扯一下，很可能就把你的交易给搅黄了。

另外，项目在后期还会碰上整体收购的投资人，按道理来说，单间商铺的承租人与整体收购的买受人之间是不属于同等条件的，但是因为法律没有明确规定，因此，一旦有一个租户不配合，就可能使你陷入纠纷并失去交易机会，而且你对整体收购的客户肯定是有价格优惠的，因此，很可能你不但会失去交易机会，还要便宜卖给承租人一套房子。

对于持有型项目，你可能会认为："我又不卖，应该不会涉及优先购买权吧?"那是你没有站在资产的高度看问题，从资产的角度来看，一个完整的商业项目需要完成"融、投、管、退"的闭环。因此，对于大多数项目来说，持有只是暂时的，早晚都会涉及退出问题，到时候优先购买权不但会影响你的退出，而且会影响你的估值。

因此，无论何种类型的商业项目，防止优先购买权影响自己权益的最佳的处理方法，就是要求租户在合同中放弃优先购买权。

关于商铺交还 | 84

租赁关系终止后，承租人应该将所租商铺返还给出租人。

返还的意思就是把房子给腾出来。这本来是天经地义的事情，但是，现实中我们经常会碰到承租人占着房子逾期不返还的。

为了保护自己的利益，在合同中关于商铺返还的内容，我们要注意以下几点。

1. 什么情况下需要返还

租赁合同到期，租赁关系终止，只是商铺需要返还的一种情况，除此之外，还有两种情况会出现商铺的返还。第一，合同解除，尚未履行的，终止履行。需要立即返还商铺。第二，合同无效或被撤销。这种情况下，合同关系就不存在，因此必须立即返还商铺。

2. 返还时间

现实中，很多逾期返还的问题都是出在时间约定不明确上。合同到期终止、解除和被撤销的时间都好确定。因为出现上述状况，都会有一个具体的时间。但是法律规定返还房屋要有一个合理的宽限期。因为承租人需要拆除设备、搬运库存商品等。

不过，在法律中，并没有明确这个宽限期是多长时间，这里就隐藏了一个争议，因此，我们在合同中就要明确宽限期的时间，一般是五天。

3. 交还状况

承租人应自费将商铺内所有物品搬离，将商铺恢复至空壳状态。

4. 验收接收

返还商铺时要经过出租人验收并签字接收才算完成，如果因为承租人原因导致商铺的装修或附属设施遭到破坏，承租人应当赔偿损失。

当合同履行期届满或合同解除时，返还房屋是租赁合同中承租人的主要合同义务，逾期返还则构成违约，应当承担违约责任。

关于商铺逾期返还的违约后果　│　85

上一篇我们谈到了租赁关系结束之后的商铺返还问题，但是如果我们碰到租户就是逾期不返还怎么办？我们该在合同里做哪些约定来应对这样的事情呢？

首先，要确定对方违约的赔偿责任。需要按日收取滞纳金，要按原合同约定的租金标准、物业费标准、水电费标准以及其他费用的标准，从合同终止之日，支付至其返还商铺之日为止。

如果按原标准仅是对商场正常损失的弥补，为了体现惩罚性质，可以在合同中约定，如果对方逾期交还商铺，逾期占用时间将按原租金标准的 2～3 倍收取。

其次，要约定强制性手段。如果商户逾期不交还商铺，商场有权停水停电，并限制商户相关人员自由进出商铺，同时可以采取手段阻止其正常营业，比如锁门。

最后，预留必要的救助措施。如果对方逾期不返还商铺，甲方采取强制性措施之后，对方仍然置之不理。在这种情况下，损失可能需要通过司法手段追讨，时间漫长，对商场而言需要及时止损。

因此，可以在合同中约定，如果租户在合同终止之后十日内，仍未腾空、交还商铺的，双方均同意视为该租户放弃对租赁房屋内所有物品的所有权。商场方有权任意处置该等物品，而无需承担任何责任。同时，商场在清理、处理该等物品时所产生的费用以及将商铺恢复原状所产生的费用均由该租户承担。

当然，商场在实际执行中，也不会任意处置，而是将其物品打包封存，在执行过程中可以全程录像以保存证据，以备后期再来解决问题。

综上所述，一旦出现逾期不返还商铺事件，商场要做的第一件事就是迅速强制性收回商铺，至于双方的纠纷可以慢慢来处理。

通知和送达条款都是在合同的最后，一般人很少会去关注这个条款，但是在合同执行中，很多的权利和义务都会涉及通知条款，因此，它还是非常重要的。

关于通知和送达 │ 86

之前笔者谈到过合同中的通知和送达条款，这个条款都是在合同的最后，一般人很少会去关注这个条款，但是在合同执行中，很多的权利和义务都会涉及通知条款，因此，它还是非常重要的。

通知是一种合同义务，就是你要主张什么权利或者要做什么事情，必须提前告知对方。既然需要通知，就必须要保证这个通知能有效到达，也就是说你不但要告诉对方，还必须要保证对方能收到，这就是送达。送达不但是种义务，它还是一个证据，证明自己履行了通知义务。

在我国的合同法中，对通知义务做了明确规定，而对送达则没有做详细的规定。但是在实践中，往往会在送达上产生争议。就像我们在日常生活中，经常会看到这样的争执，一方说这件事我告诉他了。而另一方会说，他没有说。双方就这样争议不下，第三方也很难去评判。

所以送达与否是证明你履行了通知义务，从而避免纠纷的关键，因此，在合同中要对送达做明确约定。

首先，在合同中，要约定有效的联系方式和送达地址。包括联系人、联系地址、邮编、电话、传真和电子邮件等。租赁双方都应该保证以上信息是真实有效的。如果提供了虚假信息或者上述信息发生变更之后没有及时通知对方，则应承担因此而造成的对自己不利的法律后果。

其次，要对送达方式做出具体约定。因为如果双方发生争议，对方是不会去证明你履行了通知义务的。因此，送达必须约定以事实来证明，而无须对方承认。

如果是邮寄送达的要寄挂号信，因为邮局会给你出一个挂号收据，一般约定信件送出后三天，即视为送达。邮局出具的挂号收据就是有效证明。

如果是快递，现在这个方式比较常见，一般约定快递寄出后两天，即视为送达。快递公司的发送收据就是有效证明。

如果是传真，则发出即视为送达，传真报告即为有效证明。

如果是人工送达，则对方签收视为送达，收条即为有效证明。

如果是电子邮件，则发送成功视为送达，发送成功的电子邮件即为有效证明。

在商业项目管理中，还有一种非常有效的送达方式，就是将通知张贴在商铺门口或者店内醒目位置，即视为送达。如果这样约定，租户基本上没有任何借口可以说自己没有收到通知，你只要记着张贴完拍照留证即可。

最后，还要约定送达效力。很多时候商户收到通知后会置之不理，不做任何回复。为了避免这种情况，要在合同中约定，对方收到通知后，如果五日内不做回复的话，即视为对方同意我方主张。这样就迫使对方收到通知后必须及时回复。

以上有关送达的相关内容，一定要在合同中进行约定，否则就会影响自己权利的实现。

在合同的履行中，可能出现非正常情况，从而影响交易的实现，这时候就需要锁定问题处理的功能来解决，具体内容包括违约行为的范围、特殊情况的范围、双方的责任范围和责任承担的方式。

锁定问题处理的功能 | 87

我们这个小系列的主题是谈合同的四大功能，上面一系列文章是在谈锁定交易内容，实际上里面也包含了第三块锁定交易方式的内容，接下来我们谈合同的最后一块内容，即锁定问题处理的功能。

前面的三块内容已经足够保证合同的履行了，但是在合同的履行中，还可能出现非正常情况，从而影响交易的实现。如何解决这些问题，就是合同的第四个功能，即锁定出了意外怎么办。这一块具体包括以下方面。

1. 违约行为的范围

无论是全部还是部分，只要不是不可抗力或者可以免责的原因，违反任何对合同约定事项都是违约行为。其中包括履行时间、履行地点、履行人、履行内容、履行方法、履行要求等。这基本上就涵盖了我们所说的"5W1H"的范围。

2. 特殊情况的范围

在合同履行过程中，还会有一些情况既不属于不可抗力，也不属于违约行为，但是它会影响到合同的正常履行。其中包括城市规划发生变更、政府政策调整、发生重大疫情（比如 SARS）、破产倒闭、重大并购等。

这些事情一旦发生，对合同履行就会造成重大影响。但是法律又没有详细规定，因此，出现上述事件该如何处理，就完全得依靠双方的约定。

3. 双方的责任范围

合同中有很多内容是法律没有明确规定的，对于这部分内容，双方要把责任界限划分清楚，明确彼此应该负责的责任范围。

4. 责任承担的方式

责任界限划分清楚之后，最后就是要明确责任的承担。这个在前面的内容中都有涉及，包括违约金、损失赔偿、合同解除等。违约责任的规定必须明确、具体，不要有歧义，以免出了问题"扯皮"。

法律中对不可抗力的讲述是比较清晰的，并没有什么可争议的。作为商场来讲，需要注意的是不可抗力对当事人来讲是免责的，由于不可抗力导致商户无法继续经营，商场是无须给予赔偿的。

关于不可抗力 | 88

法律中对不可抗力讲述的是比较清晰的，不可抗力在法律上有三个构成要件。

1. 不能预见

因为每个人的预见能力是不同的，这里是指一般人或者普通大众所不能预见的事实。

2. 不能避免

指事实本身具有一定的客观必然性，就是在出现这种事实时，即使当事人尽最大努力也无法避免事情的发生。

3. 不能克服

不能克服指的是结果无法避免，无论当事人如何努力，这种客观情况所造成的事实都无法克服。

一般认为不可抗力包括以下内容。

1. 自然灾害

山洪、地震等。比如在汶川大地震时，你在当地拥有一家购物中心，很可能场地就在地震中被摧毁了，因此，合同也就无法继续履行了。

2. 战争

在战争中，国家利益绝对至上，其他私人利益必须让路，你的场地很可能被征用，也有可能在战争中被摧毁，因此，也会无法继续经营。

3. 社会突发事件

如罢工、骚乱等。整个社会秩序失控，也会造成场地无法继续经营。

4. 政府行为

这里包括所有的国家权力机关导致的合同不能正常履行的状况。主要包括两种情况：第一是法律法规发生了变化，导致合同无法履行。比如，有的项目在筹备中，将儿童乐园规划在四楼，新消防法出来之后，就没法做了。第二是在合同履行中碰到政府征收或者拆迁，合同也就无法继续履行了。

关于以上不可抗力是比较清晰的，并没有什么可争议的。作为商场来讲，需要注意的是不可抗力对当事人来讲是免责的，由于不可抗力导致商户无法继续经营，商场是无须给予赔偿的。一些有经验的商户会要求商场做出承诺，在遇到不可抗力导致其无法继续营业时，商场应该给予赔偿。

这些是商场无需承诺的，商场仅仅需要承诺。如发生不可抗力，会以最快的速度将细节通知商户，并最大限度地努力克服该事件的影响，尽量减轻其负面影响即可。

关于争议解决 │ 89

租赁双方一般会在合同中约定出现争议的解决方式，解决方式有两种，即诉讼与仲裁。有时候还会出现第三种情况，就是双方在合同中没有约定争议解决方式，在这种情况下，法律是默认双方接受以诉讼的方式解决争议。

仲裁的特殊之处，笔者大致了解一些。第一，如果是选择仲裁，合同中不能只写以仲裁的方式解决争议，必须要具体选定一家仲裁委员会，否则有可能会导致仲裁条款无效。第二，审判是公开进行的，而仲裁是私下进行的，仲裁过程不对外公开，有利于保护企业秘密。第三，在诉讼中，如果一方当事人对人民法院判决不服可以上诉；而仲裁裁决是一裁终局，不能上诉。

关于以诉讼作为解决争议的方式，在合同中需要重视的问题是管辖权，即哪个地区的法院有权审理这场诉讼。按照合同法规定被告所在地、原告所在地、合同履行地、合同签订地、标的物所在地的法院都有管辖权。具体由哪个法院管辖，双方可以在合同中约定。

对于管辖法院的选择，有点像足球比赛中的主客场，当然在谁的主场来解决纠纷，就对谁比较有利。一方面，在主场时人脉比较熟，便于及时掌握信息。另一方面，如果对方在异地的话，会加大他的诉讼成本。因此，商场在合同中要约定是在自己的所在地解决争议。

但是由于商场不太好判断未来出现纠纷时，商场是原告还是被告，因此，最好的表述是如果出现争议由商铺所在地的法院管辖。

不过这里面还有一个小问题需要注意，就是我们的司法制度是两审终审制，如果一方对一审判决不服的话，是可以向上一级法院上诉的。如果争议金额较大的话，一审可能是在市级法院审的，对方一上诉就可能到省院去审了，而省院一般都是在省会城市的。如果项目是在地级市，而商户的公司是在同一个省的省会，那么一旦上诉，主客场就逆转了。

当然，有时候这种情况是难以避免的，我们需要做的是提前预判到事态的发展，提前做好应对措施。

我们签订一个好的合约是为了保证整个租赁过程是可控的，从而能够有效规避风险，并实现我们的收益。因此，我们在管理中还要做到三点：了解法律依据、保留好证据和建立商户档案。

合同的管理 | 90

在以上篇幅中，笔者借着谈运营管理中的合约规范化问题把租赁合同的细节都剖析了一下，最后我们还要回到管理的主题上。

我们签订一个好的合约是为了保证整个租赁过程是可控的，从而能够有效规避风险，并实现我们的收益。为了更好地达成以上目的，我们在管理中还要做到以下方面。

第一，了解法律依据。

我们在以法律手段处理争议时，必须要依据法律法规的规定来主张自己的权利，不能按照情理去推测。在实践中，有很多事情合情合理，但不一定合法。这一点就要求我们要懂法，所以商业管理人员学习一下相关的法律是有必要的。其实，合同法里关于租赁合同有专门的一章，而且讲述租赁合同案例的书籍也很多，学习起来还是很便利的。

除了合同法之外，我们还要学习与其相关的司法解释，法律中有很多规定不是很明确，容易引起争议的条款，都是通过司法解释来明确的，司法解释跟法律具有同样的效力。

另外，对于《中国人民共和国民法通则》《中华人民共和国物权法》等法律，我们最好都要了解一些。这样我们才能更好地掌握法律武器。

第二，保留好证据。

法律是讲证据的，有了法律依据还不行，还必须要有充分的证据，在法律实践中，举证责任是很重的责任，在一般情况下，法律规定是"谁主张谁举证"的。也就是说，你说一件事发生了，就得自己拿出证据来，对方是没有义务去证明这件事发生的，所以平时我们就要保管好相关的证据。

首先是合同一定要保管好，合同是证明双方权利义务的重要凭证，它的重要性是不言而喻的。但是经常会出现项目的合同找不到了，甚至有项目出现过跟对方出现争议后，对方有合同，而商场方竟然找不到合同的事情。

其次是双方的业务往来最好都要留下证据，比如，商铺的验收、送达的文件和通知、往来信函、发生事件时的照片录像等。这些证据都要积极收集并妥善保管。

第三，建立商户档案。

首先，要给每个合作的商户及其主要负责人建立详细的档案，要充分掌握其相关信息。一旦双方发生争议，这些信息都非常有用。

其次，要建立商户的诚信档案。在商场运营中经常会碰到一些商户，动不动就组织闹事、组织抗租，对于这些人、这些事，商场往往从大局出发，为了整体和长期的利益，一般都会做出妥协和让步。有时候，作为运营者也能理解这些商户，因为他们实力有限，没有足够的风险承受能力，这就是笔者说的从情理上可以同情他们。

但实际上他们这种行为是违反契约精神的，是一种不诚信的行为。这类商户后期与商场发生争议的可能性非常大，如果真的发生争议，双方各执一词，在争执不下时，如果商场有证据证明对方一贯不诚信，在法官进行评判时，是会对商场有利的。

房地产公司在开发过程的各个环节会有大量的外包服务商和合作伙伴，涉及到各种类型的合同。但是除了专业的商业地产公司之外，绝大部分开发商的法务及外部的法律顾问在租赁合同处理上都比较弱。

关于建立标准合同文本 | 91

房地产公司属于资源整合型企业。在开发过程的各个环节会有大量的外包服务商和合作伙伴，因此，会涉及各种类型的合同，所以房地产公司一般是比较重视合同管理的。

但是笔者发现除了专业的商业地产公司之外，绝大部分开发商的法务及外部的法律顾问在租赁合同处理上都比较弱。

分析其中原因，笔者认为是两个原因造成的。第一是专业能力不足。因为传统的房地产行业是以销售为主的，涉及租赁业务很少，因此，专攻房地产的法律人员并没有把租赁当成重点。另外，由于租赁业务少，其能接触到的案例也少，因此，处理租赁业务的经验就不足。

第二是动力不足。这也是因为之前的房地产涉及租赁业务比较少，法律顾问在接受委托时，可能就没有评估到项目中会出现大量的租赁业务。因此，他会觉得这块是多出来的服务，因而，缺乏服务热情，很多情况下，都是在敷衍。

实际上对租赁业务比较熟悉的不是房地产的法律服务人员，而是传统零售企业的法律人员。所以在商业项目中，商管公司要有自己的专业法律顾问，而不是跟开发方共用一个。

当然，在项目开发阶段，也没有必要同时雇佣两个法律顾问，这样会增加企业的成本。笔者建议，在开发阶段还应该雇佣精通房地产法律的律师，因为在房地产企业里毕竟开发还是主业。而商管公司在开发阶段的主要工作是招商，这时的法务工作集中在合同审查上。如果一份合同一审，会加大工作量，这时最佳的办法就是制定一份企业自己的标准合同文本。

但是这个标准文本就不要让开发公司的法律顾问做了，除非他同时精通租赁业务，而且也有意愿认真地帮企业来做。最好的办法是找一家熟悉租赁的律所或者是律师，由他给企业起草一份专属的租赁合同文本，然后让他结合案例，将这个合同逐条解释给自己的团队。

这样在整个招商谈判的过程中，商管内部再结合企业自身的法务，就能解决合同审查的问题，不需要再借助外部顾问来进行合同审查。当然，这里不包括主力店和次主力店的合同，这些合同由于多数情况下使用的是对方的文本。因此，这些合同必须做到一份一审的，而且是要由专业律师来审的，有时候甚至谈判都需要律师来参与。

那么商场开业之后，商管公司就要聘用专业的律师来为自己服务了。这不但会牵扯到诉讼业务，而且会涉及大量的非诉讼业务，比如资产证券化、并购、上市等。

规范标准化意味着运营中的每件事该怎么做，要做到什么标准，都有一个详尽的规范。现在这种管理理念在国内已经很普及了，但是大家就只是知道而已，真这么做的企业并不多，而且往往都是那些标杆企业才会这样做。

规范标准化 ｜ 92

谈完合同标准化，我们再来谈谈标准化的第四块内容，即规范标准化。

规范标准化意味着运营中的每件事该怎么做，要做到什么标准，都有一个详尽的规范。它相当于一本完整的项目运营操作手册。

也许你会吐槽万达没有特色，因为它是一个标准化的产品，但是不能否认的是所有的万达都能准时开业，而且笔者曾经看到过有些城市大部分商业都存在局部大面积"掉铺"的现象，但是万达的经营却很正常。原因其实也很简单，就是万达从头到尾都没有犯过错，每一步都是按照商业规律在做。所以它才能保证正常的开业、正常的经营。

其实这个就是规范标准化，也可以说是操作的标准化。

第一次了解德克士的管理是很震撼的，每一项工作都有一个操作手册，而且规定得非常细致，比如保洁拖地，清洁剂的量应该是多少，水温应该是多少，拖地的顺序应该是怎么样的，等等；都有详尽的规定。它大部分的工作易于上手，而且不会出错。

现在这种管理理念在国内已经很普及了，但是大家就只是知道而已，真这么做的企业倒不多，往往都是那些标杆企业才会这样做。而跟开发公司比较，商管公司本来应该更规范才对，因为商管是做运营的，要细水长流过日子。但是在现实中，商管人治的痕迹是更加明显的。要么是老板一言堂，要么是职业操盘手一手遮天。

这其实是不利于商管公司发展壮大的。而任何一个项目从开始就应该按照规范来做事，就像万达那样，形成各个职位的操作手册，严格按标准来做。把操作规范守好，才不会出错，才能做出一个好项目。

操作规范的标准化是企业从"人治"走向"法制"的必由之路，如果没有一套详尽的操作手册，那必然依赖于能人和高人。如果没有能人和高人，老板就得自己做；如果有了能人和高人，会发现这类人很容易失控。

操作规范的标准化 | 93

操作规范的标准化也是企业从"人治"走向"法制"的必由之路，原因非常简单，如果你没有一套详尽的操作手册来指导业务的开展，那你必然依赖于能人、高人。如果没有能人和高人，老板就得自己做；而有了能人和高人，你会发现这类人是很容易失控的。

只有企业形成像麦当劳、肯德基那样细致完备的操作手册，整个企业的运营才是可控的，才可以用普通人做出不普通的业绩来。但是我们一定要清楚，企业的规范标准化跟企业有没有制度是两回事。笔者看到的企业基本都不缺制度，而且叠层架屋，有烦琐化发展的倾向。

笔者发现企业在制度化发展的过程中会出现两种倾向，一种是在现代企业管理的理念下，围绕核心业务展开制度建设，所有的制度都是为了让业务更加高效。而另一种理念则来源于中国传统的"人治"管理，它是围绕控制展开制度建设的。

前者是围绕业务来展开的，它是外向的、针对市场的，核心目的是怎么把业务做好，它最终形成的构架是所有部门服务于业务部门，业务部门专心对外，搞定市场。因此，这类企业的运营效率是很高的。

而后者虽然也讲业绩的提升和目标的达成。但其核心思想其实是围绕人展开的，它是内向的、针对内部人的，它的核心目的是怎么把人管住，所以在这种理念下所形成的架构是后勤部门成了核心，业务反而要围绕着后勤展开工作。业务人员要在内部花大量的时间，真正面对市场，花在业务上的时间反而减少了。

我们这里谈的操作规范标准化指的是前者，所有的操作规范都要围绕业务展开，而不能围绕管控展开。当然，并不是说管控不重要，管控非常重要，但是要把管控变成一种服务，而不是把后勤机构都变成官僚。就像笔者在某家企业时，上司曾告诫我没事要请财务、人事、行政吃饭，否则内部就会处处不顺，没法高效展开工作。如果形成这种局面，制度建设就没有意义了。

"拿来主义"是一种很有效的学习方法，很多人会反对这个方法，其实这些人往往是一些缺乏实践的空谈主义者，我们这个世界上真正原创的东西是少数，大量的都是在别人基础上的改进与提升。

如何做到操作规范的标准化？| 94

操作规范的标准化具体要怎么做呢？其实也很简单，就是围绕着具体业务，把每一个步骤如何操作明确写出来，要尽可能地做到详尽和量化。这个过程就是企业对自己以往积累的经验、经历的教训以及所犯错误的系统总结。

它相当于企业把自己的知识资产提炼出来，固化成操作手册。这样企业的经验就会传承下来，从而可以不断精益求精，更重要的是企业就可以摆脱对能人的需要。就像万达用人，不管是购物中心、百货还是超市出身的都一样用，而且都能按标准开店，整个过程也不会出现任何偏差。这也是为什么很多企业学万达学不会的原因，因为万达不是靠人在做事，它靠的是背后的体系在运作，而这套体系的核心就是一套规范的标准化操作手册。

那么有人就会说，如果我第一次做怎么办？就是我还没有经验可以积累、可以提炼，怎么办？答案很简单，学习、借鉴优秀企业的经验教训和先进做法，前车之鉴，为我所用。这也是房地产企业常用的标杆学习法。就是根据自己的战略和定位选定一个标杆，照着它来做。

这里标杆的选择很重要，要根据企业战略、项目现状以及老板对品牌和形象的要求，综合考虑之后，选择一个最适合自己的标杆企业或者标杆项目，然后就照着它做。千万不要"东学一下，西学一下"，最后把自己都搞糊涂了，不知道要做什么了。

"拿来主义"是一种很有效的学习方法，很多人会反对这个方法，其实这些人往往是一些缺乏实践的空谈主义者，我们这个世界上真正原创的东西是少数，大量的都是在别人基础上的改进与提升。

所以"拿"是没错的，关键是怎么"拿"，这中间有一个内化的过程，就是把别人的东西转化成自己的东西。比如，中国互联网企业的商业模式基本没有原创，除了豆瓣是中国原创的，其他的企业在美国都有一个模仿对象。但这并没有影响中国互联网企业的成长与壮大，有些甚至已经超越了自己的"老师"。

因此，操作规范标准化并不在于有没有能力和条件去做，而在于有没有意识去做。

顺便提一下关于顾问的角色，很多企业是把顾问当成司机来用的，让顾问替自己开车。问题是顾问能力不足怎么办？顾问走了怎么办？所以企业用顾问时，最佳角色定位是教练，是让顾问把自己的体系给建起来，把自己的团队给带出来。

在工作中，无论是内部还是外部、上级还是下级，它们之间都存在大量的信息沟通。如果拥有一套成熟的工具，把沟通的内容和逻辑梳理清楚，那么按照它的形式去沟通，则既不会遗漏内容，也不会偏离目标。

成果标准化 ┃ 95

我们继续来谈标准化的第五个方面——成果标准化。

这里的成果指的并不是工作目标，工作目标是达成度的问题，是由流程和规范来决定的，它只有达成或是没有达成，它是没有标准化一说的。成果的标准化指的是目标达成结果的呈现方式的标准化，它是形式上的标准化。

在工作中，无论是内部还是外部、上级还是下级，它们之间都存在大量的信息沟通。分工与协作在某种程度上讲，就是一种信息的传递。要想高效实现这个目的，就需要彼此间建立一套共同的语言体系，这个就是成果的标准化。

它需要企业建立一套标准化的工作模板，包括各种表格、表单、计划、报告以及提案。这个模板既包括沟通的内容，也包括沟通的顺序。这样就能保证每次沟通都有一个统一的格式，相关概念也都有一个统一的理解。

虽然成果标准化是一种形式上的标准化，但是形式反过来会影响内容。我们在工作沟通中经常会出现以下两种情况。

第一种是对方来跟你谈工作，说了半天，你根本搞不清楚他在说什么。这个人不是很重视逻辑教育，也许很多人缺乏逻辑思维，这样的人讲起事来，会说很多，但没有一句能说到点上，而且前后逻辑矛盾，让你根本无法判断他的真实意图。

第二种情况是两个人各说各的话，争执的热火朝天，但其实讲的并不是一件事，有时候两个人其实并没有矛盾的地方，但就是争来争去，越来越偏离需要沟通的问题。这个说到底还是个逻辑问题。

因此，如果内部拥有一套成熟的工具，这个工具本身把沟通的内容和逻辑梳理清楚，按照它的形式去沟通既不会遗漏内容，也不会偏离目标，就会让我们的沟通变得非常简单有效。

这种标准化不但对内有效，对外也会发挥很好的作用。开发企业会用到大量的外包单位，在合作中会有大量的提报工作，如果每个单位的每次提报都使用他们自己模板的话，一方面给了对方套模板的便利，有时候会降低提报的含金量。另一方面也加大了我方评审的难度与工作量。

如果我们要求对方按照我方的模板来提报，不但堵住了对方要滑偷懒的机会，而且也简化了我方的评审工作，可能一个部门经理就能评判对方提报的价值。特别是在多家单位、多个方案比较时，非常容易就能判断出对方的用心程度和水平高低。

商业运营如何在资管时代打造自己的核心竞争力 | 96

这一系列是在讲商管如何打造自己的核心竞争力，在这一主题下，笔者讲了五个问题，包括产品标准化、流程标准化、合约标准化、规范标准化和成果标准化。其中产品篇是谈商业地产项目的战略规划。流程篇、规范篇、成果篇都是在谈执行。合约篇是在谈风险控制。

关于商管公司的核心竞争力，笔者跟别人的理解是不同的，大家普遍认为商管公司的核心竞争力是在人上，包括操盘手和团队。当然，眼下我们还不能忽视人的作用，还要靠优秀的团队来运作项目，但是如果商管公司想要长期发展壮大的话，把自己的未来寄托在人上，那注定是在沙滩上建楼。

笔者认为，商管公司真正的核心竞争力是制度、系统。就像万达绝不是一个依赖人而成功的企业，它依靠的是自己一套强大的系统。现在很多企业认为挖一个万达的人过来，就解决问题了，估计这样想的企业多数都会以失望告终。

当然，当前万达自身的问题也比较多，但是万达现在的问题绝不是它之前的模式不对，而是当一种模式的"红利"用完之后，它没有及时转型，反而将之前的成功变成自己前行的包袱了。

对于商业管理公司而言，万达走过的路是必经之路，所以要尽快利用自身与外部的经验，建立起自己的运营体系，这样才能抓住当下的机会，从而发展壮大起来。

很多人会认为这是站在老板的角度考虑问题，老板当然愿意这样做了，这样一来企业就会更加可控。事实上，这对职业经理人也是有利的，如果总是捂着自己那点经验，不愿与团队去分享，不愿贡献给企业。那最终要么是自我封闭，被时代所抛弃。要么是在业务扩张中失去胜任力，被企业所抛弃。

这个世界上伟大的事情都是靠普通人完成的，如果你只能依靠个人英雄或者精英来做事，那你再强也只能是个"诸侯"的命。

笔者跟别人还有一点理解不同，就是中国商业地产的黄金时代正在到来，但是这次黄金时代不是机会型的，而是专业型的。而且这波商业浪潮不是开发推动型，而是资本推动型。而资本在攻城掠地中，必须依靠强大的运营能力作为保障，这正是商业运营人员的机会，但是在资本主导下，需要的不是个人英雄，而是快速复制的能力。所以谁能将自身的经验提炼成标准化的运营模式，让普通人都能胜任项目的运营管理，谁就是未来的赢家。

第二章　房地产企业存量时代的转型方向

最近很多人在谈房地产的"存量时代"，虽然每个人的说法不一，但是"存量时代"的脚步已经渐行渐近却是共识。

企业都是时代的产物，时代变化，企业也必须因变而变，否则就会被时代所淘汰。在"存量时代"已经来临或即将来临的当下，房地产企业该如何转型以应对时代的变化呢？在"增量时代"，房地产企业的战略是快速跑马圈地，然后把圈到的地迅速变现，然后再圈地，再变现，迅速把企业规模做大。

到了"存量时代"，土地已经瓜分完毕，新增的土地变成"大佬们"的游戏，大多数企业已经很难再参与圈地变现的游戏了。那么这个时候就要比存量了，就是谁手里拥有资产，谁是老大。在增量时代我们追求快速变现，讲究的是现金为王。到了存量时代，应该是追求拥有更多的资产了。

其实，如果我们能看清房地产的本质就会发现，"现金为王"是个伪概念，除了那些做"一锤子买卖"就走的人，房地产企业从来都没有真心追求过现金。我们追求快速变现是为了拿到钱去拿更多地，拿到更多的地可以变出更多的现金，以此循环下去。

所以在"增量时代"，表面我们是在追求现金，事实上，我们仍然是在追求资产，这个资产叫土地。

进入"存量时代"，土地突然没了，或者拿不到了。这个时候，手里就剩下现金了，我们知道现金是流动性最高的资产，同时也是风险最大的资产，从企业的角度来讲，让大量的现金在账上"睡觉"是经营的大忌，有现金一定要投出去的。在"存量时代"，最有价值的资产既然是实体资产，那么，房地产企业必然会从单纯追求现金流，转向追求现金回笼与持有资产并重。

如果真的进入存量时代，房地产企业就会产生分化。

第一类是还可以继续拿到增量的企业，这类企业主要有两种，一种是现在地产前二十强的企业，当然，这是乐观的说法，悲观一点，就是未来能拿到土地的只有前十强。第二种是有特殊资源、特殊背景的公司。

第二类是既拿不到增量，又没有存量的企业。原则上讲，这类公司把自己手里的项目开发完，老板把钱一分，公司就没了，大家就各奔前程了。

第三类是拿不到增量，但手里还有存量的企业。这些企业手里的存量资产又分为两种类型。一种是被动的存量资产，就是最初原本并没有打算留在自己手里，但是营销部门没能力把它卖出去，最后不得不留在自己手里的。比如，像河南地市的很多地产项目，住宅部分都已卖完，而商铺部分却大多都留在了自己手里。另一种是主动的存量资产，就是一开始就没打算全部卖光，而是主动地持有了一部分资产。

进入存量时代，所有的地产公司都面临一个新课题，就是如何盘活或者运营好手里的存量资产。上述的第一类和第三类企业手里都会有大量的存量资产，就算是第二类企业，看似分了钱之后什么都没有了，其实不然，他手里还有一个非常重要的资产，就是客户。客户就是互联网企业说的流量，这是一笔非常巨大的财富。

因此，对于所有的房地产企业，只要不是想着开发完就分钱散伙的，在新的时代都是有转型的机会的。

就我看来转型的方式有三个：（1）物业管理；（2）商业运营；（3）公共资源运营。

企业可以任选其一，也可以三管齐下。

房地产企业存量时代的转型方向 ┃ 01

有人曾说房地产行业三十年的发展，最大的失误就是没有抓住业主这个"金蛋"从 2015 年开始，就有人提出要挖掘客户的终身价值，这是房地产企业经营理念的一次重大变革。它代表着房地产企业开始思考，不再是卖完就走了，而是想要维护好自己的业主资源，从而使其产生更大的增值收益。

这种理念的产生跟互联网企业有没有关系无从得知，但这跟互联网企业的流量思维是如出一辙。房地产企业的一个个小区实际上就是巨大的流量入口，而这个流量就掌握在物业公司的手里。

在此之前，也有很多地产企业会把物业做得很好，但是之所以这么做，只是单纯从营销的角度考虑，我们都知道物业管理和小区景观是住宅最有效的销售卖点。因此，做好物业管理，只是为了更好地卖房子，我们并没有想过自己的业主还有其他的商业价值。

直到"花样年"的"彩生活"出现，大家才意识到物业还有另一种玩法，等到"彩生活"主板上市，并且市值很快就超过了母公司。行业内才真正意识到物业管理公司的价值。

于是各个房企都开始让自己的物业公司独立，并且有条件的都制定了单独的上市计划。根据有关单位的估计，未来十年将会有超过百家的物业公司上市。

当然，在一片繁荣的背后，物业行业也存在很大的隐忧，那就是至今盈利模式尚不清楚。大家都看好物业管理的未来，但眼下怎么赚钱，甚至说未来靠什么来赚钱，都还不清楚。

房地产企业存量时代的转型方向 | 02

大家都看好物业公司未来的发展前景，但是眼下却都没有很好的盈利模式。

原因是如果你要提高物业管理的品质，必然会导致成本增加。要是你不能同时相应地提高收入的话，必然会导致盈利水平的降低，甚至是亏损。

在中国目前的市场现状之下，想要提高物业管理费的可能性基本为零。因此，提高收益的唯一出路就是增值收益。那么基于物业服务基础上的增值收益，也是行业和资本之所以看好物业管理公司未来的重要原因。

从理论上讲，所有的需求都是基于"人"而产生的，人在地理空间上是生活于社区的，而社区是掌握在物业公司手里的。而且，物业公司是可以从开发公司拿到业主的详尽信息的。从这个角度来看，物业公司提高增值收益的想象空间是巨大的。

但是从市场实践来看，这些巨大的想象空间仍然处于想象阶段，目前业内还没有出现成功的模式。

从市场参与者来看，"花样年"和"万科"基本上是处于两个极端。

"花样年"的"彩生活"走的是资本路线，通过上市融资，然后迅速在线下通过并购扩大规模。为了满足资本市场对利润的需求，不惜采取减员增效，降低物业服务品质的措施。虽然在资本市场上被持续看好，但在实际业务中则投诉不断，甚至多地引发维权事件。

万科则走的是品质之路，坚持为业主提供高品质的物业服务。这种策略保证了业主能够获得良好的服务体验，同时，也维持了万科物业的良好口碑，但问题是成本居高不下，导致物业公司盈利微薄，甚至需要开发公司来补贴。

那么这两个极端相比较起来，笔者更看好万科的路子。因为物业管理公司生存的基础还是物业服务，如果这个基础都没有了，那么想去谋求增值服务的收益就是痴人说梦。

房地产企业存量时代的转型方向 | 03

之前谈到物业公司的两种发展策略，一种是追求规模，一种是追求品质。但两种策略在目前都有痛点。原因就是无论哪种模式的物业公司，眼下的主要收入来源仍然是物业费。

至于那些增值收入，可以宣称的包罗万象，但真正能落地且形成规模性收益的几乎没有。

把围绕物业服务的各种盈利模式归拢一下，基本分为两大类。

一类是交易平台类。通过物业的平台，充当商家与消费者之间的中介，赚取交易佣金，或者当拥有足够流量后，赚取广告收益。

另一类是金融服务。围绕业主的需求和交易会产生大量的资金流和资金存量，这里面存在大量的金融服务。

但是为什么这两类模式都做不起来呢？首先关于交易平台，现在物业公司普遍的做法是在物业缴费和报修的 APP 上加入交易功能，吸引小区周边的商家入驻，这类似于"物业 APP + 美团"的模式。可是一个物业公司的 APP 哪里是"美团"的对手，其吸引到的商家也多半都是质次价高，本来就是在市场中竞争失败的商家，哪里会有竞争力？

再说金融，金融是基于信任的行业，在无法建立信任的情况下，任何相关服务都是发展不起来的。

大家对物业公司未来发展的预估是正确的，它的确是一个巨大的需求流量入口。但是，大家都忽视了一点，就是物业仅是个入口而已，至于这个入口会不会有人走，是需要一个平台来支撑的，一个能够承载业主所有生活内容的平台，这个平台其实就是社区商业中心，也就是说，单纯靠物业是"玩"不起来那么多盈利模式的，必须是"物业公司 + 社区商业"的模式才行。

房地产企业存量时代的转型方向 | 04

为什么物业公司一定要依托于一个线下是社区型的商业中心才能做起来呢？原因很简单，因为消费者是在线下的，可笑的是，直到今天还会有人相信消费者会迁移到线上去，而物业公司正是基于消费者在线上这样的逻辑，去设计自己的交易中介类服务的。按照这样的逻辑，物业公司的 APP 必须做成基于地理位置类服务的"老大"，才有成功的可能，这对于物业公司来讲是天方夜谭，它怎么可能去跟美团、大众点评这样的平台竞争呢？

其实，物业公司掌握着社区的人，一方面它很容易为线下商业中心导流，另一方面它还能为商业中心提供线上社区的服务。

这个线上社区是非常重要的，商业中心自己也可以做社群，但是这里面有一个立场问题，就是这个社群是为谁服务的。商业中心做的社群不管再怎么包装，都不能改变它本质上是"为商户服务的"这个核心，它终极目的是在帮助商户做销售。就像"淘宝"自己没法做社区一样，因为它不可能站在顾客的立场上，把顾客推荐到"京东"去。

但是商业中心要想长久地存活，必须要扮演的角色是消费者的采购代理。而物业所建立的社区，恰恰是站在消费者立场上的社群。因此，它能够为商业中心提供消费者的真实信息和数据，为商场持续调整提供方向。

这样的一种组合，物业提供流量，商场承载服务，物业代表消费者，商场代表商户，两个平台有效互动，相互促进。这样就能够有效地使物业公司交易中介的服务落地，也才能使它的流量变现。

在这样的过程中，频繁的交易和互动，就能建立与消费者之间的信任关系，从而把服务向金融领域拓展。比如代客理财、消费信贷，甚至是 P2P 服务。因为熟人之间是不需要 P2P 的，直接借就可以。陌生人之间没有信任，而 P2P 最容易打开的市场是"半熟人"之间，就是在一个小区，互相知道，但不认识的人之间。

因此，物业公司想要拓展增值服务，不能用互联网思维，而是要回到线下服务上，与线下相结合才有成功的可能性。

房地产企业存量时代的转型方向 | 05

关于物业，笔者认为能实现笔者设想的企业——万科。

首先，物业管理这一块，万科绝对是我们业内的标杆，是大家的学习榜样。

其次，万科对社区商业的研究事实上是很深入的，在万科还处于王石的商业禁令时期，就已经拥有不少的社区商业了，而且还有"四菜一汤"的操作模式出台，也获得了业界的认可。

后来北京连开三个购物中心，每一个都可圈可点，而且昌平金隅万科还创造了国内最快在资本市场变现的案例。再后来，上海七宝万科惊艳开业，成为当年业内的"网红场地"。

所以，笔者觉得万科在物业和商业两块做得都不错，如果能让物业和商业联动起来，再植入金融，很可能创造一条成功的商业模式。但是非常可惜，万科是十强房产公司中唯一一个没有涉足金融的公司。要不然怎么会有宝能觊觎万科，引发一场万科的股权大战呢？

另外，虽然万科在商业领域多有出彩之处，连续有好的项目面世，但是，万科在商业领域的战略始终摇摆不定，并没有有效地整合内部资源，形成强大的商业开发和运营力量。我觉得这是很遗憾的。

当年毛大庆曾带队去香港考察过领汇。领汇是香港房屋委员会分拆名下180个社区型购物中心和停车场而成立的房地产投资信托基金，在香港联交所主板上市。它是全球集资额最高的房地产投资信托基金。这是典型的以金融手段运作社区商业的典范，以万科的规模和实力完全可以在国内复制领汇的模式。

当然，领汇是通过 REITs 来运作名下商业项目的，而 REITs 在国内目前还走不通，但其正式推出应该是未来可期的事情。到时候，项目就可以通过金融市场，让业主自己来持有自己的商业中心，然后由专业的商管公司来运营，这样开发公司可以通过业主持有资产，实现前期投资的获利退出。同时，业主不但可以享受丰富的商业服务，还可以享受资产增值的收益，这是一举多赢的模式。

当然，以上只是笔者的随意畅想，不过笔者真的希望看到在房地产大变革的时期，同行们能有更多的模式创新，而模式的创新才是商业的乐趣之所在。

房地产企业存量时代的转型方向　｜　06

商业地产前期策划的核心是品牌落位。很多人一定会反对这个观点，他们会认为定位才是核心。不错，所有的商业逻辑都必须围绕定位展开，但是定位在实操中的价值远没有我们想象中的大，因为定位其实只是大致描述出了一个模糊的方向，在实操层面它是一个很虚的东西。

家庭型的购物中心，它需不需要快时尚呢？流行时尚的购物中心，它要不要配儿童业态呢？答案都不一定。所以只有看到品牌落位图了，才能真正理解一个场地该如何去操作。如果没有这张图，前期再厚的市场调研报告，再全的定位报告都没有用，都是无法落地的，甚至经不起逻辑的剖析。

所以有经验的操盘手，很少会花大量的时间去研究定位报告，一个几百页的报告，他们重点看得不会超过 10 页，他们重点要审的就是品牌落位图。前期落位最容易进入的误区，就是我们会去追求落位的新奇性。这就导致了前期落位流于形式，缺乏落地性。

一个具有实操价值的落位方案，它的核心不是新奇性，而是匹配性，也就是所选品牌与商圈目标客层的匹配性。因此，一个真正有价值的落位方案，不但不是新奇的，反而可能是平淡无奇的。因为笔者认为一个好的落位方案，首先是跟需求匹配的，在匹配的同时，它还要有一个 5：3：2 的比例控制。

"5" 指的是成熟性品牌要占到 50%～60%。所谓成熟品牌是指已经经过本地市场检验，拥有良好的销售业绩和稳定的会员群体。这类品牌一方面可以保证商场开业就会有稳定的业绩，同时对消费者也具有亲和力，能让消费者迅速地接受新的商场。

"3" 指的是成长性品牌要占到 30%。所谓成长性品牌是指刚进入本地，开店不多，尚未经过市场检验，但在同级别的其他城市销量很好的品牌。这类品牌会有两种情况，一种情况是一直不温不火；另一种情况是业绩快速提高，迅速成长为成熟品牌。为什么要引入这类品牌呢？因为如果场地都是成熟品牌，就会显得缺乏活力，没有新东西。而且，现在品牌的生命周期越来越短，往往很多品牌到了成熟期不久，就会走下坡路。而成长性品牌虽然有风险，但是它代表了商场持续成长的潜力。

"2" 指的是差异性品牌要占到 10%～20%。所谓差异性品牌，就是别人没有的品牌。这里又分为三类。第一类是常规品类的首进品牌，就是第一次在本地开店，但品类属于常规品类，像服装、鞋包等。第二类是本土提升型品牌，就是它原来是一个本土品牌，生意不错，但形象和服务都很差。经过设计和包装，提升形象之后引进商场。这个在餐饮类商家里，特别多，而且引进后，成功的几率也很高。第三类才是我们说的新奇特的商家，这类商家的特点是容易形成热点，有话题性。但是存活性往往不高，租金贡献也低。

按照这样一个配比做出来的落位，直观上一定是很平淡的，但是招商的落地性很高，开业之后，运营效果也会有保障。

房地产企业存量时代的转型方向 | 07

笔者开篇就讲"商业地产前期策划的核心是品牌落位"。这里"前期策划"这个概念使用的不严谨，应该使用"商业定位"这个概念才对，就是"商业定位的核心是品牌落位"。

　　前期策划应该是更早期的阶段，在拿地阶段，甚至是在拿地前就展开的工作，它的核心是项目的盈利模式设计。很多商业项目出问题就是因为把这一步给省略了造成的。因为这一步决定了商业项目的关键性决策，包括项目的租售模式、业态组合（这里指的不是商业内部的业态，是从地产的角度看的业态，包括商业、酒店、写字楼、公寓等）、建筑规划、融资模式等。

　　其实，在前期策划中，纯商业部分的能级就已经确定了，包括一些主要功能，比如，主力店的选择都已经确定了。前期策划结束，公司做出了决策，对项目中的商业部分，接下来的工作就是商业定位，这个阶段是要针对商业的各个环节做出一个系统性的策略方案。

　　而商业定位阶段的核心工作是落位。对于反对的人，他们有自己的思路。对于支持的人，我想补充一点不要被反对人的意见给误导了，因为他们所说的市场调查、定位，这些都是要做的。

　　商业定位阶段工作的逻辑：通过市场调查确定商圈范围内的消费者情况和竞争状况，通过消费和竞争分析确定项目定位，根据定位确定品牌落位。也就是说，商业定位阶段其实只有一件事，就是落位，而市场调查、定位这些属于过程。笔者反对把定位和落位分成两件事。

　　很多人只敢跟你谈定位，定位报告可以做得很漂亮，但是就是不敢给你做落位方案。落位方案哪像他们描述的那么简单，一个落位方案其实凝聚了操盘手对项目的所有思考，他可以反映出操盘手所有的经验和能力。如果对项目没有深入的了解、对零售市场没有深入了解，对品牌没有深入了解，这是根本没有办法做出一个切实可行的落位方案的。

　　商业地产是个实践性很强的行业，务虚和务实都是方向，但我觉得大家还是要往务实的方向走。

房地产企业存量时代的转型方向　│　08

　　很多商业地产项目因为资金的问题不得不分割销售，这其中采取销售返租方式进行销售的项目越来越多。而销售返租项目在返租期结束后，会产生一系列的运营管理问题，因此一直被业内诟病。

　　但是通过实践和逻辑分析，销售返租物业并不是无解的。当然，要解决销售返租所产生的矛盾需要一些智慧，这里的智慧不是指运营管理的能力，运管是技术层面的东西，其实很好解决。这里指的智慧是更高层面的，涉及整个项目治理的高度。

第一种方法是委托管理，就是业主将商铺的经营权委托给商管公司运营。这是现在业内普遍采用的方法，要保证这种模式成功必须做到两点。

第一，要保证运营管理团队的稳定。首先，在甲方返租期内，甲方要对项目收益有清醒的认识，不能给运营团队制定不切合实际的收益目标，否则必然导致团队不稳定，从而影响了项目的正常经营。其次，在返租期结束后，业主要能够和运营管理公司达成一致，从而让运营管理公司继续管理商场，保证项目运营管理的延续性。

第二，业主要根据市场实际水平，来确定租金收益预期。在销售返租项目中及返租期内，因为受甲方操作，租金收益往往会高于实际的市场水平。这导致返租期结束后，租金收益不涨反降，这往往成为业主和开发商、业主和运营商之间的矛盾点。一个商铺的价值是由"持有期间的租金收益＋退出时的资产增值"组成，而一个商铺真正的价值在于后者。因此，业主不应该斤斤计较租金的高低，而应该想办法保证项目持续稳定的运营。通过运营给业主带来的资产增值将远远大于同一时期内的租金收益。

第二种方法是公司化运营，或者叫以产权换股权。这种模式现在已经有人开始尝试了。操作方法就是首先成立一家公司，然后所有业主将自己的商铺以实物入股的形式注入这家公司，同时，以购买商铺的投资金额为标准将自己的产权转换成相应的公司股份，从分散性的独立业主变成公司名义下的股东。

股东成立股东大会，选举董事会，由董事会聘请职业经理人或者专业的商业管理公司，统一运营管理整个商业物业。

每年商场按照净利润，根据股东持有的股份比例进行分红。

为什么要采取这种方式呢？主要是委托经营模式有一个缺陷，因为在委托经营模式下，业主的收益有两种兑现方式，一种是按照固定的比例返现，比如6%或8%。但是当开发商撤出之后，没有人进行补贴，实际租金收益要远远低于这个比例，因此，商管公司在跟业主谈判时会尽量压低这个比例，也就说即使商场经营得好，业主也只能拿到一个较低的收益。长此以往，就会在商管公司和业主之间积累矛盾，最后可能会导致双方合作的破裂。但是，如果商管公司一开始就承担较高的返租比例，就会加大它运营的难度，它的很多经营策略就会短期化，比如，为了提升租金而降低租户品质，或者为了控制成本而降低服务标准。这些对商场长期经营都是有害的。更重要的是，它很可能在运营过程中出现亏损而挂掉，这个对商业来讲伤害是非常严重的。

另一种返租模式是一对一的返，你的商铺收了多少租金，就给你返多少钱。

你邻居的商铺收了多少钱，就给你邻居返多少钱。这样的商场一般就会保持在低端定位上无法提升。因为商场经营是需要租户组合的，这里有的租户是贡献人气的，它的租金很低。而另一些租户是贡献租金的，它的租金就高，如果你一对一的返租，就会形成让一部分业主补贴另一部分业主的局面，这样形成一个不公平的局面。它实际上是各个店铺各自为政，而为了保证大家租金水平在一条线上，商场就必须维持在低端定位上，这也就失去了统一运营的意义了。

而转换成股东之后，大家是根据自己所持有的股份比例来分红的，这样商管公司就可以拿出一部分商铺，通过引入高能级的品牌，从而不断提升商场的品质和形象。同时，引导着商场从低端客群向支付能力更高的人群转型。在这个过程中，虽然有一部分商铺租金下降了，但是它会拉动其他店铺租金的上升。从而使整体租金有一个平衡。这样所有业主的收益都得到了提升，更重要的是它保证了商铺物业价值的不断增值。

第三种方法是我自己的一种畅想，就是利用信托来解决散售商业物业的统一管理问题。委托商管公司来统一管理最简单，但是我分析这种模式存在内在的矛盾，商管公司和业主之间的长期合作存在不稳定性，这给商场运营带来了隐患，就像一个定时炸弹，不知道什么时候就会被引爆。

成立公司，业主让渡产权，转为股东，把散售的物业重新统一在公司名下，由公司统一运营管理，笔者认为这是比较好的一种模式。但这种模式也存在问题：第一，公司组建的手续与成立后公司的治理比较复杂，对业主自治的能力要求比较高；第二，存在双重纳税的问题，因为公司盈利要交所得税，等到分红给个人时，个人还要再缴纳一次个人所得税。

那么还有一种操作方式就是利用信托，信托操作比较简单，业主只要把自己的物业委托给受托人，再指定受益人就可以啦。不用再去做成立公司、制定章程、组建筹备、治理管理等一系列的复杂工作。

受托人取得资产之后，就可以聘请专业的管理团队，对商业物业进行统一的运营管理，产生收益之后，受托人再将收益兑现给指定的受益人。委托人可以指定自己是受益人，也可以指定第三人为受益人。

这里面的关键有两个，第一，委托人与受托人之间如何建立信任。因为一旦执行信托，资产就不再属于委托人，而是转到了受托人名下。那么委托人怎么能相信受托人会尽心尽责并且有足够的能力履行信托义务呢？第二，受托人接受委托人的资产之后，怎么保证自己有能力运营好受托资产，使这些资产能够保值增值，并持续产生收益呢？

要想解决这两个问题，受托人是需要一定的信用背书的。

比如，中信信托如果愿意做受托人，因为它本身就是一个信用良好的金融机构，那么就可以获得委托人的信任。而中信信托怎么敢做这件事呢？毕竟接受实物资产去运营跟接受现金去理财是两回事，前者要求更高的经营技术，并且面临更大的风险。

那是因为在中信旗下还有一个中信资本，中信资本自己不但拥有成熟的商业品牌 IDmall，而且还拥有成熟的商业运营团队。那么中信信托接受委托之后，可以将资产交给中信资本团队来运营。

当然，笔者在这只是一个假设，中信并不一定会做这件事。用信托去解决因为商铺分割销售而导致后期经营困难的问题，在逻辑上是成立的，但是在实践中是否能出现这样的案例还不好说。因为这需要很多人的智慧才能促成这件事，一个项目分割销售会出现几百个业主，这些业主是否都能接受将自己的物业转到别人名下，由别人去经营管理，就是一大关。

房地产企业存量时代的转型方向 | 09

经济学上有一种现象叫"搭便车"。就是指一个群体内，当一个成员做了某件事之后，会使群体内所有人收益，做事的成本则完全由该成员承担，其他人则只享受收益，不用付出成本。

这就是我们常说的，遇到事情之后，大家都不愿出头，都希望别人去行动，自己只想着坐享其成。

这里不谈社会问题，只谈谈商业地产中碰到的问题，散售型的商业物业，在后期如果不统一运营，而由业主"各自为政"，这种"搭便车"的现象就会非常明显。比如，这种现象可能连开业都没法保证，因为大家都知道刚开始生意会不好，都希望别人先开，把场地做热了之后自己再开，结果是稀稀拉拉的只有几个实诚的人开业了。这样的项目对消费者是缺乏吸引力的，因此，导致整个项目都运营不起来。

在营销企划上，在公共环境的维护上，在设备的养护更新上，都很难达成一致，做到统一行动，因为总是有一部分人想要"搭便车"。

一个商业项目的所有业主，是一个具有共同利益的群体，群体内的每一个人针对项目所做的每一件事，都会对群体内的其他人产生影响，这个在经济学上叫"外部性"，好的影响就叫"正外部性"，坏的影响叫"负外部性"。

正外部性就是"搭便车"现象的根源，比如为了吸引人气，增加更多的客流，业主商量共同出钱增强夜晚的灯光效果，但是假如有一部分人不愿意出钱，其他人出钱做了这件事，使整个项目的客流得到提升，而这些没有出钱的人，也一样可以享受增加的客流，有时候甚至会出现"没出钱的人比出钱的人获益更多"的情况。很多人都具有这种小聪明，就是让别人来做事，自己不付出，只摘"果子"，问题是如果是一两个人这样想没问题，要是大家都这样想，事情就麻烦了。这就是散售型商业物业做不起来的根本原因。

更严重的是，外部性是有正有负的，大家都想追求"正外部性"，都希望去占便宜，恰恰形成了"负外部性"，因为对商场有益的事，大家都不做，都等着别人去做，结果就是大家都没便宜可占。就像郑州火车站某批发市场改造项目，大量的回迁商户都占着好的位置，但就是不开业，都想等着商场生意起来再开，结果是导致商场运营日益恶化，大家的情况都越来越糟糕。

因此，如果一个利益群体没有组织，就是乌合之众，什么也做不了。组织就两种形式，一种是自治，在自治下，是不需要小聪明的，是需要大智慧的，就是要放弃自己一部分权利，而追求一个更大的利益。另一种就是集权，就是把所有的权利都收归一体。

回到商业项目，后一种方式就是持有，比如，当年万达采取回购的模式，既然整不成，就全部收回来自己搞。

当然，这种案例毕竟是少数，对于大多数散售型项目能不能运营好，关键得靠自治，这就取决于这些业主能不能从聪明上升到智慧层次。

房地产企业存量时代的转型方向 ｜ 10

每当别人知道笔者是做商业地产的时候，第一句话必然是"现在商场太多了，还能做吗？"这句话换个专业的说法就是市场已经饱和了。

但是笔者一直觉得市场饱和是个伪概念，如果从商业物业的总量来看，很多城市的确已经饱和了，但是商业项目与商业项目之间的差异太大了，如果把它们等同起来看，无论是从理论还是实践的角度看，都是没有意义的。我们必须把它们分类，并从中归结出优质项目才是有意义的。

笔者一般在看项目时习惯把项目分为商业项目和商铺项目，当然业内没有这种说法，这只是笔者个人的习惯。

先说商业项目，笔者理解的商业项目是指从业态上看需要统一运营的项目。其实就是三类：复合型超市、百货和购物中心。

复合型超市不是单一的超市，而是超市加扩大版的外租区，就是外租区至少要有一层以上的面积，实际上可以把它理解为是一种购物中心化的超市。

百货很简单，它有标准化的模式。

购物中心是最高级别的一种业态，相对前两者来讲，它要复杂一些，根据能级它又可以分为邻里型、社区型、区域型和城市型。另外对于开放性街区，比如上海新天地、成都太古里这类项目，笔者把它归类为开放型购物中心。还有奥特莱斯，笔者也把它归类为一种特殊型的购物中心。

除了这三类之外的其他商业类项目笔者都把它归类为商铺型项目。归总一下，这个类型的项目主要有三大类：社区底商、招租型商业和不统一运营的散售型项目。

社区底商和散售型项目比较好理解。笔者重点解释一下招租型商业：这类物业形态比较多，有沿街的街铺型、集中的盒子型、酒店写字楼配套型。识别它可以用排除法，这类物业比街区底商体量大一些，不是纯一张"皮"，可能还有一些"肚子"，但它又不属于笔者讲的商业项目中的任何一种业态。这种项目的操作手法就是根据租户需求分割出租，分割方法没有一定之规，完全是根据招租情况来定，项目开业后只提供物业服务，不提供运营服务，所以叫招租型物业。

从商业地产的角度来看，优质的商业项目仅是三大业态型商业项目中的购物中心类项目，而超市和百货基本是传统零售商的领域。至于招租型物业仅具有地段价值，它是没有运营价值的，它主要的价值增长在于地段价值的提升。而真正的业态型商业项目的最大增值点是来源于运营。

笔者这样区分之后，至少已经把现在商业项目中的50%都排除在外了，就算是真正的购物中心项目至少还要再排除50%。

房地产企业存量时代的转型方向 | 11

笔者谈到过对于商业地产开发商而言，真正有价值的是购物中心项目，因为这类项目不但可以在持有期间产生租金收入，还可以在资本市场上实现资产的增值。但并不是在筹建中的所有购物中心项目都是优质项目，真正能称得上优质项目的不会超过50%。

如果把一个购物中心比喻成一个人的话，项目操盘手就相当于人的大脑，建筑结构所构成的建筑空间就相当于人体骨骼所组成的骨架，建筑的外立面就相当于人皮肤，商户组合就相当于人体的肌肉，机电系统相当于人体血液循环系统和新陈代谢系统。

先说操盘手，当然现实中操盘手的水平是参差不齐的，我们假定所有项目的操盘手都具有同样的水平。但问题是，在很多项目中这个大脑会成为"傀儡大脑"，因为很多事情都由不得他来决定，很可能在他到位时，很多事都已经成为既定事实，就是开发公司已经替他决定了，而且在与开发公司的沟通中，商管公司基本都处于弱势地位，而开发公司的各个部门往往会从本位主义的角度考虑问题，设计部门考虑的是早点完成设计方案，工程部门考虑的是怎么样便于施工，成本部门考虑的是怎么控制成本，报建部门考虑的是怎么好报建。唯独没人考虑商户"能不能用、好不好用"的问题。

再说"骨架"问题，就是建筑的空间规划，在很多项目里这是由设计院的建筑师主导的，甲方对接的往往是设计部，而很多甲方的设计部在商业设计中是没有能力指导建筑师的，结果多数项目都是按照建筑师的意图进行设计的。但问题是中国真正懂商业并且愿意去研究商业的建筑师是少数的，多数都是"平面画画派"。结果很多项目的建筑方案从画画的角度看是很漂亮的，从商业角度看就"稀里哗啦"了，按人体来比喻的话，可以说基本"不成人形"。

外立面会好一点，这取决于老板的审美偏好和审美水平。但方案之后，还有个成本问题，很多项目成本一控制就从"阿玛尼"变成"作坊仿版出品"了。

再说机电系统，笔者认为它在商业项目中的重要性仅次于建筑空间的规划，但在实际中，很多项目这一块完全是以成本导向来做的。结果是项目运营后，要么是"心脏先天不足"，能源动力不够；要么是"新陈代谢"系统不健全，油烟污水排不出去；要么"体质"很差，物业运营成本极高。

问题是很多商管公司拿到项目后会发现，项目的"色相"不错，有很漂亮的外立面，但是"身体畸形"，"骨架"严重变形，"内脏器官"先天不足，动一动都"喘气"。它空有"大脑"又有什么用呢？

以上现象按城市级别是递减的，一线城市要好一点，犯错误的是少数项目；到了二线城市，笔者乐观点判断，不犯错误的只能占四成；三、四线城市不犯错误的是特例。

所以笔者才说在建的购物中心项目中有一半都是不合格的，而且不用看运营团队的强弱，看完它的规划设计，基本就能判断出来。

房地产企业存量时代的转型方向 ｜ 12

在建的购物中心中，只有50%算是优质项目，当然，笔者这里说的优质不是顶级的意思，而仅指合格的意思。而且笔者是抛开了定位、招商、运营这些商业的软件部分，只是从建筑这个硬件部分来讲的。也就是说，不用谈招商运营，有一半的项目，在图纸阶段就已经失败了。

至于合格的50%，生下来是个健康的"孩子"，后面如何招商运营，就是如何"养育"的问题。这个就算是所托非人，请错了"老师"，还有浪子回头，当然会要花点钱去矫正，但不会把项目给整死。

那么这50%的项目交到商管公司手里，根据操盘手的境界和公司的资源状况，又会出现三种层级的项目。

第一级是入门级。就是团队不一定都干过商业，但最起码的行业规则要懂。有些人是有误区的，认为自己购过物就是懂商业，这个大家一定要清楚，这完全是两码事。当然要想做到入门级也不难，去听一听专业操盘手讲的课，找个标杆项目研究一下，基本规则你很快就能掌握。比如，社区型购物中心，那你研究万达就好了，万达在标准化方面做的是很到位的，而且它也公开了很多资料。你照着它做基本不会犯错，它的品牌是很强的，你甚至还可以在它定位的基础上打个八折。

第二级是差异化。就是按照标准把定位做完之后，再多考虑一道竞争的因素，要跟竞争对手差异开。比如，你的商圈里有一家万达，如果你还是学的它的模式，而且品牌上还打了八折，那你运营起来就会很吃力，这时就需要把它研究透，把它所有的优势都要覆盖到，同时选一到两个它相对弱的，而在商圈内又有市场基础的品类，并且把它做大。比如，它的快时尚比较全，你至少要精选三到四个当地的品牌；而它儿童业态比较弱，如果商圈里家庭比较多，你就可以把儿童业态做大；它的品类构成比较平均，如果你的商圈里白领女性比较多，你可以把化妆品、饰品珠宝、美容美发、医美 SPA 等组合成一种女性生活方式业态。

第三级是创新型。到了这个境界，就是笔者把市场研究透之后，就按照笔者的思路去操作，根本不管对手在做什么。像早期有"新天地"，近期有"芳草地"，这类项目一旦做成，就横空出世、万人瞩目。当然，这一类项目不一定是租金坪效最高的项目，但它绝对是职业经理人值得追求的目标，如果你有能力操作这样的项目，老板也支持你的想法的话，那你真的是撞大运了。

房地产企业存量时代的转型方向 ｜ 13

商业项目如果想要进行准确的定位，需要对零售营销环境有清晰的认识。

其中核心就是对消费者的洞察。它包括三个方面：消费趋势的变化、消费者的变化和消费行为的变化。

一、消费趋势的变化

消费趋势的变化，事实上就是品类的变化，品类分析是零售的一项重要技术，一般对零售进行经营分析时，都是从品类入手的，从大分类、中分类、小分类，直到单品。由于我们是做购物中心的，所以我们研究到中分类就可以了。

每一家购物中心的分类都会有所不同，这个与操盘手的习惯以及场地的定位有关，但一般多用的是"4 + 1"，就是零售业态、餐饮业态、休闲娱乐、生活配套，最后再加一个主力店。现在因为儿童业态成长比较快，很多项目会把儿童类拉出来，单独做一个分类。也有项目把化妆品、美容美发、美甲文身、医美健身合在一起，归为美容健身业态。所以在购物中心中大分类没有一定之规，大家可以根据自己商场的规划灵活设定。

中分类就是按照百货的分类法去细分，比如，把女装分为少女、中的妇女、贵妇等。

小分类和单品的分析，从经营技术上来讲，购物中心已经做不到了，因为人力结构和数据采集都不支撑了。从我们自身来讲，也没有必要研究到小分类和单品的层次。但是，在做完中分类的分析之后，我们一定要落实到品牌，如果你的研究没到品牌，那你对趋势的研究只是处于理论层面，想要在经营实践中去应用，你的研究就必须要落实到品牌。

研究完商品的分类，你只是对整个消费的构成有了了解，但这并不是消费趋势。那什么是消费趋势呢？它们的动态比例才是趋势。

所以接下来我们一般会做业态占比，这里笔者想提醒一下，业态占比是我们判断消费趋势的一个工具，它并不是一个固定的比例，我们业内最流行的就是 5：3：2 的说法，这是早期广州那边的操盘手根据自己的项目总结出来的，它反映了一定的消费趋势，但它绝不是一个固化的比例，经验不足的操盘手会硬套这个比例，这是没有意义的。静态占比只是在描述现状，真正有意义的占比分析一定是动态的。当然，动态的数据在运营之后才会产生，而且它要跟销售占比、租金占比统合起来分析。那是运营阶段的工作，我们这里只谈前期筹备定位阶段的工作。

那么筹备阶段的占比就要根据操盘手对消费趋势的理解去规划了，比如儿童业态在增大；传统服装在下滑，但设计师品牌、买手集合店、潮牌在增长；传统正餐在下滑，主题时尚类餐饮、轻饮小食在增长。这些都要在你的占比里体现出来。

业态占比出来之后，我们就会做品牌落位，所以笔者说了，要懂趋势，这样才能做业态占比，还要懂品牌，这样才能落地实操。

掌握趋势可以速成，就是你可以从有经验的人那里了解，还可以通过一些专业公司的报告去了解。但懂品牌是硬功夫，如果没在一线浸到足够的时间，你是没办法掌握的。所以落位图非常重要，这张图会反映出你对市场的所有理解，包括对消费趋势的掌握和对品牌的熟知程度。

二、消费者的变化

一般来讲，我们可以在统计部门查到或者市调出当地的零售总额，我们也可以通过品类的调查，了解到当地的消费结构。但是这些调查只能反映当地的市场规模和消费趋势。但是这些数据都是结果，它无法说明为什么是这样的原因。因此，我们用这些指标指导商业规划的话，只能看到过去，而无法预测未来。想了解未来，你就需要更深入地去了解消费者。

首先，人口结构是一直在变的，假定你现在正在筹备一个项目，你把25～35岁的消费者设定为你的核心客群。你根据这样一个定位去研究市场，进行项目的功能设置、业态占比和品牌落位的规划。

在正常情况下，购物中心的筹备期是3年，这3年中，客户并不是固定在这里等着你开业的，他们的年龄是在逐年增高的。也就是你研究了十个年份的人，等开业时，有3个年份的人超过35岁，已经不在你定位的范围内了。同时，会有另外3个年份的人进来。也就是说你研究的10个样本，有3个变成了完全不同的新进入者，另外7个虽然还在，但是年龄都长了3岁，这意味着他们的家庭结构、收入水平和社会地位都发生了变化，而这些变化必然导致他们消费行为和消费偏好的变化。

其次，代际之间的消费行为会有很大的不同。理论上，对一个品牌来讲，老的走了，新的会补上来，市场会是一个稳定的状态，但我们会发现只有一部分品牌能做到这一点，大多数品牌会逐渐老化，事实上并不是品牌真正老了，而是随着时间推移，原来消费它的那拨消费者老了，也就是说，它在跟着消费者走，或者说同样一拨消费者一直在消费同样的品牌。

另外，还有一部分品牌，消费者在向前走，但是它没跟上，而新的消费者它又抓不住，那它就逐渐消亡了，这也就是为什么这些年品牌寿命越来越短的原因。

正是因为消费者在不停地发生变化，所以市场也在不断发生变化。回到我们现在的市场，很多商业项目的操盘手是 20 世纪六七十年代的人，他们往往会以自己的消费理念看待项目，但是如果说 20~45 岁是消费的主力人群的话，那么"80 后"即将奔四了，"90 后"即将"奔三"了。"60 后""70 后"的时代还在，只是那已经是新的一站了，而在消费最主流的站台上，站立的已经是"80 后""90 后"了。

所以一切趋势的背后都是人在变，而变化的根本因素就是时间在不停地飞逝。

三、消费行为的变化

消费行为的变化，也就是消费者购物模式的变化，它主要包括两个方面：购物地点和购物频率。

首先说购物地点，这又分为两个问题，一个是消费者在购物时会选择什么业态；另一个是他会选择去什么样的地理位置购物。

从商业地产来看，对我们有意义的就是三大业态：大型综超、百货和购物中心（包括开放式步行街）。大型综超的定位是满足消费者日常生活用品的需求；百货商场的定位是满足消费者对流行时尚品的需求；购物中心的定位是做生活方式，满足消费者休闲与社交的需求。

现在的趋势很明显，一线城市已经进入购物中心时代，而二线城市正在从百货时代向购物中心时代过渡。未来零售业的核心业态一定是购物中心，而消费者也正在向购物中心迁移。

至于消费者购物所选择的地理位置，我们传统的做法是商圈分析，做 3 千米、5 千米的人口调查。这个距离是人们的购物半径，但是进入购物中心时代之后，人们消费的目的从购物转向休闲与社交，那么休闲和社交半径跟购物半径完全是两码事。休闲和社交半径在目前的交通情况下，会扩得很远。

一般情况下，人们不会横穿城市去购物，但是他肯定会穿越城市去参加一场聚会。所以说购物中心的规划，特别是城市型和区域型项目的规划，完全可以打破传统商圈的局限。可以把触角伸得很远，但是你不能只顶个购物中心的名字就想做到这一点，你必须真的把休闲和社交场景做出来。

另外一点就是交通方式的改变，也在影响人们购物地点的选择。现在我国社会已经进入汽车时代，当人们的主要交通工具变成私家车时，那么消费者愿意去的就不是离他近的商场，而是到达和停车方便的场地。就像宜家荟聚和永旺的场地，都是远离市区的，但他们从不缺乏人气，这里面除了它们都有自营业态，自己掌握着商品优势之外，跟它们的停车便利有很大的关系。它们一般会拿出占地面积的一半来做停车场，这对国内开发商而言是很难想象的。

房地产企业存量时代的转型方向 | 14

下面说说消费者购物频率的变化。

在人类历史相当长的一个时期内，人们日常生活用品的购物频率都是以日来计算的，这主要是因为食物的鲜度问题，直到冰箱的出现才把这个频率改为以周来计。人们可以一次购足一周所需，然后用冰箱储存起来，慢慢食用。这也是机器大生产的工业时代的历史背景所要求的，因为人们需要把大量的时间集中起来，用于劳动生产。

零售业其实是时代的窗口，它真实地反映着时代的精神和技术的进步。正是因为时代对效率的要求，加上信息、汽车和冰箱这三大技术的出现，才最终促使超市这个强势业态的诞生。

再说流行时尚品的购物频率，欧洲经过"一战""二战"打掉了贵族阶级，原本专供王室和贵族消费的商品开始平民化。于是催生了时尚产业，并形成了每年春夏、秋冬两次发布会，四季货品的经营模式，这样就形成了消费者按季选购时尚品的购物频率。一般来讲，收入高并且对时尚有认知的消费者会在季初购物；具有一定购买力，但缺乏时尚常识的消费者会作为跟随者在季中购物；而收入较低的消费者会在季末打折时购物。

后来，商家发现消费者按季购物，会形成明显的淡旺季，造成业绩的波动，而且流行时尚品具有冲动购买的特性，购物频率低也造成到店次数少，从而也降低了的销售额。于是，时尚品的商家不再按季出新，而是把一季货品分成若干个波段，分批上货，这样保证每月都有新货上柜，从而把消费者的购物频率从季改为月。

后来市场出现了快时尚业态，这类品牌不讲究原创，采取"拿来主义"，从而实现快速研发、快速生产、快速营销，这类商家可以做到每周都有新货，因此，他们进一步把消费者的购物频率拉短至周。

进入购物中心时代，购物不再是人们的主要诉求，人们的追求转为休闲和社交。休闲与社交基本是以周为单位的，也就是平时工作，周末休闲。这样购物中心其实是做周末经济的。

因为购物中心是一组业态的集合，它里面同样会有日常生活用品和时尚品的店铺，因此，消费者倾向于在休闲之余顺便购物，因此，购物中心时代，消费者的购物频率是以周来计的。

至于日常生活用品的突发性需求，比如正在做饭，没有酱油了。或者走在路上口渴，想要喝饮料。这种情况下，消费者不会专门为此去大型购物中心的，他会就近找便利店来解决。因此，未来零售的主力业态会变成"购物中心 + 便利店"，其他业态都会变成购物中心里面的一家店。

房地产企业存量时代的转型方向 ｜ 15

商业地产最大的误区，在于很多人认为行业风险是在运营上。事实上，虽然项目最终失败的症状都是在运营上表现出来的，但是大部分项目失败的根源并不在运营上。其实，商业地产最大的风险是在前期策划，也就是说战略失误才是商业地产最大的风险。

前期策划包括三大内容：一个是盈利模式的设计。它说明项目是怎么产生盈利的，什么时间能产生盈利。二是产品规划。它说明项目用什么样的产品来支撑自己的盈利模式。三是项目投资预算，就是成本收益分析。它是要计算出项目具体的成本是多少，最终能赚多少钱。

其中盈利模式是核心，产品规划和投资预算都是在盈利模式的基础上来确定的。而盈利模式其实对应的是房地产企业最大的风险，就是现金流风险。住宅的是一种快销产品，它的盈利模式相对简单，前期投入一定资金之后，如果项目可以迅速推进，现金流能够很快为正，这对企业来讲，就没有风险了，只剩赚多赚少的问题了。

而商业项目的盈利模式要复杂得多，它可以是销售，也可以是持有，还可以是租售结合。如果是租售结合还会有不同的租售比例；持有部分会有不同的业态选择；销售部分会有不同的销售策略，是直接销售、带租约销售，还是返租销售，如果采用返租销售又有返租年限和退出的问题。这些决策都跟项目的现金流息息相关，而现金流只有三个来源：自有资金、外部融资、销售回款。而上面那一堆决策都是来回答现金流这一个问题的。

回答完盈利模式的问题，就需要设计与之相匹配的产品，在这里很多开发商会进入另一个误区，就是认为同一个产品会有多种不同的盈利模式，事实上，租有租的产品设计，售有售的产品设计，租售结合又有租售结合的设计。不同的盈利模式对应的会有不同的产品设计。如果错配了，项目就会出现硬伤，导致后面一系列难题。

所以说商业项目最大的风险来自于两个：一个是盈利模式设计错误，导致开发过程中出现现金流断裂问题；一个是盈利模式与建筑设计错配，出现建筑硬伤。

至于在招商、运营中出现的问题，都是可以治的病，可能会导致项目易主，但不会要了项目的命。而前两个风险则是致命的。第一个很可能导致项目烂尾夭折。第二个很可能会导致项目必须炸掉重来。

因此，商业项目的前期投资分析是最重要的事情，可是在实践中，很多开发商根本不重视这件工作。抱着走走看的心态，边走边调，其实这是最大的风险。

房地产企业存量时代的转型方向 ｜ 16

我们总说购物中心是做生活方式的，那到底什么是生活方式呢？

在前工业社会人们悠闲地过着田园牧歌般的生活。到了工业时代，人类进入机器大生产，由于机器是 24 小时不休息的，所以也要求人最大限度地利用时间去劳动，以跟机器的时间去匹配。比如富士康，基本就是那个时代的缩影，工人用十个小时以上的时间去重复一个动作，人异化成了机器。

西方国家首先进入富裕型社会，当人们不再为钱所担心时，突然发现自己失落了很多有价值的东西。比如亲情、友情、爱情，甚至是自己对内心的关照。于是生活在被扼杀之后重新复兴。在对劳动进行讴歌的理论中，我们陪家人散散步，一个人在夕阳下发呆，与三五好友把酒言欢，这些行为都是被否定的，被认为是不务正业、浪费生命。

今天我们认识到平衡才是正确的态度。工作、家庭、自我，一个也不能缺。而且我们会发现那些平衡有道、张弛有度的人，工作效率才是最大的。

在这样的时代背景下，购物中心应运而生，它事实上为人们提供了工作与睡觉之外的第三空间，在这里人们要做的事情，就是在传统观念下，被认为是浪费时间的事情，人们来购物中心就是来浪费时间的，品尝、沟通、散步、阅读、观影、运动、游戏等，这一个个场景加起来，就是生活方式，它也就是我们购物中心所提供的最核心的产品。

这样一种理念怎么在购物中心经营中落地呢？在执行层面，它又延伸出两个概念——"时间消费"和"慢生活"。

房地产企业存量时代的转型方向 ｜ 14

想要让生活方式的理念在购物中心里落地，要理解另外两个概念。

第一个概念是时间消费。时间消费是相对于产品消费而言的。它的意思是消费者逛街的目的不再是买东西，而是为了消磨时间，也就是我们说的体验。

它所对应的消费行为从"目的性消费"变成了"无目的性消费"，即"时间性消费"。

"目的性消费"是指消费者在消费前就有明确的购物计划，为了实现这个计划才去光临商场的。像超市和百货的目标客户都是这一类。

"时间性消费"是指消费者并没有明确的购物计划，但是他需要一个场所来满足他多元化的、个性化的、情感性的体验需求。

具体落实到购物中心实践层面就是以下三个方面。

一、空间打造

像传统的超市和百货业态在做店面规划时，除了通道，就是货架和商品，很少会拿出大块的面积用作公共空间。而且公区部分也只是简单的铺地、吊顶、包柱，除了在柱头部位做一些美化之外，很少会做主题化的装修设计。

而购物中心则完全不同，首先它会拿出大量的面积作为公共空间，而且这个空间要在平面和纵向上做到视觉通透。其次，购物中心的公区部分在空间设计、装修设计、灯光设计和美陈设计上也越来越讲究个性化和主题化。像侨福芳草地购物中心的艺术主题设计、群星城的峡谷花园设计就是典型。

二、业态组合

超市是按 ABC 分类法根据销量来选品的，百货是根据坪效来选品牌的。这两大业态都是以销售为导向来进行经营规划的。

而生活方式型业态是按消费者如何打发时间来进行规划的，也就是购物中心不但要研究消费者喜欢购买什么商品，它更要了解消费者愿意把时间浪费在什么事情上。它首先要考虑的是把这些消费者爱做的事装进来，然后才是配置传统的商业品牌。

传统的商业经营逻辑是"我这里有你需要的商品，你来买吧"。现在的逻辑是"我这里有你喜欢做的事，你来参与吧，在参与之余顺便消费"。

三、场景植入

传统业态的企划，像超市和百货主要是以促销活动为主，超市就是特价，简单粗暴。百货会复杂一下，买赠、买减、买返，其实本质都是在商品价格上做文章。目的是通过价格杠杆来撬动销售。

而购物中心则主要围绕场景营造做企划。主要表现为静态和动态两部分。

静态的主要是主题美陈展，比如大热的 IP 展，像泰迪熊、芭比娃娃、Line、熊本熊等。动态的主要是各种参与性的活动，比如趣味比赛、儿童才艺表演、服装走秀、新品体验等。目的从促销商品转向吸客到店，只要顾客来了，自然会消费。

第二个概念是慢生活。

慢生活是对应于人们匆匆忙忙的快节奏生活而言的。但这里的"慢"不是绝对的慢，而是一种态度，或者说是一种境界，它不是主张懒惰、拖延，而是轻松、从容地对待生活。之所以要"慢"是因为"快"让人们错失了很多美好的事物。比如亲情、友情、爱情等。

对于购物中心而言，可以把慢生活当成是一种业态，也就是所谓的体验性业态。它主要包括：电影院、咖啡厅、茶馆、书店、手作馆、画廊、特色餐饮等。一个购物中心要体现慢生活，就应该把这些业态有机地融合进自己的租户组合。这些体验性业态所对应的并不是单一的消费需求，它的背后是一种情感性的体验。与家人看场电影，与朋友一起聚个餐，欣赏一场艺术展，甚至一个人发下呆。

它所推崇的并不是物质享受，而是精神享受。所以这就是购物中心为什么首先在一线城市发展起来的原因，因为一线城市的消费需求已经转向精神层面。而二线城市正在这个消费转型的过程中，比如郑州，有一部分人会喜欢万象城，因为它的购物环境更放松、舒适。但也有很多人喜欢大卫城，原因就是他的需求仍然以购物为主，而大卫城是以百货为主体的，商场是按品类开规划的，品牌数量更多，更便于选购。而到了三、四线城市做购物中心，你可能就要参考一些百货的方法。原因就是城市级别越往下，慢生活的需求越低，而购物的需求越强。

但是，慢生活无疑是一种趋势，因为它更符合人性，随着经济水平的提升，这种体现会越来越明显。

第三章　商业地产开发商如何从城市视角
解读项目

商业地产开发商如何从城市视角解读项目（上）

开发商必须站在城市的高度来看自己的项目，首先要把自己项目跟城市的关系搞清楚。你这个项目在整个城市中如何定位，你能够给城市贡献什么？你想从城市中获得什么？这个定位越准，你为城市做的贡献越大，你的盈利也越有保证。

在中国有能力经营城市的有两类人，一类是市政府，它们的职责就是治理城市；另一类是地产开发商，因为他们就是城市化的建设者和执行者。

对于前者是职责所在，对于后者来说，是仅仅满足于建房卖房的快速变现，还是说要为城市做出更多贡献，则要看企业家个人的格局。但是今天房地产正在进入存量时代，行业发展逼着开发商不得不提升自己的格局，因为开发量在减少，相应的自己所持有的资产却越来越多。

如果想把持有的资产盘活，让它发挥出最大的效用，就不能局限在自己的项目里看项目，开发商持有的资产，无论是商业、酒店、公寓、写字楼、工业厂房、园区，还是学校、医院、美术馆、博物馆等，这些统统都是城市功能的一部分。

因此，这就要求开发商必须站在城市的高度来看自己的项目，首先要把自己的项目跟城市的关系搞清楚。

你这个项目在整个城市中如何定位，你能够给城市贡献什么？你想从城市中获得什么？这个定位越准，你为城市做的贡献越大，你的盈利也越有保证。换言之，未来做开发，必须有城市的眼光，要站在市长、书记的高度来看项目。如果我们从技术的角度来看城市，城市无非就是一个空间的概念。

在现有技术下，城市空间又是由物理、社会和信息三度空间叠加而成。这三个空间就是我们看一个城市的三个视角，如果你能把这三个视角统合为一，那你就是一个优秀的城市运营者。

传统开发商更重视的是物理空间，事实上，包括我们的政府在城市管理上，也是把重点放在了物理空间。所以城市虽大，建筑虽新，但因缺失灵魂，其运营效率必然低下。当我们从大干快上的大开发时代，进入精雕细刻的运营时代，必然会要求我们要用更多社会的视角，来赋予项目更多的人文价值。

信息革命是工业革命之后，对人类具有深远影响的又一次社会革命，它是在我们这个物理世界之上塑造了一个虚拟世界。这个虚拟世界依托于物理世界，但又完全超出物理世界。

我们现在的地产百强，还是开发时代的百强，进入存量时代，百强的重新排位，就要看企业对城市深度理解之后，如何重新给自己定位了。

商业地产开发商如何从城市视角解读项目（中）

开发商应该通过对城市三度空间的解读，来给项目定位。那么什么是城市的三度空间呢？

一、物理空间

物理空间就是我们城市所处的自然环境和人造物体，这个是我们很熟悉的，因为我们人类必须要在空间里才能生存，如果地球没有表面空间，那我们是没有办法生存的，就像我们不能生存于一座山的内部一样，我们只能生存在山上或者山的内部有一块是空的——山洞里。

建城市和造房子就是在自然这个大空间里，分隔出适应人类活动所需要的小空间。建造物理空间是我们很擅长的，但有两个方面我们需要关注。第一，质量。我们知道住宅的土地使用权是70年，但我们有几栋房子能用70年呢？

第二，功能。在一些公共建筑的规划、设计和施工过程中，竟然可以出现没有一个人懂功能。比如在商业地产领域，笔者就碰到过建筑师可以理直气壮地说自己不懂商业，甲方的开发负责人也没有兴趣去研究什么是商业，认为只要"有顶有地有四面墙"就是商业。

我们现在还要做城市更新、还要做特色小镇，这些都是更大范畴的城市建设，那我们现在有没有懂得城市各分项功能的人呢？因此，从城市的角度来看物理空间，我们需要思考的是，我们能建，但是我们能不能建好。

二、社会空间

社会空间是由我们人类所创造出来的观念性的空间，它依托于物理空间，又高于物理空间，包括文化、制度、法律、风俗等。这个就是我们所讲的人文关怀，在这个领域我们是欠缺的。因为我们过于讲究工具理性了，甚至还有一段时间我们曾彻底否定过人文价值。

首先，除了物理空间的质量和功能之外，我们还要赋予城市与建筑以美，我们有多少城中村改建之后，从一个平面上的城中村，变成一个新的立体式的城中村。

其次，城市与建筑的目的是什么呢？它只是在彰显自己的存在吗？从本质来讲它应该是为人服务。因此，人本主义也是未来我们必须要重点考虑的。

而上海，如果你不考虑物质的压迫的话，它是一个非常宜人的城市。城市虽大，但街道、建筑都是人的尺度，漫步街头是一种非常舒适的感觉和体验。

那么进入存量时代，如果你不能赋予城市和建筑以美，不能以人为中心去规划设计，那在未来的城市运营的份额中，就不会有你的地位，因为不能创造美、不能为人服务是违背人性的。而在未来所有不是建立在人性基础上的事物，都将变成浮云。

商业地产开发商如何从城市视角解读项目（下）

笔者分享过城市三度空间中的物理空间和社会空间，在社会空间里笔者谈到了审美和人性化的问题。这里笔者补充一点，在社会空间里还有一个重要问题——制度。制度是人类智慧的高度凝结，它往往是以政府立法的形式确立下来，由政府的公权力来保障实施。

我们一直说房地产行业是一个被政府高度管制的行业，几乎每走一步，都需要获得某个相应的政府机构的审批。

从我们自己的视角来看，会觉得受到了很多束缚，但如果从城市、社会的视角来看，它是必须的。因为政府代表的是公共利益，在一个社会中，如果想要健康发展，必须由政府出面守住公共利益和私人利益的界线，否则一个社会不可能有公平与和谐。

而且现在的立法主要集中在开发和交易环节，在持有环节，比如资产退出、不良资产处置、更新改造等环节还有很多缺失。这些缺失的环节，在立法没有跟上的情况下，必须要由政府来补上。

所以今后进入存量时代，开发商应该更有法律意识，与政府的协调、沟通、配合将更加重要。那种完全不顾法规，任意而为，然后靠私下运作来解决问题的方式越来越走不通了。

三、信息空间

信息空间是我们这代人特有的事物，它是由信息革命所引发的，并且仍在持续发酵之中，它是在现实世界的基础上创造了一个虚拟世界。因为这个新生事物仍在成长与发展中，所以关于它的话题特别多。

笔者从开发商运营城市的角度再谈两点。

第一，现有的物理空间正在迅速向线上迁移，我们正在努力通过数字化的手段，将线下世界复制到线上去。我们所看到的这些连接、芯片、传感器、大数据、云计算等技术手段，都是在执行这样的任务。

所谓的智慧城市、智慧社区、智慧楼宇、智慧商场等，不过是在虚拟空间上把物理空间的实际运行状态给模拟出来，做到可视化。

当物理空间完全联网并虚拟化之后，之前我们无法测量的社会空间，也将被数字化和可视化，比如经济的发展、房价的波动、资金的流向、人员的移动等，都会在虚拟空间中清清楚楚地体现出来。也就是说，未来整个城市生活的所有细节，都会在一个大屏上清晰地呈现出来。

第二，数字化不但在把现实世界搬到线上，同时还创造了一个脱离现实的虚拟世界。未来的人会有两个身份，一个在现实世界，一个在虚拟世界。

其实，现在已经有一部分人完全适应了这种双重身份，比如虚拟婚姻都已经出现了。在虚拟婚姻中，是现实中的两个人，在网上的两个虚拟身份的结合。

未来还会出现完全的虚拟人，比如2017年音乐选秀节目《明日之子》，最终全国第六名的选手叫荷兹。不过，这个荷兹并不是真人，他是一个虚拟歌手，但是他已经有16万"粉丝"了。也就是说未来很可能会发生现实人的虚拟身份跟一个真正的虚拟人的结合。

虚拟婚姻只是笔者举的一个例子，当未来信息空间叠加到现实和社会空间之上后，我们的城市生活将会发生更加颠覆性的变化。

关于这些发展变化，无论你怎么去看待它，它都不以你的意志为转移，而是快速地向前发展。在时代的列车上，你想下车，那是不可能的。

以上是笔者对未来城市物理、社会和信息三大空间的概括，存量时代的运营机会就在这三大空间的叠加中，谁能抓住这个机遇，谁就能创造下一个时代的奇迹。

第四章 商业地产的建筑设计

在商业地产里，商管公司的人最大的困惑不是来自定位、招商、运营这些商业部门内部的问题。最大的困扰是对建筑方案的评审。

因为商业地产行业最主要的产品类型是购物中心，而购物中心不像百货和超市，在建筑空间上有一定之规。像百货一般就是一个正方形，中间是扶梯，围着扶梯是"回"字形动线；超市是一个长方形，"非"字形动线，中间一条主动线，两侧是垂直的副动线。

而购物中心则没有这么明确的规则，虽然万达制定有严格的设计规范，把自己的商业项目规范了起来。但这也正是业内对它所诟病之处，建筑空间缺乏个性，没有特色。而且万达在拿地时是有主动权的，所以它的商业项目都是处于整个地块黄金的边角位置，而且土地规规整整，便于设计。

但是大多数中小开发商，不但内部没有自己的建筑标准，而且在拿地时也没有什么主动权，很多时候拿到手的是些异形地块，这些地块就更难设计。

一般商业地产公司，建筑方案都是由建筑师主导的，当图纸摆到商管公司面前时，商管公司往往很困扰如何来评估这个方案。如果地块是标准的长方形，进深也合理，那还好办，因为建筑师给出的多数是一个单动线的方案，商管公司只要评估一下主力店的落位，就可以把概念方案确定下来。但如果是一个比较复杂的方案，商管人员因为不是建筑师出身，往往不知道该如何下手评判方案。这个时候是他们最困扰的时候。

事实上，购物中心的规划设计还是有规则可循的，这个规则其实来自城市规划。一个城市包含三类空间：建筑空间 + 道路空间 + 广场空间。

对一个购物中心而言，每一家店其实就是一个建筑，而这个建筑是有设计规则的。比如，超市有超市的设计规则；电影院有电影院的设计规则；服饰店、餐饮店都有它对面积、开间、设备的要求。而串起这些建筑的，在城市是街道，在购物中心就是动线，而在节点上的中庭就是广场。

因此，一个购物中心就是一个微缩的城市。从这个角度来评审项目，店铺的建筑要求是商管要提供的。对于建筑师的方案，我们重点要审的是街道和广场的设计，也就是动线和中庭的设计。

这个主要审两个方面：第一，交通的合理性；第二，空间的体验感。

商业地产的建筑设计 | 01

一个好的购物中心设计方案，一定是由商管公司与建筑师共同完成的。

购物中心的概念设计可以分成三个部分，店铺、动线和中庭。当然，笔者这里仅指的是概念阶段，购物中心的设计是一个复杂的系统，建筑的概念方案完成之后，后面紧接着就是机电、外立面、室内、景观、导视，这其中没有任何一块是可以被忽视的。

店铺规划主要是由商管来完成的，它也就是我们所说的业态规划，又包括两个内容，一个是主力店与次主力店的布局，一个是品类规划。

关于主力店，一方面大多数主力店都有自己独特的建筑要求，另一方面主力店的布局影响整个购物中心的人流组织。它反映了商管人员的专业和未来的经营逻辑，因此，应该由商管来完成。

关于品类规划，在建筑阶段其实是一个划铺的规划，它主要考虑的是各种不同类型的商家对经营面积和店铺尺度的需求。这个肯定是商管更专业。

那么建筑师所要设计的就是动线和中庭，如果我们把购物中心里大小不同的中庭理解为动线上"起、转、聚、终"的节点的话，那么，建筑师的主要设计内容可以简化为动线设计。

当然，完整的建筑方案还是需要建筑师来操刀的，只是店铺部分的设计完全是技术性的。对于建筑师来说除了技术性之外，他更是一个艺术家。那么，他的艺术性体现在哪里呢？主要就是建筑造型、外立面和动线。其中动线又是重中之重，因为造型和立面在某种程度上仅关乎审美，而动线则是功能与艺术的结合，它决定了一个项目的成败。

对于一个购物中心的建筑设计而言，可以把它理解为就是一条街的设计，就是如何用一条漂亮的街来贯穿整个地块，然后让所有类型的店铺合理地分布在街的两侧。

我们可以用一条项链来形容购物中心，所有的店铺都是一颗颗珍珠，这些珍珠是由商管根据自己的运营规划选出来的。而建筑师的任务就是用一条链子把它们穿起来。而这条街，从规则上讲，其实就是城市道路的设计原则。

商业地产的建筑设计 | 02

　　为什么笔者在前面的分享里，一直强调是"一条街"呢？那是因为在实践中，凡是动线复杂的项目，都会出现冷、热街的问题，而且很难解决。比如万达，我们做商业地产最早的"老师"就是万达，因为它出了本设计导则，这个导则从技术层面来说，把商业建筑研究得非常透彻。所以万达的动线都是非常简洁实用的，就是一条单动线，根据地块的情况形状稍有变化，有一字型的、L型的、U型的、Z型的等。

　　但是万达之所以能做到这一点，是因为它早期规划里有一个百货主力店存在，它是用百货吃掉了地块里比较厚的那块面积。等到它后来要去百货化的时候，怎么消化这块面积就成了问题。

　　万达的做法是比较简单的，它就是在原来百货的位置上，又做了一条动线出来，把原来的一字型动线改成了O型的环形动线。在笔者印象里，最早做这个尝试的是长沙开福万达，笔者曾经去过几次，每次情况都是原步行街部分人气不错，而百货改的这部分不但没人，而且几乎没有满铺过。后来万达就按这个环形动线的模式开场地了，像武汉汉街万达、北京通州万达，但据我的观察，都是面积增加了，而人气并没有提升。

　　还有恒隆进入中国的第一个项目是徐家汇港汇广场，这家店在恒隆系里是业绩非常好的。它原来是一个L型的动线，在它的一个角上有一家百货主力店，后来百货关掉了，因此它把动线沿了过去，也改成了一个环形动线，但是原来街区部分人气依然很旺，但这个角就怎么也做不起来。

　　后来恒隆在国内开的店都是环形动线，不过除了上海恒隆没有一家店生意是好的，所以也不好判断它生意不好是不是动线的原因。但是就如北京朝阳大悦城这种旺店，它也是环形动线，而后面那条街的人气是跟前面的街不可同日而语的。

　　当然，环形动线做得好的也有，一个是北京西单大悦城，它因为是由三栋楼的下部围合而成，因此，动线非常复杂，但基本是个环形。另一个是上海中山公园龙之梦。但是这两家店之所以能做得好，完全靠的是区位优势，周边人流太大，把它溢满了。

　　真正靠运营把环形动线做好的，在笔者印象里只有宜家的荟聚，但它里面有一个超级主力店，宜家家居，这在全球独此一家，是我们学不来的。

商业地产的建筑设计 | 03

很多项目因为地块的限制做成了环形动线。这种环形动线其实也是种一字型动线，只是它首尾相连，构成了一个闭环。

它最大的问题有两个。第一，容易迷失方向，会造成消费者心理上的焦虑感。像笔者上面举的中山公园龙之梦项目，为了避免这个问题，它特意在动线上做了三个中庭，而且用红、黄、蓝三种颜色做了区分，但是消费者仍然找不到方向。第二，单层动线过长，容易让消费者产生疲惫感。消费者会感觉这样的场地逛起来特别累。

这种环形动线，你也可以看成是两条单动线相抱而成。这两条动线从尺度上来说，并没有主次之分，但在运营中，仍出现一冷一热，甚至是双冷的现象。

而在实践中，很多项目实际是一主一副或一主多副的设计，在这类项目里，副动线部分就更是经营难点了。比如南京水游城，这是一个在建筑设计上获奖的项目，到现在也还是业内学习的榜样，但是它那条副动线就始终经营的不是很理想。

还有上海大悦城二期，它做了很多场景化的创新，也是我们学习的榜样，它里面也有一条副动线，在这条副动线上，它们也做了很多的创新，对店铺形象做个统装，而且是用钢管结合玻璃做的通透型设计，每层的主题都不一样，现场效果还是非常好的。但是在进入正常运营期之后，这个区的人气比主动线上的人气，仍然要差很多。

当然，一主一副做得好的也有，就是永旺。它是把两层的副动线都用来做餐饮，这个在国内购物中心里是很少见的。一般来说，大家都是把餐饮放在三层以上的高楼层，低区一般都是以零售业态为主，仅会间或在每层的端头点缀几家餐饮。

商业地产的建筑设计 | 04

那么怎样评估一个购物中心的建筑方案。

首先，要尽量做到单动线。一方面，建筑师在进行总图规划时，要合理布局大业态，比如写字楼、酒店、公寓、大型公建等。另一方面商管公司要积极配合建筑师做好主力店和大型店铺的规划。

通过上面这些大体量的业态消化掉地块中较厚的面积，然后通过一条尺度合理的商业街贯穿连接所有的建筑。像万达的三代店基本都是这种模式，一条单动线，塔楼插在中间或者两侧，怀抱着百货及其他主力店。当然，万达是勾地模式，所以它的地块都是规规整整，很好规划。

如果要看复杂地块如何做出单动线，可以去看上海的国金中心。它的设计非常巧妙，不但在一个地块、交通都很复杂的条件下，设计出了流畅的商业动线，而且室内的商业动线竟然形成一个熊猫头的形状，不知道是它有意为之还是巧合。

另一方面，北京的颐提港设计也很有想法，它通过一个2400平方米的巨型室内广场消化掉较厚的面积，这个巨大广场一侧全是通透的玻璃，外面是一个大型的室外花园，室内、室外在视觉上形成无缝衔接。而在靠近商场的一侧，它采用剧场式的退台设计，并且从商业规划上把这个区域全部做成餐饮。

而印象城是用同层停车来消化掉地块中间靠后的一块面积，然后剩余的面积就可以形成一条尺度合理的商业动线。如果实在受地块限制，一条单动线无法消化所有的面积时，这时就要跟商管紧密的结合，通过后期的运营思路来反推建筑该采取什么形式消化进深较大的面积。

方法有三种，前面笔者分析过两种，一种是环形动线，一种是做成主副动线的组合。第三种是保留较厚的区域，在这个区域内做成主题街区，这个大悦城做的是最成功的。比如骑鹅公社、五号车库、悦界等都是这种形式的体现。当然，它并不是在建筑阶段就有意规划成这个样子的，而是在主力店失效后，不得已而为之的。但是，它给我们提供了一种操作思路，就是我们可以先把大面积区域做成主题街区，时机成熟再把它改回主力店。

因为笔者判断未来购物中心里的中型店铺会越来越多，而且会成为购物中心的主力租户。这一方面是专业店会越来越多，在品类丰富之后，它们会把面积做大。比如像名创优品，它发展到一定阶段后，很可能会通过增加品类来扩大经营面积，向无印良品的模式发展。

一方面，百货商场在向买手制转型的过程中会小型化，变成类似于连卡佛这样的店铺。这些趋势在未来都会对大租赁面积有需求。因此，购物中心保留大块面积，在前期通过主题街来消化，为后期引入新型主力店做好预留。

商业地产的建筑设计 ｜ 05

购物中心的规划要尽量做到单动线，如果因为地块现状，导致使用单动线设计时，出现大面积的铺位。可以有两种方法解决。

第一，可以分配给大体量的租户。像百货、超市、电影院、冰场、快时尚、儿童乐园、儿童教育、大型餐饮、健身房等。

第二，可以做成主题街区，这个从大悦城的骑鹅公社开始进行尝试，获得成功之后，现在几乎已经成为购物中心的标配了。

如果上面两种方法还不能完全解决问题，或者使用上面这种规划，不符合运营团队的运营思路，这时才可以考虑使用环形或主副结合的动线。

上面说的是整个项目的动线规划，把动线规划做好之后，下面就是这条动线具体怎么设计的问题了。

这里笔者再重中一下一直强调的观点，这条动线的设计事实上就是购物中心的设计。一个购物中心就是把这条路设计出来，然后把各种业态和店铺布局在它的端头和两侧来构成的。事实上，一个购物中心，不管你的定位有什么变化，地块有多大的不同，你都是在用线性思维去设计一条路的。

只是你这条路跟交通道路有一点不同，就是交通道路是被动型道路，就是设计施工完之后，要不要走由司机自己选择。而购物中心的这条路是主动型道路，就是设计建成之后，必须能吸引消费者来使用。如果消费者不来，那这个设计就是失败的。

从这个角度来分析，购物中心的动线需要满足四个功能：吸引、进入、闲逛、离开。根据这四大功能，笔者总结了设计动线的两个原则：交通的合理性和空间的体验感。

商业地产的建筑设计 | 06

什么是交通的合理性呢？

如果说购物中心设计的核心在于动线设计，而动线其实是在模拟市政道路。因此，它的首要功能是承载交通，按购物中心专业的说法叫人流组织或客流组织。

从这个角度来谈，它又分为大交通和小交通两个层面。尤其大交通对购物中心的影响较大，这里特别对购物中心的大交通做一下阐述。

大交通是指购物中心的动线要有机地融入市政路网，它必须与市政道路做到无缝衔接。它包括两个问题，一个是入口如何设置，另一个是联外交通如何组织。

入口又分为主入口、次入口、机动车入口和货运入口。

其中最重要的是主入口的选择。主入口的作用是项目形象展示和主要人流的导入。因此，原则上应该根据主要的人流来源方向进行主入口规划。一般来讲，主入口最佳的位置是在十字路口的角上。因为主入口开在这里，一个入口可以控制四个方向的人流。

有些开发商第一次做商业，会按照中国传统的中轴对称的理念来安排主入口，就是把主入口放在建筑的中间。这种安排对于购物中心是不合适的，购物中心的主入口其实讲究的"歪门斜进"。这也是我们说的"金角银边"。

所以大家可以观察一下，万达的主入口都是在建筑一侧的，如果临着十字路口，那么一定会在十字路口规划主入口。比如郑州中原万达，它的主入口和次入口同时把着两个十字路口，真的可以说是汇聚八方来客。

因此，对于主入口的选择，重要的是判断主要人流是从哪个方向来的，所以建筑师在设计之前一定要现场看地，同时要研究项目周边的交通状况和人流特点。这样才能合理的规划主入口。

主入口确定以后，次入口是比较好确定的。

至于机动车入口主要要考虑三点：第一，政府规划部门对机动车道开口的要求。第二，车道的规划要方便行驶。第三，做到人车分流。

货运入口，除了考虑上面机动车入口的三点之外，因为是货物及垃圾的出入口，可能会有脏、乱、差的现象，因此，还要考虑对环境的影响。

商业地产的建筑设计 | 07

关于项目大交通的第二个问题是联外交通如何组织。也就是项目的动线规划如何与外部路网对接。

如果把购物中心理解为一条路，而道路的设计原则是便捷、通达。那么这也是购物中心设计的一个基本要求。

我们可以把购物中心看成是一个人流、车流、货流聚散的城市节点。上一篇笔者分享的关于各种入口的选择讲的就是便捷问题。

而联外交通讲的是通达问题。联外交通其实非常简单，就是一个购物中心必须在所有的相邻道路上有开口。它要考虑的问题有两个，一个是顺畅，一个是通达。

顺畅是指的拥堵问题，购物中心本身是一个人流、车流密集的场所，所以购物中心与外部道路连接的开口处，很容易形成拥堵点。这种拥堵在设计上有两种处理方式。一种是在市政道路上开口，直接进入机动车入口。一种是做一条辅道，把车辆引导到项目的内部，再进入机动车入口。

前一种方式是堵在外部市政道路上，比如万达就是这样处理的。后一种是堵在自己项目的内部。

　　一般对于第一次做购物中心的开发商，笔者都会建议他去学习一下万达，因为万达在购物中心建筑的量化指标上，研究的是很深入的。但是唯一不建议他们学的就是万达的交通处理。

　　这种方式很容易造成周边道路的交通堵塞，一方面会与政府有关部门和过境车主形成矛盾。另一方面，会强化到店消费者的焦虑感。因为堵在交通道路上和堵在项目内部的辅路上，对消费者造成的心理影响是完全不同的。

　　通达是指购物中心与周边道路的连通性。一般要求购物中心要与周边所有道路形成连接。这个理解起来很简单，一个购物中心经营的就是人流，而人流是由道路交通来组织的，所以人就存在你周围的道路上，你不连接，不形成开口，人流就进不来。

　　这样一方面会造成购物中心人流的损失，另一方面很可能会形成购物中心的死角。比如郑州360，这是目前郑州最好的购物中心，比起北京、上海，它的业绩也能排到前列。它原先的设计是临着三条路，东边临着花园路是主入口，南边临丰产路和北边临农业路各有一个次入口。

　　但是因为种种原因，北边这个入口一直没有打开，这样就在它的北部形成一个死角，直到今天也没有完全把这个区域盘活，这么旺的一个场地，在北部区域仍然会出现掉铺。如果北边这个口一旦打开，这个死角的问题马上就会迎刃而解。

商业地产的建筑设计 | 08

　　联外交通的车流问题除了车流还有一个人流问题。人流问题并不是单指步行到店的消费者。因为无论消费者使用何种交通工具，最后都是要步行进入店内的。因此，必须针对使用不同交通工具的消费者，分别设计步行系统，保证所有的消费者都能便捷地进入购物中心。

　　消费者到店一般会采用三种方式：自驾、搭乘交通工具和步行。

　　自驾是消费者开车，首先到达购物中心的停车场，然后从停车场再步行进入商场。停车场有四种规划方式。

　　第一种：比较常见的方式是放在地下，然后通过电梯进入商场。在地下一般要设计两种电梯形式：一种是扶梯，直接到达上一层空间；另一种是直梯，消费者可以选择自己要到达的楼层。

　　第二种：放在屋顶的，比如K11、月星环球港等。这种停车场设计，一般也是两种电梯形式，一种是扶梯，直接下到下一层空间；另一种是直梯。

第三种：商场外部地面停车，比如永旺。这种需要下车之后，通过步道进入商场。这种方式要注意两个地方，一个是人车分流，一个是便捷性，所以永旺都是多入口的，便于消费者就近进入商场。

第四种：同层停车，比如印象城。这种方式是直接把车开到自己要去的楼层，然后平行进入商场。这种形式从理论上来说很有道理，可以使消费者到达目标店铺的步行距离最小化，但实际使用率并不高。因而像大悦城就把自己的同层停车改成了主题街区，像悦界和五号车库都是停车场改的。

当然，大多数商场采用的是多种停车方式的组合。比如月星环球港除了屋顶，它还有地下停车场。永旺除了地面之外，它也建了屋顶停车场。

消费者第二种到店方式是搭乘交通工具，又分为出租车、公交车和地铁三种。

关于出租车主要是落客区的规划，一般要考虑两点。

第一，要方便消费者到达和离开。比如侨福芳草地购物中心的落客区就设计在主入口门口，这样消费者下车就可进入商场，出了商场就可以上车离开。

第二，要避免跟城市交通发生冲突，引发交通堵塞。

有的项目不设计出租车落客区，这样既不方便消费者出行，又容易造成出租车乱停，从而堵塞交通。

对于公交车，如果有条件的话要把公交站点引到项目上，而且这个公交站点要尽量设计成港湾式的。这样设计对交通影响最小，也能保证消费者的出行安全。如果项目比较偏远，还可以考虑在项目中设置公交站场。比如上海嘉亭荟、广州天汇广场，它们都将公交站场引入项目中，一方面可以给项目引流，另一方面也方便了消费者出行。

至于地铁，现在是城市交通中最方便快捷、运输量最大的交通工具。因此，如果项目周边有地铁的话一定要接通的。即使项目不是直接的地铁上盖，离地铁站点还有一定距离，也要通过地下通道进行联通。地铁能给商业项目带来的人流和租金提升是十分巨大的。

比如笔者去参观的郑州德化新街项目，这个项目当时的设计原则就是在地下把几条地铁线路进行连通，所以它现在要考虑的就不是引流问题，而是在高峰期要限制人流的问题。

除了上面这三种常规的交通工具之外，有的项目因为比较偏远，交通不方便，还会设置自己的免费巴士，用来接送消费者。比如，深圳前海周大福全球商品购物中心，因为所在区域尚在开发中，目前位置非常偏远，所以它在离它最近的地铁口与项目之间做了个摆渡巴士，来回接送顾客。

还有上海虹桥天地，它在项目中做了一个值机大厅，消费者可以在这里直接办理行李托运和值机。而且它每隔半个小时就会有一班免费巴士，可以直接把顾客送到机场的出发大厅，也就是它通过值机大厅和免费巴士的设计，把飞机乘客与商场进行了连接。这也算一种另类的与交通工具的对接。

消费者最后一种到店的方式就是步行。步行顾客又有三种。

第一种是步行15分钟可以到达的周边居民。第二种是本项目中其他业态的人流。比如写字楼、酒店、公寓等。第三种是使用其他工具到店的顾客，最终都要通过一段步行距离进店。

对于步行顾客我们要特别注意可达性：在顾客的步行线路上，要做到快捷、顺畅、没有障碍。在项目内部，可以通过内部交通的合理设计来解决。但是，还有一些外部障碍需要考虑。

常见的外部障碍有高架桥、下穿车道、城市快速路、市政绿化带、铁路、河流等。比如，有些项目位置看起来很好，但是临着高架桥或者快速路，顾客实际很难到达。这会对商场的运营造成很大的影响。

还有建业艾美，笔者认为这是郑州最好的一家酒店，但是你想步行进去要绕一大圈。它门口被园林绿化带挡着，而且还扎了木桩，拉了铁丝网，对人流造成了极大的阻碍。幸亏它是酒店，目的性客户居多，如果是商业的话，影响就会很严重。

这些障碍都会阻断人流，造成消费者明明能看到商场，但是却进不去的问题。

如果项目存在上面这些问题，一定要采取相应的手段去化解或者缓解。比如过街天桥、过街地下通道、绿化带公园化等。

但是，以上这些外部因素，并不在公司的控制范围内，因此，需要项目在前期就对这些问题有充分的认识，提前与政府相关部门沟通，有些问题可以由政府来解决。即使必须由企业自行出钱解决的，政府也要在相关手续的审批上给予支持。这个最好是在企业刚刚拿地，还跟政府处于蜜月期时，就来沟通解决，否则越往后，沟通协调的难度越大，问题解决的时间周期越长，甚至会造成既成事实，无法解决。

商业地产的建筑设计 ｜ 09

关于购物中心的步行人流，还有一个连通的问题。它包含两个连通；一个是购物中心与自己项目中的其他业态进行连通；另一个是购物中心与相邻建筑之间的连通。

在商业地产中，很少出现仅有购物中心单一功能的项目，基本都是综合体项目，一个项目除了购物中心之外，还会有其他的功能。比如写字楼、酒店、公寓、住宅以及各种公建。

每一种功能都有自己特定的人流，如何将这些人流顺畅地引入购物中心，也是项目在设计阶段要考虑的问题之一。

国内企业做的商业项目，在这点上考虑得都非常简单。比如，国内城市综合体有一个名字叫豪布斯卡，其实它是万达创造的，但是在万达的项目上，各种功能基本都是相对独立的，人流互动性很弱。它的写字楼和公寓一般是以"插蜡烛"的形式，坐在购物中心上面，或者是甩在两侧，人流相对独立，并没有有效地互动；酒店是完全独立在一侧；住宅完全与商业分离。就是在商业内部，购物中心部分和金街部分，也有意地做了物理上的分隔。

而国内大多数商业地产项目都是类似于这种设计，比如像龙湖，它与万达在人流互动上的区别，仅是增强了持有的购物中心与销售的步行街之间的连接而已。

国内的一些外资或港资的项目，则更注重不同功能之间的人流互动。这些项目往往是商业与其他功能并重的，甚至你会觉得商业是处于从属位置，因为这些项目并不是将最好的位置给予商业，再来考虑其他功能，反而是先把塔楼摆好，然后将塔楼下部围合成商业。比如浦东嘉里中心、浦东国金中心、北京侨福芳草地购物中心、成都来福士等。

在这些项目中，建筑师在人流的互动方面就考虑得更全面细致一些，设计有很多穿插型的动线与开口，从而保证了塔楼的目的性人流能有效地导入商业。

另外，还有一个住宅人流的问题，基本上除了市中心黄金位置的商业项目之外，其他的商业项目中都是附带有住宅的。常规处理方法是把住宅与商业完全分开。因为这两个业态，一动一静，分开了，可以有效地保证住宅住户的私密性。但是，住宅人流其实是非常有效的商业人流。在上海嘉亭荟项目中，它就使用了一个过街天桥，从二楼将住宅小区与商业连接了起来。同时用智能门禁进行管制，这样小区住户可以通过这个通道方便地进入商场，而外部人员是无法通过这个通道进入小区的。这样的规划设计既方便了业主，又有效地给商场导入了人流。

商业地产的建筑设计 | 10

购物中心除了要考虑自己项目内部各业态之间人流的互动之外，还要考虑跟周边其他建筑的互动。

如果周边建筑是非商业建筑的话，问题比较简单，购物中心肯定愿意与之连通的。但是，如果周边也是一个商业建筑的话，特别是跟自己业态相同时，就会出现两种不同的观点。一种是隔离，各自为政；一种是连接，人流共享。

这两种观点笔者不好评价对错，但是如果对自己运营能力有自信的话，还是连接为好。同一商圈的商业之间，除了竞争关系之外，还有合作的一面。所有商场共同努力把商圈的影响力做大，才是对大家最有价值的做法。以邻为壑反而是一种自我封闭式的思维模式，是不符合现代潮流的。

当然，目前商业地产行业有两个问题：一个是过度开发的问题；一个超前开发的问题。前者的问题是市场饱和；后者的问题是客流不足。

在这种情况下，可能自己都"吃不饱"，这就不是要考虑合作的问题了，而是你我生存的问题。

所以现实环境对我们商业地产从业者的智慧是一个极大的考验。但是政府其实在积极地推动商业项目之间的互动连接。很多城市的商业中心都会在政府主导下，用天桥或者是地下通道的形式连通起来。

比如，当年郑州市政府就通过天桥形式把二七广场的几家商场连接起来，不过这几家场地现在都处于僵化状态，所以也没有见太大的成效。

现在二七广场要进行地下管廊改造，改造完，这几家商场地下也会打通，而且还连着地铁，这么优质的资产并没有盘活，也是很遗憾的，愧对郑州商城的称号。

其实讲了这么多开口、连接的问题，目的就是为了引流，做商业的，客流量也一直是个重要的经营指标，不过在这块我们确实要跟互联网企业学一学，他们为了引流很多方法都用上了；而我们的手段还过于单一。当然，那是商场运营与企划的问题了，但是在这之前，整个硬件上要做到人流的顺畅无阻，不要因为建筑规划导致人进不来或者不愿意进的情况。

商业地产的建筑设计 | 11

下面给大家推荐两个项目，可以供大家研究购物中心交通设计参考。

第一个是浦东国金中心。这个是香港新鸿基的项目。它位于上海浦东陆家嘴商圈。地块四面邻路，北边是世纪大道，南边是花园石桥路，西边是陆家嘴环路，东边是银城中路。但是整个地块并不是完全由项目所有，在项目人流最旺的西北角有一块很大的市政绿化带，西南部也缺了个角。周边交通非常复杂，笔者从没有在这个区域辨清楚过方向。

它的功能也比较全，除了商业之外，还有两座写字楼、一座酒店和一栋服务式公寓。写字楼是国金中心和汇丰银行大楼，酒店是丽思卡尔顿，公寓是国金汇。

第一，它这个地块最黄金的位置是西北角，这个地方是五条道路汇集的环岛，因为交通流量太大，后来还架设了人行的环形天桥，对面就是东方明珠，西边紧临正大广场。但这个角是一个大面积的市政绿化带，笔者说过如果你把它交给园林来做，效果就很难控制。所以国金中心应该是把这块纳入了统一规划，把它处理成一个大型的下沉广场，广场正中心就是当时惊艳上海的中国首家苹果体验店。

第二，它是将塔楼布置在项目四周，两栋写字楼是在最好的位置，在西边紧挨着汇丰大楼的就是丽思卡尔顿，东南角布的是国金汇服务式公寓。在东北角没有塔楼，但是它也没有做商业，而是做了一条辅路，将交通引入内部。

第三，商场是由塔楼下部围合而成，当然，商场的主入口还是放在了最好的位置，就是西北角两栋写字楼的中间。商场的首层将各个物业的动线连为一体。

第四，在东北角的二楼，它架设了一条过街天桥，横跨世纪大道，与陆家嘴地区的交通枢纽直接相连。

第五，地下连着地铁。

纵观整个项目，交通规划处理得十分清晰。人流、车流组织都非常顺畅，而且上连天桥，下通地铁。笔者认为这是一个在复杂地段处理交通的典范。

商业地产的建筑设计 | 12

第二个是社区型购物中心嘉亭荟。

嘉亭荟这个项目位于嘉定，整个项目看似四面有路，实际上只有北面和东面真正临路。

东面是墨玉南路，这条路为项目提供了主要的正常人流。

北面是曹安公路，你一听名字就知道是个城市快速路，而且还有轻轨通过，所以这条路基本上人流是隔断的。

西面也有一条小路，但是这条路基本上是没有用的，因为项目的西面实际是一条小河，我们知道河流对于商业项目来讲也是人流隔断的障碍。

南面是一片停车场，像是待开发地块，也没有人流的。在停车场与项目之间有条小路叫商场南街，这是条弓形小路，从墨玉南路穿过项目一直到达曹安公路。

若仅从地块的小环境来分析，条件并不是特别好。但是好在地块方方正正，它把地块东西一分为二，东部大概有三分之二，是购物中心部分。西部的剩余地块，又有三分之一多的部分是它的住宅小区嘉亭青苑，剩下的部分规划的是公交站场和轻轨接驳处。

购物中心的主入口开在东边墨玉南路上，这个地方同时也是公交车站和港湾式的出租车停靠站。它没有像大多数项目那样把主入口开在角上，而是开在正东，因为这是它四个方向唯一可以正常导入人流的地方。

但是它实际上最大的人流是来自北边，是城市交通给它带来的人流。首先，它在西北角规划了一个公交站场，而且站场的上部是主力店大润发，大润发的班车也在公交站场发车。这一块就形成了地面的一个人流聚集点。接着，它北面是轻轨，紧邻项目的是安亭轻轨站。因为轻轨是架空在上面的，所以它在二层做了两个地铁接驳口，与轻轨无缝衔接。另外它还架设了一座过街天桥，直接跨过曹安公路连接到对面。这些设计保证了它的二层成为整个项目最大的人流发动机。

另外，它还有一个小设计，就是自己那个小住宅区的人流也考虑到。它在小区和商场的二层又架设了一个小的过街连廊，直接跨过商场南路，让小区的住户可以直接进入购物中心，同时，用智能门禁进行管制。

通过上面分析，你可以看出设计师在交通规划上是下了功夫的，在交通连接和人流导入方面的设计可圈可点，很值得大家学习。

商业地产的建筑设计 | 13

购物中心交通规划中"线"的部分已经讲完了，笔者在前面说过购物中心的动线中除了"线"，还有"点"。"线"是购物中心中的线性空间，它是路径，作用是通达。"点"是购物中心中的点状空间，它是节点，作用是连接。

所谓的点状空间就是在线状的动线路径上局部扩大的空间。具体来讲，它的形态包括广场、中庭、动线交汇处等。如果从功能角度再细分的话，又可以分为端点和节点。

端点包括起止点和目的点。

起止点就是项目的入口，一般项目都会在这里留出一定空间，设计成一个广场的形态。入口广场是外部空间与内部空间的连接点。也就是说，它既是外部动线的终点，又是内部动线的起点。所以它的设计既要考虑与外部动线顺畅连接，又要考虑为如何为内部引流。

因此，入口广场的设计要考虑以下方面。

第一，招视性要强。就是设计的要醒目，从远处看时，它要从城市界面中跳出来，能吸引住行人的注意力。当然，在这点上，它还要跟建筑主体相呼应。

第二，象征性要明显。就是要能体现出项目的主题定位。这方面又有两种处理方法，一种是通过景观的形式，这种方式就相对固定，一般主题性非常明确的项目会采取这种方式，比如，侨福芳草地购物中心门口的艺术雕塑，很明确地就告诉你它里面的内容。

而另一种方式是通过美陈的形式，也就是广场只留出空间，通过不断地变换美陈来向行人传达时尚流行的信息。这种方式因为更灵活，可以经常变换，所以更多的项目采取的是这种形式。但是需要注意的是，如果你采取了这种形式，那么入口广场的大型主题美陈，就变成你项目建筑空间和商业氛围的一个重要组成部分，是不可偏废的。所以我们看到购物中心企划上，一个重要的开销就是美陈，这个是很花钱的，很多第一次做购物中心企业或者是从超市、百货业态转型过来的企业，很难理解这一点。往往会去压缩这个费用，结果就导致自己的商场在吸引客流的第一步上，功能就被弱化了。

第三，要有包容性。即是开放的，开门纳客的形态。在我们旁边就有一个项目，可能是道路高差的原因，造成它入口广场比市政道路高出将近一米。这个本来是要在建筑方案里处理掉的，甚至说做成台阶的形式都不行，因为不方便，最好用放坡的形式，让顾客能无障碍的进来。但是这个项目就完全没有考虑，既然高出来了，它就干脆用水泥给砌了起来，人为地将自己的项目与外部空间分隔开了。导致人必须绕到旁边才能进去。这给他的经营造成了很不利的影响。

第四，要有引导性。入口广场的目的，不是让人留在广场上的，它的目的是要引导人进入商场的，所以它在形态上、在景观上，都要从心理上做到暗示人往里走才对。比如，武汉群星城，它的入口广场上有一个从外向里跳动的水景，当夜晚配合上灯光，你不由自主地就会跟着它进入商场。

当然，有些位于城市商业中心的项目，地块很小，而且地价高昂，没有条件留出空间做入口广场。这个就比较考验建筑师的水平了，很多项目设计没有一点内外空间的过渡，显得非常突兀。比如，很多项目都是一个四方的建筑，只是把主入口这个角处理成弧形，在一楼上面做个雨棚，下面就是大门。这显得非常呆傻，没有任何美感和吸引力。

现在很多类似的项目，都会利用悬挑、架空等灰空间的手法来处理入口。比如，环贸 iapm 的设计，首先在建筑上有个错落，PRADA 这个店是伸出来的，MIUMIU 这个店是退后的。两个店铺凹进去一块，做了一个灰空间，就是它的主入口。

另外，它在地铁入口的这个地方是做了一个入口广场的，这个广场是在项目内部，而且是下沉的，并且下沉了两层。中间设计有景观、有灯光、有外摆。整个空间做得非常漂亮。

还有一个处理比较好的是上海 K11，这个建筑时间比较早了，但设计得非常漂亮，笔者一直都很喜欢，它的主体建筑非常挺拔俊朗，前面的裙房像两只手臂环抱一样，中间是一个内置的广场，如果我没记错的话，当时广场中间这块也是下沉的。后来改造的时候，又在这个下沉的开口上加了个钻石型的玻璃顶。从外面看招视性就更强了。而且它的商业主体是在地下，这个玻璃顶的设计也强化了向下的引导，顾客到了这里下意识地就会乘扶梯往下走。

商业地产的建筑设计 | 14

端点中的起止点，就是项目的入口广场。端点中的另一个类型是目的点。笔者之所以叫它目的点，是因为它具有人流目的地的作用。它其实并不属于动线的范畴，但是动线的有效性是要靠它来组织的。

业内的人一听，就知道笔者说的是主力店。没错，你也应该把主力店看成是一个点，而且是很关键的一个点，因为它决定了顾客进来之后，能不能到达项目最深的地方。

我们之所以把一些店铺设定为主力店，是因为这些店铺具有人流吸引力，或者叫自带流量。它们一般都是顾客来购物的目的地，顾客进入商场之后，就会在主力店和入口之间形成一道连线，这道连线就是顾客行走的路线，而沿线就是我们各种各样的商铺。主力店设置的合理，就会使整个购物没有死角，店铺具有均好性。

因此，一般我们放主力店的位置是在动线的两端、比较偏的位置、比较深的位置和顾客不容易到达的位置。

主力店一般来讲面积都比较大，因此，在做前期规划时，就应该把主力店的位置规划好，这样才能合理地进行平面布局的规划。否则，很可能在招商做主力店落位时，因为面积不合理而进不去。这对购物中心的影响是十分巨大的。很多项目都是因为这个原因，而在后期花了很大的代价来做建筑的调改。

不同的项目处理方式也有区别。比如万达，它是一个单动线，把主力店抱在中间，这样设计它一楼是没有问题的，因为一楼人流本来就能保证，况且它两端都是入口。三楼是餐饮，属于目的性消费，也没有问题。而它的二楼的两个端头，就是它的软肋，成了死角。很多项目最后都把二楼的端头改成了餐饮。

最简单实用的设计就是北京的永旺和荟聚。永旺是把主力店放在两端，像一个哑铃一样，中间是一主一副两条动线，主动线做购物，副动线做餐饮。荟聚是个三角形的环形动线，一个角做主入口，另外两个角摆主力店，其中一个是它自己的宜家家居。这两家的动线设计都是非常简单，但是又非常实用的。

商业地产的建筑设计 | 15

节点的类型有中庭、广场、动线交汇处、休息点、景观点等。根据功能不同扮演不同的角色。

第一，转换。

转换又有两种，一种是心理的转换。一般购物中心，一进门都会有一个挑高两层的门厅。这个在建筑上是一种空间过渡，对消费者起到心理转换的功能，就是让消费者的心理，从外部的状态进入到购物中心的内部状态，让他放松下来，调整好心情，这样才能更好地激发顾客的消费欲望。有些高端的项目，比如恒隆，为了加大对消费者视觉和心理的冲击力，会把门厅一挑到顶。这样消费者一进门就会被震撼到，从而迅速进入消费状态。也有不做门厅的，比如万达就不做门厅，一进来就进入商场。但是这样的做法会影响整个空间的品质感。

另一种转换是交通转换。你进入购物中心，经过门厅再往里走，就会碰到第一个中庭，这里一般是小中庭，也有项目会直接把大中庭放在这里，甚至有些项目在这里是个尺度更小的空间，就是个电梯厅。这个没有一定之规，如何设置要根据建筑的规划来定。但不管这个空间怎么变化，这个地方一般都是纵向交通密集的地方，会有上二层的扶梯，也会有下负一层的扶梯，现在还流行一种直接到达更高楼层的飞天梯，这种飞天梯国内最早使用的应该是北京西单大悦城，当时还是非常轰动的，但它最主要的功能还是交通转换，就是把人流迅速拉到其他楼层去。

比如，上海环贸iapm，进入商场之后经过一个门厅，然后到达主中庭。恒隆港汇广场是一进门就将门厅和主中庭合二为一。这样人流到达中庭后，可以通过平面和纵向的交通设置迅速完成转换。

第二，汇聚。

就是把人流聚集起来。在一个购物中心里最聚人气的地方，肯定就是中庭了。中庭是购物中心的一个重要的空间，它扮演着多种功能。一个购物中心不止会有一个中庭。像万达这类一字型购物中心，会有两到三个中庭，加上中庭之间的挑空，这像一个清晰的指引，一路引导顾客向前。

在多个中庭的情况下，会有一主几副的搭配，也有不分主副的，比如中山公园龙之梦。它有三个中庭，分别用不同的颜色做了区隔，但是并没有划分主副。

还有一些项目的设计中只有一个中庭，比如武汉群星城，它的设计非常创新，入口模仿了峡谷的设计，进入购物中心就是一个大中庭，围绕大中庭做了主副两圈动线。而主中庭的设计是模仿剧场的形式。

还有一种中庭的设计是超大型的，称之为广场才名副其实。比如，北京颐堤港的那个大中庭，它自己就取了个名字叫冬季花园。还有像侨福芳草地购物中心，它是由四栋写字楼围合而成，下面的商业空间也类似于一个中庭，但它那个形式已经超大了。

中庭的主要目的是人流的聚集，因为人流的聚集所以产生了它的三个功能。

首先，它是购物中心内部的景观中心。现在整个购物中心的设计都趋向体验化，但是在通道上的设计更多的还是扮演背景的作用，因为通道上的主角是店铺，只有在中庭才是购物中心浓墨重彩全力打造的体验点。

其次，它是购物中心的交通枢纽。一般来讲，在平面上，这里是主要的，甚至是所有平面动线的交汇点；在纵向上，它多数是一通到顶的，这里是纵向楼层可视性最好的地方，它可以有效地吸引客流向高楼层移动。

最后，它是购物中心的活动中心。因为这里是最聚人气的地方，所以这里一般常年都会有各种各样的活动。比如新品展示、促销活动、大型演出等。

商业地产的建筑设计　│　16

第三，分流。

购物中心里还有一类节点作用是分流。这类节点比中庭尺度要小，但又比正常的通道更突出一点。这种节点在多动线的购物中心里经常会出现。在多动线的购物中心里，原则上副动线的开口要处于主动线的明显位置。这样才能使顾客在逛街时，不会忽略掉它，从而形成冷区死角。

但是鉴于有些项目受地块或建筑规划的限制，可能做不到这一点，从而使副动线藏得比较深，这种情况在一些需要销售的商业项目中表现得特别明显，因为销售型项目需要控制总价，从而会要求建筑师把店铺面积划小，这样很可能会出现多条副动线，而且大多数人流导入的设计并不清晰明显。这时就需要在主动线上有一个清晰明确的引导，从而使人流可以分流到副动线上去，否则就会把副动线错过。

比如，武汉光谷步行街，它一期项目的南面，在二层和三层是有一条副动线的。这条副动线与主动线是平行布局的，开口留在动线的东西两端，中间还有一个小开口。因为光谷步行街是销售型物业，开发商不愿意留出大空间来开口，因此这条动线实际上是藏在主动线后面的。所以它就在东西两端主动线与副动线连接处，在建筑和空间上，做了一些特殊的设计，使顾客在远处看到这个位置就知道它的后面还别有洞天。

另外，单动线项目也可能会出现分流点，比如万达。在万达的设计中，它并没有在主动线上为超市开口，而是把超市的开口放在了入口的一侧。这个位置其实也是一个分流点，只是因为地下全是超市的租赁面积所以万达并没有下功夫打造这个点。

商业地产的建筑设计　│　17

其实购物动线的交通合理性这块内容并不难，因为它都是技术性的东西，很容易表达，也很容易理解，也很容易形成规范性的设计标准，像万达、龙湖都有自己的商业设计导则，把这些东西做了清清楚楚的规定。而这些东西也不是凭空出现的，它都是从消费者的心理出发去设计的，所谓商业就是"人学"，研究人是我们一切工作的出发点。

所以做到交通的合理性并不难，难的是关于动线设计的第二点，就是空间的体验感。这个就没法形成标准和规范了，它属于艺术的范畴，而且不是天马行空的艺术，是戴着镣铐的艺术，它必须要在我们讲的交通合理性的限制下去表达它的艺术想象。同时，它还要顾及商家经营的需要以及政府的法律法规。可以说前者是功能，后者是审美。如何在实现功能的基础上体现出艺术的审美，就是考验建筑师的功底了。

当然，不同的项目对审美的思考是不同的，因为审美不是免费的，它需要用时间和金钱来换。所以不同的企业或者同一企业不同的项目，因为定位不同都会有不同的要求，这个也是对建筑师的一个重要约束条件。

万达是我们很多人商业地产启蒙的老师，但是我们诟病它的第一点就是空间缺乏体验感。这个是跟它的商业模式有关，因为它要快速复制，这就必须形成产品的标准化，否则 18 个月怎么能建一个商场出来呢？而标准化必然伤害它的个性化。

所以我们看万达的场地，它一进门就是一条动线拉到头，这个动线上没有任何变化，只是到中庭部分会有一个规规整整的圆形或椭圆出来。而且前期大部分的万达这条线都是直线，直到最近它新开的场地才有弧线出来。

我们再来看龙湖的项目，龙湖的项目速度明显没有万达快，但是每个项目的个性化都很强。杭州龙湖的建筑空间，还是当年的获奖项目，北京大兴龙湖入口的大广场可以与颐堤港的冬季花园相媲美。

当然，如果要是换了侨福芳草地购物中心、群星城、太古汇这些项目，对空间体验感的要求就会更高。

商业地产的建筑设计 | 18

说到动线的空间体验感，其实就是建筑空间的体验感，但是我们国内有些设计非常不好的是把建筑和空间分开，分成两家单位，据笔者了解国外好像是不分的。因为它们本来就是一体的，怎么能分开呢？

国内分开之后，出现一个问题，就是很可能两家都不愿意花时间来打磨项目。笔者的建筑师朋友李某说空间体验感就是一个项目的灵魂，可是究竟该由谁来赋予项目灵魂呢？

笔者认为应该是建筑师，不管一个项目的设计分工有多细，有多少家专业顾问进来做，建筑师永远应该是统领，可是我们会发现有些建筑师就是按规范作图，看起来也没犯错，但是方案很平庸且没有亮点。他也不愿意再深入思考雕琢方案，就是想赶快交活收钱。

你要是说方案需要有亮点，他就会推给室内空间设计。可是在方案阶段，很可能室内设计还没开始进场工作。结果等室内进来的时候，建筑已经定型了，就是室内想改，建筑院也不愿配合调方案，而且你自己的报建部门也不愿意你改，因为你一改动就得把手续重来一遍，即使是自己人也不愿意让你改。所以，最后你想追求的亮点只能通过装修设计来体现了。

你要是把空间设计前置，一开始就让空间公司进来，但是空间公司可能也不想费事琢磨项目，他会以建筑方案深度不够为理由，不愿意推进工作。

最终即使你有想法，愿意花钱，可是也不一定能拿到一个好作品。

当然，甲方也不是没有责任的，甲方必须在建筑师动手之前就想明白项目该怎么做，项目的商业定位要完成。这个不能在方案设计的过程中，边设计边想，这会造成很多无效劳动。

所以如果要做商业项目的设计，一定要选一家懂商业的设计院，这样还不行，还要指定一位有思想、有情怀的建筑师，同时，甲方一定要起主导作用，因为只有甲方才是最在意项目的人。但是甲方自己的思想一定要明确，如果自己还有没搞明白，就别先急着让建筑师赶方案，先国内、国外跑一遍市场，搞清楚自己想要的东西，最好是能找到一个对标项目，然后再来启动设计工作。

商业地产的建筑设计 ┃ 19

为什么说购物中心一定要把建筑空间的体验感设计出来呢？

这里我们对体验是有一个误区的，大家受电商和媒体的误导，会认为餐饮、电影等这些需要顾客亲自参与的业态才是体验，而传统的零售则是体验的对立面。

其实上面这个概念本身就不严谨，因为任何一种消费行为都需要顾客的参与，而在顾客参与的过程中，他所感受到的整个购物流程就是体验。

而体验对购物中心来说，其意义又要比其他业态重要得多，因为购物中心是做生活方式的，也就是说，它的设计并不是主要用于购物的，而是要承载人们的生活的，他要为消费者打造一个除了工作和家庭之外的"第三地"。而且可以说购物中心现在已经向前两个空间进行了渗透，比如工作场所，现在联合办公、众创空间、创客咖啡等业态已经进入购物中心。而且试想，你有多少商务洽谈已经放在星巴克了？更不要说更频繁的商务宴请了。

而家庭也一样，购物中心越来越成为人们家庭客厅的延伸，我们现在有多少家庭聚餐和朋友聚会是放在家里，又有多少是放在购物中心呢？因此，可以说购物中心已经像一个庞大的"百宝箱"一样，渗透到我们生活的方方面面。

　　根据上面的要求，它就不能是一个普普通通草率完成的建筑。它应该是根据顾客的消费体验进行精心策划的。甚至说这种体验从消费者还没来就开始了，比如，侨福芳草地购物中心这类项目，你还没有到它的场地去，就已经听过关于它的大量描绘，你内心对它充满了美好的期待，去的时候，你的心情就像是去赴一场约会。还没有到达，你远远地坐在车里，在一排常规建筑之间，一个现代感十足的玻璃建筑一下跳入你的眼帘。虽然你之前还没见过它，但是你心里有个声音会说："就是它。"

　　到达它的门口，在入口广场一排现代雕塑站在门口欢迎你，你马上就会感觉到，这一定是一趟新奇之旅。一进大门，艺术范的氛围扑面而来，空间跟平常见到的商场完全不同，一个超大型的中庭广场出现在眼前，里面遍布着现代艺术的雕塑，一座钢桥横空跨越。

　　所有这些都给你一种愉悦的震撼感，即使最后你什么也没消费，你也会觉得不虚此行。如果你恰好属于它的目标客层，那你总有一天会把消费留下的，而且你也一定会把你的圈子带进来。这些就是体验，它在你实际消费之前就已经产生了。

商业地产的建筑设计 | 20

　　说到建筑的体验性这绝对是建筑师的专长，在这里笔者就谈一谈一个商管眼中什么是建筑的体验性。

　　一、成为地标

　　成为地标不是一句口号，而是说你的建筑必须在所处的城市道路界面中跳出来，在一排项目中，一眼看到的就是你。比如，笔者分享过的侨福芳草地购物中心，你即使之前没有见过它，也能第一眼就把它识别出来。我们经常会有这种体验，我们第一次去某栋大楼找人。有些楼，我们不停地打电话问，但是还是找不到它；而有些楼，我们根本不用问，老远一见，感觉就是它。这就是地标性的效应。

　　如果是一栋写字楼，让大家找找也没关系，因为你的人流都是目的性的。但如果你是商业，就不一样了，引流就是你第一位要做的事情。你必须让人从远处看到你，还不知道你里面有什么东西时，就能产生一种想要进去的冲动才行。当然，你可能会说："我又不是侨福芳草地购物中心，我就是一个社区型的商业，我有必要花这么大的成本成为地标吗？"

　　笔者认为，成为地标和成本并不是绝对划等号的，比如宜家家居，它的建筑实际上非常简单，就是个方盒子，通体蓝色，配上黄色的店招，在很远外就能吸引你。还有成都国金中心，当然它的外立面还是成本很高的，但是它楼顶趴的那只熊猫绝对是亮点，如果是一个普通的项目，把建筑成本控制住，只是使用这样一个方法，也能在低成本的情况下，实现地标性，只是看设计师愿不愿意费心思考这些点子而已。反而在很多情况下，用昂贵的材料堆砌起来的建筑，也不一定能起到地标的作用。

还有一种低成本打造地标的方法，就是把钱投在灯光上，比如万达的项目，它的建筑白天看并不是很打眼，但是晚上灯光效果一打，非常吸引人。

我们现在生活在一个标志时代，一个商业建筑它的目的就是吸引人流，那么从远处就能抓住人的眼睛是第一步。因此，只要是商业建筑就必须考虑地标性。

二、要有可逛性

从"70后"到"00后"，无论什么年代的人，其消费偏好可能不一样，但是他们会使用一种相同的表述方式："我们去逛街吧！"

因此，"逛"是消费者非常重要的一种体验。同时，可逛性对购物中心也是非常重要的，因为在现代消费中，除了房子、汽车等大额消费之外，目的性消费所占的比重越来越低，而冲动性消费的比重越来越大。在冲动性消费中，商品能够接触到顾客，能有机会向顾客展示就至关重要。因此，顾客在购物中心里滞留的时间是跟商场的业绩成正比的。

如果说地标性是从远处吸引住顾客，激发他进入商场的冲动和欲望。那进来之后，能不能留得住他，能留住多长时间，就要从建筑的可逛性来考虑。（当然，一个购物中心吸引顾客最本质的还是商品，只是笔者这里是谈建筑，所以就先把商品的因素忽视掉。）

从可逛性角度来讲，一个购物中心的内部空间规划要做到清晰与趣味的平衡。

关于清晰，我们在前面花了很多篇幅在谈，在平面上，动线要简洁明了，最好是单动线。要合理规划各种节点空间，在节点上要做好纵向空间的引导和纵向交通的设置。要重点打造主中庭，形成商场的汇聚中心。上面这些设计的目的，就是要在第一时间，让顾客在大脑里，形成一份清晰的商场地图。这是一个顾客愿意长时间留在你商场的首要因素。

如果人一进来就迷路，搞不清楚自己在哪里？也搞不清楚自己最想看的东西在哪？商场是怎么布局的？自己逛的路线该怎么设计？从什么地方上楼？那么他马上就会进入焦虑状态，潜意识会催促他尽快离开。

这也就是我们为什么要在商场的入口处及交通转换的节点处，都要设置平面导示图的原因。而且在这张图上，一定要清晰地把顾客所处的位置标注出来。因为顾客在看这张图时，他首先看的是自己的位置，然后再找自己要去的店铺，接着看路线怎么走，最后可能还会浏览一下商场的整体布局。这已经是商业运营的常识了，但是笔者现在还会发现有的商场不标注所处位置，然后店铺出现变化了也不更新，甚至还有商场连个导示图都没有。这些都是运营人员的失职。

商业地产的建筑设计 ｜ 21

空间的简洁是为了便于顾客识别购物中心内部的空间结构，不会导致出现迷路的情况，但是简洁不是单调。如果过于单调，就会很容易让顾客产生疲倦感。这也会降低顾客的购物意愿和滞留的时间。

所以如果内部就是一条直线拉过去的话，在当地市场还处于百货向购物中心过渡的时候，你的空间还有优势，一旦购物中心大量兴起之后，你的建筑空间很快就会落伍，因为在购物中心中"逛"是第一位的，其次才是消费，所以如果你在可逛性上失去竞争力，对你运营的影响是很大的。

因此，内部最起码是条弧线，像万达之前一直是直线，现在开出的万达也开始使用弧线了。弧线的体验感要强于直线，同时视野会更好，能看到更多的店面。

弧线又有两种，一种是很规则的弧线，这种弧线事实上也很枯燥，你如果选择的是这种形式，那你在空间的打造上就该很讲究才行。比如宜家荟聚，它内部是很规则的弧线，但是它的空间体验感非常好。这就像有些平面设计的高手，他不用太多装饰元素，只使用文字，通过字体、大小、位置，加上留白，就能做出一件非常漂亮的设计作品来。但是换个功力不够的设计师，就是原样模仿，他也模仿不出那个味道来。所以动线越简单，越考验设计师的水平。

另一种是不规则的弧线，这种动线空间有起伏变化，不是一览无余的，逛起来会更有趣味。但是这种变化会造成划铺的厚薄不一，所以要跟商管紧密结合，要该厚的地方厚，该薄的地方薄，不能为了追求空间变化，而影响品牌的落位。

当然，并不是只有弧线才能出效果，直线也能把体验感设计得很好。比如，济南的泉乐坊，它是一个狭长型的地块，进深非常窄，因此建筑师采取了直线型设计，但它不是一条笔直的直线，而是利用建筑做了一个错落有致的空间出来，效果是非常好的。

另外，为了保证空间的体验性，购物中心设计的趋势是采取公共空间无柱化设计，但是在公安部的指导文件中，现在不允许使用异形卷帘。这就导致在设计时，想把柱子弄掉是很困难的，这也是对设计师的一种挑战。

总之，空间的体验感是没法量化的，万达是把所有的空间尺度都量化了，但它只能出来一个很普通的东西，因为空间设计是一种艺术，它不该有一定之规，它的表现元素是动线和节点，但运用之妙，全在建筑师之手。

商业地产的建筑设计 | 22

三、要有主题性

主题性就是要用一个概念把所有的建筑特性及商业特性给连贯起来，形成一个统一的整体，给消费者营造一个完整而独特的感官体验。

主题性可以说是给购物中心加了一个包装，这个包装一方面要给消费者营造一种品质感，品质感会增加顾客的信任度，同时也会提高他购物时的心理价位。另一方面它还要给消费者营造一种独特的体验，这种体验跟人们的精神需求有关，当我们说购物中心是做生活方式时，也就意味着我们更多地是要满足消费者的精神需求。而精神需求体现在消费层面时，实际上是对文化的消费。所以说主题性也可以理解为在商业的内涵上，加上一层文化的包装。

国内项目在这方面做得好的，最早是瑞安的新天地系列，它使用的是新旧对比的手法，在保留老建筑的基础上，加入现代元素，营造了强烈的视觉对比。比如上海新天地，它保留的是传统的石库门建筑，武汉天地保留的是民国的老建筑，岭南天地保留的是岭南民居。

这些项目给人的首先就是文化的冲击，对老人来讲这里是记忆，对年轻人来讲这里是时尚，对外国人来讲这里是中国文化。所以当时新天地项目出来时，有人把它归类为中式购物中心，区别于美式、日式和中国港式的购物中心。

之后再一次在业内引起反响的是鹏欣的南京水游城项目。这个项目跟后来武汉的群星城项目是一个团队操作的，所以手法也相似。都是购物公园的模式，将峡谷、溪流、花园等自然因素引入项目，同时都将主中庭打造成剧场的模式。

再之后，就是侨福芳草地购物中心和 K11，它们都是以艺术为主题，将购物中心的公共空间打造成艺术中心。区别是 K11 是将艺术作品作为内装的一部分固化了下来，而侨福芳草地购物中心则更多的是将艺术品作为美陈来使用的。因此，侨福芳草地购物中心比起 K11 有更多的灵活性，可以经常对艺术品进行更换。当然，K11 在地下规划了一个美术馆，经常会做一些艺术展，而且影响力非常大，达利、莫奈的中国展都是在这里举办的。

国内购物中心在空间主题性打造上，出彩的项目还太少，在这块实际上是有很大挖掘的潜力的。

四、要有引爆点

就是要有一个点能引发轰动效应，也就是我们说的在项目设计中要有一个震撼力的亮点。这种亮点必须有独创性，是别人没有用过的，而且要具有强大的视觉冲击力。

从某种意义上说，引爆点类似于一个主力店，它本身要具有引流作用，消费者很可能就是冲着这个点也要来看一看。当然，这个点一定是要有创新性的，因此肯定是与时俱进的，如果在同一市场上已经有项目用过了，再用就是模仿，如果大家都用，那就变成标配了。

购物中心刚进入国内时，中庭就是个引爆点，比如徐家汇港汇广场的主中庭，那个巨大的圆形穹顶，在当初是非常有震撼力的。

大悦城第一次在国内使用飞天梯时，这也是一个引爆点，很多人是专程去体验乘坐感觉的。

上海大悦城屋顶的摩天轮、泰禾使用的水秀、群星城和虹悦城的音乐喷泉等都是引爆点。

关于引爆点国内项目的使用还远远不够，还有很大的提升空间。

比如，现在很多项目在引进海洋馆，但都是把海洋馆作为一个店来引进的，在购物中心里它是封闭的，外部是看不到的，未来一定会有项目将海洋馆作为一个建筑亮点来规划，就是把它变成公共空间的一部分。比如，你在中庭会看到一个巨大的水族箱，里面是五彩缤纷的海洋生物。或者你要穿过一个鲨鱼通道才能到达另一个空间。它不单是你的一家店，而且会变成你空间景观的一部分。

还有更多声、光、电的高科技应用以及 VR、AR 技术的应用，逐渐都会进入购物中心的建筑及空间设计中。当然，在这个过程中，需要建筑师有前置性的规划，要给它合理地安排位置，合理地组合它跟周围功能的关系。有些会直接在建筑中表现，有些会体现在空间设计中，还有一些可能是美陈，也有一些会与业态、店铺整合在一起的。所以未来购物中心的设计，将会非常考验建筑师的想象力。

第五章 商业地产选址及市场研究

商业地产选址及市场研究 | 01

商业地产的选址是件非常重要的事情。如果用城市级别（一、二线城市和三、四线城市）和商圈成熟度（热度商圈和零度商圈）两个维度来划分的话，可以把选址类型分为四种。

1. 一、二线城市的热度商圈

一般一、二线城市消费者的消费理念较为开放，容易接受新鲜事物，在热度商圈选址，商业氛围成熟、人流密集，因此商业培育期短、获益快。但是也要注意这种位置往往地价高昂，地块较小，周边情况复杂，因此规划条件会受到很多限制，同时竞争往往十分激烈。在这种位置选址对企业的资金实力和运营能力都有很高的要求。

2. 一、二线城市的零度商圈

在一、二线城市的新城区或待开发区域选址，一般这些地方的地价相对会便宜，规划条件受限较小，但是人流不足，培育期较长。在这种地方选址一定要号准政府的"脉搏"，对城市的发展方向要判断正确，一、二线城市政府的执行力是很强的，因此只要踩准了政府的点，虽然培育期长了点，但从长期来讲，风险是可控的。

3. 三、四线城市的热度商圈

这是很多中小开发商愿意投的项目。因为是城市的核心地段，人流旺盛，而且是在三、四线城市，地价相对也不会太高。但是三、四线城市购买力有限，商业的品质不会太高，因此整体商业价值会弱于一、二线城市的项目。

4. 三、四线城市的零度商圈

这种项目地价往往很低，如果达到了一定规模还会成为政府的招商引资项目，可以获得很多政策优惠。但是三、四线城市政府的执行力度有限，搞不好会把开发商"套"进去。

以上四种选址没有哪种是绝对的好，也没有哪种是绝对的差。这要根据公司的具体情况来灵活掌握。

商业地产选址及市场研究 | 02

做商业必须研究客户需求。以前我们研究需求比较简单，就是以品类为核心，只要把品类搞清楚，然后根据客群去匹配品牌就好。

但是这种单维的思路现在已经不行了，现在消费者的消费行为更加成熟，也更加复杂。如果再按单一思维去做规划，已经不能有效抓住客户了。现在做商业必须要从三个维度去思考需求。

第一，商品需求。这是根据消费者对商品的具体需求来研究市场的，也就是我们说的品类思维。根据商品需求，我们可以把顾客需求分为各种品类，比如化妆品、女装、女鞋、配饰等。化妆品又可以分为彩妆与护肤。女装又可以分为少女装、少淑装、中淑装、大淑装。每一个品类对应的就是一个具体的需求。

第二，生活场景。因为经济的发展，消费需求已经发生了很大变化，之前消费需求更多的是由商品激发的。而现在更多的消费是由场景激发的。而生活场景是多种多样的，比如社交、聚会、约会、职场、亲子、旅行等。因此，现在做商品规划时，还必须要把场景与品类结合起来。

第三，社会关系。通过生活场景来吸引消费者，然后通过现场的商业氛围来激发消费者的商品需求。在这个基础上，除了抓住消费者本身之外，还要考虑他的社会关系，也就是不但要让他来商场，还要把他的圈子也带进来。比如爱人、家人、朋友、孩子等。

在现在的商业环境下，经营的压力越来越大，消费者的变化也越来越快，要想准确把握住客户需求，就必须要用复合思维，从多个维度来思考才行。

商业地产选址及市场研究 | 03

商业地产运营的核心是确定目标客群，因为一个商场的业态组合、品牌配置都是根据这个来规划的，而且商场运营中的经营策略、管理模式、企划方向也是根据这个来制定的。

因此，确定目标客层是前期规划定位的核心工作，同时它也是运营工作的参照与基础。但这也是一件相当有难度的工作。

要想做好这件工作，第一步就是要给顾客分类，这就是现代营销讲的细分市场。我们常用的细分标准有以下几个。

第一，按照地理位置细分。这就是我们为什么要研究选址、商圈和商业能级的原因。这种分类方法容易识别顾客，也容易接触顾客。你只要把商圈辐射范围确定，然后挨着小区去数就行啦。但是这种方法我们仅仅是统计出了一个人数，这个人数跟消费者的需求是没有关系的，我们即使有了很准确的人口数，也不能代表我们就知道怎么能把顾客吸引到我们的场地里来。

第二，按照人口统计细分。最常用的指标就是年龄，这就是我们常说的"60 后""70 后""80 后""90 后""00 后"。或者是比较具体地说法"我们的主力客层是 25 ~ 35 岁的女性"等。这种分类方法也容易识别顾客，而且媒体是根据年龄来细分的，我们要想服务于哪个年龄段，就去找对应的媒体就好，所以沟通特别容易。但是这种分类方法也有缺陷，现代人越来越少会用年龄去定位自己的消费，比如，女性把自己的实际年龄下降 5 岁来购物是很正常的。再比如，现在很火的一个品牌安德玛，如果要去观察它的受众，你会发现那是一个很长的年龄段。

第三，按照生活方式细分。生活方式是指人们如何生活，如何消磨时间和花费金钱以及他们的消费观和价值观。这个东西其实就是人的消费动机。我们现在讲场景、体验、社交，其实就是指的这个东西。这种分类方法有利于我们去设计品牌组合和经营策略。但它的问题是我们很难去识别一个生活方式类型的细分群体，更难于接触到这个群体。在目前社群技术的发展下，也许以后能解决这个问题。

第四，按利益细分。就是把追求相同利益的顾客划分在一起。最简单的两组分法就是追求品质的顾客和追求价格的顾客。这种分类方法有很强的操作性，因为顾客追求的利益非常明确。但问题是这种分类同样不好辨认也不好接近。

所以说零售业的目标客层定位是件很难的事。一般我们是用综合细分法来确定目标客群的，也就是以上分类方法我们在定位中都会用到。而且非常考验操盘手的预判能力，所以现代零售业在规划时用得都是很科学的方法，但最终的决策对操盘手的个人经验是非常依赖的。

商业地产选址及市场研究 ┃ 04

第一次做商业的人最容易犯的错误，就是不重视前期规划，用一种思路来拍脑袋，按照品类来填空。这里做女装，那里做儿童，虽然每一个铺子都填上了，但项目缺乏整体规划，没有统一感，没有商业逻辑，所有的品牌都是硬凑起来的。

正常的商业逻辑应该分为六步。

第一步：确定目标客群。当然这个要在市调的基础上来做。在有效商圈辐射范围内，结合年龄或者代际来确定。比如，以项目 3 公里半径范围内的 25 ~ 35 岁女性为核心客层。

第二步：确定生活方式。就是要研究所确定的目标客层的生活。把他们所有的生活内容罗列出来，提炼成具体的概念。

第三步：确定需求。上面生活方式中的每一个概念就是一个需求，那么你要考虑的是这些需求中哪些是你可以去满足的，哪些是你要忽略的。

第四步：业态配比。确定业态及占比。每一个业态就是一个功能，它所对应的就是上面的需求。比如，项目要不要超市，超市对应的是提供日常生活用品的功能，那么它要满足的就是顾客的日常生活。

第五步：品类规划。这是每一个业态中的细分品类如何制定，比如零售业态中会有女装品类，而女装又会细分为少女装、少淑装、中淑装、大淑装。这些品类你是不是都要，还是只要部分。如果你定位为 25 ~ 35 岁的女性，那你可能只要少淑和中淑品类就够了。

第六步：品牌落位。到这里才是一个铺位一个铺位的填空，品牌落位其实就是商场的档次问题，它具体表现的就是商品的价格。

这六步是一步一步推导出来的。这就是商业逻辑，最后所选择的每一个品牌都是有严密的论证过程的。这样的规划才对商业筹备及招商具有指导意义。

商业地产选址及市场研究 ｜ 05

现在做商业很少会有不提生活方式的。但到底什么是生活方式，很少有人细想。难道之前大家的生活都没有生活方式，到了现在生活方式突然横空出世。

其实，生活就是我们全部日常活动和经历的总和，也就是把我们从早上一睁眼到晚上躺到床上，这中间发生的所有事情都一一罗列出来，这个统计列表就是我们的生活。

从这个列表我们很容易看出每个人的生活重心、时间分配比例，对每一件事所花的心思都是不同的。这反映了我们的生活模式、态度和价值观，而这个就是我们的生活方式。

如果这样理解，你就会发现其实生活方式一直都是有的，并不是现在才突然出现的。那为什么生活方式现在重要起来了呢？这是因为之前我们大家的生活都是一样的，大家的追求也是一样的，反映到消费上是大家想要的东西也是一样的。

具体的说，我们的消费观并不是出于自身对商品的喜爱，而是来自外部对我们的诉求，而且这种诉求指向的并不是我们自己，而是我们的家庭。

从笔者的记忆来讲，最早大家的消费目标是彩电、冰箱、洗衣机、空调。这之前印象不深了，好像是缝纫机、自行车之类的。而在家电普及之后，我们的消费热点是房和车。当然这里面肯定有自己的消费偏好在里面，但是很难说这些消费是处于自己的兴趣和生活态度。我们更多的是被社会所裹挟，而在消费之路上狂奔不止。

这个时期也会有个性化的需求，比如对奢侈品的需求，但这个与其说是出于对商品的喜欢，还不如说是为了要消费这些品牌背后的那个标签。

这个时期不但大家的消费是以家庭为中心的，而且大家的行为也严格受到局限，工作是第一位的，家庭是第二位的，而个人是必须要为以上两者做出牺牲的。

"世界太大，我要出去看看！"这封辞职信，早在十年前不可能会引起共鸣，反而会被群众说不识好歹。

现在之所以生活方式的口号大肆流行，是因为我们正处在一个转型的十字路口，就是从以家庭消费为核心转向以个体消费为核心，未来的时代将是个性化的时代，并不是大家都在买，我就会买；也不是你品牌大，我就会买。而是我只买我喜欢的，跟我生活方式相符、价值观相符的。

因此，在生活方式主张下的商品需求都是碎片化的、个性化的、小众化的。

但是事实上，我们很多人还在以地域、年龄、收入这些指标来划分消费和看待消费者，国内对生活方式的理解还仅停留在概念阶段，并没有深入的研究和应用。

商业地产选址及市场研究 | 06

对于生活方式的研究，欧美国家已经做了很深入的研究。其中，美国的方法叫 VALS 法，这个是营销界公认比较成熟的方法。

不过以生活方式来划分顾客，其实就是用心理因素来细分客户。文化的差异对人的心理影响是很大的，所以美国的方法并不能直接用于中国市场，但是它研究的思路和逻辑是我们可以借鉴的，希望国内能很快就有类似的研究出来。

　　VALS 是通过两个维度把消费者细分为八个市场。这两个维度一个是消费者资源，一个是消费动机。

　　消费者资源就是指消费者消费的能力，它不单指收入，还包括资讯、教育、健康、体能，这些都会影响消费者消费的能力和消费意愿。

　　消费动机是指消费者为什么要消费，它主要包括理想型、成就型、自我表现型、观念驱动型。理想型会给自己设定一个理想的标准，然后按照这个标准去打造自己的生活，并进行相应的消费。成就型会比较在意别人对自己的看法，他在生活中和消费中更在意的是别人的认可。自我表现型比较讲究个性，希望与众不同，更喜欢冒险尝试新商品。观念驱动型表现出两极化，一类喜欢尝试新鲜事物，一类则非常保守。

　　如果把这两个维度相交，就会分出八个市场。

　　（1）创新者。消费资源丰富，创新能力强。他喜欢精致的东西，容易接受新产品、新技术、新的商业模式。但是对广告持怀疑态度，阅读量大，但看电视少。

　　（2）生存者。消费资源缺乏，创新能力弱。品牌忠诚度高，喜欢优惠和折扣，相信广告，经常看电视，阅读缺乏深度，偏娱乐和"八卦"。

　　（3）思想者。物质欲望较低，也不太注重自我形象。关心社会问题，博览群书。

　　（4）信仰者。喜欢国货，不愿改变习惯，喜欢讨价还价，看电视较多，喜欢阅读家居、生活类的杂志。

　　（5）实现者。喜欢优质价高的商品、多样性的商品，看电视较少，喜欢商业类、财经类、新闻类的出版物。

　　（6）奋斗者。在乎形象，可自由支配的收入有限，但能保持收支平衡。花费主要集中在服饰和个人护理品上。喜欢看电视，不喜欢阅读。

　　（7）表现者。追求时尚时髦，收入大多花在社交上，冲动型购物。喜欢新媒体。

　　（8）制造者。购物追求舒适实用，追求性价比，对奢侈品没有兴趣。只购买基本的生活用品。喜欢阅读生活类的杂志。

第六章　销售型商业物业的投资决策

关于销售型商业物业的投资决策 ｜ 01

最近有好多朋友向笔者咨询商业地产项目，但是笔者发现大多数地产项目最后会落脚到销售上。也就是说，目前通过销售来进行变现，仍然是商业地产开发中绕不过去的一个话题。

对于一个商业地产项目来说，第一步要做的就是盈利模式的设计，这个工作甚至要提前到拿地之前，根据国内的供地现状，在拿地之前做一个系统可能是不太现实的，等你思考论证完，地可能就已经没有了，所以我们都是先拿地，再做策划。

但是实际上盈利模式是可以提前设计的，因为盈利模式无关具体功能如何落地，它仅涉及整个项目的资金安排与融资能力，而资金问题开发商自己非常清楚。

具体来说盈利模式指的是项目的收入结构，它涉及两个问题，第一是生存，第二是盈利。其中生存是第一位的。这跟人的成长是一样的，人也是首先要考虑生存问题，其次才是发展问题。比如，一个年轻人碰到一份自己不喜欢的工作，可能仍然要去做，因为你得先活下来，然后才能慢慢地去规划自己的人生。

那么对于商业地产来讲，主要的盈利模式就是两个，一个是销售，一个是持有。当然，从持有还会延伸出一个资产证券化的模式。所以商业地产的盈利模式可以说是两个，也可以说是三个。

当然，现在大多数的民营商业地产开发企业是把这些盈利模式混在一起，做出一个租售结合的模式。比如万达，它的室内步行街部分就是持有的，金街部分就是销售的。

我们这个系列主要来讲一讲商业项目的盈利模式问题，因为事实上是投资决策决定了商业项目的成败。但是在讲之前，我们先探讨一个难与易的问题。

就是说做商业地产难不难，大家可能会说这还用讨论吗？肯定很难。不错，相对于住宅来讲，商业地产操作的复杂程度要高很多，但是它真的很难吗？大家认为它难，是因为看到的失败案例太多。现在我们要分析一下失败的原因，在这里开篇我们不讨论理论，而是拿现实来说话。

笔者把从事商业地产开发的公司分为两类。

第一类是主动进入商业地产开发领域的。

第二类是被动进入商业地产领域的。这类又分为三种类型，第一种是拿地时，政府要求必须配套商业的。第二种是拿到的就是商业用地，但是开发商并不是要做商业才去拿这块地的，而是机缘巧合拿到了一块地，而这块地是商业性质的。第三种是根据当地的地价、房价来计算，这块地本身是不赚钱的，但是前期人员为了拿到地，夸大了商业的销售收入，从而使地块在理论上变得有利可图，但实际上，开发商并没有做好进入商业地产领域的准备。

分析完企业类型，你就会发现问题，凡是主动进入商业地产领域的，无论是走销售模式，还是走持有模式的，都经营得很好。比如，走销售模式的 SOHO 中国、华南城等；走持有模式的万达、龙湖、新城、泰禾等。

而第二类被动进入的，则成功的很少，要么项目以失败告终。要么留了一堆"鸡肋"在自己手里，细算下来可能根本没赚什么钱，只是赚了一堆商铺而已。

这里笔者要提醒一下，判断项目成败不能依据经营现状，而必须要按盈利模式来判断，比如，郑州宝龙是成功还是失败呢？如果去看它的经营现状，你会判断它不是一个成功的项目。但是如果按它当年的盈利模式来看，它是很成功的。

在这一系列中，我们不谈那些有钱并愿意持有的项目，我们只谈没钱持有或者有钱但不愿意持有的项目。销售型商业项目的标杆企业不是万达，而是 SOHO 中国，如果你是个销售型商业项目，一定要把 SOHO 研究透。

对企业战略的清晰认知 | 02

我们看到凡是主动进入商业地产领域的企业，大部分发展的都还不错，而被动进入的则成功的很少。我想这并不是宿命论的结果，笔者认为对商业规律的尊重和对企业战略的清晰认知是关键原因。

其中对企业战略的认知又是首要的，因为只有清楚地知道自己要做什么，你才能知道自己要遵守什么样的规律。

"战略"这个词看似高大上，但是对商业地产项目来说其实很简单，就是你做这个项目要达成的最终目的是什么？它的核心就是你的盈利模式。而盈利模式在具体操作层面上可能很复杂，但是在顶层决策时它很简单，就是这个项目你是要卖？还是要持有？

其实这个决策并不难做，它只需要你回答两个问题。

第一，你有没有足够的实力去持有一个项目？这里的实力指的不是那些无形的能力，而是真金白银的钱。因为持有就意味着一笔巨大的资金要沉没到项目中，变成一堆钢筋水泥，这笔投资在短期是回不来的。

第二，是你愿不愿意持有，如果第一条是否定的，那就没有第二条。只有有钱的人，才有资格去选择愿不愿意。这种愿意又分为三种情况，第一种代表了企业的经营战略，"我就是要成为一个零售商，我要进入零售领域"。第二种代表了老板的情怀，"我要做一个不同的东西，做一个能够代表企业的形象和个人品位东西"。第三种代表的是一种生意，"我今天不卖，是为了在未来能卖更多的钱"。

我们在这一系列中，不谈那些有钱并愿意持有的项目，我们只谈没钱持有或者有钱但不愿意持有的项目。

笔者这里是在做分析，所以笔者把项目分了类，事实上在现实中，除了中粮、华润这些大型国企和凯德这种有海外资本的企业之外，绝大部分民营企业去持有一个商业项目是没有那么轻松的，就算是民营商业地产的标杆企业万达，同样也没有那么轻松。所以保守点来估计，对于国内70%以上的商业项目来说，其实是没有选择的，只有销售一条路。

既然70%的商业项目都需要销售，那么很清晰，也就是说70%的项目都需要遵守销售的规律。这本没有什么争议，也很简单。但是在现实中，往往不是这样的。我们经常看到的情况是，在销售型商业项目中，无论建筑规划还是操作流程，都不是由销售逻辑清晰主导下的统一规划，而是由销售逻辑和持有逻辑纠结在一起的一种精神分裂状态，结果就是租和售都做不好，不过导致这种现状的原因是多方的。

首先是老板的原因，这个项目能不能持有，老板心里十分清楚，但是很多老板不愿意给团队交这个底，这会导致团队做出错误的判断。要知道持有的项目和销售的项目是完全不同的两种东西。判断错误，做出来的东西就会有偏差。

其次是商业团队的原因，商业团队缺乏开发商思维，不能有效地配合销售，总是讲商业情怀，很多第三方的商业团队甚至把它上升到道德良心的层面，也正是由于商业团队制造出来的舆论，导致老板不敢大大方方的谈销售。

最后是销售团队，在江浙和山东时，销售团队的销售逻辑很清晰，回到河南笔者发现一个奇怪的现象，大部分销售团队操作商业项目时，他不是在谈销售，而是在谈招商。当然，商业项目的销售是不能回避招商的，但是销售逻辑的终点一定是销售，而不是把销售问题转化成招商问题，然后就没下文了。

因此，销售型商业项目的标杆企业不是万达，虽然万达有金街，但是万达传递到市场上的全是持有的内容，很少涉及销售。当然，万达的销售能力是很强的，你要是能学会，操作商业项目销售绝对没有问题，但是你基本上看不到这方面的任何信息。

比较成熟销售型标杆企业是 SOHO 中国，如果你是个销售型商业项目，一定要把 SOHO 研究透。当然，对 SOHO 的负面舆论要多于正面报道，但是你不要管舆论怎么说，你要清楚的是你自己要做什么。

这里谈的是盈利模式，不是商业模式。从销售型商业地产来看，最常见的盈利模式就是租售结合，也就是说你有两种基本的收入，一种是租赁收入，一种是销售收入。所谓盈利模式，就是搞清楚收入结构与成本之间的关系。

投资决策一——盈利模式 | 03

下面正式切入正题，谈谈销售型商业物业的一种投资决策——盈利模式。

其实前两篇一直在强调盈利模式的重要性，那么盈利模式具体的决策内容是什么？首先要强调一下，这里谈的是盈利模式，不是商业模式。盈利模式指的是收入结构与成本之间的关系。为什么要说收入结构？因为在你的盈利模式中往往不是单一收入，会有多种收入来源，这些收入之间的比例就是结构。

从销售型商业地产来看，最常见的盈利模式就是租售结合。也就是说，你有两种基本的收入，一种是租赁收入，一种是销售收入。

先说动机，租售结合有两种情况，一种是主动持有，就是只销售一部分物业，在获取销售利润之后，还会给自己留下一部分资产，一般是把最好的资产留给自己。绝大多数民营商业地产开发商都是这种模式，比如带金街的万达、龙湖等。不过在这种模式下，目的实际上是持有，卖是为了留，所以它不在我们这个主题的讨论范围内。

另一种是被动持有，就是实际上你是想全部卖掉的，但是因为你的销售团队卖不完，最后不得已留在你的手中。这种卖不出去的商铺分为三种情况，第一，是主力店，面积大，租金收益低，因此，无法销售。第二，是高楼层的商铺与位置不好的商铺。第三，销售团队的策略失误导致项目销售失败。

我们先不谈第三点，仅前两点来说就已经决定了你的项目是卖不完的，除非你有当年潘石屹那样的销售团队。既然如此，你不如一开始就承认这个现实，会有部分物业最终留在手中，这样反而会化被动为主动。

这样已经确认了有两种收入模式，那么怎么确定它们之间的比例呢？首先有一个基础公式，就是销售收入要能够覆盖项目总投入。即销售收入＝项目总投入

在这种情况下，项目是没有赚钱的，但是所有的资金已经回笼，也就意味着没有投资风险了。这时候你手里还拥有一部分自持资产，它还可以给你赚取租金，但是租金收益非常低。

这肯定不是你的本意，因此，这个公式还要加上一块。销售收入＝项目总投入＋期望利润

这时依据价格就能推导出最低的销售面积，根据销售面积就可以指导规划设计，在设计中会出现两种情况。

第一种情况，根据地块现状、土地指标以及设计院的水平，可售面积会高于预期，也就是期望利润会增加，这是很理想的情况。当然，这里的可售不是指法律上的可售，而是指你销售团队的现实去化能力。

第二种情况，设计方案中的可售面积满足不了你的期望利润。这时要么降低你的收益预期，要么就需要你的销售团队找出不可售面积的去化办法，当然，这里的不可售仍然指的不是法律上的不可售，而是销售能力上的不可售。

这是从利润角度算的账，作为老板来说，你还得从风险的角度再算一笔账。

因为你的投入包含两部分：项目总投入＝自有资金＋融资资金

你最大的风险是在融资资金上，如果这块出现风险，可能会超出你的风险承受力。比如有些项目最后连高利贷的钱都没有卖出来，那么这个风险就非常大了，而且后果不可控。

所以你所能承受的风险底线是：销售收入＝融资资金

这是你所能承受的最坏情况，也就是你的自有资金也沉没了，变成了钢筋水泥。你的资产改变了形式，从现金变成了物业。

关于租售面积的推算，在销售型商业物业中，可以说可售面积越大越好，

但现实中我们可能做不到，因为需要主力店来拉动销售和支撑运营，而这些主力店的面积往往是卖不掉的。此外，还要考虑售后返租模式对租售面积比例的影响。

租售面积的推算方法 | 04

盈利模式主要讲的是销售型商业物业的算账方法，下面我们讲一下租售面积的推算方法。之所以讲销售型商业物业的算账方法，并不是在做投资收益分析，只是算一笔大账，它最重要的作用是给规划设计提供一个依据。因为你必须要告诉设计院你的租售比例，他才好给你规划适合的产品。

在销售型商业物业中，既然我们的目的是销售，那么就是说可售面积越大越好，当然，这里的可售指的是销售能力下的可售，而不是法律意义上的可售。因此这时候算出来的只是销售面积的下限，原则上我们是希望实现100%销售。

但是现实中我们可能做不到，首先我们需要有主力店来拉动前期销售，并能够给后期运营提供支撑，而这些主力店的面积往往是卖不掉的。那么能够拉动项目的主力店所需的面积就是你的租赁面积，总面积扣掉租赁面积就是你理论上的销售面积的上限。

这时候会出现三种情况，第一种情况是比较理想的，就是你的可实现销售面积增加了。

第二种情况是扣掉主力店面积之后，虽然你的可售面积增加了，但是增加的面积属于难以销售的面积。因此，这个时候你会面临一个决策，就是这些面积要不要建。你可以建，但是可能会因为无法实现销售，而形成被动持有。你也可以不建，不建并不影响你的收益，很可能会提高你的收益。要知道在住宅中容积率是要用满的，而在商业中，容积率不一定要用满。如果会出现无效面积，那还不如不建。

第三种情况是扣掉主力店面积之后，所得到的销售面积低于最低的销售面积需求。这种情况笔者在上一篇中说过，要么降低收益预期，要么就要压缩主力店面积或者实现主力店所占面积的销售。

到此为止，租售的面积都已经推导出来了，这时候账是不是算完了呢？这还要看你销售团队所采取的销售模式。

如果是直接销售，账到此就已经算完了。但是现在的商铺销售很少会采用直接销售的方式，常见的是销售返租模式，笔者甚至见过连社区底商都要做返租。此时开发商一定要清醒，销售返租并不是真正完成销售了，而是相当于再次融资。它相当于是开发商向商铺投资者做了一次融资，用这笔钱把前期银行资金、机构资金、民间借贷资金和自有资金给置换了出来。只是这笔融资到期不用还本，仅需要还铺就可以了。但是交铺时会有风险，这个风险我们在探讨销售模式时，再来讨论。

那么我们需要关注的是，既然是融资，就有资金成本。当然，在返租模式下，商铺的使用权在我们手里，这样我们是有一个租金收入的，那么这个租金和返租成本之间是什么关系要考虑清楚。

在目前租售倒挂的局面下，租金很难覆盖返租成本，这时候就要提前规划这笔钱的出处，因为这笔钱如果出现问题，很可能会给你带来市场和法律的双重风险。最保险的方案是你持有部分的租金收益，加上返租部分的租金收益，正好能够覆盖返租成本和运营成本。即持有面积租金收益 + 返租面积租金收益 − 运营成本 = 返租成本。

如此一来开发商就不需要额外贴补，仅需将持有部分的租金贴补给投资者即可，而持有部分的租金收益是相对稳定的，因而出现兑付风险的几率就小。

那么这个时候你就要考虑另外一个问题，就是如果主力店的租金不足以弥补收入和支出间的差额时，就需要扩大持有面积的比例。到这个时候，你才算把自己应该持有和销售的面积比例真正确定下来。

关于销售型商业物业的销售模式，从大的方式来讲有两种：整售与散售。但是大多数商业地产项目采取的是散售模式，分为直接销售、销售返租、带租约式销售、带回购模式的销售。

商业物业的销售模式 | 05

接下来我们讲销售型商业物业的第二种投资决策——销售模式，从大的方式来讲有两种：整售与散售。

一般来讲，整售模式更多的会用在成熟物业的退出阶段，比如，凯德向印力出售 20 家购物中心，就属于成熟物业的退出。

在开发阶段将商业物业整售的情况很少，原因有三个。

第一，交易对象难以寻找。因为这种交易属于大宗交易，交易金额动辄上亿，目标客户极少而且很难接触到。这会导致交易周期不可控，很可能会使项目开发出现资金风险。

第二，交易金额过低，难以达到开发商预期。这种交易的对象一般都是专业的机构投资者，议价能力很强，往往会把价格压得很低。我们曾跟金鹰和银泰谈过整售项目，就是因为价格太低，根本没法达成一致。

第三，交易时间跟开发商需求不匹配。这种交易都属于现房交易，而开发商资金紧张的阶段是在开发过程中，如果商业物业已经建成，那么开发商就会有很多融资手段，这个时候对开发商来讲再去卖项目就没有意义了。

因此，在市场中大多数商业地产项目采取的是散售模式。

散售模式又分为四种：（1）直接销售；（2）销售返租；（3）带租约式销售；（4）带回购模式的销售。

这四种模式其实只有第一种是真实的销售，其他的都是将开发商给套住了，最终能否真正实现销售存在很大的不确定性。

下面笔者逐一分析一下这四种销售模式。

第一，直接销售。

这种模式很简单，投资者付钱，开发商交房，没有任何附带义务。

开发商最多给业主提供一种招商中介的服务，但是这种招商仅仅是一种服务而已，对招商完成周期、招商达成率、租金水平都不做承诺，甚至有些还会收费。

SOHO 中国就是典型的这种"硬销"模式，国内流行的商业销售策略中很多都出自 SOHO。

万达金街也是这种模式。很奇怪的是，大家都盯着万达持有的部分，很少有人去研究万达的销售，其实万达的销售力是很强的，卖的又快，价格又高。

对于我们这些做商管、做运营的人，当然不会关注它的销售。但是让笔者不解的是，销售代理公司也不研究万达的销售，笔者在河南接触的这些销售代理公司，张嘴就是招商，闭嘴就是运营，唯独对他该干的正事——销售，什么也说不出来。

当然有句话叫"先炒商、再炒铺"。这句话是没错的，但是炒商和招商可是两回事。正是因为国内真正懂得卖商铺的团队太少了，因此，敢采取直接销售模式的项目也就很少。笔者说过笔者曾见过连社区底商都要做返租，简直是莫名其妙。

当然，很多人会说在现在的市场状况下，商铺不返租根本就卖不出去。如果是盒子型的集中式商业，这么说是有道理的；如果是街区型商业，那要看你公司的整体战略来定了；如果是社区底商还要进行返租，那纯属胡扯。

其实，在商业地产销售领域，最大的问题是做销售的人不研究销售。你看有几个做销售的研究过 SOHO？SOHO 可是连盒子里的都是硬卖的。

又有几个人研究过万达的销售？还有国内做得好的民营商业地产开发商多数都有销售部分，而且多数都是采取直接销售的模式，比如龙湖、新城、泰禾等，直接销售的案例这么多，可谁又去研究过他们？

销售返租是目前最流行的商铺销售模式，也是一种比较复杂的销售模式。它其实是一种再融资，并不算最终完成了销售，所以不能只考虑销售的达成，还要考虑最终如何解套的问题。因此，在模式设计上，一定要通盘考虑，不能顾头不顾尾。

销售返租模式全解读 | 06

下面我们讲销售型商业物业散售模式中的第二种：销售返租。

销售返租是指开发商把商业项目分割成小面积的单元商铺，分散出售给不同的投资人，然后再把使用权统一收回，从而实现对商场的统一运营管理。在返租期间投资人可以享有约定的回报，在返租期满之后，将商铺交还给投资人或者跟投资人重新约定继续对项目进行管理。

销售返租是目前最流行的商铺销售模式，这种模式在国内最早是应用在集中式商业上。因为集中式商业是一个整体，单个商铺很难独立生存。因此，需要通过返租把经营权统一起来，这样才能打消投资者的顾虑。

后来就延伸到所有类型的商业项目中，像街区这种能够独立使用的商铺也被拿来进行返租，甚至说连社区底商这种"类住宅"的商铺也要返租了。

笔者在山东时，曾跟一家江苏的行销公司聊起过返租模式，他的负责人是一位资深的商业地产销售高手。当时，他告诉笔者销售返租这种模式最早起源于美国，后来传到日本，再到中国香港，然后从香港传入内地。当时，笔者就心存怀疑，虽然笔者不是做销售的，但通过逻辑来推导，先不说中国香港地区，至少在美国和日本是不太可能出现这种模式的。

后来笔者搞明白了，他们说的这种海外模式，很可能就是 REITs。他们从香港把 REITs 这种海外主流的商业地产操作模式，进行了变形之后，以返租的形式传到了中国。只是人家是把基金的份额散售掉了，物业是完整的，而我们是直接把物业散售掉了。

销售返租是一种比较复杂的销售模式，笔者说了它其实是一种再融资的模式，并不算最终完成了销售，所以不能只考虑销售的达成，还要考虑最终如何解套的问题。所以在模式设计上，一定要通盘考虑，不能顾头不顾尾。

当然，在这个问题上开发商一定要清醒，因为销售团队可能会只顾前不顾后，特别是在自己不做销售，而是委托销售代理公司来做销售的这种情况。因为这些人很可能是只顾眼前佣金、不管身后洪水滔天的人。

那么在销售返租中都有哪些问题需要决策呢？笔者大概考虑了下，有以下三个问题：（1）返租年限；（2）返租比例；（3）返租方式。

这些问题相互交织在一起，涉及建筑方案、销售模式、价格制定、财务安排、税务筹划、运营管理模式以及退出方案等一系列事情，而且这些问题彼此之间是有矛盾的，因此需要多部门参与制定一套整体解决方案。

下一篇笔者会具体来解释这三个问题，这篇的最后笔者想提醒一下：原先在做商铺返租销售时，还有一个虚铺、实铺的问题。

虚铺是销售团队为了控制总价、便利销售，把商铺面积划到最小，因此会出现销售面积与经营面积不符的情况。之前出现过投资人买的商铺在经营过程中变成过道的事情，郑州甚至出现过店铺变成卫生间的事情。

实铺就是按照一个适中的面积来分割商铺，保证每间商铺的面积，都能够满足商家独立进行经营的需要。

一般街区型项目比较容易做成实铺，比如万达金街、龙湖等。但是集中式商业的内铺就很容易做成虚铺，这个是大家一定要避免的，至少你要保证动线是固定的，在经营过程中，如果单铺面积不够，只需要合铺就可以解决问题，而不需要占用动线。

这个大家一定要注意，因为它不但会造成商管公司、投资人、经营户之间的矛盾，还会带来法律风险，因为法律要求所有的商铺委托经营协议的背后，都要有一个真实的店铺存在。

返租年限即开发商需要承担的运营年数，一般业内常见的有三种：三年、五年、十年，不同的年限代表了不同的操作逻辑。

返租年限的制定 | 07

现在我们来分析一下销售返租时需要决策的第一个问题——返租年限。

返租年限即开发商需要承担的运营年数。一般业内常见的有三种：三年、五年、十年。笔者也见过返八年的，但是市场中不是很常见，而且笔者也判断不出来采取八年是怎样一个逻辑。

按照道理来讲，不同的年限代表了不同的操作逻辑。当然笔者这里所分析的问题都必须站在公司的层面来决策，如果是交给销售部门，那就只剩一个逻辑——销售逻辑。

销售返租模式刚出现时，都是返三年，这里涉及价格的操作手法，笔者不在这里多说。

但是第一波采取销售返租的项目，后来绝大多数都出了问题，因为按照正常的商业规律一个场地从开业到成熟，需要三年的培育期，第一年是稳场期，项目刚刚开业，项目定位和商户组合都需要市场验证，商场波动会很大；接下来的两年是调整期，直到第三年，商场的经营才算刚刚稳定下来。有的条件稍微差一点的场地，甚至到这个时候可能还没有完全稳定住。

在这个时候，突然面临开发商要向投资户移交商铺，会对商场运营造成极大的影响，往往导致一个正常运营的场地中途夭折。所以，当第二波销售返租热潮起来之后，商场吸取了教训，往往是采取五年返租的策略。这样就给运营团队多争取了两年运营时间来稳定场地。

一个场地经过三年的培养期，再多加两年的运营时间，理论上就可以成为一个成熟的场地。这时场地人气有保证，租金也有大幅度的提升。这个时候再来移交场地，出现风险的几率就会降低。

但是采取三年返租是对销售定价最有利的一种返法，如果返租期增加到五年，还是用老办法定价的话，会导致价格拔高过多，会增加销售难度，销售部门会反对。这时候就会涉及我们要讨论的第三个问题，返租方式的问题，而且财务可能也会有意见，这时就需要多部门来协调了。

所以三年返租实际上是销售导向的操作手法，五年返租就是带运营思维的销售导向。而返十年的话，那就是真正的运营导向了。

因为如果是主动返租十年的话，开发商就应该是没有打算在运营层面退出，只是把销售当融资手段，通过销售获得了一个场地的运营权，自己要真正进入运营领域，长期经营，赚运营的钱。

一个场地如果你管了十年，投资人是很难再收回使用权了，因为占有比拥有更强势。而你有十年运营做底，也会敢于在初期对商场管理和营销进行投入，因为你能从后期获得回报。

但是这只是逻辑分析，现实中，很多开发商是不明就里地被销售团队"忽悠"进来的，根本就没有做好长期运营的准备，只不过销售团队觉得十年好卖房子而已。等开发商真正意识到问题时，已经晚了，这种情况下，好一点的是经过运营团队的努力，场地能勉强维持。如果项目条件比较差，再加上运营团队不给力的话，商场那很可能就会出现风险。

我们在做销售返租项目时，一定要站在项目全局的高度去思考，在保证销售的前提下，还要尽量顾及后面的运营，否则，前面的人舒服了，后面的人难受。销售返租型项目的后期运营本来就很难，因此，前期最好不要埋太多的雷。

返租年限可否不一致 | 08

返租年限确定之后，在实际执行中，出现的一些特殊情况。

第一种是返租年限是否可以不一致，这种情况一般出现在三年返租里。

如果由销售团队来主导返租决策时，会偏向三年和十年两个方案，原因是三年方案对定价最有利，而十年方案对销售说辞最有利。

如果选择十年返租，可以设计一个平均10%的返租方案，这样就可以向投资人承诺，保证其在十年之内收回投资。如果选择三年返租，就会出现一个矛盾，有些业态的租期会与返租期有冲突。一般零售业态没有问题，因为零售业态的租期就是三年。但是餐饮和休闲娱乐业态的租期一般是在五年以上，这样就与返租期形成了冲突。

在实践中有两种处理方法，第一种是不管返租期问题，直接按照租户的租期要求签约，通常租户是不会去审查返租协议的，那么出问题也是三年之后，先度过眼下再说。这种处理，对租户是有欺诈嫌疑的，因为你明知自己的使用权只有三年，还跟租户签订五年的租赁合同，其中超期的两年，你是无权处置的。

在三年返租期结束，难免出现纠纷，很可能使你承担道德与法律的双重风险。

另一种处理方式是在销售时采取不同的返租政策，即根据商业规划零售部分店铺采取三年返租，而餐饮业态采取五年返租。

这种方法看似很取巧，表面上是解决了返租期与租期不一致的矛盾。事实上，它会造成后期出现两个交铺期，一个是三年期，一个是五年期，这就加大了交铺期出现风险的几率。同时它也给运营造成了隐患，本来销售返租型物业想要运营成功就比持有型物业难很多，如果再加上各种矛盾的折腾，导致各个利益群体间的不信任和对立，那么想要项目成功运营就会难上加难。

这两种处理方法都是顾头不顾尾的做法，前面的人舒服了，后面的人难受。

因此，从项目整体考虑的话，有两种方案可以采用。

一种方案是对招商进行限制，除了保留两三家大型餐饮作为主力店外，其余全部做成小餐饮，因为很多小餐饮是可以接受三年租期的。但是这种方案对招商会形成限定性，一些品牌餐饮就很难引进。这会影响项目的运营，因为非品牌性的小餐饮生命周期特别短，也缺乏客流吸引力，如果项目区位条件不是很好的话，就很难做运营，一个项目如果连餐饮都运营不了的话，那这个项目的整体运营就可想而知了。

另一种方案就很简单了，也是笔者推荐的方案，就是把返租期统一到五年，在销售中要加入运营的理念。

我们在做销售返租项目时，一定要站在项目全局的高度去思考，在保证销售的前提下，还要尽量顾及后面的运营。销售返租型项目的后期运营本来就很难，因此，前期最好不要埋太多的"雷"。

在返租销售中，还会碰到另外一个问题，就是可不可以允许个别商铺不返租。有些投资人会明确表示：不需要返租，如果返租，自己就不买了。那么出现这种情况该怎么处理呢？

个别商铺可否不返租 | 09

在实践中，我们还会碰到另外一个问题，就是可不可以允许个别商铺不返租。这个问题在商铺销售过程中，也会经常碰到，就是有些投资人会明确表示：不需要返租，如果返租，自己就不买了。那么出现这种情况该怎么处理呢？

如果让销售部门来判断，那就简单了，卖！为什么不卖呢？销售价格比返租还高，自己的佣金拿得也高。

我们先分析一下这些不需要返租的投资人都是什么人，这类人一般分为三类。

（1）自营户。就是买商铺是要自用的，既然他要自己用，当然不愿意返租。

（2）成熟投资者。这类人在买之前，就已经瞄好下家了，甚至都已经跟下家谈好了，而且他找的下家往往租金出的还挺高。

（3）觉得自己出租收益会更高。这些人往往都是些不成熟的投资人。

在不愿返租的人中，以前两类人居多，第三类比较少。一般前两类人是很难说服的，因为他买商铺的目的跟我们的策略是矛盾的。

而第三种人是可以说服的，但这种人很麻烦，要求特别多，很难满足他，有一点事情就会在下面鼓动大家跟开发商对立。这种人往往也不是要维护大家的利益，而是喜欢把水搅混，自己从中得点蝇头小利，但是缺乏大局观。

一个项目最后可能让这些人给搅乱，谁的利益都保证不了。所以如果是笔者操盘，碰上这种人即使他同意返租，笔者也不会要他，省得后面麻烦。

那对于前两者我们是否要放弃呢？如果不放弃就要答应他的条件，就是他那间铺子不用返租。对于销售部门来讲很容易就会妥协，因为虽然他们嘴上会讲项目需要统一运营，但是他们往往对什么是统一运营根本没有概念。特别是在面对第二类人时，因为他们往往买的面积很大。

如果我们在这里普及什么是统一运营，篇幅就太大了，但是简单地说，统一运营就意味着我们必须要对场地里的所有事情说了算。从这一点出发，那一个项目要么就是全部都返租，要么就是不返租，没有中间态。

不过社区底商除外，这种商铺严格意义上说，就不该采取销售返租的策略，它跟住宅就是一样的产品，不要返租。

对于开发商来讲，如果你的项目是社区底商，销售团队还要做返租，就说明这个团队对商铺销售一点概念都没有。你最好提前就把他换掉，因为就算你满足了他的条件，做了返租，他也不一定能把房子卖出去。

如果你勉强用这个团队，最后很可能形成无法收拾的局面，就是项目错失最佳的销售节点，从期房变成现房。这时，销售团队一般就会把销售问题转化成招商问题。当然，这个时候你可能也不得不开始招商了，因为已经变成了现房。

但是我们知道商业有一个培养期，散售的项目培养期又会加长。那这个时候，我们去招商了，甚至开街了。人气也没有，租金也没有，试问销售团队怎么跟投资人讲这是间旺铺。在有条件把事情讲好的情况下，他都讲不好，你相信在这种情况下，他能把事情讲好吗？

所以最后往往是开发商变成了房东，这种案例在三、四线城市比比皆是，好一点的情况是项目投资已经收回来了，只是开发商没赚钱，赚了一堆商铺。惨的情况就是连投资都没收回，更惨的是没收回的投资里有高利贷。

商铺销售中的返租比例，实际上相当于是一种固定租金，只不过这种租金是以扣点比例的形式体现，业内常见的是8%和10%两种。但除了早期一些优质的市场类商铺之外，能达到10%收益率的项目凤毛麟角。

返租比例的制定 | 10

商铺销售中的返租比例，实际上，相当于是一种固定租金，只不过这种租金是以扣点比例的形式来体现。同时，它又是对投资人的一种暗示性的回报率。业内常见的是 8% 和 10% 两种，10% 理解起来很简单，它意味着十年能够收回投资，但是这个比例完全是由销售团队根据销售需要臆想出来的。除了早期一些优质的市场类商铺之外，能达到这个收益率的项目凤毛麟角。

而不动产的投资按道理来说是一种长期稳定的收益，它是不可能达到 10% 的收益率。

目前中国的不动产市场之所以火爆，并不是因为它的投资价值很高，而是它的投机价值很高。所谓投资就是靠物业经营获取收益，投机就是靠物业增值获取收益。从这个角度来看，我们的资产价值是在大幅度的快速上升，以致现在国家不得不出面强行把它按住，而同时任何一种不动产的租赁市场都是相对稳定的。

因此，在中国不动产的投资根本就不是靠租金来获取收益，如果靠租金获益，那住宅更没有投资价值。因为靠租金收益，很多住宅的回收周期都已经超过 50 年了。我们可以这样来理解房地产投资的逻辑，跟物业增值的收益相比，租金可以忽略不计。

那么按照国际通行的回收周期来看，商铺的回收期在 16 ~ 25 年都是合理的。要不然在商业物业的大额交易中，就不会有基金公司会按资产净收益的 30 倍来估值了。如果按 16 ~ 25 年来计算，也就是收益率在 4% ~ 6%。我们看这个租金收益率跟现实的租金水平是相符的。

但是由于国内商业销售团队并不专业，根本没把商铺的本质搞清楚，只是为了自己好卖，不计后果地喊出了"十年回本"的口号。

而投资人则更不专业，于是商铺投资市场就在双方的不成熟中，完成了市场交易的过程，以至于现在市场普遍认为十年收回投资，就是评判商铺投资价值的一个标准。

于是，现在几乎所有的商铺销售推广中，都有"十年收回投资"的主张，而这也是商铺最佳的销售节点在正式招商之前的原因。

在销售返租中，另一个常见的返租比例是 8%，关于这个比例，如果你去问销售策划人员，笔者相信绝大部分人都说不清楚。其实这个比例来自营销设计，简单来说，就是8%的返租金额基本等于客户的按揭还款金额。

返租比例8%的由来 ｜ 11

关于这个比例，如果你去问销售策划人员为什么要采用8%，绝大部分人都说不清楚，他们只会说市场上都是8%，如果低于8%市场恐怕不接受。

其实这个8%是有来由的，只是大多数销售人员就是"依葫芦画瓢""知其然不知其所以然"。这个比例也是来自营销设计，因为8%的返租金额基本等于客户的按揭还款金额。也就是说，客户支付了首付之后，就不用再出钱了，十年之后就可以得到一间商铺。

假设银行基础利率为4.9，商铺按揭需要上浮30%，即商铺的按揭利率为6.37，但是由于你只有50%的房款是贷款，如果把这个利率折算到全部房款，即3.185。而这50%的贷款，如果是按揭十年，那么以总房款来计算，每年需要支付5%的本金。两者相加，即3.185 + 5 = 8.185。也就是说，8%基本可以覆盖你的按揭本息。

这样算下来，你的租金回报率虽然只有8%，但是你的投资回报率是10%。也就是除了首付之外，十年你就可以白得一间商铺。

假定一间100万的商铺，按8%返租来计算，你只需要出50万首付，即可在十年之后得到这间商铺的100%产权。也就是说，你投资了50万，得到了100万的资产。

但是这里还没有计算资产增值的部分，按中国目前资产增值的速度，十年之后，单从地价来看即可翻一番，也就是说，这间商铺十年之后的价值至少是200万。就是说你投资了50万，十年之后可以得到200万的资产。

在这个逻辑里，有两个东西具有不确定性，第一就是十年之后，资产价值能不能翻一番，这一点没有人能保证，但是以常识来判断，除非社会出现重大的系统性风险，否则十年时间资产价值翻一番是最低的。因此，如果你的商铺是在成熟地段或者是在城市的发展方向上，那这一点你是不用质疑的。

当然，这里面有一个风险是存在的，就是商铺的流动性。也就是说，当你想把它变现的时候，能不能按照市值把它变现。

第二个不确定性是这个8%能不能保证。8%只是一个比例，它跟基数有关系，也就是售价，你售价1万，8%就是800，你售价2万，8%就是1600，你用这个数对比租金就清楚了。

当下，我们处于资产快速增值的时代，因此，我们的价格往往会脱离正常的租金比例。所以我们的销售团队才会让开发商背 10 年的包袱，当然，这种团队还算清醒，没让开发商背 10% 的包袱。

当然，这里笔者仅仅是分析市面上这种方式背后的逻辑，不代表笔者赞成它。因为这种模式仍然将商铺的投资回收期假设为 10 年，这跟正常的 16～25 年回收期是冲突的。

那么如果你是用这套逻辑来销售商铺，那就请你一定在租赁开始之前把商铺卖掉，否则你的逻辑很可能会自相矛盾。

可以说，销售返租模式是被营销人员给滥用了。因为后面的事情跟前面的营销团队没有任何关系，所以笔者可以放心大胆地采取一些饮鸩止渴的方案，毕竟他拿走的是"肉"，"鸩"是后面人替他喝。

返租比例的深度剖析 ｜ 12

销售返租已经成为商铺销售的常态，甚至有些团队连社区底商都要开发商进行返租了。通过返租比例的操作手法，你就应该明白，这套模式其实是为了消除投资人的风险。也就是通过开发商担保的形式，把商铺投资变成一个无风险、高收益的投资。

这个地产人看起来很正常的事情，其他行业看起来会觉得很奇怪。客户独立自主的购买行为，凭什么要商家做担保呢？这就像你买一辆车来跑滴滴，你如果要求汽车公司给你保证收益，人家一定会觉得你是个神经病。

如果有哪家汽车公司向消费者保证买车收益，那它一定会卖得非常好，但是没有哪家汽车公司会这么做，因为经营是有风险的，没人能保证经营收益，所以如果汽车公司采取这个策略，只是对销售人员有利，而风险则全部由公司承担。

为什么房地产会出现这种销售模式，最初是因为集中式商业需要分割销售，但是这种商铺往往不具备独立经营的条件，单一商铺受制于项目整体，所以必须有一家管理公司来统一经营。在这种情况下，出现了把产权分散之后，再把经营权统一起来的返租模式。

但是这种模式后来被营销人员给滥用了，滥用的原因跟房地产的特性有关，因为房地产的运营属于项目运营，项目运营的特点就是有始有终，项目开发完就结束了。后面的事情跟前面的营销团队没有任何关系，所以他可以放心大胆地采取一些饮鸩止渴的方案，因为他拿走的是"肉"，"鸩"是后面人替他喝。

而开发商也糊涂，没搞太明白，于是就把这事给做成行规了。

当然，现在营销团队一般会把返租比例做成阶梯模式。就是前面几年，项目在培养期，返租比例低一点；后面几年，项目成熟了，租金收益也高了，返租比例也相应提高，美其名曰减轻公司的返租压力。

这个逻辑是没错的，但不是一个好方案，还得看具体的比例。如果从8%起，后面都飙到12%、15%了，那绝对是"鹤顶红"。到最后，不是开发商中毒，就是投资人"中毒"。现在一般多见的是6%起，比如五年返租6%、7%、8%、9%、10%，这个也跟毒药差不多。

真正高手是从4%起，因为笔者说了投资人的资金成本，按总房款来计算的话是3.185%，"我4%就把你的资金成本覆盖了，你投资，我帮你付利息还不行吗？"

所以这个行业的行规虽然被做坏了，但是企业可以打造自己的生态，比如万达、龙湖，从来也不返租，人家也照买不误。而且，笔者发现那些不返租的，反而卖得很好。返租的项目里，返租低的要比返租高的卖得好，比如，你看看那些返4%的，往往都卖得很好，而那些返租高的反而卖不好，至于返到10%以上的，差不多没有好的项目。

那你说这跟返租比例有关，还是跟操盘人有关？

返租方式分为实返和虚返。实返就是返租的金额是确定的，虚返就是不约定固定的返租比例，仅承诺按市场真实出租价格给投资人兑现收益。

返租方式的分析 | 13

返租就是返租，为什么还有返租方式？这也是因为随着实践的深入，开发商逐渐明白了销售返租的风险，因此采取了一定的措施。于是就出现了实返和虚返两种方式。

实返就是返租的金额是确定的，因为商铺总价是固定的，返租比例是固定的，因此，返租金额也是一个固定的数。

虚返就是不约定固定的返租比例，仅承诺按市场真实出租价格给投资人兑现收益，即租金高，投资人收益就大；租金低，投资人的收益就小。

根据实返和虚返，在销售返租中就出现了三种方式。

（1）实返。这是最常规的销售返租方式，就是按照返租年限，每年约定一个固定的返租比例。具体操作时，又有两种方式，一种是平均式，就是每年的返租比例是一样的。另一种是阶梯式，就是返租比例是逐年递增的。

（2）虚返。就是不约定固定返租比例，以真实租金给投资人兑现收益。其中又有两种方式，早期是采取分成的模式。比如"一九分""二八分"等，"大头"是投资人的收益，"小头"是商管公司的费用。现在的方式是将租金与物管费分开，物管费是商管公司的，租金是投资人的。

（3）实返＋虚返。就是初期一定年限采取实返，后期采取虚返。比如，五年返租中，前三年实返，后两年虚返。十年返租中，前五年实返，后五年虚返。这个没有一定之规，都是根据项目实际情况来制定，其中受销售策略的影响比较大。

这三种模式中，第二种完全虚返的比较少，原因是这种模式会加大销售的难度，因此，销售部门基本是不愿意采取的。而如果销售团队经验很丰富的话，就直接硬售了，根本不需要返租。

采取三年返租的项目，基本上都是实返，而且现在的操作模式，多数都是将三年的租金一次性返完。

五年的也以实返居多，只不过通常是采取前三年一次性返，后两年逐年返。当然，前三年实返加后两年虚返是最好的。

十年返租中，通常是实返＋虚返的模式居多，因为开发商只要是明白的，都不敢背十年固定返租的包袱。

在采取"实＋虚"返租模式时，往往前三年是一次性返的，到了第四年按实际租金来返时，可能金额突然就少了一半，为了避免返租金额落差产生的问题，商管团队在运营过程中要加强与投资人之间的沟通。

"实＋虚"返租模式的注意事项 | 14

在采取"实＋虚"模式时，需要注意的是，在运营过程中，商管团队要加强与投资人之间的沟通，因为前三年往往是一次性返的，理论上商管团队可以不与投资人进行任何的沟通。

但是笔者说了销售团队为了便于销售，一般制定的返租比例都偏高。而实际租金往往受市场价格制约，这样如果你前三年按8%返租，到了第四年你按实际租金来返租时，可能金额突然就少了一半。那么如果你三年都没有跟人家联系过，到了第四年，返租金额突然出现这么大的落差，是很容易出现问题的。

所以采取这种模式的项目，商管公司应该一开始就把业主委员会组建起来，跟业主保持畅通有效的沟通。把商场运营完全透明化，定期向业主公开运营情况，至少半年开一次业主大会。

这样可以跟业主建立起彼此信任的关系，业主了解了市场的真实现状之后，也会理性地看待商业运营，进一步认可商管公司的努力。这样就会使他们更看重长期利益，从而可以接受现实的租金水平，并配合商管公司的工作。

如果做得好，还可以把这些人变成项目的编外推销员，因为商场的利益跟他们是一体的，他们也愿意为商场贡献自己的资源。

一个缺乏组织的乌合之众，一定是各自为政，大家必然是以自己的个人利益最大化为出发点思考问题。像这种销售返租型项目，由于大家的利益绑在一起，如果各自为政的话，结局一定是双输的局面，这也是销售返租型项目成少败多的关键原因。

而如果能有效地把众人组织起来，大家都会积极地为项目提供资源，在项目出现困难时，也会团结一致、共同努力。商铺投资者往往是一些有一定社会能量的人。大家如果都能够以大局为重的话，就会增大项目成功的几率。但是如果要做到这一点，对商管公司的能力是一个挑战。商管公司不但要能运营好商场，还要能运营好业主社群。

现在由于社群经济的爆发，对于社群的"玩法"，已经有了很多的尝试和经验，这个都是商管公司可以借鉴的。不过，业内确实有些商管公司，做法有点"小家子气"，很多东西对开发商都遮遮掩掩，更不要说让他把运营管理向所有业主透明化了，不仅是第三方团队有这个问题，开发商自己的团队也有这个问题。

返租型项目属于散售型项目，所有投资人在运营层面达成共识，是项目成功的前提条件。而如果商管公司不能实现信息的透明化，想把众多分散的业主团结起来，为商场运营贡献资源和正能量，而不是拆台和掣肘商管团队，是非常困难的。

带租约式销售是指在商铺销售时，附带一份租约一起交易，也就是投资人不但买了一间商铺，还连带买了一份租约。说白了就是先招商，后销售。但是，带租约式销售只能是其他销售模式的一种补充，它不能成为销售的主体模式。

带租约式销售模式 | 15

下面我们来讲一下散售模式的第三种——带租约式销售。

带租约式销售是指在商铺销售时，附带一份租约一起交易，也就是投资人不但买了一间商铺，还连带买了一份租约。说白了就是先招商，后销售。

现在这种销售模式也逐渐多了起来，它在逻辑上似乎有道理，因为有租户了，购房即可有租金，这样投资者的收益就有保障了。但是这种销售模式的出现，本质上其实就意味着销售失败了，只是销售团队不承认而已。

首先，销售卖的是期房，招商出租的是现房。所以销售是在前，招商是在后。现在要先招商后销售了，就意味着销售没有能力在正常的节点上完成销售，已经从期房拖到了现房。

其次，营销传播的难度会越来越大。原则上，一张白纸是最好讲故事的，因为想象空间大，越是接近作品完成，包装的空间也就越小。所以商铺销售有个说法叫见光死，也就是说随着项目从期房到现房，再到开街，进入运营，推广的约束会越来越多。

最后，销售的难度也加大了。这一点销售人员是不承认的，笔者碰到的销售人员都坚持说这样更好销售了，但是始终没有一个销售人员能给笔者讲清楚，他怎么跟客户解释租金与售价之间的关系。

所以，根据笔者的经验，一旦一个项目出现带租约式销售，基本上这个老板就可以做好当房东的准备了。

当然，有两方面需要补充。

第一，主力店招商的确需要前置，而且像超市、百货、影院这些主力商家，也是愿意在前期签约的。而其他商家一定会等到你具备开业条件之后，才会正式签约。

第二，如果项目里面有麦当劳、肯德基、屈臣氏等这些品牌，他们所租赁的商铺，带租约式销售是可行的。

因为这些租户的形象好、租约稳定，并且是浮动租金，虽然初期租金可能会低，但是业绩起来之后，租金相应会提高，有想象空间，所以是有人愿意接受这些商铺的。当然，这些租户在租约里会对你的销售行为有一些限制，但是原则上，你只要不把人家一间商铺拆成几间来销售，基本上都能达成一致。

最后说一下笔者的结论，带租约式销售只能是其他销售模式的一种补充，它不能成为销售的主体模式。笔者见过销售返租成功的项目，却从没见过带租约销售成功的项目。

带回购模式的销售 | 16

下面我们来看散售模式的第四种——带回购模式的销售。

带回购模式的销售是指商铺销售后，达到一定年限，开发商按原价回购，一般这种模式都是搭配着销售返租一起来做的，并且都是高比例加长返租，基本上都是 8 ~ 10 个点，返 10 年。

这个模式又是营销人员的伟大创意，笔者认为到这个地步基本所有人都能卖商铺，因为对于投资人来说，你只需要付一个首付，之后就不用管了，等返租期满，就可以按商铺总价得到回购款，也就是说，投资 50 万元，投资 10 年，能得到 100 万元，而且不用付出任何努力，也不用承担风险。

当然，这种模式大都采取自愿回购的方式，也就是说商铺增值了，你也可以不行使回购权，这样你就可以得到一个商铺。在这种模式中，理论上投资人没有任何风险，也不用承担任何责任，所有的义务与风险都由开发商背了。

笔者很难理解开发商怎么能接受这种销售模式，高比例加长返租本身就是一剂毒药，再加上回购，等于是毒上再补一刀。先不说 10 个点的返租金额从哪里来，到期之后，这笔巨大的回购款要从哪里来呢？

当然，开发商采取这种模式也许是不得已，因为实在没办法把房子卖出去了，所以明知是毒药也得吃，先过了今天再说。可悲的是，有时候即使都做到了这种地步，销售部门仍然没法把房子卖出去。

很多时候笔者都会觉得大部分商业地产的销售团队已经"走火入魔"，忘了什么是正路，反而在邪路上一路狂奔。之所以这么说是因为笔者见到的销售团队，除了少数优秀的人之外，大部分人一不研究客户，二不研究产品。只会信口开河，坐而论商。

笔者这么说并不是说商不重要，商当然重要，那什么是销售该关心的正事呢？

第一，研究产品。思考销售型的产品该怎么规划，怎么设计，别一提方案就两句话，"尽可能把铺子划小""尽量做到铺铺临街"。

销售人也该总结一下，销售型项目动线该怎么设计？该怎么划铺？哪些铺子开间要大？哪些铺子进深可以大？哪些铺子要分层卖？哪些铺子要托着卖？哪些能独栋卖？

第二，研究客户。分析什么人在买商铺，什么类型的人会买什么类型的铺，他们的购买动机是什么，他们最关心的事又是什么，等等。

只有把这两个问题研究清楚，才能让开发商一开始就把路走对，简简单单就把商铺卖掉。

目前在商铺销售领域，供需双方在销售过程中的关系更加对等，如果仍然采取住宅那种粗放式的遍地撒网模式，显然已经不可行了，那么必须对客户有更精准的认识，制定更有针对性的策略才行。

如何进行客户定位？｜ 17

现在我们来讲一下第三个投资决策——客户定位。

原则上来讲，所有的商业模式都应该是客户导向，都应该从识别客户的需求开始，只不过房地产行业比较特殊，由于市场长期处于供不应求的局面，所以营销人员只是把控一个总价，对客户深层次的需求研究得很少。

但是现在市场已经发生了变化，特别是在商铺销售领域，供需双方的力量已经改变。供需双方在销售过程中的关系更加对等，甚至有些市场已经出现逆转，客户变得更强势了。因此，现在商铺销售仍然采取住宅那种粗放式的遍地撒网模式，显然已经不可行了，必须要对客户有更精准的认识，制定更有针对性的策略才行。

但是很少看到销售团队去研究客户，大部分销售团队也根本讲不清楚谁是投资客户。

业内肯定有一些操盘高手心里是清楚的，但是商铺销售这个领域是很保守、很封闭的，很少会有销售高手把真正的操盘细节公开出来。所以如果查询商业地产的资讯，全是招商运营的资料，这也是为什么很多做商铺销售的，对销售说不出个所以然，反而对招商运营侃侃而谈。

一般销售型商业项目，首先在决策层面要有一个客户定位，然后在营销阶段再把这个定位细分拆解。我们这个系列是在讲投资决策，所以只谈一下决策层面的定位。

既然是决策层面的定位，就是说这个定位对项目的规划设计、营销策略、销售策略及招商配合都有着全面的影响。

从这个角度来讲，纵观成功的项目，一般有两个定位方向：第一，定位于普通客户；第二，定位于合格投资人。

这两个定位模式下，操盘思路是完全不同的。

前者是通过降低门槛，使普通人也可以具备商铺投资的能力。所以在评审项目设计方案时，我们经常听到销售的意见是尽量把铺子划小，这个观点其实就是来自这种操盘思路。

后者是借用了私募基金的概念，引入合格投资人理念，即所面对的客户是真正的商铺投资人。这种理念下，在评审方案时，不会去追求绝对的把商铺划小，而是追求在保证商铺面积合理性的基础上，把商铺划小。

针对这种客户定位，需要把投资门槛降到最低，投资门槛就是总价，而为了控制总价，就必须控制单元商铺的面积，一般都在20平米以下，甚至出现10平米以内的商铺，而这种定位一般出现在市场类项目和少数百货类项目。

普通投资客户的需求 ｜ 18

上篇我们讲了第三个投资决策——客户定位，下面我们来分析第一种客户——普通投资人。

如果是这种客户定位，就需要把投资门槛降到最低，投资门槛就是总价，而为了控制总价，就必须控制单元商铺的面积。所以在这种定位下，销售团队会把商铺划到极致小。一般都在20平米以下，甚至出现10平米以内的商铺。有经验的人，一看这个面积就知道，一般项目是很难分割到这么小的。

因此，这种定位一般出现在市场类项目和少数百货类项目，而现在主流的商业地产业态购物中心和步行街是很难做到的。

市场类项目由于是军营式或者是棋盘式布局，动线可以做的纵横交错、十分复杂，而且除了家具建材类市场的商户需要较大面积的商铺外，像常见的服装、小商品、化妆品、五金、面料等市场的商户，需求面积并不大，10~20多平的面积就够用了。

另外市场类项目是按业种定位的，它没有品类规划、品牌组合这些复杂的运营要求，基本上，把业种分好之后，招完商，仅需要提供物业服务即可。因此，市场类商铺是可以散售的。

同时，由于初期的专业市场经营普遍比较好，因为它是2B的业务，商圈可以辐射很远，有些市场能辐射到全国，甚至能辐射到国外。因此，市场类项目如果经营得好，是可以支撑8%~10%的返租回报。所以现在很多商铺的销售策略其实是来自早期的市场类项目，但是时过境迁，现在市场类项目早已风光不再，而且风险日增。

其实，自从返租在市场类项目中出现，就意味着这类项目开始不受专业投资者青睐了，销售者的眼光被迫转向普通投资人。因为专业投资人是不介意返不返租，他们在投资时往往还会抵制返租。而普通投资人由于缺乏专业的投资技能，因此，很容易被返租所打动。

所以说专业市场类项目在一开始，销售对象针对的是专业投资人，在这些人中很多本身就是经营户，而专业投资人又是合格投资人的一部分，只是后来由于投资风险加大，专业投资人退出了市场类项目，该类项目的销售才开始针对普通投资人。

除了市场类商业项目逐渐把目标客户从专业投资人转向普通投资人，城市型商业项目基本也经历了这个过程。但事实上，在购物中心和步行街类项目中，并不是要把铺面划小的问题，而是定位问题，这类项目原则上就应该针对的是合格投资人，而不应该面向普通投资人。

城市型商业项目的客户定位 | 19

接下来我们来分析城市型商业项目的客户定位。

销售型商业项目要想抓到合格投资人，在一个城市就必须要抢到先机，因为随着先发项目的风险暴露，合格投资人就会退出该类项目。

比如，在笔者 2013 年回到郑州时，郑州出现了几个大型市场类项目。当时，一些批发市场的经营户曾经向笔者咨询这些项目能不能投资，笔者劝他们要谨慎一点，但这些人最后还是都投资了，因为郑州的商铺投资市场并没有经历过类似项目的洗礼，所以这些项目在 2014 年、2015 年都是大卖，市场非常好，但是现在这些项目都出现了瓶颈，不得不把目标转向普通投资人。

除了市场类商业项目逐渐把目标客户从专业投资人转向普通投资人，城市型商业项目基本也经历了这个过程。

城市型项目一开始都是社区底商以及少数步行街项目，这些项目的销售对象都是针对合格投资人的。

后来因为基地面积和容积率的关系出现了集中式商业，这种项目早期主要是以百货为主，还有一些项目说不清楚是什么业态，最典型的就是万达一代店，很难定义它是什么业态，既不是购物中心，又不是百货，倒是有点像复合型的超市。

这类项目一开始也是针对合格投资人的。比如，笔者在河南周口筹备的万顺达百货，它是国内少有的销售返租后经营成功的百货项目，它的商铺投资人主要就是一些经营户，这些人都属于合格投资人。但是经营户买商铺是要自营的，他们经营的品类与品牌很难与商场的规划一致。当时，作为商管公司，我们为了把这些经营户搞定，彼此之间发生过几次摩擦。

后来旁边一个商业项目再启动销售，就没有经营户进行投资了，结果那个项目不得不在返租基础上又加上回购，但最后销售仍不理想。再后来百货业态进入困境，购物中心崛起。于是三线以上的城市，再没有人做百货型的商业项目了，出现较多的是购物中心和步行街型的项目。

而购物中心和步行街项目想要再像市场类和百货类项目那样，把商铺划得很小就有难度了。这也是现在销售团队比较纠结的地方，他们很想把商铺划小，但是受制于建筑方案又没法把单元商铺划到 10 ~ 20 多平米。

于是就出现了一种方法，就是先做招商分割，然后保持动线不变的基础上，把铺面划小，但是实际上因为受开间进深比的限制，这种情况下，商铺也不可能划得太小。

事实上，在购物中心和步行街类项目中，并不是要把铺面划小的问题，而是定位问题，这类项目原则上就应该针对的是合格投资人，而不应该面向普通投资人。所以应该考虑的是怎么让商业逻辑成立，怎么把商业价值给设计出来，而不是怎么去降低门槛。

关于投资人，有合格与不合格之分，所谓合格就是有风险承受力的投资人，不合格就是没有风险承受力的投资人。如果商铺销售以不合格投资人为对象，其实就是置无风险承受力之人于风险之地。

客户定位与风险预估 | 20

在商铺销售中，笔者主张原则上一定要针对合格投资人，这里的合格投资人是借用了私募基金的概念。与合格对应，所谓的普通投资人其实就是不合格投资人。

这里的合格与不合格是从抗风险能力来说的，合格就是有风险承受力的投资人，不合格就是没有风险承受力的投资人。如果商铺销售以不合格投资人为对象，其实就是置无风险承受力之人于风险之地。

风险承受力其实对应的是个人的资产实力，合格投资人由于资产实力强，往往只是以自己的一部分闲钱来进行商铺投资，这部分投资亏损或者被套牢对他们的生活没有太大影响。

　　而普通投资人其实是用自己养老的钱或者是保命的钱来投资，甚至还出现过部分人以负债来投资。当然，这里的负债并不是有经验的投资人利用杠杆来放大自己的收益，而是因为自己本身没有达到投资门槛，而向亲朋好友集资来进行投资的，一旦投资出现风险，不但自己落水，还会把亲朋好友也拉下水。

　　如果你在商铺销售中，主要以这些普通投资人为目标对象，那你是非常不负责任的，因为你其实是把这些人推到了个人财务风险的悬崖边上。这种定位同时也加大了开发商的风险，很多人会不理解，开发商已经将商铺销售完毕，怎么会有风险呢？

　　因为合格投资人有风险承受力，真的出现了风险，他们也会比较理智，会以理性的方式来处理。而普通投资人是没有抗风险能力的，他们在投资时，想到的只是收益，根本没有考虑风险，一旦风险爆发，这些人往往是以非理性的方式来应对。堵门、游行，这还是轻的，往往还会出现一些更激烈的手段。

　　笔者有一个朋友是做私募的，因为国家法律规定，私募必须面向合格投资人，而且国家法律对合格投资人是有定义的，就是单笔投资不低于100万元。但是在他们募资的时候，有时候会出现投资人没有达到这个资金门槛，于是两三个人凑100万元，归到一个人的名下，然后去投资。笔者这个朋友，一旦发现这种情况，他一般会拒收这笔投资。

　　笔者曾问过他原因，他说这些人在投资的时候会求着你让他进，但是这些钱其实很烫手，一旦有个风吹草动，首先跳出来闹事的就是这些人。往往出了事，这些人既没有契约精神，也没有法律意识，只会一味地死缠烂打。所以为了自己的安全，他是不会碰这些钱的。

　　对开发商也是如此，在维权已成常态的当下，如果你的商业销售，圈了一群退休老人的钱，那一旦出现问题，后果可想而知。

　　正规的商业地产项目都是针对合格投资人，如万达、龙湖等企业的商业项目。从产品上我们可以看到，这些企业很少会去无止境压缩单元商铺的面积，都会在面积上保证单元商铺具备独立的经营能力，这样的铺位面积自然就把普通投资人排除在外了。

合格投资人的界定 | 21

　　下面看第二种客户定位——合格投资人。

　　合格投资人笔者是借用了私募基金的概念。在中国《私募投资基金监督管理暂行办法》中，将合格投资者定义为具备相应风险识别能力和风险承担能力，投资单个私募产品的金额不低于 100 万元，并且金融资产不低于 300 万元，或者最近三年个人年均收入不低于 50 万元的个人。

根据法律规定，如果私募基金向非合格投资人募资就可能涉嫌非法集资。这个规定是为了保护普通投资人，因为他们可能既没有风险识别能力，也没有风险承受力。

在商铺投资中则没有相应的规定，因为商铺属于不动产投资，它在短期内缺乏流动性，一般普通投资人是不会选择这样的投资品。所以法律就没有做出相应的规定。

但是由于合格投资人退出或者体量过于庞大，因此，就有一派商业地产操盘手法是针对普通投资人的，特别是针对大型企业的退休老人。那些大型市场类项目，洗过第一波之后，一般都会转向这个群体。笔者前面说过，笔者是反对这种营销套路的，因为这些老人没有风险承受力，他们手里是养老和保命的钱。

正规的商业地产项目都是针对合格投资人，比如万达、龙湖等企业的商业项目。当然，他们在操作时也没有去区分投资者合格与不合格，因为合格投资人本身就不是商业地产投资领域中的概念（笔者是为了说明问题而借用的）。

那笔者为什么说他们是针对合格投资人？主要是从产品上来说，你可以看到这些企业很少会去无止境压缩单元商铺的面积，他们的项目都会在面积上保证单元商铺具备独立的经营能力。

首先，从业态上来说，他们的项目以街区型项目居多，也有少数封闭型的购物中心项目。这保证了他们的销售型产品是独立的商铺，而不会出现大面积的虚拟铺位。

其次，他们都有一个底限面积，比如 8.4 米的柱网，为了出面积，他们的商铺的进深一般会是两个柱跨。中间一分为二，也就是说标准单元商铺的面积在 4.2×16.8，即 70.56 平方米，如果是"一拖二"就是 141.12 平方米。

如果不考虑停车的舒适性，也有项目将柱网控制在 8 米，这样单层铺就能控制在 60 平方米左右，双层铺可以控制在 120 平方米左右。这样一个面积，对于合格投资人来说，投资总价并不高，但它同时也天然的把普通投资人排除在外了。

所以笔者说他们是针对合格投资人的，笔者也主张商业地产销售项目应该按照这个定位来操作。

合格投资人可以分为几个类别：（1）专业投资人；（2）自用型投资人；（3）资产配置型投资人。

商铺的合格投资人大致可以分为三种类型：专业投资人、自用型投资人和资产配置型投资人。其中，专业投资人又分为做长线的和做短线的，自用型投资人又分为机构投资者和个人投资者。

合格投资人分类详述 | 22

商铺的合格投资人大致可以分为以下类型。

一、专业投资人

这类投资人投资经验丰富，对商铺投资市场非常了解，对商铺价值的识别也很专业。其中，又分为两类：

一类是做长线的。这类投资人往往对特定租户的选址标准与物业需求非常清楚，同时也会有一些长期合作关系。所以这类投资人在投资前就已经判断好租户是谁了，甚至有些人在没有投资之前，手里就已经有租户了，其中，最常见的就是为银行选址。

另一类是做短线的。这类人就是我们所说的炒铺人，他们对短期行情把握很准，对开发商的销售策略也很清楚。这类人知道开发商在开盘期广宣投入比较大，而且一般在价格上都是采取"小步快跑"的策略，会不断地拉抬价格，因此，他们往往会提前进入，然后在持销期退出。

不过，开发商在销售过程中，会对这种炒铺行为进行控制，因此，具体操作起来他们需要内部人的配合。当然，有时候，开发商也会有策略的放一部分炒铺的人进来，这样更容易把项目炒热。但是一定要控制量，如果项目销售过程中炒铺人太多，对项目的持续运作是有负面影响的。

还有些人对项目的价格趋势把握得很好，一般会在手里持有几年，等待价格涨起来，然后就退出转给下家。其中，有些人会更有策略，他们会自己扮成租户，以较高的租金把店面租下来，然后经营起来，他们在经营中，重点追求人气，不刻意追求利润，营造出一个红红火火的局面，然后再溢价转给下家。

二、自用型投资人

在商铺投资人中，还有一些是自用型投资人。这里又分为机构投资者和个人投资者。

机构投资者是一些企业型客户，他们根据自己企业的经营战略会在合适的位置持有一些物业。比如麦当劳在美国的商业模式，就类似于地产经营，它都是将物业买下来，再租给加盟商。一边赚加盟费，一边赚物业增值的钱。

不过麦当劳在国内开店，很少收购物业，绝大部分都是租赁。倒是郑州国贸360的肯德基和必胜客所使用的物业，是百胜餐饮自己买下来的。现在物业增值应该比它经营赚得要多很多。

还有一些国内现金流比较好的企业，比如美特斯邦威、雅戈尔等都会买一些物业，像郑州国贸360的劲霸就是自己买的物业。

有一些银行也愿意收购物业，因为买和租在银行的记账方法不一样。收购的物业属于固定资产投资，是记在资产账户，而租赁的物业是记在经营成本项。因此，不同的银行根据考核指标的不同，有些会倾向于买，有些还倾向于租。

个人自用型投资客，主要是一些经营户，买商铺是自己用的，这类投资人在批发市场类项目中比较多见，因为批发商户的经营相对稳定，与其给别人交租金，不如用这个钱来付按揭。租金是给别人的，而按揭款最后都会形成自己的资产。

零售商户因为经营变动太大，因此很少会自己买商铺来用，都是倾向于租店。

对于资产配置型的客户，如何进行个人家庭资产配置也是他们很明确的需要，但是采用那种压迫式的销售模式是不灵的，而如果你能扮演客户家庭财富理财顾问的角色，往往能更有效地切入市场，获得客户的认同。

资产配置型投资人 | 23

下面我们来介绍一下第三类合格投资人——资产配置型投资人。

资产配置是投资理财的概念，简单地讲，就是将自己的钱分成几部分，然后对应选择不同风险级别的产品，追求不同的结果。当然这个肯定指的是有钱人，银行卡里只有二三十万元的，就不要谈什么资产配置了。

关于资产配置网上流行一个叫标准普尔家庭资产配置表的东西。它将家庭资产分成了四个账户。（1）要花的钱。就是家庭的日常消费。（2）保命的钱。就是保险的投入。（3）生钱的钱。就是追求高风险、高收益的钱。（4）升值的钱。就是追求低风险、稳定收益的钱。

笔者觉得把家庭资产做以下区分更为合理。

第一，风险防范账户。这个账户一方面是要保证自己需要用钱时，手里能有现金。另一方面真的出了意外，能有风险保障。所以这个账户的钱要分成三部分：（1）银行存款；（2）社保；（3）商业保险。

第二，家庭消费账户。这个账户需要保证家庭的各种短期和长期消费。它又分成两部分，一个是日常消费基金，满足家庭的日常开支。另一个是长期大额消费基金，包括：（1）住房基金；（2）汽车基金；（3）旅游基金；（4）教育基金。

第三，风险投资账户。这笔钱才是可以拿出来进行投资的钱。可以根据自己的风险偏好来进行投资产品的配置，这里就包括对各种投资产品的选择，其中就包括房地产。

当然，这里的房地产投资跟上面的住房基金是有区别的，上面是以自住为目的，它是一种消费行为。这里是以获利为目的，是一种投资行为。

这类客户才是商铺销售的主要对象。因为上一篇讲到的前两类合格投资人，都是非常有经验的，他们是主动型的客户。只要我们的产品符合他们的需要，他们会主动找上门，而且销售过程也相对简单，不需要我们做大量的说服工作，他们自己就能判断是否可以投资。

资产配置型的客户在商铺投资人群中数量比较大，而且他们是被动型的投资人，需要大量的说服与教育。如果你不能主动出击，这类人就会被其他的投资产品给抓走。这些人就像是一块肥肉，围着他们的人是很多的。

对于这类客户来说，如何进行个人家庭资产配置也是他们很明确的需要。因此，对商铺销售而言，还沿用住宅那种压迫式的销售模式是不灵的，而你如果能扮演客户家庭财富理财顾问的角色，往往能更有效地切入市场，获得客户的认同。

大家要明确在销售型项目中，可能会出现两套商业定位，一种是直接销售项目的定位。一种是销售返租项目的定位。其中定位的原则大致有三种，分别是提高项目能级、通俗鲜明和主力店要敢于创新。

商业定位原则 | 24

下面看本主题的第四个投资决策——商业定位。

首先，大家要明确在销售型项目中，可能会出现两套商业定位。

如果是直接销售的项目，就是一套销售用的商业定位。如果是返租，会出现两套定位，一套是销售用的，另一套是运营用的。

这两套定位有关联，又有不同，但它们的目的是有着本质差异的。特别是购物中心业态，这两套定位差异会很大。

因此，在销售型项目中，必须站在全程操盘的角度来统筹，销售团队和运营团队不要互相觉得对方不专业，而是要各司其职，来实现公司的整体目标。

其次，销售型定位的原则是什么呢？

1. 提高项目能级

销售跟运营考虑的问题不同，因此，对项目价值的挖掘也不同。

运营要立足当下，所以从运营的角度来讲，项目能级是由选址决定的。因为选址决定区位，区位限定能级。但销售营销的是未来，如果只关注当下的区位现状，是不足以支持项目的长期价值。因此，销售定位要立足当下，重在未来。所以更要关注一些宏大的主题，比如，城市的发展规划、政府的年度工作报告，甚至如果能跟国家战略挂上钩就更理想了。

2. 通俗鲜明

销售和运营面对的沟通对象也不同。运营在招商阶段面对的是专业的租户，因此，要求其沟通和传播的内容也要尽可能专业。

但是对于投资人来说，这种专业的表述，很多概念他是不理解的，也很难对他形成认同感和冲击力。因此，在销售定位中，更多的不是从业态的角度来定位，而要从业种的角度来定位，业种是一般人熟知的概念。

以业种来定位，对投资人来讲很容易理解，而且也很容易形成定位的独特性。这样更容易沟通与说服。到招商运营阶段，运营团队再把销售的业种定位揉进业态中就行了。

3. 主力店要敢于创新

对于运营来讲，在选择主力店时更倾向于选择成熟型的主力店，因为在运营眼中，主力店是客流发动机和经营的稳定器，所以主力店是不能出现风险的。

主力店在销售眼中是卖点，是项目价值提炼的一种形式。之前也是使用运营所设定的主力店，比如，我们经常会看到这样的宣传语："做麦当劳的房东"或者"与沃尔玛一起赚钱"。

但是现在大家都是用同样的套路，使得传统主力店已经不够冲击力了。所以销售项目应该大胆地引入大型的创新型业态，比如，大型的 VR、AI 娱乐项目，这种租户无论是经营，还是技术，都还不稳定，租金收益也低，有些甚至还需要甲方提供装补，运营团队在考虑这些租户时，会综合考虑要还是不要。

然而如果是销售型项目，则可以大胆引入，特别是当地还没有出现过的类似项目时，不过引入的时点一定是在销售造势期，因为这些租户的价值就在于为销售助力。如果销售节点已经完成，那是否引入，就需要回归运营，根据项目经营的需要来综合分析了。

销售型商业项目就怕糊涂，边做边看，因为这种项目牵扯的利益方太多，如果关键问题不想明白，很可能各种利益矛盾纠结在一起，越绕越乱，最终不可调和。

商业地产项目操作思路 | 25

在这一系列里，笔者谈了销售型商业项目的盈利模式、销售模式、客户定位和商业定位。这些问题越早想明白，操作项目的把握性就越大。商业项目就怕糊涂，边做边看，因为这种项目牵扯的利益方太多，如果关键问题不想明白，很可能各种利益矛盾纠结在一起，越绕越乱，最终不可调和。

商业地产项目的操作其实非常简单，不过就是把项目建成，开业运营好，保证物业长期升值。

这里的关键有两个：一个是钱怎么解决，盈利模式和销售模式都是为了解决这个问题。第二个是建筑的规划和设计。前面这一堆东西的研究和思考，除了指导销售策略的制定之外，很重要的一个作用就是要导出你的建筑设计任务书。

如果钱没有问题，就能保证项目顺利建起来；建筑没有问题就能保证这个物业先天是健康的。当然这里的建筑是统指的，包括建筑、空间、机电和交通等。

为什么笔者没有说招商运营呢？笔者当然不是说他们不重要，招商运营肯定很重要。商业地产的价值就是靠运营来实现的。只不过运营的角色更像是管家，既然是管家，管得好就可以用，管不好就可以换，他不影响物业本身的价值。

一个物业良好，却因经营不善而关门的项目，表面上是个不良资产，其实是一个被低估的优质资产。只要换上优秀的团队，马上就可以让项目起死回生。而如果你项目先天有问题，则团队再优秀，也是事倍功半。

当然，持有型项目相对简单一点，如果是销售型项目，又多了一个变数，这就是业主的问题。在持有型项目中，只有一个业主，他很容易平衡项目的长短期利益，从而做出对项目最有利的决策来。

而销售型项目往往有几百个业主，有的项目甚至有上千的业主，这些小业主在一起，往往每个人都追求个人利益最大化，最终的结局就是整体利益的最小化。

销售执行也很简单，它不过就是三件事：识别客户、寻找客户、促成交易。但是在商铺销售中，找客户根本不成问题，真正难的是成交。而成交不了，不是客户没钱，而是他没信心。

销售执行的问题分析 | 26

讲完销售型商业项目投资决策的问题，最后笔者想提一下销售执行的问题。销售执行也很简单，它不过就是三件事：识别客户、寻找客户、促成交易。

识别客户更多的是由前期决策来决定。你的产品一旦确定，你的客户也就确定了。我们在讲客户定位时，把客户分成了很多类型，这是为了便于分析和研究。

到了销售执行阶段，你可以完全不管这个。你可以用一个简单朴素的逻辑来判断客户，就是你的总价。事实上，你是用总价画了一条线或者说设置了一道门槛。凡是线上和门内的，都是你的客户。而且投资性产品也不受地域性限制，你甚至可以在全国寻找客户。比如笔者在山东时，有些商业项目就已经卖到东北去了。

寻找客户也很简单，你既然都知道什么人是你的客户了，想寻找他们，在现在的技术条件下，就太简单了。你可以利用各种异业联盟、圈层活动和购买数据来找到客户。

在销售中，客户其实就是钱，是散落在民间的可以用于投资的钱。当下的中国恰恰不缺钱。

既然市场不缺钱，那为什么我们的商铺销售市场举步维艰，困难重重呢？笔者一个朋友，曾经很准确地描述了商铺销售市场的现状："市场从来不缺钱，市场缺的是信心"。在商铺销售中，找客户根本不成问题，真正难的是成交。而成交不了，不是客户没钱，而是他没信心。

所以在销售执行时，如何确立客户对项目的信心才是营销的关键。我们去拔高能级，去进行商业定位，去招主力店都是这个目的。

但是这些都定了之后，在现场面对客户，单兵作战时，怎么保证销售人员能把商业的逻辑跟客户讲明白就十分重要。做住宅的销售人员是不具备这个能力的，用住宅的那套销售策略是很难解决客户信心问题的。

所以在商业销售中，对销售人员的要求要远远高于住宅，我们会看到一些商业项目在销售时，往往会出现大部分销售都是由销售经理甚至是总监完成的，其他人员只能做做服务。这也从另一个方面反映出，我们现在很多项目的销售团队是不具备销售能力的。

因此，销售型项目的执行必须要抓现场，抓一线人员素质的提升。他不能只会背说辞，而要具备更为全面的知识架构。他必须懂投资、懂理财、懂商业、懂地产，还有一个很关键，别忘了培训他如何谈判，要知道做住宅销售出来的是根本不懂什么叫谈判，因为他们在销售中都很强势，让客户怎么样就怎么样。

但这个套路到商铺销售中就不行了，客户根本就不吃这一套，甚至说客户反而变强势了。如何完成一场势均力敌的对等性的谈判，也是销售人员需要掌握的。

既然商铺销售的核心问题是信心，那么就应该树立市场信心，具体可以从产品、风情感、主力店、销售人员定位、专业性、团队配合等方面着手。同时，在商业销售中，要一气呵成，销售节奏要"短、平、快"，时间拉得越长，负面影响就越大。

如何树立商铺销售市场的信心？| 27

最后，笔者想讲一下如何树立商铺销售市场的信心。

既然商铺销售的核心问题是信心，那么营销就应该围绕信心展开，而且在商业销售中，要一气呵成，不能拖拖拉拉，销售节奏要"短、平、快"，时间拉的越长，负面影响就越大。

树立市场信心可以从以下环节入手。

第一，产品要好。在商业地产中，销售型项目和持有型项目的产品形态不同，但是动线设计和店铺规划的逻辑是一样的。销售型项目和持有型项目之间仅仅缺少一个统一运营而已。因此，在销售型项目的产品设计中就要考虑如何分的问题，就是在缺乏统一运营的前提下，如何保证各个店铺能够独立使用，并且相互之间还能够相互促进。

很可惜的是，市面上对持有型项目产品设计的研究已经很深入了，但是对销售型产品却几乎无人去研究。万达有针对金街的设计导则，但是万达金街就是一条单街，相对简单，不适用复杂性的项目。所以笔者说商业销售人员不研究产品，是最大的问题。现在商业销售已经成为难题，营销就更应该要回归产品了。

第二，要敢于在风情上投钱。这里的风情包括建筑立面、景观、灯光、导视。很多商业项目不愿意在项目的审美上进行投入，包括自己持有的项目都不愿意在这上面花钱，更不要说销售型的项目了。

其实，在销售型项目中，更应该在这些方面进行投入。因为所谓的销售型项目缺乏信心，是指投资人不相信你这里未来会有人气，而商业定位和商业规划过于虚泛，但是景观却是直观的，不用太多言语，他就能感受到。

这跟住宅强调景观是一样的，只不过住宅是让人感觉住在这里很舒服，商业景观是让人看了，就能感觉有这样的景观，即使没有店铺也一定能吸引周边的人来休闲。对风情感的价值理解最深的应该就是潘石屹了，他几乎每个项目都在这方面进行大手笔的投入。

第三，用好主力店。主力店是项目价值和信心的背书，它的作用非常重要，这个笔者在前面已经讲过，这里不再多讲。

第四，销售人员的角色定位。不要再把销售人员定义为置业顾问，那是住宅的玩法，要把销售人员定义为家庭理财顾问，要按照银行理财顾问的知识架构把销售人员重新培训一遍。

第五，要体现专业性。投资和商业经营都是很专业的事，你不能要求所有的销售人员都是这些领域的专家，但是专业术语他们一定要懂，不能说外行话。住宅销售人员走的是亲和力路线，但是商业地产销售一定是走专业线。

如果要类比的话，可以参考投资公司和基金公司的选人标准。

第六，要有团队配合。在商业项目销售中，首先，上下要配合。经理和总监不能只做管理，必须参与销售，很多客户都是在经理或总监与销售人员的配合下，一起来搞定的。

其次是销售人员之间的配合，这是案场策略，笔者这里不解密。现在很多团队都不用了，完全依靠置业顾问单兵作战，但是在商业销售中，笔者是建议大家还是要用一下的。笔者跟一个朋友聊天，他是专业做商铺销售的，他告诉我，在他们的案场如果来一个客户，全场人员都会调动起来，最终把客户搞定。

第七章 销售返租型商业物业的操作技巧

销售返租型商业物业的操作技巧 ｜ 01

一、销售返租

销售返租是中国商业地产的特色产物。它是在国内现有的金融体制下，开发商不得已而采用的一种措施。

表面看起来它跟 REITs 有某些相似之处，都是将一个大物业分割销售给分散的投资人，然后由运营商统一运营管理。

但事实上它们有着本质的区别。REITs 是在商业物业跟投资人之间建立一个基金，这个基金实际上就是一道防火墙，因为投资者并不是直接购买了商业物业，他购买的是基金份额，投资人跟商业物业之间并没有直接的关系，他们拥有的是基金份额，然后由基金购买并持有了商业物业。因此，商业物业的产权事实上是统一的，而且投资人跟商业物业之间不会发生直接的矛盾。

而销售返租是直接将商业物业的产权进行了分割销售，然后通过委托经营协议收回经营权，由商管公司进行统一运营管理。这样做就导致了产权分散，并且投资人跟商业物业之间是直接的投资关系。因此运营团队面对的不是一个单一的大股东，而是面临动辄上百的小业主。这样在经营过程中，特别是在返租到期时，很容易发生矛盾。

在国内金融政策没有大的改变，而且商铺销售越来越困难的现实情况下，销售返租还会继续存在。但是开发商在采取返租策略时，一定要慎重，一定要有一个周密的规划。

在谈返租策略之前，笔者先谈个理念。就是开发商一定要有退出的理念，商业地产的完整流程包含"融、投、管、退"四个环节。

散售的商业项目，实际上是通过销售完成了退出，但是开发商往往是以住宅"开发—销售"的思路来看待商业的，没有退出的理念。如果散售是没有问题的，因为实际上已经退了。可是一旦进行了返租，如果没有退出理念，陷进运营里，该退不退，反而会给自己造成麻烦。

因为在返租项目中，开发商往往使用的是自己的商管公司，而商管公司往往会认为这个商场是自己的，它没有业主权利的概念。因为运营是有利润的，因此，它一般是不愿意退出，如果开发商也没有退出的理念，这时一般会支持商管公司的意见，从而激化矛盾，虽然这时投资者是处于弱势的，但是矛盾激化后，给开发商造成的无形资产损失是巨大的。

销售返租型商业物业的操作技巧 | 02

销售返租的商业项目，在返租到期后一般会出现三种情况。

第一种情况是业主委员会继续委托原商管公司对项目进行管理，一般出现这种情况是因为业主既对经营现状满意，又对与商管公司的服务满意。这是双赢的局面，首先业主满意，同时开发商也实现了收益最大化。不但赚取了开发利润，还能获得运营收益，比万达的轻资产还划算。但这种情况出现的几率很小，要想达到这种效果，前期必须进行周密的策划，这也是笔者要在后面文章中重点要谈的。

第二种情况是业主不愿意让原商管公司继续管理商场，但愿意让其撤出。一般这种情况是业主对收益和管理公司的服务都不满意，但认为经营现状还能接受，因此，希望原管理公司退出，自己来接管商场。但是在这种情况下，经营已经稳定，并且租金稳定上升，原管理公司有利可图。因此，原管理公司往往不愿撤出。这时，如果处理不好，就会激化矛盾。

第三种情况是业主不愿意让原商管公司退出，要求其按照前三年承诺的返租比例继续返租，甚至要求开发商退铺。一般这种情况是经营现状一片惨淡，掉铺严重，经营中的商户也经常拒绝缴纳租金和物管费。这时管理公司的核心骨干往往早已流失，其对商场经营已经失去信心，希望自己能尽快撤出，但是这种情况下，业主反而会不允许其退出，要求其继续履约。这种情况下，双方矛盾必然激化，如果走到这一步，就已经没什么策略技巧了，已经是双输了，谁输多，谁输少，就看双方博弈啦！

笔者这里想强调一下第二种情况，就是业主对开发商的商管公司不满意，但是允许其退出，这时开发商一定要头脑清楚，这是难得的退出机会，应该尽快完成交接，撤出运营管理。虽然运营有利润，但千万不要为了那点蝇头小利，给自己的无形资产造成巨大损失。只有在一种情况，可以拒不撤出，就是你不再开发新项目了，商管公司是你保留的产业，一旦撤出就无事可做了。这种情况下，你不怕激化矛盾，因为业主是处于弱势的，他的利益是掌控在你手里的。

但是如果你还有正在开发的项目，或者你后续还要继续开发。当你采取上面策略时，对你无形资产的伤害是巨大的。因为投资人可能不敢再买你的商铺了，经营户在跟你合作时也会非常慎重，条件也会苛刻，因为他会担心没有稳定的经营环境。甚至政府都会对你有意见，因为这个事情一闹就会闹到政府那里去，政府可能会认为你是个惹麻烦的公司，可能就不会积极支持你的新项目。

所以开发商一定要有退出的理念，能退出就应该当机立断，尽快退出。

销售返租型商业物业的操作技巧 ｜ 03

如何做好商业项目销售返租的规划呢？

首先是返租年限的问题，目前，市面上比较流行的有 3 年、5 年和 10 年。在实践中采用比较多的是 3 年，5 年的比较少，10 年的就更少。

笔者的建议是，要想保证项目安全度过返租期，让开发商的收入真正落袋为安。3 年不够，10 年太长，采取 5 年是比较合适的。

3 年使用的比较多是因为销售定价至于 10 年返租，理论上采用这种策略的开发商就是打算要做运营商的，销售只是融资的策略而已。但是在实践中，也有很多开发商是被代理公司或营销人员给忽悠了，结果这些人拿了佣金走人了，而开发商根本没有做好做运营商的准备，被套进来解不了套，痛苦不堪。

因此，如果你是想做一个商场的经营者，但是你没有固定资产投入的资金，那你可以采取 10 年返租的模式，通过投资人完成商场的投资，然后由你来运营。

对于多数开发商而言，就是通过销售变现，是不愿意变成房东的，更何况在销售返租模式下还是个二房东。那么销售变现不是越短越好吗？但为什么说 5 年比 3 年要好呢？原因有以下方面。

第一，对运营团队来讲压力太大。我们都知道一个商场的培育期是 3~5 年，在前 3 年租金很低，掉铺率很高，而且经常发生抗租抗费事件，通过 3 年运营，商场可能刚刚结束混乱进入稳定状态。这个时候如果面临返租期结束，商场的租金水平和运营状态都离投资人的期望有很大差距，很可能造成投资人的不满，进而引发矛盾。

第二，不利于招商和品牌引进。在租户中，零售业态一般是 3 年的租期，而餐饮业态是 5 年的租期，如果你采取的是 3 年返租，那么就会限制你的招商范围，只能招一些品牌和运营能力都比较低的餐饮进来，商户质量低就会直接影响商场运营效果。

第三，不利于商业调整。做过运营的都会清楚开业之日就是你调整之始。如果你被租期限制住，就无法展开调整的手脚。结果是不但招不到好的餐饮品牌，连零售业态也无法调整。我们看到很多商场问题明明很明显，但是始终都没有改进，其实不是运营人员没有发现，而是他动不了。只要前面的掉铺了，后面可能补进来的商户质量更差。这样的商场运营曲线是在走下坡，越做越差。

但如果商管公司手里有 5 年的经营权，就可以在一定程度上避免这些问题。一个良性经营的商场到了 5 年时，表现是人气旺盛，生意稳定，租金持续上涨。这时，就算还没有达到投资者的租金期望值，至少经营状况是他所满意的。

销售返租型商业物业的操作技巧 | 04

一般开发商不愿接受 5 年返租期，主要是因为定价问题，营销部门会认为返租 5 年会导致定价过高，超过市场承受度，从而形成了销售阻力，导致无法完成销售。

如果不调整商铺的销售定价，采取实打实的返现，开发商必须做好贴补的准备，因为按照市面平均 8% 的返租比例来讲，运营团队靠收租金，是很难达到这个收益的。

有些开发商会按返租比例给运营团队设定绩效指标，这个是自欺欺人的做法，最终还是自己来吃苦果，甚至实际情况会更惨。因为运营团队为了完成绩效，会大幅度降低门槛，使大量劣质商户进驻项目，这些商户经营能力很弱，生意不好就无计可施，只会"一闹二逃"，最后商场为了追求高租金，反而连实现低租金租售都实现不了。

因此，理论上 3 年返租是最省事的做法，既不会让价格太高，又没有后续的包袱。但在实践中，这样做出问题的比例越来越高，很多项目在返租期满后，都会激化矛盾，甚至导致开发商无法撤出，背上沉重的包袱。

所以通盘考虑还是返 5 年更稳妥，虽然多付出了一些代价，但是能保证开发收益真正实现，返 3 年看似利润最大化，但很可能你拿不到，拿到了也可能会"吐"出来。

至于返租 5 年怎么操作呢？当然，全部打进价格是不现实的，一般做法是采取"3 + 2"的模式，就是前 3 年打进价格，后 2 年另算。实践中后 2 年的做法有 3 种。

第一种做法是把前 3 年的租金和后 2 年的租金加起来，在第四、第五年一起返给投资者，如果经营比较稳定的话，基本可以在后两年达到每年 8% 收益的。这样做的原因是你前 3 年的租金是净赚的，但问题是前 3 年租金已经交给开发商了，你让他再拿出来不太容易。

第二种做法是采取租售结合的方法，这个也是笔者下面要谈的租售比例的问题。通过把持有物业的租金补贴给投资者，实现其 8% 的投资收益。

第三种做法比较复杂，但却是一种比较理想的方法，就是后两年不按固定比例返租，而按实际租金 1 : 9 分成的做法。这种做法的难度不在于投资人接不接受，因为你是在签销售合同时一并签署委托经营合同的，当时投资人根本不会考虑过细的事情；而是这种做法难在如何界定应该给每一个投资人返多少钱，因为每个投资人投资的金额都不一样。

简单的做法就是一对一，你的铺子实际收了多少钱，就给你返多少钱。如果这样做必须跟租售方案结合起来，因为一个项目里必然要有一些赚人气的低租金商铺，这一块如果让投资人来承担的话，既不公平，又会引起矛盾，最佳的做法就是开发商自己持有这些客流型商铺。但是还有一个问题，就是掉铺怎么处理。这个在合同里有约定的话，处理起来有章可循。比如，一年中由投资人承担 1~2 个月的空铺损失，再多就由开发商承担。当然，如果模糊处理会引发矛盾，但是对开发商是有利的。因此，这块要怎么处理，就看每个开发商自己怎么考虑的了。

复杂的做法是把产权虚拟成股权，按照整个盘子的表单价确定总资产，然后每个投资人按照自己的投资金额确定虚拟股份，每季度按股份分红。

销售返租型商业物业的操作技巧 | 05

二、租售比例

这里说的租是指持有物业，通过收取租金获取回报；售是指通过商铺产权出售获取回报。

这里的租售比例，跟万达、龙湖商业项目中的租售比不是一个概念，在万达、龙湖这些公司的商业项目中也有租售的概念，但是在这些项目中销售只是为了平衡现金流，是手段，持有才是目的。

而在一个销售型商业项目中，持有是为了给项目销售提供支撑，是手段，而销售才是目的。为什么要做这个区分呢？是因为在不同盈利模式下，规划设计的原则是不一样的。

在万达、龙湖这样的持有型商业项目中持有是核心，所以在设计时，黄金位置一定是用来做持有型物业的，而持有型物业无论是百货还是购物中心，购物中心里是邻里型、社区型、区域型还是城市型，无比是能量中心还是奥特莱斯，都是有一定的体量规模和建筑规范的，因此，不可能天马行空地去随意发挥，必须结合商业定位进行规划设计。

而销售型项目，销售才是目的，这里的持有是被动持有，因此持有的位置有可能处于黄金位置，但更可能是非黄金位置。至于持有物业的体量，不是从业态规范来考虑的，而是从是否足以拉动销售和支撑运营来考虑的。

除此之外，还要算账。首先，要算投入产出比，持有部分既然没有销售，成本就要转嫁到销售部分，这样算出来的开发利润金额是否能达到公司的期望值。其次，如果是按笔者的建议，做的是 5 年返租，还要计算租金收益和返租金额的平衡。

第一个账是"销售收入 – 销售部分的开发成本 – 持有部分的开发成本 = 项目的开发利润"，这个数如果达到公司的期望值，那么这个比例就是合理的。如果销售收入不能覆盖两部分建筑成本之和，就等于开发商最后没有赚到钱，而赚了一堆低收益的物业，那这个开发就没有意义。

第二个账是"5 年的租金收益之和 ≥ 第四年 + 第五年的返租金额"，则表示不需要开发商额外进行租金补贴。

在销售型商业项目中，租售比例就是根据上面两个账，再结合项目定位和主力店、次主力店的规划来确定的。

销售返租型商业物业的操作技巧 | 06

有些朋友会奇怪，既然是销售型项目，我都卖掉不就完了，干嘛还要持有一部分呢，而且持有的这部分商铺的价值也不是很高。

原因有四个：

第一，商铺销售需要主力店作为卖点。如果一个项目没有主力店，全是小商铺，只有两种情况下可以卖得出去：一种情况是你处于城市核心商圈的黄金地段；另一种情况是你是社区底商，而且销售价格也公道。除了这两种情况，如果没有主力店入驻，你的销售说辞是很难让客户信服的。

而主力店的特点是面积需求大、租期长、租金低，而且一般都会要求你产权统一。这样的商铺是很难销售的，只有开发商自己来持有。

第二，项目运营需要主力店来支撑。项目进入运营阶段，主力店的作用是非常明显的，因为它自己具有强大的聚客能力，它自带流量，并不依赖于项目本身的客流。

比如，郑州宝龙城市广场，它整体运营并不理想，但有一个区还是可以正常经营的，商铺基本上还都能租出去，原因就是这个区有苏宁、大商、冠军溜冰场这些主力店存在。而另一个区则几乎全部关门，就是因为那个区的主力店倒闭，一直没有新的主力店进驻，因此整个区缺乏客流发动机，所以导致全部关门。

第三，还有个很现实的原因，就是你的销售团队根本就卖不完。如果你提前没有规划，最后，高楼层商铺、面积较大的商铺、位置不好的商铺全都卖不出去，都留在自己手里了，就算你有销控也没有用，因为销售团队要完成业绩，他们很容易就放水了，就算你不想同意，现金流的压力也会逼得你不得不同意。

因此，与其这么被动，不如主动规划好，通过主力店把这些面积消化掉，同时，还给销售和运营都提供了支撑。

第四，可以稳定你的运营团队，只要你有持有的部分，就算返租结束，你退出了运营，你的团队还有事可干，能继续养着一只自己的招商运营团队，等你再有新的商业项目时，有现成的队伍，不至于再重新组建。

而且现在商业处于转型变革的时期，新业态、新模式不断涌现。销售型项目好的一点是不缺钱，当然，前提是销售团队要"给力"。在这种情况下，开发商可以自己投资一些业态来自营，不但可以培养团队，也是从开发商向运营商转型的一种路径，这样做虽然承担一些风险，但是可以使持有的店铺收益最大化。

销售返租型商业物业的操作技巧 ┃ 07

三、销售策略

这里说的销售策略实际上是销售控制问题，销售返租其实是公司战略层面的问题，这是一个战略决策，而一旦做出了决策，就必须要贯彻到底。

因为当你做销售返租时，假定你采取的是 5 年返租，那么也就是说 5 年返租期结束你能顺利退出，才是真正意义上完成了销售。而销售团队的文化是短期导向的，因为你就是用销售节点去考核他的，所以他也不会去考虑公司长期的问题。

这里要控制什么呢？是你的销售战略，你的战略是我先把商铺产权卖了，然后把经营权收回来，通过我的运营实现商铺的商业价值，再交还给投资人。

这里的关键是经营权的统一，也就是说你要返租就必须全部返租，而不能有部分返租，有部分不返租。

为什么会出现这个问题呢？是因为你在销售商铺时，会出现两类客户，一类是投资户，一类是经营户。

那么在销售返租项目中，是不允许投资户直接经营的，也就是说他不能买个商铺自己用，他投资就享受我们给的返租收益，他想经营就去我们的招商部，按照我们的商业规划和招商条件去谈。也就是投资和经营两条线是分立的，互不交叉。

投资户又分成两类，一类是愿意接受返租的；另一类是不愿意接受返租的。

比如，买沿街商铺、入口位置商铺的投资人有时候是不愿意接受你的返租的，因为他认为自己能租的更高。还有一些人是"炒铺子"的，他买了铺子之后，会找自己人做出一个经营繁荣的假象，租金高高的，生意也旺旺的，其实都是假的，然后找个下家溢价连铺带商一起卖出。这类人也不会同意你返租。还有在在人会以你沿街和入口处的商铺开始，向里打通"吃"下一大片商铺来，是想自己做二房东的，它也不会同意你返租。还有人投资时，就想好了明确的租户，比如，他就是要买下来租给银行的，而且都已经谈好了，他也不会允许你返租。

这些投资户对销售部门而言都是利好的，因为有业绩，有佣金，但对项目整体是有害的，因为经营权分散就会导致统一运营无法实现。

因此，一个返租项目要想成功，前提是要把所有的经营权都收回来，返租项目最怕的就是出现一帮自己经营或者自己出租的投资人。这些人是少数，但是破坏性是巨大的。

销售返租型商业物业的操作技巧 | 08

四、运营沟通

这里说的不是商场的运营管理，而是沟通，而且是特指运营团队与投资人的沟通。

为什么要谈这个问题呢？是因为销售返租项目一般出问题是出在返租期结束这个时点上。

一种情况是运营方想撤，但投资人不让撤。另一种情况是运营方不愿意撤，但是投资人想让你撤。

这里我们抛开运营团队的管理能力不说，之所以出现这种矛盾，原因是投资人对租金回报和运营团队不满。很多人会觉得这个问题无解，因为如果让你按房价的 8% 收取租金，除了极少数"天时、地利、人和"同时具备的项目外，基本上是不可能完成的任务。

但是笔者认为通过良好的沟通，这个问题是有解的、可能的。因为商铺投资者相对来讲是比较理性的，投资人看中的不是商铺的控制权，而是投资收益。

如果你返租 3 年、5 年，在这期间根本不与投资人沟通，到了返租期结束，你突然告诉他，现在就是这个现状，租金回报就是很低，你必须接受，那么不产生矛盾才奇怪。

因此，笔者认为在返租项目中，运营团队在第一时间就应该把业主委员会成立起来，很多人会不敢这么做，我们就怕业主团结起来闹事，现在主动把他们组织起来不是找事吗？其实不然，因为笔者说了一个投资群体是比较理性的。你把他们组织起来之后，不是不管了，而是要通过业主委员会把分散的小业主管理起来的。所以这个时候你要做好开放透明的心理准备，每月召开业主委员会大会，向业主公布报表，并向业主通告运营现状和运营计划。

让业主知道你在做什么事，都做了哪些努力，市场现状是什么样的，我们收益的增长趋势是怎么样的，商铺本身的市场估值有什么变化。

也就是说，你需要通过沟通，让业主接受你就是最好的管家，现有的收益也是在市场现实下最好的结果，而且你要给他们展现出未来商业的发展潜力和价值提升。在这种情况下，业主会理性的接受现状是合理的，反而他们又会很信任你，那下一步就很好继续谈合作的条件了。

而且你通过这种沟通，可以让业主主动关心运营管理，让他转变角色，成为一个运营的参与者。每个商铺投资者都有自己的圈子和资源，当他不是坐在家里等着收租，而是积极参与进来时，他就会把自己的圈子和资源贡献出来。这样他就会把自己也看成运营的一份子，而不是与你对立起来，这样在返租期结束时就容易化解矛盾，运营团队也可以顺利地继续运营。

当然，有人会说这样设想过于理想，但是你仔细想一想，这种方式不就是现在流行的"众筹"模式吗？众筹讲的是什么？是筹人、筹钱、筹智、筹资源。通过这种模式你不就是把业主的人、钱、智慧和资源都整合起来了吗？

所以笔者认为通过准确的定位、良好的规划、到位的执行和有效的沟通，销售返租的矛盾还是有化解的机会的。但是前提是你的专业能力、运营理念和责任心都得到位。

第八章　商管人员需要了解的项目管理知识

商管人员需要了解的项目管理知识　|　01

下面我们开始分析一个新的主题——商管人员需要了解的项目管理知识。

商业项目的开发过程往往是双轮驱动的，一个轮子是商管公司，一个轮子是开发公司。凡是高品质的项目都是在双方共同努力下做出来的。但是在实际的工作中，这两个轮子并不都是并行无碍、协作无间的，相反，在很多时候是矛盾重重的。这种矛盾跟两者的目的不同有关，也跟两者在工作中形成的思维有关。

开发过程是典型的项目管理，而商业管理是运营管理。这两者的管理逻辑有着本质的差异。

项目管理是线性的，有头有尾、有始有终，一条路走到底，只要所有的节点都能按时完成，项目开发就成功了。成功就结束了，项目公司要么解散，要么开始新项目。运营管理是环形的，有头无尾、有始无终，相同的事每天重复做，只要项目不关门，或者自己不退休，就得循环往复一直做下去。

因为工作逻辑不同，所以大家的思维也不同，开发人员往往节点意识特别强，到时间就得完成工作，哪怕有瑕疵也要保住节点。而商管人员往往精益求精，对细节非常重视。这种差异就造成了双方的矛盾，开发人员往往会说"耽误了时间谁负责"，商管人员就会回复他"如果后期不能用谁负责"。

开发和商管的矛盾是不可能完全消除的，就是开发或者商管自己内部部门之间也是有矛盾的，不可能完全没有一点争执。但是，商管如果了解开发的工作特点，就能避免一些无谓的矛盾，从而能够更好地推进项目。

而且更重要的是，在项目的开发过程中，对于商管来说也不是运营管理，而同样是一个项目管理的过程。如果一个商管人员，筹备期和运营期都经历过的话，就会清楚这是两个不同的时期，工作方式是完全不同的。

但是，商管人员学习运营管理的内容比较多，而接触项目管理比较少，所以对于项目管理的知识并不健全。因此，非常有必要补一补项目管理的课。

项目管理与运营管理在目标上有很大的差异，项目管理是一种投资行为，关注的是按期完成项目的投资；运营管理是一种经营行为，关注的是获取利润，利润有两个来源，一个是成本，一个是收入。

项目管理与运营管理的矛盾点 ｜ 02

项目管理与运营管理在目标上有很大的差异，项目管理是一种投资行为，运营管理是一种经营行为。

对于项目管理来说，它关注的是按期完成项目的投资，在商业地产里，它是一个建设的过程，是一个资产形成的过程。所以它的目标有三个：

（1）时间；

（2）质量；

（3）成本。

也就是说，项目管理的目标是在规定的时间内，按照设定的质量标准，在既定的预算范围内完成项目的建设。

而运营管理是一种经营行为，它的关注点是获取利润，利润有两个来源，一个是成本，一个是收入。所以它考虑的问题，一个是如何开源，一个是如何节流。

这两个目标在开发阶段是有矛盾的，运营要想保证经营收益，就必须要让项目好用，而要达到好用，前期就必须要去雕琢打磨，而这个是要花费时间的。

而且商业项目筹备期比较长，在这个过程中，商家的需求是会发生变化的，大店会变小，小店会变大，单层店会变双层店，等等，这些都会造成项目的变更。

另外，初始投资和运营成本也是一个矛盾，这个在机电上表现特别明显，如果把机电的初始成本控制的过低，就会造成后期运营成本的增加。但如果加大了初始投资，开发的成本管理就不够漂亮。

质量和成本也是一组对应关系，质量标准要求低了，成本相应也会低，质量标准要求高，成本也会高。

对于运营来讲，商家的变化是必须去满足的，商家变了，自己就得改。因为如果不满足商家的需求，就完不成招商，就没有商户，而没有商户就没有收入。

初始投资是由项目公司来背的，运营成本是商管公司的，因此，运营肯定希望加大初始投资以降低自己的运营成本。而开发肯定是想控制前期投入。

质量跟成本和收入都相关，质量低，后期会有很多拆改和维修，这个会增加运营成本，而且质量也跟顾客体验相关，质量低，很可能顾客体验就差，这个肯定会影响收益。

因此，我们看开发的三大目标——时间、质量、成本，跟运营的两个目标——收入和成本之间都是有矛盾的，项目要在两者之间建立一个平衡。这个平衡是双方博弈出来的，如果开发强，天平就向开发偏；如果运营强，天平就向运营偏。在这种情况下，商管与开发产生矛盾是正常的。

项目管理和运营管理在工作推进模式上有很大的不同，项目管理是"事推人走"，一旦最终工作目标确定了，所有人的工作事项与时间表就确定了；运营管理是"人找事做"，每天重复做同样的事，琐碎而又注重细节。

工作推进模式的不同 | 03

下面我们来讲一下项目管理和运营管理在工作推进模式上的不同点。

项目管理的工作模式是"事推人走"。因为项目管理是一个线性模式，从头到尾一条直线，这条线可以分解成很多的工作节点，当所有的节点都按时保质完成时，项目最终的开发结果就达成了。

因此，在项目管理中，一旦最终的工作目标确定了，所有人的工作事项与时间表就确定了。我们会根据这些事项与时间节点做一份总控计划，在这份计划中会把所有需要做的事都列出来，然后注明责任人，同时还会标明这件事开始与结束的时间。比如，万达的项目筹备就有三百多个节点。

这份计划制定出来，一旦上报获得审批，就像一辆启动的高铁一样，准时出发，一站一站准时停靠，最后准时到达目的地。所以有些企业也把这个计划叫销项表，做完一件就销掉一件，所有的事都销完了，项目也就完成了。

如果一个企业执行非常严格的话，这些事就会推着人往前走，到了节点就必须完成任务。比如万达，到了节点任务没完成就会亮红灯，亮了红灯就可能有人被辞掉；而且前面的人延误了，后面的人仍然要按照既定时间完成任务。

运营管理的工作模式则是"人找事做"。运营管理是同样的事每天重复做，它的性质很像一个家庭主妇在持家，如果眼里有活，就满世界都是活；如果眼里没活，就整天瞎转，不知道做什么。

而且运营非常琐碎，是由很多细节组成的，不可能做一个什么总控计划，也不太可能制定统一的标准。因此，运营工作是比较挑人的，它很考验人的细心和耐心，考验你能不能发现问题，然后精益求精，每天推动同样的事，一点一点地去进步，没有结束之日，就像西西弗一样推着石头永不停息的奔跑。

项目需求管理 | 04

讲完项目管理与运营管理的逻辑差异与思维的不同，接下来我们来了解一下项目管理的一些关键点，以便于运营出身的人更好地理解筹备期的工作。

下面我们来讲一下项目管理关键点的第一条——需求管理。

需求管理其实是需求的识别与共识。不过这里的需求跟运营说的需求是两回事。运营说的需求指的是外部客户的需求；而项目管理中的需求指的是内部的需求，也就是自己的需求。

有人可能会说这个还用管理吗？自己的需求自己还不清楚吗？说这话的人一定没有参与过商业项目的开发与筹备，可以毫不夸张地说，除了一线城市和一线商业地产开发商的项目之外，其余的商业项目中，有七成以上的老板及操盘手都没搞明白自己要做什么就动手了，甚至很多项目都已经建成了，还没想明白自己的需求。

但是在项目管理中，需求又是至关重要的，因为项目管理是以目标为终点，倒推出的一系列工作的集合。而目标就是需求的具体化，如果连需求都没有想明白，目标必然是模糊的，甚至是前后矛盾的。

如果是这样的情况，那怎么来保证每一个节点上的工作是有效的。目标是没有对错的，具体的一件工作本身也不会有对错，只有工作与目标不匹配才会有对错。如果目标都没想清楚，那你怎么判断每个人的工作是有效的，这样的项目公司很可能就是一盘散沙，各自为政的，最后出来的结果是很难控制的。而且根据笔者的经验，这种缺乏有效控制的项目，往往不会向好的方向偏离，大概率都是向坏的方向偏离，最惨的项目会形成重来的局面。所以说做商业项目开发，动手之前，第一件事就是搞清楚自己的需求。这个地方又体现出运营管理跟项目管理的差异了。

运营管理是一个不断改进的过程，今天没做好没有关系，明天我们把它改过来就行，在运营管理中，只要我是持续在进步的就没有问题，有时候在运营中出现重大决策失误都没有问题，你都有机会再扳回来。

但是项目管理则不同，项目管理的大部分环节是不可逆的，因此，项目管理要求必须一次性把事情做对，图纸错，工程就会错；工程错，产品就会错；产品错，就会导致项目开发失败。

如果你发现做错了，再想往回扳，代价是十分巨大的，有的时候是企业无法承受的。而且很多时候，就算企业愿意承受代价来改，政府也不一定会同意，要知道我们项目开发的每一个环节都需要政府审批的，一旦批准过了，就不是你想改就能改的了。

那么在项目管理中，如何来管理需求呢？

需求识别指的是团队的识别，这里最终决策人是关键，开发和商管应站在各自的立场上，给决策人提供决策依据。因此，项目需求是在各职能专业人员的帮助下，由最终决策人来确定的。

如何识别需求 | 05

在一个商业项目中，正确的认识自己的需求是至关重要的，那么我们该如何来管理需求呢？

1. 需求识别

需求识别就是通过对需求的正确认识来确定自己的开发目标。简单说，就是搞清楚自己想要的是什么。

这里笔者为什么用识别这个词呢？是因为这是一个复杂的分析与决策的过程。

首先，要确定自己的资金状况。因为商业地产的开发实际上是把资金转换成资产的过程。不同的资金结构决定了不同的盈利模式。

其次，要了解外部市场需求。理论上项目开发是自己内部的事，但是开发结束之后，无论项目是销售还是持有，都必须要面对外部市场，因此，外部需求是不能忽视的。

最后，当盈利模式和外部市场都没有问题了，还要论证我们是否能够调动足够的资源，来完成项目的最终落地。这里的落地不是指开发的顺利结束，而是指项目顺利进入市场。比如，很多城市都有对奥莱的需求，也可以按照奥莱设计建造一个项目，但是大多数项目是没有资源把它开起来的。

只有我们自己的需求和外部的需求都能够得到满足，同时又有足够的资源来匹配时，才能得出最佳的项目目标。

通过以上描述你就知道需求识别的复杂性与重要性了，那么这里有一个关键问题，就是在一个项目中，究竟应该由谁来对需求进行识别？

笔者说过商业项目是双轮驱动的，开发与商管这两个轮子都需要搞清楚项目真实的需求，而且这两个轮子是需要相互配合的，它们不是两个独立的轮子，各自运行，而是一辆车的两个驱动轮，共同保证车子顺利前进。

在项目筹备的过程中，开发的职责是保证项目能做成；商管的职责是保证项目能做对。除了开发和商管之外，商业项目还有一个更重要的角色，就是项目的最终决策人，这个人可能是老板本人，也可能是项目总或者是城市总。因为他掌握着项目的资金状况和盈利预期，只有他才知道项目的盈利模式该怎么设计，而这个是商业项目所有问题的起点。

简单来说，一个商业项目首先要确定的问题是租售比，是销售，是持有，还是租售结合。如果是租售结合，租售比例该怎么确定。

所以需求识别指的是团队的识别，这里最终决策人是关键，开发和商管应站在各自的立场上，给决策人提供决策依据。因此，项目需求是在各职能专业人员的帮助下，由最终决策人来确定。

在商业项目中，需求的识别过程，既是开发与商管合作的过程，又是双方博弈的过程，开发追求的是速度快、少变更，但这跟商管的工作性质是矛盾的，因此，很容易变成各干各的，那么就需要双方提前达成共识。

达成共识 ｜ 06

2. 达成共识

在商业项目中，需求的识别过程，既是开发与商管合作的过程，又是双方博弈的过程。原因在于拿地、设计、报建、施工都是由开发主导的，而开发公司的团队往往并不熟悉商业。

而且开发是做资源整合的，大部分工作并不是自己做，而是委托给专业公司来做，这些专业的公司我们都称之为乙方，在双方合作过程中，乙方看似是被动的，但实际上他们内部对项目、对甲方是有一个管理的。对于多数乙方来讲，他工作做得越快，变更越少，他的收益就越大。因此他们很希望把切磋打磨的过程与时间给省掉。

而速度快、少变更跟开发公司的诉求是不谋而合的。但是跟商管的工作性质是矛盾的，商管做结论时，往往需要详细的调查、反复的论证，甚至有些主力店要提前签约，这是要花时间的，所以这是完全不同的两套路数。

因此，很容易变成两张皮，各干各的，开发拼命往前跑，商管按照自己的节奏慢慢地推。两个轮子目标不一样，速度不一样，跑偏就很正常。

这个阶段往往我们还会使用商业顾问公司，这个公司是服务于商管的，本来他的作用是用来衔接开发和商管。但问题是，他跟那些外包公司是一样的，快做、少做对他最有利，另外他也不愿意去得罪开发和第三方公司，这样这个顾问公司往往不能充分发挥作用。

要想解决这个问题，有两个办法：一个办法是像一线商业地产公司那样，专门成立一套专业的班子，专门负责商业项目，这样一来一方面专业性有了；另一方面，如果有失误这些人脱不了干系，他就是做这个事的，不可能像开发公司的那些职能部门一样，以商管没说为理由，把责任推得干干净净。当然，这个是大公司的做法，而且公司要走多项目开发的战略，才值得养这么一支队伍。

如果是第一次开发，而且以后做不做商业还不知道，贸然成立一套独立的班子，对自己、对员工都是不负责的。因此，对于这类公司，商管公司就要起到主导作用。这个主导不是要越位去替开发做事，因为毕竟很多事情是有专业性的，是要由专业人来做。这里的主导指的是以最终使用功能为目的，引导团队达成需求共识。

这里的团队包括内部团队与外部合作伙伴。这是一个碰撞的过程，商管要有开放的心态，要尊重专业，开发公司以及合作的专业公司他们并不是专业上有问题，而是对功能不了解，又受制于项目管理时间、成本的压力，才急于做出决定。

这种情况下，商管是对未来使用功能最清楚的部门，因此，商管就有义务做好沟通协调工作，能让整个团队都对商业定位有一个清晰的认识，然后每个人才能发挥自己的专业优势，共同打造一个成功的项目。

关于内部共识的建立需要商管公司牵头来完成的问题，很多商管从业人士反映这个事情太难了，但是如果商管公司不去主导，那由谁去主导呢？而且商管公司是最终使用人，也是出了问题之后兜底的人。

如何引导内部达成共识？| 07

上文中讲到，内部共识的建立需要商管公司牵头来完成，很多商管朋友反映这个事太难了。因为在开发阶段，开发公司肯定是很强势的，而且这个阶段有很多工作都是专业性的，商管公司在设计、工程等专业上是缺失的，外行是没法管理内行的。

但是如果我们不去主导，那由谁去主导呢？而且我们是最终使用人，也就是出了问题之后，不管责任怎么样认定，我们都是最后兜底的人。

所以人生有很多事是明知"不可为而为之"的，而且当你去为"不可为"之事时，往往你会发现它最终会转化成"可为"之事。人生要有一个基本信条，就是"操之在我"，就是要把命运的掌控权掌握在自己手中，而掌握命运的途径不是掌握权力，而是承担责任，敢于承担责任，你就能掌控事态的发展方向，你就能按自己的想法去控制事情。

为了引导内部达成共识，我们需要做好以下几件事情。

首先，我们自己得想明白。也就是未来这个商业要怎么做，做成什么样子，我们必须自己心中有数，如果自己都糊里糊涂的，就谈不上去主导这件事。一旦我们想明白了，必须要有主见，要敢于坚持。

其次，要跟老板保持沟通，获得老板的支持。我们一定要清楚在这件事上，老板跟我们的立场是一致的，因为这个资产是他的，其实，项目出了问题，商管只是表面托底的人，真正买单的人是老板。只要我们的诉求合理合法、科学有效，老板一定会支持我们的。

再次，用好外部的合作单位，这些单位都是专业机构，还是有一定专业追求的，只是如果甲方要求低，他们就会敷衍；如果甲方要求高，他们的责任心也会高。

但是由于商管不是专业人员，在跟专业公司沟通时，沟通效率会低。这个一方面需要我们自己团队中要配置专业人员，比如，商管公司的工程物业经理要提前到岗，以便于进行专业沟通。另一方面我们要利用专业公司之间的 PK，快速搞清楚问题的来龙去脉，找到问题的症结点，从而可以从运营的角度帮助团队进行决策。当内部拿不定主意时，我们要敢于担当，敢于拍板。

最后，带动内部部门的工作。开发公司的相关部门也都是专业人员，他们之所以会在商业项目上做出一些错误的判断，一方面是由于不了解商业经营的需求，另一方面也是受项目管理逻辑的影响。

当我们从使用功能的角度，结合外部专业公司来论证、推进方案时，也会激发内部人员的专业追求，当他们真正明白商业的需求时，也会积极参与进来，积极地寻找解决方案，与商管一起共同打造一个优质的项目。

范围管理 | 08

接着我们来讲项目管理关键点的第二条——范围管理。

我们来正式讲一讲项目管理的问题，上一篇需求管理严格说并不是项目管理的内容，它是所有行业、所有管理模式都需要搞清楚的问题，只不过商业地产的盈利模式过于复杂，很多人没搞清楚就动手了，因此，在商业地产里它才显得那么重要。

对于真正的项目管理理论来说，第一个问题就是范围管理，这个范围管理跟我们上面说的需求管理是有关的，只有我们清楚了自己的需求，才能进行范围管理。范围管理是实现我们需求目标的有效武器。

范围管理包括两个方面。一个是项目范围，即要达成我们的需求目标，必须要做哪些事？要完成哪些具体工作？另一个是产品范围，即上述项目范围中的每一件事完成的具体标准是什么？

项目范围是把我们的最终目标分拆成一个一个工作包，产品范围是给每个工作包确定一个完成标准。然后把这些工作包分解给不同的人，同时给予其相应的资源。那么每个工作包都按标准完成了，最终目标自然就达成了。项目范围实际上是一个目标分解的过程，这个过程的要求是要到达100%覆盖，不能有漏项。

产品范围是一个确定工作成果的过程，它的要求是对完成标准的界定要完整清晰。比如，一个商业项目在筹备期的最终目标就是顺利开业。开业就是筹备团队的终极目标，根据这个目标我们要拆解出筹备期要做的所有工作。

一般我们会拆解出市场调查、商业定位、招商策划、招商执行、开业筹备等一系列工作。这些只是大项，每一项都还要继续往细层面分解。比如，市场调查就可以分解为城市经济调查、城市商业调查、人口调查、消费者需求调查、商家调查。这里每一项又可以分为资料收集与报告撰写。

分到最后它就变成了一项一项的具体工作，然后我们把这些工作分配给具体的人就可以了。在把工作分给具体人的时候，我们还要告诉他完成的标准，没有标准，结果就很难控制。如果是自己的人做还好，你可以继续要求团队一直完善下去，直到达成理想的结果。如果是外包给合作单位的就会很麻烦，他已经移交工作了，你想让他再补充完善就要费很多口舌，有时候还会产生额外费用。

最麻烦的是你想要的结果，跟合作单位理解的结果完全不同时，结局就是让你花了钱，浪费了时间，事情还得重做。比如人口市调，我们希望掌握的是一手数据，因此，它应该是在项目三公里范围内做地毯式的调查，是一个小区一个小区数出来的。而在顾问公司的理解中，这是个二手数据，是从第三方获得的，不是自己亲自调查出来的。这种情况下，就是虽然把这个事做了，但是双方对这件事完成成果的理解是完全不一样的。

因此，最好的办法就是一开始就讲清楚，不但要告诉对方做什么事，而且要明明白白地告诉他我们要的成果是什么，这样一开始双方就能对工作和成果都达成一致。也就是说，在项目管理中，我们不但要管事，更要管成果。

范围管理至关重要 | 09

下面我们接着谈范围管理的问题，上篇我们是以商业地产项目的甲方视角来谈的。但是不要忘了，甲方大部分工作是外包给合作的乙方公司完成的，而这些乙方公司的工作性质也是项目管理型。

本来乙方内部管理跟甲方是没有关系的，但是在商业地产中，甲、乙方最大的不同就在于：乙方按甲方要求做完事，拿钱走人就结束了，他并不对最终成果承担责任；而甲方则是最终结果的承担人。因此，对于甲方来说，范围管理的任务是工作分解要全面、不漏项，任务标准要详细具体。而对于乙方来说，其范围管理的工作重点则是如何管理甲方。

在商业项目的范围管理上，甲、乙双方的利益是不同的，对于甲方来说，如果有漏项或者是任务不达标，最终都得补上或者重做，不但会多花钱、浪费时间，甚至会给项目造成不可弥补的损失。而对乙方来说，他不用承担项目的最终后果，仅按照甲方要求完成任务即可。因此，如果甲方有漏项、任务标准低或者无任务要求，这个是乙方很欢迎的。

特别是有些乙方会以漏项或者降低标准的方式形成低报价，通过低价来承接项目，这个时候即使你后期有要求，他也不会按标准来做，因为按标准做了，他就会亏钱。甚至有些行业操守比较低的乙方，会让你按照市场价付费，但他仍然会给你提供低标准的服务。

这些事情比较专业的甲方很少会碰到，一方面甲方对乙方的鉴别力比较强，另一方面乙方碰到专业的甲方也不敢玩太多的花招。但是对于第一次做商业的甲方，在选择合作伙伴时就要十分小心。要认真细致地跟乙方来确定服务范围和要求。

乙方的项目管理思路是如何管理甲方，因此，他首先就会跟甲方来确定服务范围，即需要做哪些事情。同时，他还会跟甲方确定一个界限，就是他会在合约中明确说明合作不包含哪些事情。所以他会跟你确定哪些事要做，还会跟你确定哪些事不做。关于这方面，我们要认真对待，特别是他明确说不做的事情，我们要逐项论证一下，是不是真的不用做。

当然，乙方这么做也是为了保护自己，他担心甲方由于搞不清楚自己想要什么，所以工作会反反复复，久拖不结，最后一个赚钱的项目，可能会搞得不赚钱。所以乙方约定什么做、什么不做这个行为也是合理的。但是具体到"每件事做与不做、是否合理"就需要甲方来判断了。

因此，甲方必须认真判断乙方明确表示不做的那些事，一件一件地过一遍，的确不用做，才能跟乙方签合约。

另外，乙方确认的服务范围，也不要封死，要留个活口，即最后一条应表述为"其他甲方认为在合理范围内的需要乙方提供的服务"。

商业地产在开发过程中，会面临大量的决策，第一次做商业，能一下把所有问题都想清楚是不太可能的，而且商业需要一点点去打磨，如果一下把事情做完，再来推敲打磨，必然涉及大量调改与变更。

商业项目开发的"三步走"策略 | 10

在商业项目的开发中，乙方究竟能不能充分发挥作用，关键在于甲方的管理能力。这在一线房企是没有问题的，因为他们内部专业人员很全，产品线也非常明确，标准也非常细致。

但是对于中小房企或者是第一次做商业的开发商来说，则是有一定难度的。这是因为商业地产在开发过程中会面临大量的决策，第一次做商业，能一下把所有问题都想清楚是不太可能的。

那种一口气把工作做完，然后交给甲方去验收的做法是不可取的。这是住宅的干法，而商业是需要一点点去打磨的，如果一下把事情做完，再来推敲打磨，必然涉及大量调改与变更，这个对甲乙双方都是不利的。

如何解决这个难题呢？笔者的经验是，第一次做商业的企业可以分三步走。

第一步：通过考察确立标杆。

在国内做商业根本不需要原创，选择一个标杆照着做就可以了，三、四线城市可以去一、二线城市选标杆，一、二线城市可以去国外选标杆。比如，像泰国就有很多很好的项目可以借鉴。

当然，这里不能是完全原样复制，而是要在选型基础上创造性的创新，同时还需要进行本地化改造。

第二步：滚动规划加分步实施。

选择标杆只是确立了一个大方向，具体实施起来还是会有很多问题的，既然我们没法一次性把所有问题都想清楚，就不要硬着头皮一下子把所有的计划都做完。可以采取逐步展开、渐进细化的方法，先把近期的工作做好，再一层一层向远期工作推进，这就是滚动式规划。

分步实施就是做一点，调改一点，确认一点，这个是很多有经验的乙方用来管理甲方的方法，就是把一件工作再细分成若干个阶段，不是一次性把工作做完交给甲方，而是一点一点让甲方来确认，这样不会造成最后工作做完了，又发生颠覆性的调改。这种方法其实非常适合对自己真实需求不太清楚的甲方，从而可以在分步实施的过程中，一点一点让自己的想法清晰起来。

第三步：充分论证果断拍板。

做商业地产的人脑子不能懒，腿也不能懒。遇到事情，不管是多么权威的人讲的，你都至少要追问"五个为什么"，否则就是不合格的。

腿就更不能懒。商业地产现在已经发展得很成熟了，国内，国外有的是项目可以借鉴，如果在项目筹备中，出现争议不下或者拿不准的事情，就应该立马出去看、出去学。

最后一旦拿定主意就要果断拍板，不要磨磨唧唧、拖拖拉拉的，在商业项目里面是不可能有完美答案的，不犯错是我们的底线，在这个基础上去追求项目的特色与亮点，一旦决定就坚持到底，"前怕狼后怕虎"是做不好商业项目的。

在商业项目中，变更并不是问题，拒绝变更、抵制变更、恐惧变更才是问题，因为正常情况下的变更代表着团队对项目认识的深化，一个好项目往往不是一次成型的，而是改出来的。

请正确认识"变更管理" ┃ 11

我们继续来讲一下项目管理关键点的第三条——变更管理。

我们谈需求管理与范围管理时，都涉及了变更管理，在项目开发中，凡是涉及计划的调整、规划的改变都属于项目的变更。

变更是让甲、乙方都比较头疼的问题。对于甲方来说，变更就意味着成本的增加和时间的延误。对于乙方来讲，同样意味着成本的增加和节点的失控。当然，也有一类乙方故意通过增加变更来提高自己的收入，特别是那种以不正常低价中标的乙方。因此，变更管理也是考验甲方项目管理能力的一个重要指标。

一个商业项目的开发过程是非常复杂的，而且各项工作是环环相扣的，一个环节发生了变化，就可能把整个计划打乱，轻则会影响项目正常的进度，重则甚至会导致项目整体的失败。

但是我们不能因为变更会带来问题，就一味地反对变更、回避变更。原因还是商业项目太过复杂，大多数项目很难一开始就完全想明白，对项目的认知都是在开发过程中逐渐深入的，适当的变更会提高项目的价值。更加重要的是，有时候拒绝变更会成为项目最大的风险。

因为在商业项目开发中，即使所有的环节都很高效，节点、成本、质量控制的都很好，但是最后形成的如果是一个无效资产，卖也卖不出去，租也租不上价格。那么这种情况，只能说是开发阶段的各个部门完成了工作而已，最终的结果是失败的。

因此，我们对待变更要有一个正确的态度，一个成熟的团队会以更积极的态度面对变更，甚至会主动欢迎变更，因为正常情况下的变更代表着团队对项目认识的深化。一个好项目往往不是一次成型的，而是改出来的。

在这个过程中，商管要发挥积极的作用，要努力把商业最终呈现的效果展示给团队，调动内部部门与合作单位的积极性，把大家的思想从完成任务转变为创造价值。因此，在商业项目中，变更并不是问题，拒绝变更、抵制变更、恐惧变更才是问题。

商业项目开发是一个非常专业的过程，一般高品质的项目往往会有近二十多家顾问公司来协助完成开发工作，而最错误的做法是请一大堆莫名其妙、根本不相关的人来评审项目，从而导致无效错误的变更。

拒绝无效变更 | 12

那么如何避免那些莫名其妙的无效变更？

商业项目要以积极主动的态度面对变更，但是这里的变更仅指正确的变更，对于那些莫名其妙的无效变更是一定要拒绝的。

商业项目开发是一个非常专业的过程，一般高品质的优质项目在各个专业上都会邀请专业顾问来协助项目方完成开发工作，这样有时候一个项目会有近二十多家顾问公司。当然，二十多家顾问公司共同做一件事，这也是非常考验甲方管理能力的，但是这种做法是正确的。

那么甲方采取滚动规划、分步实施的方法来推进项目时，在每一个小阶段，都由各个专业的人员站在自己专业的立场上进行充分论证，这是非常有利于甲方正确识别自己的需求，最终把事情做对的保障。

有很多甲方为了控制成本，不愿意请太多的专业顾问公司，这种想法在社区型商业项目里也是对的。但是如果你是一个区域型项目，多配几个顾问还是非常有必要的，等到项目开发完毕，你回头复盘一下，就会发现因为使用这些顾问公司而增加的成本，要远远低于这些顾问公司给你带来的价值。当然，这里面也有一个管理问题，你管理不好这些顾问公司，很可能会多花钱，但没起到应有的作用。

如果你的项目真的不愿意花这个钱，那么至少要找一些专业的个人，在关键节点帮你把把关。如果你连这个钱也不愿意花，你至少要找一个专业的运营人员来帮你把关，而且最好他运营的场地跟你的项目是对标的。因为运营人员虽然不是所有专业都懂，但由于他是最终使用人，他对功能非常了解，这样也能保证你最大限度地把事情做对。

最错误的做法是请一大堆莫名其妙、根本不相关的人来评审项目，但这又恰恰是我们最常见到的做法。你本来是要把事情做对的，但是你请这些非专业人员来，给你的意见本身就是错的，基于此做出的变更就是错误的变更、无效的变更。这些变更根本无助于提升价值，反而会给项目带来不利的后果。这些变更是我们一定要避免的。

面对项目中的变更，有了正确的态度，还需要有正确的方法，但在谈方法之前，大家需要了解变更是如何产生的，而第一种情况就是出现了新想法，这在第一次做商业的甲方身上体现得最为明显。

因新想法而产生的变更 ｜ 13

面对项目中的变更，有了正确的态度，还需要有正确的方法。在谈方法之前，我们需要了解变更是如何产生的。

仔细分析一下就会发现，一共有三种情况会出现变更。

第一，出现了新想法。

这一点在第一次做商业的甲方身上体现得最为明显，这样的项目往往会一直在变，会不停地有新想法冒出来，让内部人员和外部合作单位痛苦不堪。事情会一改再改，改到最后，大家都不知道要什么了。

其根本原因在于甲方一开始就没有想明白自己想要什么，所以在开发过程中，发现一个新东西就想要，出现一个新建议就想调。

比如，前段时间笔者跟一个做导视的朋友聊天，他们曾经服务过一个奥莱项目，因为奥莱项目一般都会采取欧洲小镇的建筑形式，这个项目也是这种建筑，所以他的导视设计就采用了欧式风格。方案都已经被甲方认可了，但是后来甲方老板去了趟美国，回来又指示要改成美式的。新方案刚改完，老板又去了趟日本，回来又要走简约风。

这种情况在商业项目中非常常见的。在设计阶段改还好，还有在施工阶段不断改的，因为图纸跟实物是两回事，图纸看着挺好，现实建筑一出来就觉得不是自己想要的，就会改。当然，建筑阶段受制于政府报规报建的管理，调改有时候会克制一些，到了装修阶段改的可能性就非常大。很多项目最后成本超标，都是在装修阶段由于失控造成的。

新想法还跟人有关，因为第一次做商业，对自己的需求不清楚，对商管团队的要求也不清晰，甚至对自己究竟需要什么样的人也不清晰。这样就会导致商管团队不稳定，老是换人。

很多项目在组建自己团队的同时，还会使用外部的商业顾问公司。由于开发商对项目的需求不清晰，对顾问公司的要求也不清晰，而且国内商业顾问公司多数都往务虚的方向发展，因此，合作进程中就会出现问题，顾问公司也可能会换。

上述操盘人只要一换，对项目的理解必然发生改变，必然出现新想法，从而导致变更情况的发生。

因为商业是没有一定之规的，每个人对商业的理解都是不同的，操作思路也是有差异的。而且从心理上来讲，新人是一定要推翻旧方案的，区别只是程度大小而已，要不然怎么证明自己比前人强。

成果跑偏就是指事情在做的过程中，发现做错了，在商业项目开发过程中，一旦发生跑偏，就要及时纠正，越早纠正，代价越低；如果掩耳盗铃，闭着眼睛走到底，最终的后果还得自己来承受。

因成果偏差而产生的变更 ┃ 14

第二，成果跑偏了。

成果跑偏就是指事情在做的过程中，发现做错了。出现这种情况是一定要纠正的。

运营管理和项目管理最重要的区别就是，运营管理是一个循环往复的过程，同样的事情不断重复做，如果今天你做错了，没关系，明天你把它做对就好了，它是个精益求精的过程。而项目管理是一个有起点、有终点的直线过程，它的特点是越靠近起点的工作越重要，越接近终点项目越不可逆。

所谓不可逆是相对而言的，意思是代价会越来越大，绝对不可逆是不存在的；但是所付出的代价不是所有企业都能承受的。

所以在复杂的商业项目中，必须要走一步，复核一步，发现错误要及时纠正，越是在前面，越好纠正，代价也越小。定位错，只是改报告；方案错，只是改图纸；建筑错，动静就大了。等到建好，发现错了。这就非常考验老板的魄力了。

一般成果跑偏有以下两种情况。

第一种是比较严重的，就是从根上就错了。定位与市场严重不符，就是要重新定位。方案完全违背商业理念，就是设计要推倒重来。如果是按照错误的方案已经开始施工了，就得拆了重做。

很多项目会有侥幸心理，特别是已经开建，再想让项目去调改，阻力就会特别大。等到真正面世，销售受阻，招商也不顺，这个时候就很被动了。

第二种情况是产品没错，但标准错了。我们知道万达跟万象城都是购物中心，在规划布局的理念上是一脉相通的。但是两者的定位是完全不同的，因此，在设计细节上，两者的差异是非常大的。

如果你的定位是万达，而你的建筑按万象城标准去做了。或者你的定位是万象城，而建筑却是按万达标准做的。这都是错的。

在这种情况下，会出现两种结果。如果你是一个万达的定位，而建筑是按万象城做的，就会无谓地增加你的建筑成本和运营成本，而且它还会影响你的收入，因为你划铺过大，会造成你的坪效降低。

如果是反过来，很可能你的建筑无法达到品牌的要求，造成招商困难，这时你要么花代价对建筑进行调改，要么调整定位，把项目能级降下来。

所以在商业项目开发过程中，一旦发生跑偏，就要及时纠正，越早纠正，代价越低。如果掩耳盗铃，闭着眼睛走到底，最终的后果还得自己来承受。

因环境变化而产生的变更 | 15

第三，环境发生变化。

一个商业项目不是存在于真空里的，它是生存于具体的营销环境中的，环境之于商业项目，就像水与鱼的关系，环境是水，企业是鱼。

关于环境，只有一小部分是企业可以控制的，而绝大部分都是企业无法控制的，只能去适应。因此，如果环境发生变化，企业的策略也应该相应发生变化，如果企业无视市场的变化，僵化地执行既有的策略，必然会受到市场的惩罚。

对于商业项目而言，它的营销环境又分为两个层次。

第一个层次是微观环境。包括商户、竞争者、合作伙伴、顾客和社会公众。

另外，在微观环境里千万不要忘了企业自身，商业项目所处的集团公司、城市公司以及项目公司是决定项目开发方向的最重要的微观环境。

公司内部出现变化，会导致项目盈利模式发生改变。本来是销售型项目，现在要持有了。本来要持有的，现在要改销售了。这些都是颠覆性的变化，会产生大量的变更。

第二个层次是宏观环境。宏观环境一般指的是影响力更大的社会力量，包括人口、经济、自然、技术、政治和文化。

宏观因素对商业项目的影响是巨大的，像人口的变化、经济的发展都直接影响商业项目的经营效益。

这里面大家要特别关注的是政治因素，因为商业项目的综合性强，功能复杂，建设周期又长。这个过程中，很可能会经历主政领导的变更、政府政策的调整等问题。这些变化都可能会影响到商业项目，从而出现变更与调改。所以一个商业项目最好能踩准领导的"点"，在一任领导的任期内解决开发的整个过程。

与政治相关的还有一个法律因素，对商业项目的影响也是十分巨大的，像规划、消防等法律的变化都会导致变更的出现。

因为大部分的环境变化是企业不可掌控的，但是其对项目影响又是重大的，因此，企业在项目开发中必须时刻关注环境的变化，随时因变化而做出相应的调整。

商业的变数非常多，要想保证成功，必须使各个部门高度协同，如果项目开得好，就皆大欢喜；如果开不好，就全得"挨板子"。这样才能避免本位主义，使所有人都能为打造一个优质项目而共同努力。

协同作战 | 16

我们总结了变更的三个来源之后，会发现绝大多数变更都是有必要的，但是为什么在现实中大家不喜欢变更，而且会抗拒变更呢？

在商业项目中，变更又可以分为两种：一种是功能性变更；一种是技术性变更。

功能性变更就是为了要保证未来的使用功能而产生的变更。一般来讲，功能性变更都是商管部门发起的，如果没有商管进行干预，这类变更会比较少。

而技术性变更是为了保证开发正常进行而产生的变更。这类变更的发起往往都是技术部门，比如设计、工程等部门。

实际上在开发中，受到抵制的多数都是商管公司发起的功能性变更，因为这类变更会影响到开发部门的绩效，会使他的节点延期，也会增加开发成本。因此，开发是比较抵触这类变更的。但由于商管是项目的最终使用人，如果项目在功能性上有问题的话，会直接影响商管的招商以及后期的运营。因此，商管往往会对这类变更非常坚持，这就是为什么在开发阶段商管公司跟开发公司之间会存在很多矛盾的原因。

当然，一般情况下，吵过之后，最终还得按商管要求去变，因为商管并不是出于自身去要求变更的，商管其实代表的是外部租户的需求，如果项目不能满足租户要求，即使开发完成得很好，租不出去或者收益很低，也是一种无效资产或者是低效资产。

解决问题的办法是在商业项目中，要打破住宅开发中那种"公路警察各管一块"的管理模式。设计只对图纸负责，报建只对手续负责，工程只对建设负责。只要都按节点完成各自的任务，就算达标了，就可以有一个好的绩效。

这种模式在住宅开发中是有效的，因为住宅发展到今天，产品已经很成熟了，盈利模式也非常简单。只要大家各自完成自己的工作，最终就能保证开发的成功。

但是商业项目不同，首先产品是个性化的，而且在未来越来越重视体验的情况下，商业项目会更加重视创新与创意，标准化的产品会越来越不受欢迎。而且，商业项目的盈利模式非常复杂，利益方会比较多，不同的商业模式下，产品的规划是完全不同的。

因此，商业的变数非常多，这种情况下，要想保证成功，必须使各个部门高度协同，共同为最终成果负责才行，因此，商业项目一定要以最终结果来确定各个部门的绩效。如果项目开得好，就皆大欢喜。如果开不好，就全得"挨板子"。这样才能避免本位主义，使所有人都能为打造一个优质项目而共同努力。

甲方视角下的变更管理 | 17

在项目管理中，仅仅要求各部门协作，要共同为最终成果负责还不够，因为现在太多的人都是得过且过的，因此，即使最后要清算责任，对于有些人可能也无所谓。所以要想在商业项目中管理好变更，还要有更具体的措施。

因为在商业项目中，大部分的工作都是在甲方管理下，由乙方完成的。所以这些措施必然会有两个视角，甲方视角和乙方视角。

我们先谈甲方视角，甲方视角是非常重要的，虽然事是乙方做的，但甲方是管理者，要求和标准都是由甲方来管控的。如果甲方不操心，想省事，快点搞定，就会排斥变更，这种情况是有利于乙方的，就算碰到了负责任的乙方，但决定权不在自己手里，也只能迁就甲方。

从甲方视角来看，管理好变更主要有以下三方面。

1. 过程参与

不要像做住宅一样，给要求，审结果，而是要参与整个过程。在过程中，对每一个环节都要进行论证。所做的每一步，都要知道它的结果，然后拿着这个结果与商业定位最终的功能去匹配，吻合就往下走，有偏差就马上调。

在这个过程中，商管要起到积极的作用，首先自己要参与进去，积极地介入每一个环节的论证工作。有疑惑就马上要征询第三方顾问公司，并进行对标项目的实地考察，以便能够做出正确的判断。

其次，要在内部积极地宣导项目的定位，要让所有部门都能清楚项目最终呈现的效果，这样开发部门才能在抓好眼前绩效的同时，兼顾未来的需求，以打造作品的心态面对开发工作。否则，如果对项目未来一点都不清楚，是不可能有兼顾的心态的，就只能是完成当下工作而已。

2. 全面评估

当变更发生的时候，特别是当这个变更影响到了工期和成本，一般这个时候，商管公司跟开发公司之间就会出现矛盾。

这个时候不能让两个部门自己去"PK"，介于商管公司在开发环节往往处于弱势，它可能是一家独立的公司，但在这里，笔者是把它当成一个部门来理解。

这种矛盾一定要放到公司决策的层面来解决。一旦是两个部门在"PK"，最终的结果很可能不是一个客观的结果，而是两个部门负责人个人影响力的"PK"。这个对项目来说，不是正面的影响。

要知道，在这种时候，双方各自的立场是没有绝对的对错，它只是一个取舍问题，可能是商管妥协，也可能是开发妥协。究竟谁来妥协，是更高层面来决定的事情。

3. 先内统外

这一点很简单，就是如果出现大的变更，先内部沟通，达成一致，再统一对外。

这里的外，指的是乙方，因为事是我们定，但工作是乙方来做的。论证的过程可以让乙方参与，但决定一定是甲方独立来做，不能受乙方的影响。

我们内部达成一致，做了决定之后，再由统一的部门按统一的口径向乙方下达指令。

这是为了避免乙方不愿意变更时，利用我们内部的矛盾来阻碍和影响我们的决策。特别是老板一定要注意维护自己职能部门的权威，老板可以跟乙方交流、沟通，但是指令必须由职能部门来下达，以防止乙方通过搞定老板，来影响我们内部的决策。

乙方视角下的变更管理 | 18

乙方是受甲方委托来具体完成某项工作的，目的是通过提供服务，获取回报。因此，有一个工作量与报价的权衡。

如果出现大量变更就会影响到乙方的收益，即使甲方支付相关费用，某种程度上，仍然会对乙方造成收益损失，因为这里还有一个机会成本。出现变更之后，甲方支付的费用往往只是弥补性质的，而如果乙方的业务比较多时，就不如做新项目的收益大。更何况很多的变更，甲方是不给费用的。因此，一般乙方会比较抵触变更。

但是合理的变更对甲方来说是必须的，而且完成一个优质项目对乙方品牌形象也是一个加持，不要出现很多乙方做完一个项目之后，都不敢跟人家说那是自己做的情况，即使必须说时，一定要加上一句：当时我们是怎么建议的，可是甲方就是不听，结果成了今天的样子。如果这样做事，就很没有价值感和成就感。

面对商业项目多变的情况，乙方应该做到以下方面。

1. 接受变更

商业项目如果不发生变更是不太可能的，就是住宅也避免不了出现变更。因此，乙方应该从心理上就接受会发生变更的事实，要把思路从抵触变更转化为管理变更。

要考虑的不是说怎么拒绝甲方的变更，而是说怎么去把甲方的变更变成一件可控的事情。如果乙方把甲方的行为变得可控，其实就是将项目的开发变得可控，这是乙方在提高自己的服务水平，建立自己的竞争优势。

2. 合理预估

既然变更不可避免，而甲乙双方实际上是一种生意关系，生意就要考虑收益。那么乙方在评估工作量和报价时，就应该将变更部分做合理的预估。如果乙方在价格中就为变更预留了空间，那么乙方就更容易接受变更，从而把工作的着眼点放在帮助甲方实现价值上，而不是为了保障自己的收益而置甲方利益于不顾。

当然，低价竞争是个普遍的现实。但是正是因为没有核心竞争力，才会落入恶性价格竞争之中。正是因为一直在做低质低价的服务，才导致你没有具有市场影响力的优质项目，只能用价格去竞争。打破这个循环的方法就是，下决心做几个优质项目出来，从而提高自己在行业中的地位。

3. 主动变更

乙方不是要被动地等待变更，而是要主动提出变更，主动推动甲方做出一个高品质项目来，一个高品质的项目就是乙方能力的体现，如果每做一个都是精品，那就不是项目在挑你，而是你在挑项目了。

这就不仅仅是意识到位就可以了，它要求乙方必须主动提高自己的专业能力，在自己的专业方面要成为专家，成为甲方顾问式的服务商。

同时，在具体工作中引导甲方采取滚动规划、分步实施的方法，以自己的专业能力带动甲方相关人员积极地参与项目，在过程中解决问题。小步快跑、步步为营，既保证项目的高品质，还能保证自己有一个高收益。

领导是一件最好的工具 | 19

以上都是站在组织的角度来谈变更管理，组织一般关注的是长期目标。而在具体项目中，工作通常是由组织中的个人来完成的，这时候无论是甲方还是乙方的项目负责人，都会面临来自双方的压力。

在项目管理这么复杂的工作中，这种压力是十分巨大的，这时候项目负责人如何在挑战下，按照自己的思路有效推进项目就十分重要。在项目管理中，项目经理十分关键，项目最终的成效跟他有很大的关系。

对于一个优秀的项目经理来说，专业能力、项目管理知识和沟通协调能力一样都不能少。除了以上这些，项目经理还要具备一项重要的能力，就是要有能力调动双方的上级领导。

因为变更管理说到底是一种决策，在执行层无法决策或者无法正确决策时，就必须沿着决策链向上请求支援，在有些企业中，甚至会一直求助到老板，否则就无法顺利地推进项目。

我们做好工作需要借助很多工具，事实上，上级领导就是一件最好的工具，他可以帮助你解决很多问题。但是要想把这个工具用好，关键是要带着结论去找领导，而不是把问题直接甩给领导。

如果你是这样做的，是不可能长期得到领导支持的，这样做的员工属于不称职的员工。因为它反映了这个员工，要么没能力解决问题，要么没有担当去解决问题。这都不是企业所需要的人。

要知道企业设置你这个职位，就是要让你去解决问题的，因此，在你职责范围内出了事情，第一你最专业，第二你信息最充分。你理应拿出解决方案。

很多人不服气，会说"领导就应该比我强，出现难题就应该拿主意。"这是对企业管理的基本逻辑没搞清楚，如果难题都是领导去解决，试问你这个职位还有存在的必要吗？

因此，高层领导拥有的不是专业知识和经验，而是权力，权力不是用来分析事情的，而是用来做决策的。有了领导决策，你才能获得支持去推进工作。同时，你才能拿到相应的资源，在企业里有资源才能做事。

所以在你遇到问题时，一定不要拖和压，而是要第一时间去找领导，但是在去找领导时，你一定要给出解决问题的办法，并且不只是一个，要有多套方案。你还必须把每种方案的后果，也就是时间、资源、风险等讲清楚。同时，你还要依据自己对公司战略的理解，提出你的建议，选择哪一个方案是最佳的。最后，你还需要讲清楚需要领导怎么支持你，给予你什么样的资源。这就是我们常说的，不要让领导做问答题，要让领导做选择题。

总之，在变更管理中，领导的作用非常重要，这里不但包括你的领导，还包括相关方的领导。要想高效地推进工作，就一定要用好领导这个重要的工具。

在一个项目中，面对需要变更时，各种人的心态是不一样的，但有一个关键人物——老板，如果个人看场电影都这么难决策，试想，一个老板面对成百上千万的投入，他在决策时要承受多大的压力。

老板的艰难抉择 | 20

在一个项目中，面对需要变更时，各种人的心态是不一样的。

乙方一般情况下是不愿意变更的，因为变更会影响他的收益。当然，有一类乙方除外，就是他会故意增加变更来提高自己的收益，这类乙方主要出现在工程施工中。如果没有管过工程，自己装修过房子也会深有体会，你基本不可能在装修公司给你的预算范围内装完的，让你多出个百分之二三十都算是客气的，很多会让你预算翻翻。

开发公司相关职能部门也不愿意变更，因为变更会影响他们的绩效，特别是时间节点的延误是他们最不愿意看到的。另外，一旦发生变更，就需要他们去做乙方的工作，这是一件不讨人喜欢的事情，做起来是有压力的，所以从个人心理的角度来说，他们也不愿变更。当然，技术性变更是他们不得不做的，对于功能性变更他们就比较抵触了。

商管公司按说是变更的主要推动者，特别是涉及功能性的变更。但由于其他部门都抵触变更，因此，这个过程中会爆发激烈的矛盾冲突。有些商管人员就不愿意去过多的得罪人，于是就懒得去争取。所以在中小企业面临变更时有一个关键人物，就是老板，所有人的不愿意，在老板面前都不是理由。

但是老板也有可能不愿意变更，一般会有两种情况。第一种情况是回款节点的压力，在这种情况下，保销售节点是第一位的，哪怕后期会付出代价，也不能错失销售节点。如果是持有型项目，是没有回款节点的，但是有些老板会按照惯性也一味地求快，其实这种情况是可以缓缓的，最好是一次性把项目做对。

第二种情况是老板心疼钱。因为同一件事前面已经花过钱了，现在要再花一遍。甚至会出现，要再花两遍钱的情况，因为纠正错误、恢复原状，要花一笔钱，再把事情做对又要花一笔钱。这里有一个沉没成本的问题，沉没成本就是之前已经发生而不可收回的成本，也就是我们说的覆水难收。

从理论上说，这个成本已经成为既定事实，它不应该影响我们进一步的决策才对，但是现实中则往往做不到。比如，我们去看电影，电影开始才发现是个超级烂片，这时候你有两个选择，一个是站起来就走；一个是坚持看下去。一般人都会选择后者，因为钱已经花了，不看就浪费了。但是我们没有考虑到这样做，我们付出的代价更大。本来我们是花钱来愉悦自己的，但是现在我们是在花钱买罪受。我们不但浪费了钱，还白白浪费了珍贵的时光。

一个人看场电影都这么难决策，一个老板面对成百上千万的投入，可想而知，他在决策时要承受多大的压力，所以我们真的要理解老板才对。

但是老板也必须清楚，如果错了，将错就错，未来会付出更大的代价。因此，关键时刻，必须要有"壮士断腕"的魄力，因为所有的单最后都是自己买的，只是或早或晚而已。

项目管理有三大考核指标：时间、成本和质量，其中时间指标往往是第一位的，我们经常会发现为了抢时间，宁肯多花成本或者牺牲质量，而现在中国房地产行业的高周转基本上已经突破了合理界限。

进度管理 | 21

下面我们来讲项目管理关键点的第四条——进度管理。

进度管理其实就是商业项目开发过程中的计划管理，它是由事跟节点构成的，节点又包括开始的节点跟结束的节点。进度管理的目的是保证项目如期完工。

我们知道项目管理有三大考核指标：时间、成本和质量。其中时间指标往往是第一位的，我们经常会发现为了抢时间，宁肯多花成本或者牺牲质量。万达就是以时间节点为第一考核指标的，在这个指标下，其他指标都得让路。

现在地产行业流行高周转策略，其实中国房地产行业本身就已经是高周转了，现在等于是高里又高，基本上已经突破合理界限了，所以才有业内人士说，这两年的房子最好不要买，因为质量没法保证。高周转策略的核心就是把时间周期作为考核的第一指标。

因此，你就知道进度管理有多重要了，你也能理解为什么开发公司各职能部门的人都很抵触变更了，因为会影响既定的时间节点，而这个指标没完成，很可能其他的工作成绩都为零了。

在这个问题上，有时候商管公司不太理解开发公司，会认为为什么时间那么重要。这是因为一件事情只有把时间节点管住了，这件事才算是可控的，如果时间失控，就意味着这件事失控了。

商管的专业是做运营，运营管理的思路是精益求精，是精细化的。在运营管理中，这种思路是正确的，因为运营是每天重复做一件事，所以要把这件事做得越来做精。而项目管理则是用一个周期去完成一件事，如果在细节上过于精益求精，这件事可能就会变得遥遥无期，因此，在项目管理中，到节点就必须要决策，到节点就必须要开始，到节点也必须要结束。

其实这个道理商管并不是不知道，因为商管在筹备期的工作，也是项目管理模式，开业日就是项目筹备的终极成果，它是个很严肃的事情，商管是非常清楚按时开业的意义的，往往这个时候就轮到商管来强调时间的重要性了。

但是商管的被动之处在于他不知道时间重要的时候，事情不由他来控制，在他知道时间重要的时候，事情仍然不由他来控制。因此，开发商和商管要相互理解，最好能建立一种沟通机制，让彼此都能了解对方的工作是怎么回事，双方各自都有哪些关键指标要做到。然后，再把双方的进度计划融在一起，这样才能更好地保证项目开发的如期完成。

进度管理的操作工具 | 22

那么具体的进度管理该如何来操作呢？进度管理其实是范围管理的细化与展开。

范围管理是将工作目标进行层层分解，将总目标分解成不同的细分任务，再将每一个任务拆解成若干件事或者是若干个活动。那么在范围管理中，我们只是把完成一个项目所需要做的所有事全部列了出来，而没有说明它们的先后顺序与逻辑关系。这个就是进度管理要解决的事情。

进度管理是要依据工具来实现的，也就是项目进度表，我们最常用的做表形式就是甘特图。甘特图是由左右两部分内容构成的。左侧是事项栏，用来罗列我们在范围管理中所拆解出的工作事项。右侧是时间轴，从项目启动日开始直到项目结束日。

填表的方式：首先，我们将需要做的所有事逐项填写在事项栏中，一般情况下，是根据事情的先后顺序来填写的。然后，在右侧的时间轴上以进度条的形式，将每一件事情的开始时间、经历时间以及结束时间标出来。

这样我们就会得到很多进度条，每一个进度条对应的是一件事，我们就会非常直观地知道每件事的起止时间以及事情与事情之间的关系。什么事情在前，什么事情在后，哪些事情之间有依赖关系。

最后，我们还要明确标明每件事的责任人以及最终成果物。原则上项目中的每件事只能有一个责任人，只有这样，才能真正将责任落实下去。成果物是给项目完成设定一个明确的标准。

比如在事项栏中填写的市场调研，在时间轴上就是从几月几日开始至几月几日结束所形成的一个时间进度条。最后，责任人标明是策划总监，成果物是市调报告。也就是说，市场调研这件工作的最终完成标准就是形成市场调研报告。如果是比较成熟的企业，这里对应的还会有一个市场调研报告完成的标准模板。

这样的一个进度表可以反映出项目进展的全部情况，在项目实施过程中，项目负责人是不断地在跟进和更新这张表的，这样一种方式就保证了项目进度是可控的。

当然，也有企业一旦进度表完成，是不允许改变的，比如万达，这种情况只是标准非常成熟的企业才能做到，一般在商业项目中是不建议企业这样做的。

进度代表着项目进展的速度，是项目管理的核心，还会影响项目管理的另外两大指标——质量和成本，因此，项目开发进度除了自身要实现开发目的之外，必须要在速度、成本和质量三者之间做好平衡。

项目进度的关键性 | 23

进度代表着项目进展的速度，它是项目管理的核心，因为项目管理代表的是开发的过程，它的终极目的是获取利润或者是投入使用，因此，速度就代表着什么时候能实现目的。

比如，我们建一个购物中心，那我们的目标要么是建成之后，把它卖掉，以获取利润；要么是建成后，开业运营。无论是哪个目标，通常我们都是希望能尽早实现。

进度还会影响项目管理的另外两大指标。第一是成本。项目进度越快，成本就越低。拖的时间越长，花费的代价就越大。这就是地产行业为什么追求高周转的原因。但是进度并不是绝对的越快越好，因为项目管理还有一个质量指标。

第二是质量。质量包括两个部分，一个是设计质量，一个是产品质量。质量与成本恰恰相反。首先一个优质项目一定是精雕细琢出来的，比如侨福芳草地购物中心，那是"十年磨一剑"式的产品。当然，我们绝大多数企业不可能像侨福那样做项目，但是做商业项目是不能激进的，必须要给开发设定一个合理的周期，否则是很难保证项目品质的。

像十八个月开业这种速度，仅仅只是保证了进度指标，牺牲的首先是体验感，因为这种速度下只能做标准产品，任何创新都会导致时间节点的延误。其次质量也很难保证，估计开业后紧跟着就是大返修。

如果速度超过限度，突破了合理工期，那么速度越快，质量就越差。这是科学规律，是不以人的意志为转移的。而且在商业项目中，除了建筑质量之外，还有个物业品质的问题，如果快了是根本保证不了的。

因此，做商业项目，一定不要去对标国内那些追求速度已经"发疯"的企业。真正要对标的是港资企业，像太古、九龙仓、新鸿基等，人家出来一个项目，就是一个精品。这是真正在做资产，是打造百年基业的态度，而不是像我们国内的一些项目一样。当然，国内的企业也有自己的苦衷，像自身实力、融资环境、政府要求等，有的时候快也是迫不得已。

但是如果是持有型项目还是要放慢速度的。笔者认为只有一种项目可以以速度为导向，就是现金流产品，也就是销售型项目。在这种项目中，如果不能及时回款，企业生存就会出现问题。那么活着是第一位的，高周转、快就是不得已的策略。

因此，项目开发进度是一个非常关键的决策，除了自身要实现开发目的之外，必须要在速度、成本和质量三者之间做好平衡。

如何确定项目进度表的合理性？ | 24

进度计划的管理工具是项目进度表，填写项目进度表非常的简单，我们只需要确定事项明细和起止时间就可以了。但是我们怎么确定一个项目进度表的合理性呢？

我们需要确定项目的质量目标，就是我们究竟想要打造一个什么品质的项目，这个是进度的约束指标。因为单纯考虑进度指标肯定是越快越好的，但是要保证一定的品质，就会对进度有一定的限制。在质量一定的情况下，也并不是没有提高进度的办法。

从长期来看，提高进度要依靠技术的进步，比如我们的近邻日本，在建筑业上也是走高周转策略的，但是日本人的快，依靠的是先进技术。当然，长期策略受制于企业的战略和整个行业的产业链进步状况。它是个长期愿景，而不是马上就能拿起来用的。

如果短期能用、能立即见效的，就要依靠管理的提升了，这里面又包括两个方面。

第一，绝对时间是否科学合理。就是每件事所设定的从开始到结束的时间是否合理？是否实现了最高效？

因为我们的进度表是分配给每个具体责任人，分别制定，最后整合在一起的。这样每个人在制表时，按人之常情都会给自己留个宽裕的时间。如果这个宽裕的时间不合理的话，每个人都加一点点，最后就会人为地降低工作效率。所以这里面的"水分"是要挤掉的，而要挤掉这个"水分"就要靠专业和经验了。

第二，科学地统筹工序。商业项目的开发是个千头万绪汇成一根绳的过程，各种工作是穿插在一起有先有后，彼此之间是有逻辑关系的。

通常来说工作与工作之间会有三种关系。第一种关系是先后关系，即前面的工作完成，后面的工作才能开始。比如先要挖地基，才能盖房子。先有业态落位，才有机电方案。第二种关系是同始关系，就是两个工作是同时开始的。比如，施工过程跟招商过程。第三种关系是同成关系，就是两个工作是同时结束的。

在这些工作关系中，有些是硬逻辑关系，就是不能改变的，而有些是软逻辑关系，就是前后关系是有一定灵活性存在的。比如，正常的工作逻辑是先有图纸，后施工的，但是我们不一定要等到所有图纸都完成之后，再开始施工，可以先出一部分图纸，让前面的工序先展开施工，然后陆续出图，陆续施工。这样就能合理地抢出一部分工期来。

因此，合理的安排工序，也可以优化和提高工作效率，从而加快项目的开发进度。

制定项目进度表的过程，实际上就是纸上谈兵把项目推演一遍。因此，一旦制定出来要有一定的准确性，并且是在质量约束下的合理时间，这样才能指导工作，同时才可以对进度进行有效的管理。

时间的合理安排 ｜ 25

制定项目进度表的过程，实际上就是纸上谈兵把项目推演一遍。因此，一旦制定出来要有一定的准确性，这样它才能指导我们的工作，同时才可以对进度进行有效的管理。

质量不同，进度也会不一样，在质量要求确定之后，我们就可以制订相应的进度计划了。那么这时的进度计划就是在质量约束下的合理时间。但是我们一定要记得这个合理时间实际上包含两个时间。

第一个时间是工作时间。这个时间要如何来处理。它是有一定的专业性和科学性的。如果经验足够丰富的话，还能通过灵活的统筹安排来提高效率。但是在进度管理里，只考虑这个时间是不够的，因为在实际工作中，还有第二个时间，就是滞后时间。

第二个时间是滞后时间。滞后时间就是它不是正常的工作时间，但它是完成工作必须要延迟和等待的时间。比如，混凝土浇筑之后，需要等待它硬化之后，才能开始下面的工序。合同签署之后，需要等待内部的审批流程。方案提报之后，需要评审。施工结束需要等待验收，等等。这些都需要时间，这些时间是不在正常工作范围内的，但是必须要等待的。因此，在制订进度计划时，必须要充分考虑这些因素，否则你的计划就不准。

除了上面这些时间之外，我们还要考虑双休以及节假日的问题。你会说，没关系这些时间我们会加班的，但是要知道开发过程中的大量工作是由合作伙伴完成的，我们可以加班，合作伙伴不一定会加班。

笔者就碰到过一次，当时我们用的是伦敦的一家建筑师事务所，对方提报完方案，有一些小问题需要修改，我们希望对方周末加个班，把方案赶出来，这样我们就可以在周一向政府汇报了。但是人家设计师非常吃惊，表示在伦敦从来没有设计师会在周末工作。

另外，在项目开发中，几乎所有的工作都需要向政府报批的，政府现在加班也很正常，但是通常情况下，政府不会因为我们的事而加班的。在政府审批环节，我们必须要配合政府的节奏。

因此，在制订进度计划时，上述这些滞后时间都是需要考虑的，否则计划就不准确，就没有指导意义。

开发公司与商管公司进度计划的制订方式是不一样的，开发公司往往是由各个部门自主制订，然后将计划协调在一起，更注重协调和整合的能力；商管公司往往就是商管总经理根据开发计划来确定自己的开业节点等，需要出充分的专业性。

开发重协调，商管看专业 | 26

下面我们来了解一下开发公司与商管公司进度计划的制订方式。

在具体制订进度计划时，从开发公司出来的人要比商管出身的人更强一些。原因是开发的工作比商管复杂，开发需要协调各个部门之间的工作，而且这些工作牵一发而动全身，一个环节出问题，就处处有问题。而且在开发过程中，每一步都需要政府审批，这又增加了极大的变数。另外，开发过程实际上是一个资金投入的过程，资金对项目的顺利推进具有十分重大的作用。

因此，能够制订一个合理的进度计划，同时还能准确地把计划贯彻执行到底是非常不容易的。常见的情况是节点一拖再拖，计划一变再变。

而商管的进度安排相对简单，只需知道开发的节点，就可以制订自己的进度计划了，而且商管的进度计划基本是在一个部门内执行的，并没有太多的内部协调工作，这个与开发是多部门协调的工作性质是截然不同的。

在正常情况下，影响商管进度的往往不是内部原因，而是开发工作延迟所导致的。一般来说，主要原因有两个：一个是工程的延期；一个是消防手续。

只要商管成立的不是特别晚，招商时间都是足够充分的。在开发过程中，商管工作复杂性较大的是开业筹备，开过店的人都清楚，开一家店基本要掉"一身皮"。

在开店的过程中，商管内部协调的复杂性会加大。但是还好的是，商管在筹备期间始终是一把手工程，就是自始至终都是由一把手在亲自推进工作。它是更加集中、更加集权的工作。而开发工作中，多部门协调性更加明显，开发的总经理更像是一个组织者和协调者。因此，二者进度计划的制订方式是不一样的。在开发公司，进度计划的制订会更加民主，往往是由各个部门自主制定，然后由项目总把各个部门之间的计划协调在一起，最后敲定一个无缝衔接的高效的进度计划。

而商管的进度计划往往就是商管总经理意志的体现，不过商管总也不是随心所欲设定目标的，他是根据开发计划来确定自己的开业节点，然后倒排出自己的筹备计划，商管的进度计划分派性质更加明显。因此，如果商管总不够专业或者不够强势的话，就会影响进度计划的实现。而对开发公司的项目总来说，进度计划是整合性质的，协调和整合的能力更加重要。

资源对项目进度的影响 | 27

进度计划有两种做法，一种是自上而下分派任务式的，一种是自下而上协调整合式的。严格来讲，在项目管理中，所推崇的是后者，就是事具体由谁做，就由谁来制定进度，上级的作用是把不同部门的工作整合在一起。

为什么要如此呢？是因为我们常规所说的合理时间指的是行业经验值，它是一个具有平均性质的估计值。一旦落实到具体执行时，情况就会复杂得多，这里面有一个关键因素对项目进度影响非常大。这个关键因素就是资源，每个项目的资源禀赋都不相同，而资源对项目进度的影响非常大。

首先，人就是一个关键资源，在商业项目筹备过程中，无论是开发还是商管，都是一个专业化分工的过程。不同的人，经验能力是不同的，工作效率也是不同的。当然，我们都希望自己的项目团队都是些经验丰富的高手，但现实是专业的人往往是稀缺的，一个首次开发商业项目的公司，是很难一步到位地组建起一支专业队伍的。

目前，大家都很关注招商和运营人员，其实这两类人真不缺，当然优秀的人才肯定是稀缺的，不过要组建招商和运营队伍还是没有问题的。但是企划、信息、财务、商业公司的工程物业经理，这些岗位招聘起来就非常难。特别是工程物业经理，这个岗位是筹备期一个很关键的职位，但市场上真的很难找。

上面说的是商管体系内部的人力状况，如果说开发公司在设计、工程、前期等部门想配置一些有商业经验的人，就更难了，像有些三、四线城市根本就没符合标准的人。

其次，是资金，开发其实就是花钱的过程，资金状况对进度的影响是决定性的。而且资金是最活跃的资源，只要资金充分，什么资源都可以整合到。但关键是开发公司永远都是缺钱的，而且开发公司的成本是一项重要的管控指标。因此，开发公司有多少钱可以投给商业，又愿意在商业上投多少钱，这个钱在什么时间有？这些问题都非常关键。

就拿上面人的问题来说，这些专业的人找不找得到是一个问题。如果找到了，公司愿不愿意付出代价又是一个问题，因为越是稀缺的人，薪酬也越高。资金对工程的影响就更明显了，我们经常会看到三、四线城市的商业项目，干着干着就停了，主要原因就是资金。

因此，在考虑进度计划时，不但要考虑合理的科学时间，还必须考虑企业的资源状况，把这两个结合起来，才能制订出一个真正准确可行的进度计划。

关键路径的把控 | 28

一般来讲，当我们把所有工作按先后次序列出来之后，再用逻辑关系把相互依赖的工作用直线连起来，会看到一个线状的节点图。在这个图上有些节点会形成分叉，这样就形成了完成项目的多条路径。

其中会有一条路径是从头贯穿到尾的，这条路径在所有路径里是最长的，我们称这条路径叫关键路径。识别这条关键路径以及该路径上的工作节点是非常重要的。

我们要想提高进度，就必须把这条路径上的时间压到极限状态，因为这条路径上所花费的时间其实就是整个项目的工期。而这条路径之外的工作再去压缩、节省，如果不能有效缩短关键路径的时间都是没有用的。所以有些企业天天加班，进度却照样延误，出现这种情况，很多都是因为没有管理好项目的关键路径，把员工搞得疲惫不堪，但是关键的事却并没有把控好。

做了路径图之后，商管公司会发现自己的工作相对简单，甚至根本没有必要做这个分析，因为商管的关键路径非常清晰，一般从市调开始，到定位，到落位，到招商，直至最后开业，是一条线贯穿下来，几乎没有分叉。最重要的是所有工作基本是由同一批人完成的，内部协调的工作量非常少，而且一个优秀的商管总基本是招商、企划和运营无所不通，他的专业性足以指导整个团队完成筹备任务。

相对来讲，开发公司的路径图则非常复杂，商管公司的人看了之后，头都会晕掉。你会看到工作在不同部门之间穿插交错、来回往复，这中间有大量的部门间协调工作，而且没有一个人能把开发的各个板块通吃掉，一个开发总不可能既是一个设计专家，又是一个工程专家，同时还精通各项政府法规，善于跟政府各职能部门打交道，并且策划、销售全在行，还懂商业。

这样的全能型经理人是不存在的，所以在商业项目开发中，识别关键路径就非常重要，因为只有这样才能识别出关键工作点以及对应的工作责任人，只有把这些事管住，把这些人的时间节点协调在一起，才能管住项目的进度，否则管理进度就是一句空话。

至于商管公司，如果仅仅是自己的内部管理则没有必要搞得这么复杂。但是在开发过程中，商管公司则一定要了解项目管理的原则和要求。因为在开发工作的关键路径上，有很多重要节点任务是由商管公司完成的。比如，商管公司的定位报告不完成，那么设计部如何出设计任务书；商管公司的业态规划不完成，设计院如何出机电方案；商管公司最终的招商意向不确定，工程部怎么来做隔墙。

所以商管公司一定要清楚地了解项目开发的关键路径，而且要清楚自己的节点任务。要知道商管公司也是保证项目开发进度的关键部门之一。

上下游工作的高度配合 | 29

在商业项目中，进度图可以反映出三件事，第一是完成项目都要做哪些事；第二是完成每一件事所需要耗费的时间；第三是做每一件事的起止时间。后两点讲的都是时间问题，也就是我们说的进度管理。

完成事情所需要耗费的时间是内部时间，一般容易控制，也容易压缩到极限。而一件事情开始的时间，是上游工作结束的时间。一件事情结束的时间是下游工作开始的时间。所以开发中的多数工作都既受制于上游，又受压于下游。

项目的最终环节往往需要完成交付任务，这个任务具有刚性要求，因此，正常情况下，压力会从最终环节层层向上游传递，使所有环节都可以保持一个紧张的状态，从而保证项目能够按照进度完成。因为进度是项目管理的一个重要指标，所以一般我们都会把每件事情的完成时间压缩到极限，这样只要有一个环节掉链子，没有按时完成，后面所有的工作都会延误，最终就不能按进度计划完成工作，这种情况在开发中太常见了。

因此，为了保证进度计划能顺利完成，不但要把工作责任人的责任明确了，还必须把下游工作的责任人也拉进来，这样才能使整个工作链条一直保持一种压力状态。

在这方面最典型的就是万达，我们都知道在万达如果工作延误是要亮红灯的，但是很多人不清楚：在万达，如果上游的工作延误了，比如耽误了两天，是不允许下游工作从计划中把这两天减去的，下游工作仍然得按原计划的时间节点来完成，也就是说下游得把上游延误的时间给追回来。

但是在工作时间已经压缩到极限的情况下，下游是赶不出来的。因此，下游要想保证自己的绩效，就必须盯着上游，甚至要亲自动手帮助上游去完成工作，否则上游完不成任务"挂掉"，自己跟着也会"挂掉"。为什么万达有那么高的执行力，就是因为有这套机制在保证。

我们分析一下开发中各个环节的工作性质。工程的时间是最难压缩的，它到了一定限度时，就无法往下压了，因为工程涉及的是建筑的硬件，而硬件的质量出了问题之后，责任是很重的，只要是正常人都不敢拿这个开玩笑。

一般项目会去压缩的是软件的时间，就是商业定位和建筑设计的时间。在商业项目中，我们最怕的是出现硬伤，但是硬伤往往是软伤造成的，工程出现硬伤，往往是图纸错了，而图纸错是因为商业定位不专业或者是商业研究时间太仓促。但我们恰恰最容易的是压缩这一块的合理时间。

那么时间一般耽误在哪个部门呢？往往是前期报建部门。因为这个部门是跟政府各职能部门打交道的，政府部门是管理部门，它不同于项目的内部部门和乙方部门，它是不会去管企业的进度计划的，它有自己一套流程。如果对政府的审批流程不熟悉就会导致很多节点的进度不可控。这就是为什么碧桂园会要求项目总直接管理报建工作的原因。

准时才是最重要的目标 | 30

进度管理最重要的目标是准时，至于快慢是根据企业的战略来定的，高周转也行，十年一剑也没错。

如果以开业作为商业项目开发结束的话，那么能够做到准时的项目真的很少，不要说第一次做商业项目的开发商了，就是零售行业的老兵也照样延误。比如，郑州丹尼斯属于河南本土零售的龙头企业，开店经验和运营经验都很丰富，可大卫城开业照样一延再延。

业内好像除了万达，还没有谁能保证说什么时间开业就什么时间开业的。表面上看是执行力的不同，其实不然，零售业是最讲执行力的，每家店开业和每次促销都跟打仗是一样的，零售人都是身经百战的，怎么能说执行力有问题呢？关键的原因在于项目管理的能力不同，万达的执行力是建立在进度表的基础上的，也就是万达内部所说的销项表。如果没有一个科学准确的进度表，那么你的执行力很多时候会无的放矢。

项目一般不敢去随便压缩建筑硬件的合理时间，因为责任太重大，所以往往会去压缩软件的时间。但是软件部分，即商业定位和建筑设计对商业项目的价值形成是具有决定性作用的。这一块工作的合理时间被压缩之后，就可能会导致项目出现硬伤，出现先天不足的弊端。

有时候为了保证项目的进度，牺牲这些也是不得已的，只要没有决定性硬伤，前面犯的错，后面慢慢再补回来。但是事实上不是这种情况，大量的项目都是把前面的工作给压缩了，可是后面的进度并没有提升上来，整个项目反而是停滞在那里了，也就是说前面的工作做出了牺牲，没有经过充分的论证和仔细的推敲就匆忙定下来了，定完之后，项目进度就停了，压缩前面的工作根本就没有意义，抢出来的时间就白白扔在那里。

原因就是那个进度表有问题，那个进度表上很多部门设定的工作时间是不真实的，是假的。前面做前策和做设计的部门，为了这个假进度去抢时间，结果降低了工作的品质，但是对进度却没有任何提升。这里面最典型的就是前期报建部门，项目开发中的很多停滞都是停在审批和手续上，而这些都是报建部门的工作。

报建部门有两块工作，一块是报建，跟政府打交道；一块是配套，跟水电气暖那些企业打交道。这个部门需要非常了解政府以及那些垄断企业的内部工作流程以及决策流程，同时要熟悉各个口的经办人和负责人，否则是不可能制订一个合理进度计划的，这个部门往往都是项目管理的软肋，他们的时间是最难控制的。

因此，进度计划一定要合理，什么是合理呢？准确才是合理，当快则快，当慢则慢，每个部门每件事的时间，一定是要能做到的时间，做不到就不要定，否则就会影响整体的工作。

正推与逆推 ｜ 31

要想制订一个准确的、可执行的进度计划，除了各部门、各负责人要合理确定工作时间之外，还要通过正推和逆推来进行时间验证。

所谓正推就是正向的推算工作的用时，也就是从现在起最早什么时间可以开始做这件事，同时知道了什么时间开始，也就能推算出最早什么时间可以完成这件工作。中间的用时就是这件工作的工期。在正推的时候要注意，除非你是开发的起点，是所有开发工作的第一件事，你可以自己来制定开始的时间。否则，你的最早开始时间一定是前面工作的结束时间。

很多人在制定自己分管工作的进度时，会故意把自己的开始时间往前提，这样自己工作的结束时间就往前提了，显得自己的进度就加快了。但是由于他所设定的开始时间，侵占了上游的工作时间，因此，他这个进度是假进度。

在制订项目整体进度计划时，如果不把这些人和这些事找出来，那整个计划到最后是实现不了的。比如说，一件工作要想开始，前面必须完成三件事，第一件需要两天，第二件需要三天，第三件需要四天。那么这件工作最早的开始时间就是第五天，如果他定的计划是第四天就开始了，那这个计划就是实现不了的。

所谓逆推就是以最终项目结束时间为始倒着推，这个方法我们经常用，叫倒排计划。就是从一件工作的最晚结束时间倒推出它的最晚开始时间。这里说的最晚开始时间和最晚结束时间，并不是说我们时间很充分，可以很轻松地选择，这里的最晚指的是到这个时间，工作就必须要开始，否则进度计划就完不成了。

　　这种方法是先确定工作的结束时间，再推导开始的时间，而且是从下游工作的工期倒着来推导上游工作的工期。因此，一件工作的最晚结束时间，必须早于它后面直接指向的所有工作的最晚开始时间中的最早时间。

　　这句话看似绕口，其实很简单，就是说假定某件工作完成之后，它后面有三件工作可以开始，其中一件必须在第四天开始，一件必须在第五天开始，另一件必须在第六天开始。那么也就是说前面这件工作必须在第三天结束，后面的工作才能在第四天正常开始，否则整个计划就会延误。那么在倒排计划中，前面的工作就要迁就后面的工作，前面工作的最晚结束时间必须要满足后面工作中要求的最先开始时间。

　　在进度计划中，正推和逆推都要做的，正推得出的是项目的合理进度，逆推得出的是项目必须达成的进度。

　　做进度计划时，我们通过正推和逆推会推出两个进度，正推的是项目的合理进度，逆推的是项目必须达成的进度。这往往会出现三种情况，即正推时间低于逆推时间，两项时间一致，正推时间多于逆推时间。

正推与逆推的不一致处理 | 32

　　做进度计划时，我们通过正推和逆推会推出两个进度，正推的是项目的合理进度，逆推的是项目必须达成的进度。

　　这样会出现三种情况，第一种情况是正推时间低于逆推所需时间，比如按照正推，做完所有工作需要 35 天，而按逆推倒排，45 天之后才需要交付。在这种情况下，时间足够宽裕，工作就很轻松了。

　　一般开发公司是不会出现这种情况的，因为开发公司是按照项目启动的时间正排计划的。也就是说，如果他的合理工期是 35 天，那他结束的日期就是第35 天。只有在前期的工作延误了，导致后面的工作无法在第 35 天正常结束时，这时他才会做一个倒排计划，用来看看能不能把失去的时间追回来。

　　而商管公司的计划是倒排的，他是根据开发公司的房屋交付时间，推导出开业时间，然后以开业时间向前倒排来安排进度的。一般商管公司的时间是两头紧，中间松的，也就是前策和开业筹备时间是紧的，招商时间是松的。

　　前策时间紧是因为开发不懂前策，所以他在开发进度里，给前策留出的时间就很短，导致前策的进度就很紧张。而开业筹备之所以紧张，是因为开业时间不好卡准。开发那边工程会延误，手续会延误，商管这边商户也会观望。因此招商、进场、上货都是挑战，开业就像打仗一样，没有经历过的人是不会清楚里面艰辛与压力的。

而中间招商时间松是因为开发在前面定了一个非常紧凑的进度计划，执行起来却发现设计、报建和工程都没有那么简单，工期一延再延，开业时间也一再推迟，这就拉长了招商的时间。但是现实中出现这种现象的几率很少，多数情况下进度都是很紧的，大家都是在拼命赶进度。

第二种情况是正推进度与倒推进度时间一致，正推是35天完成，逆推是最迟35天交付。

也就是说，时间刚刚好，不能有一天延误，所有人所有部门都必须按节点完成工作，当大家的工作都按时完成，项目的进度也就实现了。这是我们在项目管理中所追求的一种进度，比如，万达就是如此。

第三种情况是正推所需的进度时间多于逆推所需的时间，这种情况在商业项目的开发中是比较常见的，也是比较麻烦的。

比如一件工作，我们正推得出需要35天，但是由于种种原因，我们必须在第30天交付。这样等于我们有5天缺口。理想的情况是，我们可以提前5天开始，但是很多时候是没有这5天提前量的。这个时候我们就得想办法挤出5天来，如果实在没有办法把这5天挤出来，某些工作就必须要做出质量牺牲了。这种情况在现实中很常见，这其实反映了项目管理水平的低下。

在实际工作中，即使我们把关键点都考虑得非常周全，大部分项目仍然会延误，这其中很关键的问题就是我们的计划是按科学的方式来制订的，但却忽视了一个重要因素——人性的拖延症。

项目延误的关键问题 | 33

到这里基本上把进度管理所涉及的问题都谈到了，但是在实际工作中，即使我们把上面的关键点都考虑的非常周全，大部分项目仍然会延误，问题在哪里呢？

很多人会说是因为时间太紧，可是计划是我们自己制订的，都是按合理的时间来制订的，而且考虑到风险和意外，我们往往还会多安排几天，比如五天可以做完的事，我们会定七天。这样即使真的有几项工作出了意外，导致延期，但是一个项目不会所有的环节都出意外，而由于大部分环节都留了宽裕时间，所以按说项目整体的时间是足够用的。

那是因为资源问题导致的吗？按说也不会，因为我们在制订工作计划时，就考虑了资源问题，计划不是凭空做的，都是结合自己的实际资源状况来制订的。如果我们的团队成员都是缺乏经验的新手，那我们做进度规划时，一定会考虑这个因素的，我们一定不会按一个成熟团队的时间去安排工作。

那为什么我们按正常要求制订的计划最终还是会延误呢？一个很关键的问题恰恰是因为我们的计划太周密了。我们的计划是按科学的方式来制订的，但是我们却忽视了一个重要因素，就是人性。几乎每个人都有拖延的习惯。

拖延症的症状就是我们一定会拖到最后不得不做时才会行动。而在一个周密的计划里，当我们知道一件工作今天做和明天做都能保证工期时，我们就一定会拖到明天再去做。这样一旦出现了意外，时间就会延误。

因此，最后需要强调的一点是，要想保证项目进度按计划实现，我们还要对抗自己的人性，就是要克服拖延症。

项目开发过程是一次性的，其中大部分工作内容都是全新的，特别是当企业第一次做的时候，完全是一边摸索一边在做，在这种情况下，可能会有很多不确定性。因此，项目管理的重点是风险管理。

关于风险管理 ｜ 34

下面我们来看项目管理关键点的第五条——风险管理。

风险管理是项目管理的重点，某种程度上讲，项目管理的本质就是风险管理。因为风险就是不确定性，如果在项目开发中，所有的事情都是确定的，那项目的管理就是非常简单的一件事。

对于一个项目来讲，我们要制订开发计划，并对进度进行预估，这种预估是对未来的判断，由于我们不可能准确地知道未来，因此，这种判断是基于信息基础上的一种假定或者说是一种理性的猜测。既然如此，必然会有我们判断不准确的东西，而这些就是不确定性，就是风险。

关于风险管理，做商业运营的人对它的认知程度可能并不是很深入，因为商业运营是一个很成熟的过程，它是一种重复性的工作，同样的事，每天在重复做，因此，它的不确定性非常少。所以运营管理的重点不是控制风险，而是维持现状，消除偏差。只要工作运行保持在既有的轨道上，不出现偏差，就不会出现风险。这也是为什么零售业的从业者普遍保守的原因。

而项目管理的情况则完全不同，整个项目的开发过程是一次性的，其中大部分的工作内容都是全新的，特别是当企业第一次做的时候，内部没有任何经验，完全是一边摸索一边在做。在这种情况下，不确定性是没有办法避免的，而且可能会有很多。因此，项目管理的重点就不是维持现状，因为它没有现状可维持，它的管理重心就在不确定性上，也就是风险管理上。

那么要想管理好风险，首先就必须搞清楚风险的定义，也就是什么是风险。我们很多人有一个不好的习惯，就是不喜欢研究概念，总是拿生活里的概念来套用工作中的概念，这样就导致我们没有办法清楚地认识事物的本质，从而就会做出错误的判断。而人类对事物的认识深度其实就是通过对概念的认识来实现的，如果不认识概念，就没办法提升思维的高度。

对风险的认识也一样，我们大家都知道风险管理的重要性，但是为什么大多数时候我们管不好风险呢？其中一个很重要的原因就是我们对概念认识不清楚，我们是在用生活中的概念来理解风险的，这样一般大家会把所有给我们带来麻烦的事情都看成风险。

事实上，只有不确定性才是风险，简单说就是那些可能发生，也可能不发生的事情才是风险。而那些会给我们带来麻烦，但是注定会发生的事情是不叫作风险的。

如果我们认识不清楚，就会把关注点放在那些注定会发生的事情上。这样就把力用错地方，因为它注定会发生，所以虽然做了很多努力，但是风险管理依然没有成效。

如何规避风险？| 35

那么如何规避风险呢？

在项目开发中，给我们带来麻烦的事有两类：一类是注定会发生的事；另一类是可能发生，也可能不发生的事。后者就是我们所说的风险，也就是需要我们重点关注，并且去管理的事。那么前者是什么呢？前者是我们做项目的制约因素。

因为制约因素往往是非常明显的，而且几乎是所有项目都会碰到，因此，我们自然就会把焦点放在这些事情上，但是由于这些事情往往是我们做事的前提条件，也就是在多数情况下，它们是无法改变的，所以才会叫注定会发生的事情。因此，如果我们把精力都用在这些事情上，就是有劲却使错了地方，往往是徒劳无功的。比如资源，在项目开发中，最重要的是两个资源，一个是钱，一个是人。但是做过项目的人都清楚，没有哪个项目是不缺钱的，也没有哪个项目配置的是"全明星阵容"。

所以如果你把缺钱和缺乏专业人员当成项目的风险来考虑的话，你再努力也没有用，因为你规避不了，该发生还是会发生。缺钱和缺乏专业人员并不是项目的风险因素，它是项目的制约因素，也就是说，我们必须在这样的条件下把项目完成，它基本上是一个确定的事情，而只有那些可能发生、也可能不发生的事情才是风险。

既然缺钱和缺乏专业人员是我们的制约因素，那什么是风险呢？

因为缺钱导致不能及时给合作方付款，从而造成项目停工。因为缺钱不能及时给供应商付款，导致原材料断货。因为缺乏专业人员，导致工作品质降低。因为缺乏专业人员，导致团队内部矛盾加剧。这些才是风险。

缺钱和缺乏专业人员是不能克服的，基本上它们是事实。而因缺钱和缺乏专业人员所导致的不良后果，则是可以预料并且是可以避免的。

因此，风险管理不是管前者，而是管后者。后者如果发生了，就是风险，但是后者是可以通过有效的措施去避免的，比如，我们知道会缺钱，可以在合同中争取一个比较好的付款条件，也可以建立一种沟通机制，在关键时刻能够获得合作伙伴的谅解。如果团队不够专业，我们可以加大培训力度，来提升团队的专业性。也可以定期组织团建，来减少内部矛盾。

我们通过提前设定的措施，使这些可能发生、也可能不发生的事情，最终不发生，这就是风险管理的本质。

风险与制约因素 | 36

做项目时，一定要分清什么是制约因素，什么是风险。只有不确定的事情才是风险，而确定的事情是制约因素。

关于制约因素通常你是没办法改变的，而风险是你可以采取一定措施避免的。我们一定要把关注焦点放在后者，这样才能使我们的工作可控。这个方法不但适合项目管理，它也适用于我们在生活中如何做决策，这就是我们说的高效人士的行为习惯之一，就是把焦点放在自己的影响范围内。

通常当我们需要达成一个目标时，会有一系列的事情影响到最终的成效。把这些事情全部汇总在一起，就是为了完成目标所需要关切的事情。这些事情又分为两类：一类是我们可以施加影响去控制的；一类是我们无能为力，只能被动接受的。

如果我们把焦点放在前者，因为前者是我们可以控制的，我们就能推动工作不断向前推进，在这个推进的过程中，我们的知识和经验会随之而提升，我们的影响力和可信度也会随之而提高。这样我们的可控范围就会逐渐扩大，以前我们无法控制的事情，现在变得可以控制了。比如，公司对你的能力非常认可的话，就更愿意在资源投入上向你倾斜，你的提案也更容易得到公司的支持。

相反，如果你把焦点放在不可控的事情上，由于这些事情是你不能控制的，你再去关注它们也没有用，这只能把你变成一个天天抱怨、牢骚满腹的人。我们经常会碰到这类人，张嘴就是抱怨公司没有钱、老板不懂行、上司不重视、合作伙伴水平低。很多时候，这些事情都是事实，但正因为它是事实，再去说它也是没有意义的。

结果这类人由于把大量的时间都用来抱怨这些制约因素了，反而没有在自己能够控制的事情上投入精力，个人成长就停滞了，大家对其能力越来越不信任，其个人可控的范围不会扩大，反而会缩小，本来能控制的事情，现在也控制不了了。

现在由于很多开发商是开发导向，商管公司并不是核心部门，很多项目是因为卖不出去了，才想起来要组建商管公司，在这些项目里，商管的意义就是帮助开发公司完成销售。因此，现实中商管公司受到的制约是很多的，它并不能完全按照专业去做事，往往有很多的无奈存在。在这种环境下，做商管的人很容易落入抱怨的陷阱，结果事情没做好，自己也没有获得成长。

以上把商管会碰到的制约因素都点到了，最后再提一下。商管公司在项目中常碰到的制约因素除了资源问题外，主要有以下几个因素：第一，公司不懂商业，决策有偏差；第二，老板不信任商管，不支持商管的决策；第三，营销变成主导，瞎指挥；第四，顾问公司太务虚，不做实事。

当你在工作中说出上面的话时，就要警醒了，你可能已经落入不可控的陷阱了，对于这些事情你偶尔发泄一下情绪就可以了，抱怨完还是要赶快回到自己可以施加影响的事情上去。通过努力提升能力，并建立信任度，你对上面的问题的掌控力自然会越来越大。

制约因素不是风险，但由制约因素引发的一系列事件则是风险。比如，开发公司不懂商业，营销部门有不同的利益诉求等，这些都是制约因素，但因此可能会引发一系列事件，即风险，这需要去有效的管理。

如何有效促进提案的通过？ ｜ 37

知道了什么是制约因素、什么是风险之后，我们会发现这两者之间是有联系的。制约因素不是风险，但是由于制约因素所引发的一系列事件则是风险。

比如，开发公司不懂商业，营销部门有不同的利益诉求，这些都是事实，是确定的，是商管公司无法改变的。因此，他们都是制约因素，如果纠结于这些事情，那就只能去抱怨了。

但是因为上述原因，可能会引发一系列事件，这些事件就是风险，需要我们去有效的管理。假定现在商管公司要提报定位方案，这个方案可能会通过，也可能会因为上述原因导致方案被搁置。那么如何让自己的方案能顺利地通过，并获得公司的支持，这就是一个风险，是需要我们去管理的。

针对上述这件事，我们可以提前采取一些措施。

首先，商管内部要达成一致，在提报的时候内部必须要统一口径。由于员工平时很少能接触到老板，在提报会上是一次难得的机会，有些人喜欢利用这个机会，对方案提出一些质疑，以表现自己的能力。如果是商管负责人提报，手下人还会有所顾忌；如果是顾问公司提报，内部的意见就会更多，甚至有时候商管负责人自己还会提出质疑。这样一种行为肯定会导致方案被搁置，因为所传达的信息就是商管自己内部都还没想明白的。

因此，无论是商管自己提报，还是由顾问公司提报，都必须在商管内部先做一轮评审，达成一致之后再统一向公司汇报。如果你的内部有几个爱表现的人，你要提前点他一下，有意见在内部沟通会上讲，不要内部不讲，到提报时瞎表现。

其次，要与参与方案评审的关键决策人进行提前沟通，要沟通两个问题。

第一是理解的问题。由于其他部门的人员可能没有做过商业，因此对商业的概念缺乏了解，他们是用生活中的概念去理解商业的。很多时候，我们会发现一个人在会上反对我们，其实他要表达的跟我们所说的是一回事，只是因为用了不同的话语体系，出现理解的偏差，才发生了争议，所以我们要提前解决对关键概念的理解问题。

第二是利益的问题。每个部门都有自己的部门利益，大家都有趋利避害的心理。在商业项目开发中，开发公司是解决硬件问题的，商管公司是解决软件问题的。这两个体系在开发过程中是纠缠在一起的。商管的提案必然会对其他部门的利益构成影响，这很可能会成为他们反对商管方案的动机。因此，利益问题也要提前沟通，要打消相关部门的顾虑，甚至要做出必要的妥协，以保证方案能够及时通过。

最后，就是职场政治问题。你不能排除内部没有人故意反对你。有些人并不是因为有不同意见才反对你的，他是为了反对你而反对的。

笔者在一个项目里就碰到过这种情况，当时是公司的开发总对商管总的能力不满意，但是由于商管总天天拉着他吃喝玩乐，所以他不好意思反对商管总。当时商管的提报都是由笔者来做的，只要商管总在场，开发总就不会有意见，但是只要商管总不在，我们的提报就遭到了他统统否定。这个开发总是有性格缺陷的，他的性格缺陷就造成了一种内部政治问题。

内部政治是比较棘手的事情，处理办法说起来就长了，但是你至少要有政治敏感度，你要知道谁会故意反对你。你知道是谁了，你就有办法对付他，因为人都是有弱点的。

以上是笔者举了一个例子，来说明关键因素和风险管理在实际工作中该如何运用，也就是我们有劲一定要使对地方，这样才能有效规避风险，让项目能够顺利地推进。在这个过程中，我们自己也能获得成长。

计划先行原则 | 38

如果要防范风险，首先要做的就是计划先行。计划就是先在纸上把事情推演一遍，找出关键的风险点，提前做好预案，以规避风险。

做事情必须有计划，道理很简单，好像大家都知道，但是到了现实中就不一样了，很多时候我们会把计划省掉，即使做了，大家也不重视，因为计划没有变化快。

另外，现在过分讲究执行的文化对计划工作也有不良的影响。其实执行力只有在正确的战略下才有意义。如果战略错误，就是南辕北辙，执行力越强，离目标就越远。但是，由于咨询公司以及培训公司的误导，让很多老板认为执行比战略更重要。因此，很多老板评价团队的能力时，往往以行动快为标准。

行动快了，必然会减少思考的时间，也减少了充分沟通和消化理解的时间。接到任务后，团队往往不加思考地迅速行动，来不及做详细的计划，也来不及判断风险，更不要说根据风险做预案了。

但是这样做的结果可能会造成更大的麻烦，有时候动手快了，反而会导致项目推进慢，因为做着做着就发现错了，不得不停下来重新思考，重新返工。如果将错就错做到底，就是个"烂摊子。"所以老板一定要有正确的观念，一个项目不是要动手快，而是要完成快，而且还要做得对。

当然，笔者并不是说做项目要慢，我们还是要追求快，但并不是快动手，而是要追求战略快、计划快，拿到项目之后，要迅速地对项目、对市场进行充分地了解，然后迅速地完成可行性的战略规划，在战略规划的基础上，设计出自己的盈利模式；根据盈利模式导出一份可靠的计划，在计划的指导下再去执行，这样才能最大限度地规避风险。

大部分的商业项目出风险，其实根源都不是在执行上，而是在决策上，没有清晰的决策，就没有清晰的盈利模式；没有清晰的盈利模式，团队就不可能有统一的目标。就像盲人摸象一样，每个人都是根据自己的理解盲目地在做事。在商业地产这样复杂的产业中，这样蒙着眼睛往前冲是非常危险的。

所以说，从项目管理的角度讲，一定要重视战略和计划，任何事都必须要计划先行，随机应变是很危险的，有计划才有保障。

当企业不依赖于计划时，它会犯两个错误，一个是经验主义，完全靠经验，但经验是历史，只有借鉴意义，并不能代表未来；另一个是能人主义，找一个能力强的人，依靠他的能力去解决风险，见招拆招。

商业地产真正的风险 | 39

现实中的商业项目开发风险是非常大的，很多企业在做商业项目开发时，风险管理是缺失的。本来商业项目投资额大，使用周期长，其应该很重视风险管理才对，但为什么会普遍忽视风险管理呢？

原因在于商业地产开发中的很多风险并不是即时爆发的，其具有滞后性，往往要到招商阶段，甚至是开业之后才能体现出来，这个时候爆发风险，开发商很可能会把原因归结于招商和运营团队。也就是埋雷的是开发，但爆雷的是商管，结果是商管背了锅，但对企业最大的问题是，没有找到核心风险点，所以你会看到下一个项目，这个开发商还会犯同样的错误。

现在大家都觉得商业地产难做、风险大，但是往往会去市场上找原因，如电商冲击、竞争激烈等。当然，这些的确都是外部风险，但是对商业地产造成最大影响的其实是内部风险，内部不按商业规律来做才是最大的风险。

在这种情况下，就谈不上风险管理，只能是风险应对。出了风险再去化解，也就是我们说的消防队员，哪里有火往哪里跑。

真正的风险防范，需要有一个完善的计划，即使这个计划总是变，真的是计划没有变化快，也没有关系；有计划，即使变也是有章可循的。因此，需求不稳定、变化快并不是拒绝计划的理由，相反，正因为变化快，才更需要精细的规划。

当企业不依赖于计划时，它会犯两个错误，一个是经验主义，完全靠经验，但经验是历史，只有借鉴意义，并不能代表未来，相反，有时还会跟未来有冲突。另一个是能人主义，找一个能力强的人，依靠他的能力去解决风险，见招拆招。这样不但这个人会做得很吃力，有时候这个人本身就会变成风险。

经验和能力都是企业重要的资源，但是单纯依靠它们去解决企业的风险问题还是不够，必须把它们跟计划结合起来，依靠系统的方法才是解决风险的最佳办法。

在商业项目中，研策阶段是十分重要的，因为商业地产的逻辑非常复杂，既要有开发的逻辑，又要有商管的逻辑，还得具备资本的逻辑。这么多逻辑纠缠在一起，彼此之间既有相关性，又有利益的冲突。

如何做好项目研策？| 40

做事要计划先行，但是一定要搞清楚为什么要做计划。如果为计划而计划，那也是没有意义的。计划只是手段，它对应的是一个思考的过程，一般我们把这个阶段叫研策。它具有研发和策划的双重职能。

在商业项目中，研策阶段是十分重要的，因为商业地产的逻辑非常复杂，既要有开发的逻辑，又要有商管的逻辑，还得具备资本的逻辑。如果商业还面临销售的话，还要考虑投资人的逻辑。这么多的逻辑纠缠在一起，由于涉及不同的利益主体，因此，彼此之间既有相关性，又有利益的冲突。

如果没有通过前面的研策工作，把项目的操作逻辑想清楚，把不同的利益协调成一个整体，是很难保证项目顺利推进的，往往会发现每走一步都是矛盾重重，最后只能顾头不顾尾，先建起来再说。但是等建起来之后，再发现风险，就很难去规避了。因此，计划其实是根据前期的思考成果来形成一份行动路线图，然后在路线图上，把风险点识别出来，以提前制定措施进行规避。

这样一份计划反映了团队的综合操盘能力。如果仅仅是为了计划而制订了一个计划，那是没有用的。那么怎么才能做出一个好的计划呢？这要求我们用好内、外部资源。

内部资源更多的是自己的操盘经验，因此，企业每做一个项目，必须要做一件事，即专业的说法叫项目后评估，时髦的叫法是复盘，传统的叫法叫总结。就是在做完项目之后，要把项目的经历从头到尾回顾一遍，把遇到的问题、采取的措施以及最终的成效都整理出来，形成内部的技术规范或者是操作手册，这样就把个人的经验变成了企业的经验，从而可以有效地降低新项目的风险。

那么对于第一次做商业或者经验积累不够的企业怎么办呢？那就要用好顾问，用别人的经验来弥补自己的不足。但是你一定要清楚你找顾问是让他来当"教练"的，而不是让他来当"司机"的。如果你想省事，请顾问来了，自己就不用管了，那你就又落入经验主义或者能人主义的陷阱了。

如果你的项目比较简单，那你至少要请一个商业顾问。如果你的项目比较复杂或者你想做一个标杆型项目，那么你最好是从建筑顾问开始，所有单专业都要请顾问公司。一个优秀的项目往往是十几家顾问公司与项目团队一起打造出来的。

风险管理的本质是提前预防，而不是"兵来将挡，水来土掩"，由于商业地产开发的风险非常大，前期一定要舍得花钱，在策划、设计上不要省钱，工程才是真正要控成本的环节。前期做得好，会给项目省大钱，更重要的是前期做得好，会保证你在开发中不犯错，不犯错就不会出大风险，不出风险收益才能有保证。

当项目开发中的风险识别出来之后，接着要做几件事：制定有针对性的应对措施、有明确的责任人及重视团队协作。只有做到如此，大家才知道分别做什么事情，同时项目是靠集体智慧来推进的，要避免个人英雄。

规避风险的措施 ┃ 41

当我们将项目开发中的风险识别出来之后，接着要做几件事。

第一，制定有针对性的应对措施。在制定应对措施时，我们需要注意的是，制定的措施一定是可执行的，就是它一定是个行动方案，而不是笼统的概括性的描述。比如，我们经常会在一些人的计划里看到这些词语："加强""改善""提升"等。

如果仅仅只是这些词语，后面并没有详细的行动计划，这样的措施是没有任何意义的，它们只是一些空话和套话。因为这样的表述，大家看了之后，并不知道该怎么做。比如，机电方案是商业项目的一个风险点，那么如果应对措施仅仅表述为"要重视机电方案的制定，认真做好评审工作"，这句话没有任何意义。

真正有效的措施是：（1）由商管公司根据商业定位，提供功能分区规划以及特殊业态及品牌的物业需求条件；（2）选择一家有类似项目经验的专业机电顾问公司，依据商业定位来完成机电方案的设计；（3）在机电方案的基础上，选择一到两家对标项目进行深度考察，并与对方工程物业的管理人员进行交流访谈；（4）最后由建筑院、机电顾问、施工图院、商管公司、开发公司设计部各专业工程师共同做出方案评审意见。

这样的措施才是可执行的，大家拿到之后，各司其职，分头做事就好了。

第二，要有明确的责任人。当上面的措施出来之后，就需要有人去落实，所以这里就需要明确每件事该由谁来做。

在具体项目中，责任一定要落实到具体的人，不要写成部门，也不要写成职务，比如，设计部或者招商经理。一定要写具体的人名，这样才能把责任真真正正地落实到底。

当然，在把责任落实到具体人之前，项目负责人要与相关人员做一些沟通，要获得他的认可，并听取他的要求和意见。如果硬性分配，会让员工感觉不受尊重，会影响他的积极性，反而不利于工作的落实。

第三，要重视团队协作。项目管理为什么不用传统的金字塔管理模式，就是因为它的过程太过复杂，不可能由一个人来指挥完成，必须要由各个专业的人员一起协作才能做好。

因此，在项目团队中要避免个人英雄，不鼓励单打独斗，要重视团队配合，每个环节都要依靠和发挥集体的智慧。比如，上面讲的机电方案，你可以看到里面有多少人参与，有建筑师、商业顾问，有商管负责人、有开发负责人、施工图院各专业口的工程师、有开发公司设计部各专业口的工程师，有些项目物业公司成立的早，还需要物业公司参与。

这么多人其实是在做一件事，但由于大家各自的专业不同，看问题的角度不同，对方案的理解就不同。这时不需要一个强势的人跳出来，说就按他的意见办，而是要吸纳融合所有人的意见，这样才能得出一个最适合本项目的方案。

所以项目管理工作一定是共同参与，靠集体智慧来推进的。

商业地产开发是一件非常专业的事，专业的事就需要专业的人来做，但是往往会面对人才缺乏的情况，这就需要有人扮演"填坑萝卜"的角色，明知是坑也得跳，不过不能把自己给活埋了，而是用学习力和成长力，把项目的短板补上。

如何应对专业人才的匮乏？| 42

我们讲了在正常情况下，风险管理需要注意的一些事情。

那么我们经常还会碰到另一种情况，就是没有专业人员来做事，就算是我们请了顾问公司，但仍然需要有对接人，所有外包服务商的管理、监督和考核都还是需要有人来做的，而且关键的决策也需要我们自己来定。

商业地产开发是一件非常专业的事，专业的事就需要专业的人来做，如果专业的人缺乏，就是很大的一个风险。但这又是商业项目的一种客观现实，有些岗位的人非常匮乏。比如，懂商业的设计管理人员基本上都在一线城市，二线以下城市是很难找到这样的人才的。

缺乏关键人力资源是一种很大的风险。面对这种情况怎么办呢？

虽然项目中专业人员缺乏，但事还是要做的，所以我们只能用不专业的人来代替。比如，在开发公司中，用一个管住宅的设计管理人员来管商业设计。只要他能快速学习，他也许能做的很好。

但在以往的项目中，出问题的居多。因为他不专业，导致无法指导设计院的工作，只能被动接受设计院的成果。在需要做决策时，他往往下不了决心，关键是即使他下决心做了决策，很多情况下也是个错误的决策。

那假如是商管公司面对上述情况该怎么办呢？那你就必须要顶上去，虽然你也不专业，但是你必须顶上去。因为在甲方公司中，可能你是对项目最终的功能最了解的人，而且你也是最终承担后果的人。因此，这时你就必须要扮演"填坑萝卜"的角色，明知是坑，你也得跳。

但"填坑"并不是要把自己给"活埋"了，而是要用自己的学习力和成长力，把项目的短板补上。做商业是通才之路，过于专注在某个专业上会限制自身的发展，而每次填坑都是最好的学习机会，这是商业人士要善于把握的。

领导这个资源不是专业，而是权力，我们去找领导要的是领导的支持，然后通过领导的授权来推进工作，是把领导的权力和你自己的智力结合起来，从而去解决那些超出职权范围的风险问题。

如何用好领导？| 43

为什么要谈这个问题呢？因为它非常重要。在商业项目面临的所有风险中，资源不足是最大的风险。其中关键的资源有两个，一个是钱，一个是人。

钱的风险是硬性的，除了融资能力和合理调配之外，没有太好的办法，但是钱的风险一般是老板在扛。而人的风险则是我们重点要防范的，人的风险并不是说没有人，而是没有专业的人，这时就会出现无人决策或者是决策失误的问题。这样的情况其实是在商业地产开发的现状中很普遍的。

笔者讲过这个时候商管要敢于进来填坑，因为商管不填，是没人会填的。商业项目最终兜底的就是两个人，一个是商管，一个是老板。商管是跑不了责任的，因此，与其后面被动，不如前面掌控主动。

但是有一个问题，我们进来填坑，承担了我们不应该承担的职责，这件事本该由别人负责的，他不愿意做或者不愿下决策，我们替他做了，替他下了决策。此做他们会感激我们吗，会配合我们吗？恐怕不会。

那些外部的服务商，合同不是你签的，对接人不是你，付款不通过你。他们会配合你吗？恐怕也不会。

如果你这样跳进去，不就是去"活埋"自己吗？这个时候就需要你去调动领导或者是老板这个资源了。至于怎么去找领导？笔者前面说过，这里不重复叙述。原则就是你要带着解决方案去找领导，而不是把问题甩给领导，如果你去甩问题，领导一定不会满意的，有经验的领导也不会接。如果你想甩问题，那一开始你就不要接，接了你就要负责到底。

领导是个很重要的资源，但这个资源是什么？你要清楚，领导不代表专业。也许你的领导很专业，你的问题他都能帮你想到办法，能主动帮你，那你就太幸运了。但是通常情况是你的领导并不是商业出身的，你才是专业的人。要拿主意的是你，你不是去询问该怎么办的，你是去让领导支持你的。

所以领导这个资源不是专业，它是权力。你去找领导要的是领导的支持，然后通过领导的授权来推进工作。你是把领导的权力和你自己的智力结合起来，从而去解决那些超出你职权范围的风险问题。

> 项目管理是矩阵式管理，团队往往是因项目而组建，成员来自各自的主管部门，项目结束即解散，各自回归原本部门。因此，在项目管理中，负责人要想让项目顺利开展，必须有意识地主动获取和争取权力。

项目团队管理 | 44

下面我们来讲一下项目管理关键点的第六条——团队管理。

团队管理是我们耳熟能详的概念，凡管理必会谈到团队的问题。现代社会分工细致，工作的复杂性高。个人英雄主义是没市场的，做事必须要依靠团队，靠集体的力量才能更好地实现目标。不过需要注意的是，项目管理中所说的团队管理跟常规的管理是不同的。

常规的管理是层级管理，就是金字塔模式，有非常清晰的职级和权责范围。一级管理一级，指挥线非常的清晰。在一些企业里甚至会形成"官大一级压死人"的局面，在这样的管理模式下，依靠指令就可以推动工作，比如，我们的运营管理就是典型的层级管理模式。

而项目管理是矩阵式管理，团队往往是因项目而组建的，成员来自各自的主管部门，项目结束即解散，各自回归本部门。而项目负责人是临时指派的，跟团队成员之间原来并没有上下级的直属关系，其权力来自项目经理任命书。在一些管理不规范的企业，甚至都没有书面的任命书，项目经理是由口头任命的。

因此，依靠层级管理那种上传下达的方式是很难管好这样的团队的，在这种模式下，必须要发挥团队成员个人的积极主动性，依靠成员间的共同参与、共同配合，才能高效地完成任务。

事实上，从管理学的角度来讲，矩阵式管理是层级管理的一种升级，但是在现实中，矩阵式管理的项目负责人往往会面临一个困境，就是团队成员不听话。所谓团队必须是一种声音一个思想的，这在层级管理中是很容易达成一致的，但是在项目管理中，项目经理如果没有经验的话，则会变成许多声音和许多思想。

为什么在项目管理中会出现这种状况呢？这跟项目负责人的法定权力不足有关。因此，在项目管理中，项目负责人面临的首要问题就是如何获得必要的权力。在项目管理中，项目负责人要想让项目顺利地开展，必须有意识地主动获取权力和争取权力。这跟层级管理是不同的，层级管理中的上级对下级的指挥权是具有合法性的。

而项目负责人对团队成员的指挥权就不一定是充分的。比如，有的项目负责人虽然负责项目的整体推进，但实际上他直属管辖的仅是工程部，而设计是由集团设计中心负责的，营销也是由集团营销中心负责。在这种局面下，项目负责人如何更高效地管理好项目，就需要他对权力的本质有更深入的认识，主动获得管理的合法性，从而有效地推进工作。

做事的资源主要是人、财、物，财和物是没有生命的，分配过来的就可以自由支配但是人不同，人有思想，有情感，并不是分配给你了，就能发挥最大效用，这就需要依靠权力来统一认识、统一行动。

权力的决定性 | 45

提到权力，很多人会跟争名逐利联系起来，认为这是个负面的东西。其实权力是一项很重要的社会资源，我们做事是需要资源的，而资源的特点就是稀缺性，它是不充分的、不够用的，一个国家是这样，一个企业更是如此。因此，必然存在着资源分配的问题，就是谁应该得到资源？什么事应该重点投入？这个资源的分配就是由权力决定的。

做事的资源主要是人、财、物，当这些资源分配到你这里之后，财和物是没有问题的，既然分配到你这里了，就可以由你来支配。但是人不同，他是活的，他是有思想、有情感的，并不是这个人分配给你了，就能发挥最大效用的，有时候他可能还是负效应，这个时候就要统一认识、统一行动了，这就要靠权力。

因此，权力是一种最重要的资源，它决定了其他资源的效用。你要想做事就必须有权力，否则你就只能想想而已。我们这里谈的团队管理，其实就是指如何调动人的积极性，为一个统一目标而努力。

在金字塔模式下，领导具有充分的指挥权，下级是必须服从的，如果领导够强势，下属的执行力也会很强。但是它适合运营管理，不适合项目开发。

因为运营管理是相同的事，每天重复做，它每天都是一个标准化的动作。相对来说，它对员工的主观能动性和创新能力并不是太依赖。只要这个领导具备足够的经验，他依照一个标准化的体系，就足以推动整个工作，并且能做出很好的业绩。

而项目开发则不同，它是由项目启动到项目结束的一系列节点构成的，每件工作基本都不同，而且面对的内外部变化也非常大。在整个过程中非标动作非常多，随时会要求相关人员创造性的做出解决方案。如果参与人员都没有动力去主动解决问题，而是把问题都上报给项目负责人，那么就是把这个项目负责人给累死，他也无法把项目做好。因为开发中面临的都不是标准化问题，这些问题都牵扯到很深的专业性。

因此，项目管理就需要把参与者的积极性调动起来，要给予他更多的自主空间，还要关注他个人的专业成长。这样的管理要求就不是原来金字塔模式所能胜任的了，因此，才出现了矩阵式管理，以充分地调动每个人的积极性。项目负责人从一个大权在握的领导，变成了一个协调者。

这时项目负责人的法定权力被打折了，很多时候他不能直接去指挥了，就是让他去指挥，他可能也指挥不了。比如，你让一个营销出身的项目负责人去指挥工程，他是根本无法胜任的。这时怎么去获得法定权力之外的权力就非常关键。

权力实际上是一种影响力，就是让别人按照你的思想去行动的力量，分为正式权力和非正式权力。正式权力是岗位说明书或者是任命书所赋予的权力，而非正式权力是靠个人的人格魅力所形成的。

如何培养非正式权力？ | 46

权力实际上是一种影响力，就是让别人按照你的思想去行动的力量。从这个角度来讲，权力又分为正式权力和非正式权力。

正式权力是岗位说明书或者是任命书所赋予你的权力，这个权力是公开的、明确的，就是哪些人归你管，哪些事归你管，管到什么程度，都是由企业内部制度所明确规定的，如果有人挑战你的这些权力，他就是在挑战公司制度。你行使这些权力也比较简单，直接下命令就可以了。

而非正式权力则不是由制度规定的，它是靠个人的人格魅力所形成的。

可以说正式权力是由位置所赋予的，只要你在这个位置上，就天然拥有这个权力。就像历史上的晋惠帝一样，他没有能力很好地行使权力，但是这个权力依然是他的。而非正式权力与位置无关，它是与人有关的，它是因领导者本身的个人魅力和专业素养而产生的权力，人在，这个权力就在；人换了，这个权力可能就消失了。

那么非正式权力是由哪些因素产生的呢？

第一，愿景。愿景就是要善于挖掘项目的意义，这实际上是对内造势。项目负责人必须要能找到项目的意义所在，把项目的价值拔高，赋予项目一个宏大的目标。这样才能获得领导的支持，资源才会向你倾斜，各职能部门才会充分的重视。

而你所带领的团队也会更有积极性，因为大家在面对一个平淡无奇、毫无价值的项目和面对一个意义重大、战略性的关键项目时的心态是完全不同的。后者会给予参与者一种责任感和成就感，他就愿意主动为项目贡献自己的力量，有时候甚至会愿意牺牲个人利益来保证项目的工作。

第二，激励。你既然不能用强制的手段去推进工作，那你就要善于利用软技能来达到目的，这就是激励。

激励有两种，物质激励和非物质激励。一般来讲，在项目负责人手中能掌握的物质激励也是很有限的。而非物质激励则是无限的，它包括表扬、肯定和鼓励，还包括支持和帮助。这些都可以使团队成员获得心理上的满足，从而更愿意积极地配合你工作。

第三，专业。这是一种专家权，很多时候它比法定的正式权力都要有效，但是它不是天生的，而是靠个人的努力，不断积累起来的。

也就是说，如果项目负责人在专业领域的能力和水平特别高或者以往有成功的项目案例，那么他就会拥有专家权。

有了这个权力，别人就会对你很服气，就会信任你，对你提出的要求就会少质疑，多接受。这样你就能够很轻松地推进自己的主张和思想。

当面临项目管理的局面时，首先要做的就是确定你的法定权力，这时候一定不能太谦让，要积极主动地向上一级领导申请和争取权力，一般项目所需要的权力，主要是人、财、物方面。

如何争取法定权力？| 47

大家可能会觉得笔者在谈团队管理时，说的内容跟别人不一样，笔者谈的情怀、高大上的理念都很少，而始终是围绕权力来谈的。

实际上，权力才是团队的本质，一个团队说到底就是谁是老大，谁是追随者，谁说了算，按谁的思想去执行？民主只是决策的过程，一旦决策了，就只能有一个声音，否则大家各想各的，是不可能高效推进工作的。

所以当你接到一个任务之后，并没有让你自己去招兵买马，而是从各个部门抽调一些人员组成一个班子，并且你的行政职务也并没有高于所有的团队成员。那么恭喜你，你面对的就是一个项目管理的职位。

这种情况下，首先要做的第一件事就是确定你的法定权力。这时候一定不能太谦让，要积极主动地向上一级领导申请和争取权力。一旦领导批准了你的申请，那么就意味着你在项目开发期间获得了授权，你就可以合法地行使权力。

一般项目所需要的权力，主要是人、财、物方面。

关于人权，你可能不会获得招聘权与辞退权，但是你一定要拿到考核的权力，进一步要掌握奖惩的权力。有奖的权力，你才能去激励；有惩的权力，你才能去控制。

关于财权，你需要争取预算，预算就是钱，做任何事都需要钱的，没钱会难倒英雄好汉，所以接这个任务到底有多少预算，是你要重点去争取的。并且在整个预算中，要有一部分是你可以自由支配的。这样在你用钱时才会有一定的灵活性和效率性。

关于物权，就是除人和钱之外的其他资源，在有些项目里这是很重要的。比如打仗，物就代表了武器装备和粮草供应。在商业地产开发与商业筹备里面，物的因素可能并不重。

以上人、财、物方面都是需要你去争取的，事给了你，但是权力不一定会给你，而且权力即使给了，也总是不充分的。所以在接到任务之后，你要以最快的速度算一笔账。然后去跟领导谈，任务可以接，目标可以承诺，但是领导要给予一定的支持，告诉领导你要什么。当然，在这么做时，有几点是要注意的。

第一，要求要清晰、明确，大大方方地谈，不要含含糊糊，让领导搞不清楚你要什么。

第二，要跟项目的工作内容相关，不要去要一些无关的条件。这样你就很容易变成是借机要挟领导。

第三，要有分寸，不要过于贪大。这容易让领导觉得你不是为了做事，而是为了争权。

第四，要尊重公司的制度与流程。你所有的要求都必须是在公司的流程与制度体系之下的，不能搞特殊。

如果你有理有据，一心是为了项目考虑，同时也没有违反上面这些注意事项，一般领导都会在自己的权限范围内，给予你最大支持。

项目管理小技巧 | 48

我们分享了正式权力和非正式权力的来源，当你掌握了这些权力就能很好地推进工作。但是上面这些分析仅仅只是一个理想状态，在实际运作中，并没有这么简单。

首先讲正式权力，即使你可以拿得到，但它不一定有效，就是别人不一定会服从你，特别是项目越重要，公司给你配置的团队，能力就越强，这时你管理的难度就越大。

因为能力强的人，往往资格也很老。很多企业做大了之后，都会有"工号文化"，入职年限越长，工号就越小；入职越晚，工号就越大。而假如你的工号很大，而你的团队里全是老资格时，即使你有正式的权力，往往也贯彻不下去，这时候，虽然你手里有奖惩的权力，但是你也会投鼠忌器，轻易不敢使用。

再说一下非正式权力，这些权力都依赖于个人的人格魅力，它的积累是有一个过程的，特别是像专业权，是需要很多的操作经验积累之后才会有的。而当你自身的经验也不足时，即使你知道它的原理，你也应用不了。

也就是可能会出现一种情况，就是这两个权力都不是那么好使用。而这时，你也不能说工作不做了，还是要做好的。那该怎么办呢？

第一，要善于造势。关键会议你一定要请领导来参与，而且这个领导的级别要尽可能高，至少要比项目团队里所有人的级别都高，大领导的参与，就代表着领导对这件事的重视程度。这相当于是一把"尚方宝剑"，有了这把"剑"，所有人都会更重视这个项目，也会更支持你的工作。如果让领导在会上点一点大家，并且明确表态支持你的工作，效果就会更好。

第二，要搞好跟领导的关系。如果你跟领导关系很好，是领导眼中的红人，你的想法都会得到领导的支持。这时，当你去带领一个团队时，团队成员就会更积极地配合你工作。因为这个时候大家看的并不是你，而是你背后的领导。

第三，要及时地把工作进展向领导进行汇报，并且让领导签字。这个时候，你并不是要去得到领导的认可，你要的只是领导的签字，即使他没看内容都没有关系。因为只要有领导签字，就证明这件事领导知道了，而且领导也在关注，那么团队的其他人就不敢敷衍你。

上面这些都是一些小技巧，对于项目负责人来说更重要的还是自身的成长，当你越来越专业，别人就会越来越信服你。同时，要主动与团队成员保持积极有效的沟通，从而通过协商一致来获得大家的支持。

沟通是门艺术 | 49

下面我们来讲一下项目管理关键点的第七条——沟通管理。

沟通是一种建立人际关系的双向过程，通过沟通技能，我们可以不借助权力的强制性，就能影响别人，使其按照我们的意图去行事。沟通是一种重要的技能，它在项目管理中尤其重要，因为项目管理采取的是扁平化的矩阵式组织模式。这种模式的初衷就是为了打破部门之间的沟通壁垒，它非常适合那种需要复杂协作才能完成的工作。

在项目管理中，通过组建项目团队，使各个参与人不需向自己的直属领导汇报工作，而可以直接向项目负责人汇报，这样就提高了沟通效率。但是这样也带来了新问题，就是项目负责人权力不足以及双重领导的问题。在传统的金字塔模式中，要求一个下级只能对应一个上级，否则指挥链就会混乱。

但是项目管理的特性就是双重管理，员工可能有一个直属条线的领导，还有一个项目领导。比如，很多商管公司是挂在城市公司名下的，人员受城市公司管理，但同时他们可能还要受集团商业中心的管理。这些问题都是要依靠沟通来解决的，项目管理本身就是用沟通取代指挥来推进工作的。

有研究说在工作中的硬功夫，如能力、智慧、经验等，在一个人的成功中只起到了 25% 的作用，而剩下的 75% 都取决于良好的人际关系沟通。

因此，一个项目负责人 75% 的时间和精力就应该用在沟通上，良好的沟通能力是其推动项目的有效武器。

沟通很重要，大家也都知道它重要，现实的问题是，大家都自以为是地认为自己懂得沟通，也真的去沟通了。但事实是很多人的沟通能力是很差的，他们并不能真正理解什么是沟通。

首先，沟通必须是双向的，如果是单向的那不叫沟通。也就是说，如果只是一方在说，另一方只是在听，这只是"沟"，但"通不通"还不知道。

其次，沟通是在双方平等的基础上进行的，如果是上下级之间的命令、指挥，这也不是真正的沟通，这只是要求与接受。

最后，沟通最重要的是要"通"，就是对方要行动或者发生改变，如果对方无动于衷、不置可否，这也不是沟通。

因此，沟通是一门学问，是需要学习的，并不是说，我们天天在讲话，就一定会懂得如何去沟通的。

所谓沟通，"沟"只是手段，"通"才是目的，每次沟通都应该有个计划，沟通对象是谁？沟通的目的是什么？沟通的内容与方式是什么？如果目的实现了，那就是一次有效沟通；如果没有实现，那就需要换种方式继续沟通。

沟通要有计划性 ｜ 50

沟通很重要，几乎笔者见到的所有企业都会强调沟通的重要性，不过与其说是企业重视沟通，不如说是我们做得不好。因为如果一件事大家做得很好，就用不着一直去强调了。只有缺少，才会呼吁。

为什么很多人做不好呢？这里一个主要的误区就是以己度人，自以为是地认为自己所想的就是别人所想的，自己想要的就是别人想要的。

笔者见过一些沟通能力很差的人，甚至会认为自己知道的别人也理应知道。这类人在与人沟通时，没头没尾，横空而出，也不做解释。别人摸不着头脑时，要么认为人家理解能力差，要么认为人家是故意装糊涂。持有如此的理念，又怎么能做好沟通呢？所以要想做好沟通，首先要树立正确的理念，那就是沟通是在双方或多方之间进行的，它不是一个人的自我表达，而是两个人的互动。因此，沟通必须要站在对方的角度来思考。

所谓沟通，"沟"只是手段，"通"才是目的。每次沟通都应该有个计划，沟通对象是谁？沟通的目的是什么？沟通的内容与方式是什么？这样每次沟通要达到什么结果就非常清楚了，如果目的实现了，那就是一次有效的沟通；如果没有实现，那就说明内容或方式不对，要换种方式继续沟通。

当然，要理解这些并不难，每次重要的沟通前做一个计划也不难。是不是有了沟通计划就会有完美的沟通结果呢？未必，在具体沟通实践中，还会有很多的沟通障碍影响着我们的沟通结果。

沟通这种能力，与其说是技术，不如说更像是艺术。如果要讲具体该怎么做，往往语焉难详，但是哪些方式是错的，我们是可以说清楚的。

概括下来，沟通障碍有以下五点：第一，表述不清；第二，爱说行话；第三，缺乏反馈；第四，组织氛围；第五，先入为主。

在现实沟通中，存在一些沟通障碍，会影响到沟通效果，比如爱说行话，行话是一个行业的专业术语，对这些术语的掌握程度反映了一个人的专业度，但如果跟圈外人沟通，过多地使用行话就会降低沟通效果。

为何会存在沟通障碍？ | 51

在现实的沟通中，存在一些沟通障碍，会影响到我们的沟通效果，主要包括以下方面。

第一，表述不清。

我们身边会有一类人，就是不善表达的人，这类人又分为三种。一种是惜字如金，传递的信息过少，要想搞清楚他的目的，就得不断追问，我们俗称"挤牙膏"，要挤好多次才能把他要表达的事情拼凑完整。

还有一种是特别啰唆，这种人一讲起来就是长篇大论、滔滔不绝，一句话的事，让他讲起来，能讲半个小时。而且中间很少跟对方互动，往往让人摸不着头脑，找不到他要沟通的重点。

最后一种是喜欢纠结于细节，往往沟通中很容易就偏离了目标，转为对细枝末节的探讨，正事反而被忽视了。

想要做到表达清楚这事并不难。首先，意识要到位，要明白说是为了让对方懂，因此，要站在对方接受信息的角度来组织语言。其次，平时要学点逻辑知识，逻辑学是门很有用的课。最后，面临重要的沟通时，提前列个提纲，就像有些主持人或者是演讲嘉宾拿的提示卡一样，随时可以看一下自己有没有偏离沟通目标？有没有遗漏？现在手机是很方便的，在手机上列一下沟通要点，随时拿出来看看，既提示了自己，又不会显得突兀。

第二，爱说行话。

行话就是一个行业的专业术语，对这些术语的掌握程度反映了一个人的专业度，概念清晰准确是在专业圈子里沟通所必须的。为什么我们讲行家一张嘴就知有没有，三句话下来，我们基本就能判断出对方的水平，其实看的就是专业术语。

但是如果当我们跟专业圈子之外的人沟通时，过多的使用行话就会降低沟通效果。因为别人可能并不了解你这个行业的术语代表的是什么意思。一方面他会听不懂你说的话；另一方面他可能会用俗语的含义去理解你的意思。这些都会导致沟通不畅或者是沟通有误。所以我们经常说跨部门沟通要讲"人话"，就是要把专业术语转换成通俗的日常用语。

这个在商管公司要尤其注意，因为商业的很多概念，比如定位、业态，在日常生活中都在用，大家都以为自己懂这些概念是什么意思，其实很多人只是作为一个消费者去理解这些概念的，从商业的专业角度来讲，他并不懂，这时候我们在沟通时就尤其要小心，一不注意就会形成误会。

另外，每一个行业中都会有一些中文或英文的缩写，在跨专业、跨部门的沟通中，要尽量使用全称，少使用这些简称。这些都是容易造成误会的地方。

所谓眼见未必为实，并不是真的客观事实，只不过是我们自己以为的事实而已。因此，一旦形成先入为主的印象，就会不自觉地对沟通内容进行加工、过滤，按照自己的理解去分析、去接受或者是去拒绝。

导致沟通障碍的因素 | 52

第三，缺乏反馈。

缺乏反馈并不是说一方主动沟通，而另一方却不加理会，这种人一般很少见，这就不是沟通技巧的问题了，而是人的性格有缺陷了。这里说的反馈指的是什么时候应该沟通的问题。

项目管理的核心指标是进度，根据进度的状况又可以分为三种情形。首先，进度正常；其次，进度受阻；最后，进度停滞。

一般前两者的问题不大。如果进度正常，我们肯定是正常地向上汇报，同时如果任务完成，我们也会及时向下游移交工作。如果进度受阻，出现了问题，我们也会向上汇报，以请求支援，同时会告诉下游，工作可能会延误。

但是在第三种情况下，往往就会出现问题，那么什么是项目进度停滞呢？就是项目没有进展，但也没有问题，就是处于等待状态。比如，等待政府部门的审批，等待内部流程，等待材料到货，等待资金到位，等等。这种情况下，很多人会认为没什么可汇报的，也没什么可沟通的。

事实上，从内容上来讲，也确实没什么可以沟通的，因为对方也清楚我们在等审批、等流程、等材料、等钱。如果你是这样想的，那你就错了，因为沟通不仅仅是内容，它还有一个形式的问题。有时候形式甚至要重于内容。及时地反馈，不断地向对方通报情况，不仅仅意味着信息的传递，它还代表着你对对方的重视和尊重。

如果你长时间不跟对方通报信息，就会让对方有被忽视的感觉，认为你不够重视他，从而产生心理隔阂。一旦隔阂产生，你们之间的沟通效果以及沟通效率都会降低。

第四，组织氛围。

组织氛围就是我们所讲的企业内部环境问题，它是公司企业文化的直接体现。

如果是一种开放的文化，内部氛围就会是轻松和谐的，大家沟通的积极性就会提高。如果是等级森严，大家就会谨小慎微，表达想法都要左思右想，那么人们沟通的意愿就会降低。当然，这里要插一句，就是这两种文化并没有优劣之分，只有适不适合之分。

第五，先入为主。

我们每个人都不是客观地看待外界的，都是带着主观的"眼镜"去认识世界的。这个"眼镜"就是我们的价值观。

因此，所谓的眼见未必为实，并不是真的客观事实，只不过是我们自己以为的事实而已。所以我们一旦形成了先入为主的印象，就会不自觉地对沟通内容进行加工、过滤，也就是会按照我们自己的理解去分析、去接受或者是去拒绝，而这都会造成沟通出现偏差。

如何开一场有意义的会议？｜ 53

在项目开发中，有一种重要的沟通手段，用好了沟通效率会很高，用不好则浪费团队的时间和精力，而且会引起不满。这种手段就是会议。

我们大家都知道做地产开发的会多，做商业地产项目，原则上，会议应该更多。因为项目比住宅复杂，需要协调的事比住宅开发要多很多，基本上你要是联系一个地产开发人员，他十有八九是在开会。

实际上，会议是一种非常有效的沟通手段，它可以把项目的参与者集中起来，围绕一个共同的主题进行讨论以形成决议，这要比私下一个人一个人的单独沟通，效率要高很多而且会议往往是由更高级别的领导来主持的，对于一些争议问题，会上能够及时地决策并划分责任，这都有利于在团队中迅速达成共识，从而快速推进项目。

但是很多人对会议却颇有微词，这是因为在现实中，由于对会议缺乏有效管理，导致大家开了很多无效会议，这就容易把大家搞疲惫了。要想保证会议的高效、有意义，需要做好以下几点。

第一，要有会议计划。会议不管大小，都要有精心的准备，可能有些重要的会议准备的时间长，并且会有详尽的会议议程。而有些会议可能就是临时起意，没有很正式的流程。

但是不管什么样的会议，计划是必须要有的，这个计划包括时间、地点、参会人、会议议题、希望达成的目标。而且会议讨论的内容最好提前一到三天发给参会人员，以便大家仔细地思考并给出意见。

第二，要有会议纪要。凡会议必须有人做记录，会后形成会议纪要，让每个参会人员签字认可。

这样做一方面是把大家的意见都留存下来，以便日后查阅。特别是我们商业项目，每个人都敢发表议论，控制不好影响会议目的的达成，如果都记录在案，大家发言时就会有所顾忌，不会信口乱说。

另一方面，把会上的决议记录下来，让大家签字认可，这就把会议的成果固化下来了，如果没有这个环节，可能会议开过就算了，没有形成任何进展。

第三，要保证参会人员。要保证所有关键人都必须能按时出席，真的碰上特殊情况，也要尽可能以音频或视频的形式参与。否则就会影响会议目的的实现，我们经常会碰到，会议开了半天，最后没法做决议，因为关键人没到。

原则上也不接受替代人代为参会，除非这个人有决策权。很多时候，正是因为不想表态才不参会的，这是不允许的。另外，要有签到签退制度，不能让参与人中途离场跑掉，有些人会按时参会，但是到表态之时会借机跑掉，这个也是要防止的。最后，你在设定参会人时，就要考虑清楚，无关人员就不要让他参与进来，有些人想要分摊决策责任，会尽可能多地拉人参会，这只能形成推诿扯皮，对提高效率一点帮助都没有。

第四，要控制会议过程。要想让会议有效，还要控制好会议的过程，会议上会碰到两类人，一类人滔滔不绝说个没完，而且还会偏离会议主题。另一类人是沉默不语，不愿发言。所以会议还要对发言顺序、发言内容、发言时间有所控制，要求所有人都必须发言，并且要言之有物。

第五，要有会后的跟进与检查。会后，要及时关注会议决议的落实情况，所谓没有检查就没有执行，如果没有执行会议就白开了。

要学会倾听 | 54

通常我们谈起沟通的时候会认为表达很重要，也就是我们会重视口才，重视怎么说。当然，要想做到有效的沟通，表达是不能出现障碍的。

但是在沟通中，还有一个更重要的能力，那就是听。听的能力往往比说还要重要，因为只有通过听，了解了对方的真实想法和利益诉求，你的表达才有的放矢，才能更好地得到对方的认可。

很多人认为口才是要学的，而"听"太简单了，根本就不用学，每个人都会。事实上大部分人是不懂得如何去"听"的，我们"听"的能力要比我们想象的弱很多，要想真正听懂对方是需要用心听的，也就是所谓的倾听，但是大多数人其实是在用嘴听。

什么叫用嘴听呢？就是根本没有用心听对方的表述，而是始终在琢磨自己该怎么说，具体表现为两种类型。

第一种类型是急于打断对方，对方还没说完，就急着表达，这类人的口头语就是"我知道你的意思"，然后一说话，对方说我不是这个意思呀，这类人就会马上说"我明白的"，其实他只是自以为明白，事实上他根本没明白对方的想法，基本上沟通到这里就已经开始偏离目标了。最后甚至会变成一场争执，就是去争论对方到底是什么意思了，这样的沟通就完全没有意义了。

第二种类型虽然会听一段时间，甚至会一直听对方说完，但是他并不是在仔细地分析和研究对方的意思，他是在试图寻找对方的漏洞和错误，一旦被他找到，马上就开始攻击，这类人常说的话是"我觉得你在××方面说得挺对的，但是……"。事实上这类人也不会真的去研究对方所想，他听只是为了反对，一旦找到反驳的点，就不会再去听了。

上述两类人在生活中其实很多，这都是不善倾听的表现，真正的倾听是要放下自己的成见，认真地听取别人的意见和想法，利用多种沟通技巧努力达成对工作的共识，并一起研究解决办法，这才是理想的沟通。

只有在这种积极有效的沟通方式下，项目经理才能获得超出正式权力之外的影响力，从而能够获得团队的支持，把自己的思想贯彻到底，最终实现项目管理的理想目标。

干系人指的是所有因自身利益而与项目发生关联的人。因为人是非常活跃的因素，而且难以控制，它对项目进度的影响不言而喻，所以应该通过管理消除其不确定性，减弱其对项目可能产生的负面影响。

干系人管理 ｜ 55

下面我们来讲一下项目管理关键点的第八条——干系人管理。

所谓干系人就是项目的利益相关人，凡是人类的行为无不牵扯到人的利益，为什么项目管理要把利益相关人专门拿出来进行管理呢？这跟项目管理的特性有关，因为传统管理是个持续改进的过程，而项目管理是一次完成的，因此就必须做到对所有可能影响项目进度的事情进行管理。

人是非常活跃的因素，而且非常难以控制，它对项目进度的影响是不言而喻的，因此也应该通过管理消除其不确定性，减弱其对项目可能产生的负面影响。

这里所说的利益相关者要超出我们正常理解的范围。按照干系人的标准定义，干系人是指影响项目决策、活动、结果的个人、群体或组织，以及受或自认为会受项目决策、活动结果影响的个人、群体或组织。

根据这个定义也就是说，所有因自身利益而与项目发生关联的人都是干系人。这包括以下三类人。

第一类是对项目有直接影响的人。这包括项目的团队成员、领导、客户、外包服务商、材料或设备供应商等。这些人都是项目的直接参与者，他们的决策和行为对项目进度的影响是巨大的。

第二类是自身利益会受到项目过程或者结果影响的人，比如家人、恋人等。如果项目进度很紧，必然需要经常加班，而这就要占用员工的生活时间，导致其与家人或恋人相聚的时间减少，这其实是侵犯了家人的权利。这时如果不能获得家人的支持，后院起火，必然影响工作，进而影响到进度。

第三类是自认为自身利益受到项目影响的人。这类人又包括两种：一种是真正会受到影响的潜在利益人；一类是根本与项目无关，但是他自认为受到了影响的人。

潜在利益人是现在还不清楚利益会受到影响，但在项目推进中，会逐步发现。比如，我们的商业项目很多是采取玻璃幕墙的，玻璃幕墙对阳光反射之后，会对周边的住宅有一定影响的，可能周边的居民一开始并没有意识到这个问题，但是随着施工进度的推进，他就会有直观的感受了。

另一类人更麻烦，对于这类人而言，利益影响完全是他自己想象出来的，其实根本与他无关。比如，假定你的项目是在核心城区，这种项目周边往往建筑密度很大，其中有一栋建筑是在安全距离以外的，我们的施工对其安全性并不产生任何影响。但这栋楼的业主们就是认为我们的施工会影响其住宅的安全性。他们就会变成维权者，会采取各种手段来阻碍项目的推进。

全面覆盖，区别对待 | 56

我们仔细研究就会发现项目干系人是一个庞大的群体，要把这些利益相关者都管理好，使他们成为项目的助力，而不是障碍，是有相当难度的。

一般来说，项目的领导、团队重要成员、关键客户，我们都会给予重点关注，不但会及时保持沟通，还会努力维护好关系。但是如果用这种方法来针对所有的干系人，我们会发现自己手中的资源是不够用的，即使资源够用了，我们的精力也是不够的。

因此，管理干系人的原则是"全面覆盖，区别对待"。

全面覆盖就是不能有遗漏，要把所有干系人都涵盖在内，所有干系人的利益都要提前照顾到。但是在关注所有干系人的利益时，并不是平均分配的，而是要有区别，不同的人我们给予的资源与精力是不一样的。

那些对项目影响重大的、重要的干系人，要投入足够的资源，重点予以关注。而对那些对项目影响较小的一般干系人，只需不要遗忘他，用最小的精力与注意力关注一下就可以了。

但是我们一定不要忽视那些看似普通的项目干系人，有时候他们也能起到非常重要的作用。

笔者就经常会告诉一些开发商朋友，在选择合作伙伴时，一定要做尽职调查，在调查时，其中有一个技巧就是请对方普通员工吃个饭。比如，司机就是一个很好的对象，因为企业中的大部分秘密都是对外而言的，对内很多秘密都是公开的，如果你有一个内部人，就会更全面、更真实地了解这家公司。

为什么说司机是很好的对象呢？因为他平时的工作是开车，可能接送过各个部门的人，因此，在车上他会听到各种各样的信息，他了解的事情是很多的，所以也许能从他这里挖到很多信息。类似这样的岗位还有很多，像公司前台、行政秘书、助理、门卫、保安等，在平时跟这些人搞好关系，关键时候也许会起大作用。

比如，笔者有一个朋友平时包里就会带着糖果、零食之类的，见到这些岗位的人，都会送个零食，简单打个招呼，根本花不了什么精力，但是效果很好。早上来晚了有人帮他打卡；老板行踪有人给他汇报；有什么对他不利的信息，第一时间他就能知道等。

所以在关注那些重要干系人的同时，对那些不太重要的干系人也要照顾到，这些人对你的工作也是有促进作用的。

干系人管理技巧 | 57

关于干系人管理，把理论的东西抛开之后，它其实就是要我们维护好各种关系。

守望相助、礼尚往来本来就是我国的一种良好的文化习惯。真的要做到这一点，就要真的关注对方，真的在对方身上投注精力和情感，真的回到人际关系本真的层面来。

我们现在已经把这件事给庸俗化了，处理外部关系就是直接输送利益，处理内部关系就是吃吃喝喝，这把整个社会都给腐蚀了。但风气如此，不这样做还不行。不过你一定要清楚的是，仅仅做到这些是不够的。要想真的处理好人际关系，你还是要回到人类情感的本质上去考虑。

要打动对方，就不能以己度人，认为自己喜欢的就是对方喜欢的，你就要用心去发现对方真正的爱好，发现对方真正的需求，你才能真的懂得对方。这样你送的礼，不一定很重，但是效果会很好，而且会跟对方产生情感连接。

真正了解清楚各类干系人的情况，除了投其所好地维护好关系之外，你还能发现干系人之间的复杂背景，这个对你开展工作意义更加重要。人类是一种关系型动物，每个人背后都有一张庞大的关系网，这张关系网代表着人们的情感和利益。

当你采取行动的时候是从工作出发的，你认为这样做对工作是有利的，但是如果你不清楚这样做会伤害谁的感情和利益，那你就会碰到麻烦。比如，在很多企业，商管公司会成立的比较晚，这个时候，可能已经有一家顾问公司在给项目提供前期服务。如果你是商管公司的负责人，发现这家顾问公司并不能满足你的需要，可能会把这家公司换掉，这是没有错的，委托关系的前提就是信任，如果你不相信它的能力，就应该把它换掉。

但是你不清楚的是，这家顾问公司的合伙人可能就是你们公司某位高管的亲戚，或者这家顾问公司跟你们公司某位高管有利益输送关系，再或者即使这家顾问公司跟你们公司的高管们没有什么瓜葛，就是当时做决策的时候，曾有个领导力保这家公司，就因为如此，这个人就可能成为你的反对者。

因此，在换掉这家公司时，你要搞清楚如果换掉它，会不会伤害到其他人？这些人会不会做出反击？你应该怎么应对？否则的话，你在不知道的情况下就会得罪一些人，这些人会处处阻碍你的工作，由于你不了解原因，也就无法做出有效应对，这就会让你陷入被动。在筹备阶段，商管公司的人是很容易失败的，这就是其中一个原因。

讲这些不是让你在企业做事束手束脚、畏头畏尾的，那样是做不好商业的，做商业的人必须要强势。关注这些是让你提前发现风险点，提前做好预案，不让它对你的正常工作产生负面影响。当然，出现这种情况，你是不好在短期内化解对方敌意的，但是如果老让他针对你，就会拖累你的工作。这时你要想办法让他的反对发不出来或者发出来也无效。

在干系人管理中，除了要拔掉钉子之外，还要关注一个更为严重的局面——权力之争，比如在一个管理不健全、不规范的企业，权力斗争会没有那么多顾忌，于是某些人就会为了一己私利，不惜牺牲公司的整体利益。

干系人的权力之争 | 58

在干系人管理中，除了要拔掉钉子之外，还要关注一个更为严重的局面，那就是权力之争。

我们之前所讲的金字塔模式也好，还是项目管理的矩阵模式也好，都是假定处于一个管理健全规范的企业中。这样的企业，内部管理规范、权责明确，权力的分配处于一种稳定平衡状态。

当然，这种企业也并不是完全没有权力之争，但是这种权力之争是在规则范围内进行的，大家对企业的制度、流程和权力是尊重的，没有人敢于挑战公司整体利益的底线。但是假如你身处于一个管理不健全、不规范的企业，则权力斗争会没有那么多的顾忌，某些人会为了一己私利，不惜牺牲公司的整体利益。

这里笔者举两个亲身经历的例子。

第一个是乙方的例子，因为笔者的分享是以甲方视角为主的，所以讲甲方的多，但是实际上干系人管理对乙方更重要。笔者有过一段乙方商管公司的工作经历，在河南省内帮助甲方招商、开店，曾经有个项目，当时我们招商还不错，也按时开业了，按照我们跟甲方签署的协议，后期也是由我们来运营管理。但是开业后，就一直不太平，不断有商户以各种理由来闹事，当时，笔者认为这是培育期的正常现象。

实际上，这是由甲方的一帮当地人在背后支持和鼓动的，原因很简单，开发是项目制定的，开发结束，项目公司就要去接手新项目，如果公司没有新项目，班子就解散了。而商业运营是持续经营的，于是这帮人就看中了商业公司的位置，认为这是块肥肉，但是他们如果想接手，就必须把我们赶走。因此，就不断鼓动商户来闹事。

第二个例子是甲方的例子，当时，我们发现代理公司的水平不行，可能无法完成公司的任务，因此，想换掉他们。本来这种事是很正常的，大家坐下来沟通一下就好了。

但是公司内部有个行政经理想借机上位，于是他就在双方之间挑事，一边在公司散布对这家代理公司不利的言论，一边又跟这家代理公司私下接触，向他们透露公司的意图。结果把一件公司与公司之间的事情，变成了私人恩怨。

导致代理公司坚决不撤场，最后双方闹得不可开交。而这个行政经理就一直在暗示公司，这件事就只有他能摆平，他把这件事搞得这么僵，就是想借机获得升迁的机会。

对于以上这些人来讲，企业的利益根本就是无所谓的，他们就希望把水搅混，才好获利。因此，如果你的企业管理不健全，那还得随时提防跳出一个野心家来。

干系人管理的目的是要控制好一切可以影响项目进度的因素，有利的因素要放大，不利的因素要提前预判并采取措施，如果一个人自认为其利益跟项目相关，那么他很可能就会以某种方式介入项目。

干系人管理的目的 | 59

干系人中的内部团队、领导、客户，这些人我们都好理解，他们与项目利益关系也很明确，但是还有一类人是属于自以为自己的利益与项目有关系的。对这类人很多人就搞不懂了，因为他们很可能与项目并没有直接关系，为什么我们要关注他们。

实际上理解了干系人管理的本质，就很好理解这个问题了，干系人管理并不仅仅是我们所说的职场关系和客情关系，它的范围要远远超出这些关系的范畴，而且目的也不一样，职场关系和客情关系目的是为了维护好内外部关系，构建一个良好的工作环境。而干系人管理的目的是要控制好一切可以影响项目进度造成的因素，有利的因素要放大，不利的因素要提前预判并采取措施。

一个人如果自认为其利益与项目相关，那么他很可能就会以某种方式介入项目，这就会对项目造成影响，这种影响最终就反映为对项目进度造成或有利或不利的行为。

其实这种事情在开发中是很常见的。比如，在你项目旁边有一栋已经在使用的居民楼，你的工地是在施工安全距离之外的，而且你也采取了必要的防护措施，按说项目与这栋楼的居民是没有直接关系的。

但是假如这栋楼的居民认为你的施工会影响他们大楼的安全，其必然会干扰你的施工，这必然会影响到项目的进度。再比如，日照也是个敏感问题，按照法规你的日照是达标的，但是如果有居民就是认为你侵占了他的日照，又是投诉，又是上访的，那你的进度必然也要受到影响。

商业项目中的品牌封锁也是个例子，本来两个项目处于不同商圈，事实上是没有竞争关系的，但是先进入者，很可能会对后开业的商场进行品牌封杀，严禁自己场地中的品牌与新项目签约，从而导致新项目招商受阻，进而影响筹备进度。

在项目管理中，不要仅仅认为合法合规就万事大吉了，人情事理也是需要注意的。现实中大量的人是不尊重法律的，一旦出了事，总是从人情上去找理由。法律是很严谨的，是非对错非常明确，而人情则有很大的主观性，各人都可以依据自己立场做出对己有利的结论。

所以除了合法合规之外，你还要从人情的角度去揣度一下，究竟谁会认为自身的利益受到了项目的影响。

如何让他人为我所用？| 60

在干系人管理中，有一类人会自认为其利益与项目相关，这类人会给项目造成一定的麻烦。但是这种自认为与项目相关者，并不都是对项目有妨害的，某种情况下，会有一些自认相关者对项目是有利的。

我们做事的资源往往是有限的，尤其是人力资源，笔者很少见到在哪个项目中，人力是很充足的，缺人往往是常态。因此，我们在做项目时要多一个思考，就是有没有无关的人或者是别人的人可以供我们使用。

比如，一些活动类的项目会用到志愿者，这些志愿者往往都是一些大学生，相当多的志愿者都是免费服务的，不拿报酬的，而且非常用心，甚至比自己人都可靠。这就要求我们能赋予自己做的事一种超于功利的意义，从而可以吸引外部的人员加入到项目运作中来，成为我们团队的一部分。

像创业者社群 workface，它在全国各个城市都有自己的分舵，这些分舵坚持每周四晚上举办一场创业分享会。这件事如果让企业来做，每周一场活动，相关的人一定会觉得很难。而 workface 中的专职人员非常少，几乎全是志愿者，都是抱着公益之心参与活动的，活动是公益的，不收费，只要报名就可以参加。人也是公益的，组织者都是志愿者，不拿任何报酬。

如果你把 workface 看成一个项目的话，它的管理是非常成功的，它利用创业的理想和激情，提出了"所有人服务所有人，所有人向所有人学习，所有人支持所有人"的口号，并以此构建了一个全国性的创业社群。

很多人说我们就是一个普通的业务，没有那么多情怀可以去吸引人，那该怎么办呢？其实你忘了一个人，就是你的客户。有时候客户的人是可以为你所用的。这个观点在商业地产开发中对乙方更有意义，因为大量的工作是乙方在做，甲方是负责决策和管理的。

笔者见过很多乙方把自己包得严严实实，不让甲方人员介入，这其实是很不明智的。正常情况下，让甲方介入，对乙方好处是很多的。一方面是有了顺畅的沟通渠道，便于双方建立相互信任的关系。另一方面甲方的资源能够被你调动和利用。

笔者在一个项目中就碰到过这样的乙方代表，这家供应商是做 ERP 的，商业的 ERP 在调试和运行初期会有大量的问题，但是大问题不多，基本上都是一些小问题，由于甲方人员对系统不熟悉，所以会频繁地需要乙方人员到场。这个在乙方人手紧张时是很麻烦的，而且也增加了乙方的成本。

笔者碰到的这个乙方代表就很聪明，他发现甲方的信息部负责人是个刚毕业的学生，而且是学硬件相关专业的各方面的专业度都很差。所以他在做很多工作时，会把甲方这个小伙子拉上，同时在信息部制度建设、硬件、布线等方面都会给小伙子提建议。

这样小伙子就变成了他的代言人，在甲方内部会主动维护他的利益，有信息会向他透露。更重要的是，出了小问题根本不需要他到场，小伙子在他指导下自己就化解了，很多问题都是这样被解决的。

这就是一个很好的例子，通过一些策略，把甲方的人变成了自己的人来用。总之，在我们做项目时，资源总是有限的。不会利用的人，自己的资源都用不好；聪明的人，会把别人的资源借过来用。

移动互联网时代的出现，人们随时可以获得信息，并且人人都是自媒体，可以主动传播信息。于是，企业以及企业的行为变成了透明的，干系人也变成了不特定的泛干系人，这就对企业的干系人管理提出了更高要求。

自媒体的力量 | 61

前面讲了项目干系人包括利益相关者和自认为与项目利益相关者。

这些人还是比较容易判断的，因为他们自身的利益的确与项目有关，我们只要围绕着项目仔细思考一下，基本上都能把他们找出来。

但是随着互联网的发展，情况发生了一些特殊的变化，现在我们已经进入移动互联网时代，传播碎片化，人们随时可以获得信息，并且人人都是自媒体，还可以主动传播信息。在这种时代背景下，干系人就不仅仅是利益相关者了，只要他对你的项目感兴趣，就可能会对你的项目产生影响。也就是说，干系人现在已经泛化了，任何人都可能会成为项目的干系人，这对企业干系人管理提出了新的要求。

接连有几个知名企业出问题，情况一发不可收拾，就跟这个干系人泛化有关。

当然，笔者并不是说企业在事件中没有责任，它肯定是有管理责任的，它过于看重自己业绩，而忽视了公共安全。但是这也是思维惯性的原因，因为之前企业出了问题，各大媒体做下公关，信息和舆论被控制住之后，企业该整改就整改，该赔偿就赔偿，风险就可控了。就算是互联网出身的企业，可能都没有真的把自媒体时代当回事，所以就被搞得焦头烂额。

再举个商业地产领域的例子，就是重庆凯德的来福士项目，由于这个项目位于朝天门，这个位置过于敏感，七年来争议从来没有间断过。比如，项目是否对朝天门原有风貌造成影响；是否会给区域交通带来不便；是否会破坏对古城墙的保护；等等。

幸亏政府比较支持这个项目，凯德也积极应对，对每一次质疑都拿出了合理的解决方案，才使项目得以顺利推进。

总之，移动互联网时代，把企业以及企业的行为都变成了透明的，干系人也变成了不特定的泛干系人，这就对企业的干系人管理提出了更高的要求。

干系人泛化的问题 | 62

干系人泛化是个十分严峻的问题，这个群体一旦形成意见，就会产生一种强大的表达与落实的欲望，恨不得立见其成。因此，搞不好就会群情激愤、难以控制。但是这个群体很多时候又缺乏深思熟虑与应有专业判断力，很容易受情绪的牵引，随性而为。所以我们经常会看到舆论反转的剧情。

因此，这个泛干系人的群体不但数量庞大，而且是不特定的人，善变且极易受情绪鼓动，企业管理起来就会感觉无从入手。

那么，既然这个群体很难去把握，我们就不要向外索求了，而应该向内关照，管好自身，通过约束自身的行为，来营造一个良好的品牌形象，从而降低泛干系人对项目的负面影响。

第一，必须要保持沟通渠道的畅通，一旦出了问题，企业要诚实面对，及时公开信息，不要试图去掩盖事实。

事实也许可以被掩盖、舆论也许可以被操纵，但是在今天这样一个时代背景下，一个企业认为自己有这样的能量，那就是过于自负了。

大部分企业所犯的错误都是可以弥补的，出了问题，企业需要的并不是掩盖真相，而是在第一时间平息社会的情绪，这之后就仅是经济赔偿问题了。而你往往越掩盖真相，就被别人挖得越深，社会情绪就越难平息，直至最后情况不可收拾。

第二，企业应该更加重视伦理。国内企业之前都是以赚钱为第一要务的，但是企业对伦理、道德关注却很少，有些中国式营销理论本身就是违反公序良俗的。但是今天社会对违反公序良俗和伦理道德的行为是越来越不容忍了，因此，企业的经营行为就应该更加规范，并不是"法无所禁皆可为"的，企业的所作所为还要能经得起伦理的拷问，否则就是一个隐患，你不知道它会不会在某一天就爆发了。

总之，今天的企业，应该对自己要求越来越高才对，不但要合法，还要有良知，情怀不能仅仅只是营销的手段，一个企业要有做个好人的基本底线，才能走得更远更久。

第九章　旅游与商业的结合

关于旅游与商业的结合笔者有以下思考。

第一，产业定位要清晰。

这一点非常重要，做旅游就是做旅游，做商业就是做商业。千万不要把这两个产业强行拧在一起。因为这两个产业的目标市场、游戏规则、操作模式都完全不一样。

当然在一个大型文旅项目里是可以有商业的。比如，南昌的万达城、长沙的梅溪新天地里面都是有商业的；在景区边上也是可以有商业的，如水游城就在夫子庙边上。

但是当你运作这些商业时，一定要回到商业规则本身去考虑，千万不要认为景区好，商业就能好，原因很简单，旅游人群并不是有效的商业人群。除非是有历史积淀的知名购物圣地，比如，它是纽约的第五大道或者是巴黎的香榭丽舍。

第二，商业如何与旅游结合。

上面笔者说了要把旅游和商业分开考虑，但是两者又是紧密结合的。旅游离开了商业，在功能上是有缺失的；而商业也在越来越多的借鉴旅游的模式。

但这是两个不同的视角。一个视角是站在旅游的视角看商业，那么旅游中的商业，它的性质是旅游配套，因此，体量就不可能太大，最好是街区形式，"风情感"要做足。这种商业是旅游不可缺少的一个功能，但是它的租金回报率是很低的，在资本市场上也没有太高的价值。

另一种视角是站在商业的角度考虑，如何把旅游的要素融入商业。这就要求你在商业中要植入具有旅游吸引力的项目。比如，迪拜把室内滑雪场和水族馆引入购物中心。但是这样做的前提是你要算好账，这种具有旅游性质的项目，往往面积需求大，投资金额高，经济效益低，回收周期慢。你必须要考虑值不值得这样做。

第三，避免两个误区。

一个误区是把旅游人群当成商业人群。旅游人群的目的是旅游，不是购物，笔者前面说了除非你那里是世界知名的购物圣地，但是你要真是第五大道的话，这个话题你也不会有兴趣的。

当然，旅游人群多，餐饮一定会好，但是餐饮再好也不足以撑起一个商业项目，如果一个购物中心，餐饮业态超过50%的话，它的回报率一定很低，这绝对是操盘手的失误。因此商业要想获得合理的回报，最核心的还是要靠购物人群，而购物人群是地缘性顾客，是高频次来店的顾客，而不会是流动性的游客。

另一个误区是把旅游或文创产品当作商业的常态商品。

首先，国内旅游商品的特点是品质低，而且同质化严重，每个景区的东西都一样。在景区配套的街区上，还可能有冲动性购买，但是你把它整到购物中心里，恐怕就无人问津了，而且还会降低整个商场的品质。

至于文创产品，自从大悦城、企鹅公社之后，很是火了一阵，但这是个典型的"叫好不叫座"的品类，看着很有逼格，但是根本没有承租力，很多项目都是采取免租政策，商场一旦要收租，这些商家可能就活不下去了。

因此，旅游产品要谨慎引入，文创产品只能是项目的补充，起到锦上添花的作用，想以它来拉动项目是不现实的。

第十章 商业地产的三大问题及解决方案

前一段时间参加一个小范围的商业论坛，其中有一个论题是商业地产所面临的问题。

当时笔者列出了三大问题：第一，资金；第二，商品；第三，科技。

这里我来谈一谈解决问题的思路。

商业地产的三大问题之资金 ｜ 01

资金是商业地产最核心的问题。商业地产的本质是金融，这是业内的共识，但是商业地产的金融属性在国内的资本市场上根本体现不出来，在投资"融、投、管、退"的闭环中，"融"和"退"是缺失的。在国内，民营企业投资商业地产可以说是融资无门，退出无路。

一个商业项目动辄投入七八个亿资金，高了可以达到十几亿、几十亿的投资，这些投资投进去之后，全变成了钢筋水泥。从经济学的角度来看，这相当于沉没成本，可以认为这笔钱已经没了。如果在现有的金融体系里，不能给这笔投资提供一个对应的融资通道，那么企业如果想做商业地产就只能使用自有资金。很多中国港资企业就是这种玩法，但是他们之所以能这样玩，是因为他们往往是集家族几代人的积累，所以资金实力雄厚。

而国内的民企大部分都是刚完成第一代的原始积累，持有一两个商业项目还行，但是如果是作为一个专业运营商，持续地去开发商业地产，在资金实力上根本就做不到。不要说别人，就连万达也做不到，它是用现金流滚资产的模式来操作商业项目，高度依赖银行贷款，所以一旦银行收紧贷款，他只能快速贱卖资产来自保。

在国内，外资企业和一些大型国企之所以能够在商业地产领域做得顺风顺水，主要原因就是他们掌握着融资渠道，他们可以拿到能够长期使用的低成本的资金。而这个是持续健康地操作商业地产的前提条件。

　　在这种情况下，多数商业地产开发商采取租售结合的方式来运作商业地产，甚至有些项目不得不采取完全销售的模式。这种模式对商业项目的健康发展肯定是有影响的。

　　解决资金困境的办法就是金融创新，积极推动商业地产的资产证券化，在商业物业与投资人之间建立一道基金防火墙。对于基金而言，商业项目的产权和经营权都是统一的，而基金可以将自己拆散，按份额出售给投资人。

　　商业地产人只有用别人的钱来持有项目，而自己又不失去对项目的控制权时，才真正是所谓的商业地产的春天。

商业地产的三大问题之资金 | 02

　　要了解资产证券化，首先得了解什么是资产。资产是企业或者个人所拥有和控制的能够带来经济收益的资源。

　　这个概念里有两个关键点，第一是拥有和控制，拥有指的是真正所有，控制指的是表面上由你所掌控，但其实并不真正属于你。

　　这样说大家可能会不理解，但是懂财务的一定清楚，因为从财务的角度出发，资产是由负债和所有者权益构成的。所有者权益是属于股东的，负债部分则是债权人的权益。

　　笔者用投资商铺来说明一下，假定你买一间 100 万元的商铺，如果付全款，而且都是自有资金，那这间商铺就全部是你的权益。但是如果你做了银行按揭，首付 50%，那么你同样拥有一间价值 100 万元的商铺，只是这 100 万元里，有 50 万元是你的权益，有 50 万元是银行的债权。

　　很多人没有理解这里面的关系，在这里面银行借给你 50 万元去买商铺，你的个人资产变成 100 万元，但是这里面有 50 万元是银行的债权，而且银行要求你把 100% 的产权抵押给它。一旦你出了意外，不能按时归还银行的钱，银行就可以把你的资产贱卖了，收回的钱优先清偿你欠它的钱，剩下才是你的。因此，最后到你手里可能就没什么了。

　　但是你要是买商铺一定要去按揭，因为它可以放大你的资产，增加你在金融系统里的信用。因为你一下从一个 50 万元身家的人，变成了百万元身家的人。

　　第二个概念是收益。广义的收益有很多，提高你的个人形象也是收益，但这里所说的收益不是指泛收益，而是特指的经济收益，用俗话讲叫能赚钱，专业的表述叫正向现金流。

商业地产的三大问题之资金 | 03

谈了资产，那么如何从资产的角度理解商业地产呢？事实上，开发一个商业项目和买一间商铺，在投资额上相差悬殊，但背后的理念是一样的。

两者都需要先找一笔现金，然后，把它转化成实物资产，最后通过出租或者再次出售这个实物资产，从而获取更多的现金。

这里面会有三种情况。第一种情况是你有足够多的现金去转换成实物资产。第二种情况是虽然你有足够的现金，但是你不愿意全部用自己的钱去转换。第三种情况是你手里的现金根本不够。

在绝大多数情况下，做投资是不会采用第一种方式的，因为计算机会成本是不划算的。另外，你也没有使用财务杠杆来放大自己的投资收益，说明你的投资效率是比较低的。所以更多的投资是后两种情况。在后两者的情况下，你要考虑两个问题：第一，是利率问题。就是你借钱的成本。第二，是时间问题。就是这个钱你能用多长时间。

假如你要买价值 100 万元的商铺，而你只有 50 万元，没关系，银行会借给你 50 万元，贷款利息很低，而且可以让你用十年。

假如说你要投资商业地产，一个项目投入少则七八个亿元，多则上百亿元。如果是专业开发商，你还要多项目开发，一年可能要开发几十个，甚至上百个项目，这样的一个资金需求量，完全靠企业自有资金是不现实的。

那么，对于商业地产开发商来讲，项目开发第一位的不是招商运营，而是融资，你要能拿到一个像商铺按揭那样的，低成本并且可以供你长期使用的资金。

如果按照平均 10% 的年化收益率来测算，就意味着你要 10 年才能收回投资，那么理论上，你就需要有个可以供你使用 10 年的资金。因为前期投资已经变成钢筋水泥了，它已经沉没了。如果你只能融到 2 ~ 3 年的开发贷款，在你还远远没有收回投资时，就需要还钱了，这个时候你要是不能再融一笔钱来还钱，就意味着你的现金流要断。在这种情况下，你明明有 10 亿元的资产在手里，也照样得破产清算。

上面说的是时间问题，还有一个成本问题，就是你借钱的利息是多少。按国内商业地产运营阶段平均 5% 的回报率来计算，如果你的资金成本高于 5，那就意味着你还要借钱来还银行利息，那这笔生意就没有意义了。

通过上面的分析你就明白，为什么要说商业地产的本质是金融问题，也就明白为什么开发商持有商业这么难，而一定要去散售它了。

商业地产的三大问题之资金 | 04

笔者从负债的角度分析了资产的形成，那么如果完全使用自有资金去投资商业地产行不行？在这种情况下，你是没有流动性风险了。但是也意味着你的资金使用效率不高。

假定一个价值 10 亿元的商业项目，你完全使用自有资金，而在培育期你的运营收益是 5%，那就是 5000 万元。而如果你能用一个 5% 成本的资金来代替你的自有资金，你把自有资金投到一个 15% 回报率的产业中，那你同样是拥有一个价值 10 亿元的资产，但是你的收益变成了 1.5 亿元，你用其中的 5000 万支付资金成本，净收益 1 亿元，你的资金使用效率提高了一倍。

如果你在这个产业中，能把资金周转率做到 2，那你一年的收益就是 3 个亿，5000 万元是成本，2.5 亿元是净收益。

笔者这样分析，你就明白为什么一定要用别人的钱来持有项目了。你也就明白为什么富人反而一直在努力借钱了。因为借得越多，就赚得越多。

当然，在这个过程中，你得保证你的净现金流是正的，之后就是运营的问题了。也就是说，资产只有流动起来才能赚钱，固定资产只是个工具，它本身是不能直接产生利润的。

商业地产的三大问题之资金 | 05

上面笔者从资产的角度分析了，做商业地产一定要用别人的钱来持有资产，否则要么是不划算，要么是玩不了。

那我们如何才能拿到别人的钱呢？有两种方法，一种是债的方式，一种是股的方式。这就是商业地产融资需要做的工作。

债的方式就是我们去借别人的钱，这种方式大家应该很熟悉，就是我们跟别人约好，借人家多少钱，借多长时间，利息是多少？这个在国内是融资的主流，基本上国内 70% 的融资都是债权的。

原则上讲，债权模式是不适合商业地产的。首先时间不适合。商业地产就算运营得非常成功，投资回收期也要在十年以上，而债权一般都是短期的。银行开发贷也就 2~3 年的时间，时间最长的债权基金有 "5+2" 的，但是这种基金很难投到商业地产的开发与持有中。

除了时间不匹配之外，债权资金的成本对于商业地产而言也太高。在债权融资里，银行资金是最便宜的，一线房企能拿到6%的资金，一般地产公司大概在12%左右。而基金、信托都在15%以上。民间借贷成本就更高了。而我们商业地产的运营回报大概就是5%。所以在目前的市场状况下，收入是无法覆盖资金成本的。因此，债是不适合商业地产的。

另一种是股的方式，这种方式正在国内崛起，而且它是国家所鼓励的。目前，国家一直在努力去杠杆，去杠杆的意思就是要减少社会融资中债的比例。

股就是按照估值将公司拆分成若干股份，然后按照出资额给予投资人相应的股份。股的好处是，第一，这笔钱是不用还的。投资人要想退出，必须按照公司章程的规定来执行。除非另有特殊约定，否则公司是没有义务回购股份的。

第二，股是不用约定保底收益的，股东是根据公司盈利，按照持股比例来分红的。当然，这并不是说股权融资就便宜，如果你做得好，它是相当贵的，这是因为你付出的是股权。但是如果你做的不好，风险也是由股东帮你分担的。

商业地产的三大问题之资金 | 06

上篇笔者讲了债权和股权，那么股权就是证券化的过程。不过，大家一定会好奇，既然连你自己都觉得不划算，不愿意用自己的钱去持有一个商业项目，为什么会有人愿意把钱给你来做这件事呢？

第一，大家的资金使用效率是不一样的。假如说甲持有的商业项目的回报率是5%。如果甲是用的自有资金，那甲就只能赚取5%的收益。可是如果甲把钱投入其他产业可以获得15%的收益，也就是说，甲的机会成本是15%。那在5%和15%之间，甲肯定是会选择15%的。

可是如果甲用5%的资金成本拿到你的钱，把甲的钱置换出来，投入其他产业获得15%的收益，其中5%作为资金成本付给你，甲还有10%，而且甲还掌控着一个商业物业。那么这件事就可以做了。

这个道理笔者分析过，但问题是你为什么愿意接受5%。

因为你的资金使用效率要低于甲，也就是你的机会成本低。如果你的钱存银行，假设四大国有银行是2.8%，中小银行是3.5%。如果买国债能到4%。但是都小于甲的5%。那你会说我不存银行，也不买国债，我去民间放贷呢？我可以获得10%，甚至更高的收益呀。

这就是笔者要说的，你为什么要把钱投给甲的第二个问题——风险。

第二，我们中国人刚刚富裕起来，大家是才有了闲钱可以来做投资。因此，大多数人之前并没有做过投资，民间的投资理念并不成熟。

我们在投资时往往只看到了收益，但是事实上投资是两个东西的组合——风险与收益。而且这两者是不可分的，你选择了一个收益，同时就得相应承担一个风险。在这个组合中，风险是比收益更重要的因素，你必须首先确定自己的风险承受力，然后以这个风险为底线，来追求收益。也就是我们做投资，上可以不封顶，下必须要托底。

而一个成熟的商业物业，记着笔者说的是成熟的商业物业。它的收益不高，但它是稳定的。一个成熟的商业项目，业绩每年按 5%～10% 增长是可以预期的。即使碰上经济周期的波动，一个商业项目，如果它的物业品质、租户组合和租约质量是优质，它就会具有很强的抗风险能力。

当年"非典"时，经济"哀鸿遍野"，但北京的东方新天地的租金是照涨不误的。

因此，投资到成熟的商业物业中，收益不高，但是比你常规的投资收益要高。虽然比民间借贷收益要低，但风险基本可预测。

商业地产的三大问题之资金 | 07

第三，资本增值会远远高于运营的收益分红。投资商业地产还有一个独特之处，就是你除了能得到经营收益之外，你的本金还会增值。这是房地产类投资跟其他投资最大的不同。

存银行也好，民间放贷也好，除了获得的利息之外，你的本金是不会变的。也就是说，假如你在银行存 100 元，你除了可以获得利息之外，你这 100 元是不会变的，哪怕你在银行放 100 年，它还是 100 元。

但是你投到商业地产里之后，你不但能拿到常规的收益，在退出时，你还会得到资本溢价。而这个溢价很可能会远远大于你获得的经营收益，它很可能是翻倍的，即你除了获得经营收益之外，你 100 元的本钱也许会变成 200 元。

也就是说，商业地产的投资收益是两方面，一个是日常的经营收益，一个是退出时的资本溢价。而后者往往比前者更有价值。所以在进行商业地产投资时，日常经营的 5% 的收益只是你的托底收益，而资本溢价才是你收益的上线。当然，这个溢价在退出时才能实现，持有期间它只是个人资产的一个会计符号而已。

通过上面三点分析，你就可以理解为什么有人愿意接受 5% 的收益来替别人持有商业物业了。那么，具体怎么操作呢？如果只是要把物业卖掉，那就简单了，按照住宅的模式就行，你散售也好，整售也好，都行。

但是如果你既想让别人来持有物业，同时你还不失去对物业的控制，那该怎么办呢？当然，笔者这里说的控制，可不是那种散售后进行销售返租的物业，这里说的控制指的是物业产权100%完整的。

方法就是资产证券化。

商业地产的三大问题之资金 | 08

笔者分享了什么是资产，什么是债，什么是股。

那么，这些跟资产证券化有什么关系，而资产证券化又是什么？

资产有两个关键点，其中第一点资本的构成和结构笔者展开讲了，而第二点收益笔者是一笔带过了。

而收益在资产证券化的过程中是非常重要的，笔者说了这个收益是特指经济收益，就是你的现金收入，也就是你的收入减去支出必须为正，通俗地讲就是你这个项目是赚钱的。所以这里的收益不是讲什么社会效应、品牌效应，就是实实在在地赚钱。

为什么这个收益很重要呢？因为在资产证券化的过程中，大家真正交易的就是你的这个收益，而不是你的资产。如果大家是想要资产的话，就去买商铺或者收购商业物业了，而不是来买一个证券化的产品。

理论上讲，在资产证券化的过程中，大家交易的是一个凭证，这个凭证代表着对项目未来收益的索取权。

通俗点讲，就是你卖掉的是自己未来的钱，而投资者是用自己现在的钱，换了你未来的钱。也就是现金这个资产在时间轴上，在你和投资人之间进行了重新配置。

这种交易之所以能发生，是因为你认为在自己的资金使用效率下，现在的钱比未来的钱值钱，所以你愿意把自己未来的钱卖掉，以换取别人手中现在的钱，而你拿到这个钱之后，可以创造更多的财富。从经济学角度说，这叫通过资源配置创造价值。

而投资人认为在他的资金使用效率下，你卖给他的未来的钱，比他手中现在的钱值钱，所以他愿意把手中的现金给你，换取一张收益凭证。这个叫资产的保值增值。

所以商业地产的资产证券化就是以项目的收益为基础，以股的方式将项目拆分为若干份额，然后将这些份额出售给不同的投资人的过程。

商业地产的三大问题之资金 | 09

笔者举个例子便于大家理解资产证券化。

首先要说明一点，在资产证券化的过程中，对于投资人来讲，风险是收益能不能兑现；而对融资方而言，最大的风险是法律风险，所以在操作过程中，合规性是第一位的。比如，法律对基金怎么运作，什么是合格投资人，什么是非法集资等问题，都有严格的规定。笔者在这里是为了形象的说明，所以是从理论上来举例的，如果要实际操作，一定要请专业的律师事务所参与，必须要保证操作的合规性。

再如，假如你投资一个商业项目，总投资是 7 个亿，建成之后估值 10 个亿，这是很容易实现的，即使你没有开业也能估到这个价值。

然后你成立一支基金，把项目装进去，再把这支基金拆成等值的份额，理论上讲，你可以拆成 10 亿份，每份 1 元。

然后你将 7 亿份按 1 元/份的价格转让出去，手里再留下 3 亿份。这样你前期投入的 7 个亿就可以收回来了，而这时你还拥有基金 30% 的份额。那么你还拥有项目 30% 的分红权，也就是说项目未来收益中 30% 还是你的。

笔者前面说的只是举例，所以把很多法律的规定简化掉了，其实，按照法律规定，你作为基金的管理人，也就是普通合伙人（即 GP），你只需要持有 1% 的份额，即可获得 20% 的收益。

其他投资人的份额加起来，即使占到基金 99% 的份额，他们也只是有限合伙人（即 LP），只享有分红权，不享有项目的管理权，也就是说你只要有 1% 的份额即可控制整个项目。

其实大家对资产证券化应该并不陌生，因为股票市场就是一个典型的资产证券化的市场。只是股票是把公司拆成份额卖掉，而商业地产资产证券化是把物业拆成份额卖掉。

笔者再强调一下，笔者举的例子只是为了方便说明问题的假设，如果具体做，一定要根据现实的情况和法律的规定来操作，特别是合规性一定要关注，不要把自己搞成非法集资了。

讲完商业地产证券化操作的原理，这里面大家一定会有两个疑问。

第一，为什么要做中间这支基金？这支基金就相当于在商业物业与投资人之间建了一道防火墙。如果不这样做，我们既要满足资金的需要，又不想失去对商业的控制。只能采取两种方法。

（1）把物业散售掉，再把经营权收回来。这是我们现在常见的一种方式——销售返租。这种方式的弊端是产权分散，小业主协调难度大，利益不好平衡。最重要的是物业已经散售掉，成为别人的"孩子"，跟开发商没有关系了，因此，对于开发商和运营团队来讲缺乏有效的激励。

虽然在这种情况下，开发商往往也会持有一部分物业，比如主力店、关键节点，还有没有销售出去的高层铺和边角铺。但是这样的物业在资本市场是没有价值的，在未来处置时受很多限制，只能当作商铺来卖。在持有期间，你的租金收益也不高。

因此，在这种模式下，对于开发商而言能养活自己的团队，维持着自持物业的租金就可以了，他没有动力、也没有条件去持续地提升物业的整体价值。甚至有些项目，返租期一结束，开发商就赶快卸包袱走人了。

（2）把股权散售掉，就是把公司的股份卖掉。这种方式其实适合引进机构投资者，这种情况的弊端很多。

①交易伙伴不好找，你不清楚哪些机构会对你的物业有兴趣，而且交易标的巨大，即使他感兴趣，能不能一下拿出这么多"真金白银"也是个问题。

②定价问题。在面对散户时，你是拥有定价权的，你会在底价基础上做些让利，但这些都是在你的游戏规则下玩的。但面对机构则不一样，价格是大家谈出来的，由不得你做主。

③流程复杂。首先合同洽谈就很复杂，涉及的内容非常多，谈判周期也会非常长，很可能会修改公司章程，还要到工商做股东变更。

④控制权的问题。在返租物业中也会涉及这个问题，但是小业主相比起来是处于弱势的，而机构股东可不一样，他无论是从法律上，还是专业上，都有很强的能力，如果面临内部控制权的争执，是很麻烦的。所以在宝万之争中，万科极力反对宝能进入，其中一个原因就是怕失去控制权。

⑤发展问题。未来公司的发展方向、发展战略都不是由一个人说了算，必须要通过股东大会，你很可能会面临被动。比如，董明珠发展新能源的战略，就被股东大会给否了。当然，她是小股东。但是就算你是大股东，可能你在董事会的层面也要做出一些让步和妥协。

商业地产的三大问题之资金 ｜ 10

笔者分析了商业地产把产权散售掉和把股权转让了，都会有很大的问题。正是在这种情况下出现了基金的解决方案。

我们成立一支基金，把物业转到基金的名下，然后把基金的份额转让出去。这样我们就在物业和投资人之间建了一道防火墙。

在基金的名下，物业产权是统一的。投资人持有的仅是基金的份额。这跟股票是一个道理，持有一家上市公司的股票，理论上就成为这家企业的股东，但是这家企业的资产跟股票持有者却什么关系都没有，投资者甚至连一瓶水都拿不走。投资者拥有的只是按照股票份额分红的权利，而且中国绝大多数上市公司，从来都不分红，大家照样还是会去买。

而且按照法律规定，基金是分为 GP 和 LP 的，你作为基金管理人是 GP，拥有基金的运营管理权，而投资人都是 LP，他们仅负责出资，是没有权力参与管理的。这就是在证券化过程中，为什么要通过基金来进行操作。

大家可能会有的第二个疑问是收益。笔者在前面已经谈过收益问题了，但是笔者相信看到这里，仍然会有人问：你的收益率这么低，投资者凭什么会买你？

其实在所有的投资产品里，银行存款收益是最低的，那为什么银行存款还是一个最普遍的投资方式呢？而在银行里面四大国有银行的回报率又低于股份制银行和地方银行，但是在存银行时，为什么会首选四大国有银行呢？

道理其实普通大众都理解，即存银行安全。只是因为投资理念的不成熟，当很多人走进投资市场时，他就忘掉了，投资的本质是安全，只有在风险可控、可承担的基础上，才可以谈收益。一定要记住，在投资市场上，你所买到的是两个东西，一个叫风险，一个叫收益。

而资产证券化就是把不同的风险与收益进行组合，以设计出不同的投资产品，从而匹配给不同风险偏好的投资人。那么，什么叫作"把不同的风险和收益组合匹配给不同的投资人"。

笔者说了在投资中风险才是第一位的，在风险可控的基础上才可以追求收益。当然，这里所说的风险可控并不是说绝对的无风险，如果追求绝对的无风险就没有投资了，因为任何投资都是有风险的，这里的可控是指要将风险控制在自己可承受的范围内。

国内普通的民众在投资中，很多人并没有这种风险控制的意识。因此，很容易被高收益所诱惑，等到风险出来之后，才发现自己无法承受，就到处堵截上访，希望政府来帮他买单。

有时候，政府为了维稳，也可能会出面帮助协调解决，这无形中助长了民间投资者对自己不负责任的心态，反正收益是自己的，出了风险就找政府。相反，在专业的投资机构中，往往是风险控制部门一票否决制，无论收益有多高，如果风险控制部门说有问题，这笔投资就不能做。

既然风险是第一位的，那么就可以根据风险承受力把投资者分为不同的类型。在这个分类的两端，一端是风险厌恶型，一端是风险偏好型。

这里需要说明，普通大众只是风险意识淡漠，但是大家都知道风险是件坏事，那为什么会有人追求高风险呢？道理也很简单，在普通人的民间智慧里，早有说明，叫风险越大，收益越大。因此，高收益与高风险是并行的。笔者说了在投资中，你一选就是一组，不可能只要收益，不承担风险。

因此，对于普通大众，手里那点存款就是用来保命、养老的，这是不适合做风险太大的投资的。还有像政府主权基金、保险资金、养老金、社保基金等都是风险厌恶型的，收益可以低，但一定要稳定、无风险。

只有那些高净值人群才适合做高风险的投资，而且这些人在投资时，也一定会有一个合理的资产配置，不会把所有资金都投入到高风险领域中。

商业地产的三大问题之资金 | 11

那么，回到商业地产，不同的商业项目具有不同的风险级别。

也就是说，在建的筹备项目、已开业、培育期的项目和已经成熟的项目，它们分别有着自己特定的风险级别。

笔者在前面曾经举过一个资产证券化的例子，当时笔者是用一个单项目来举例的。而在实践中，往往会把若干个项目合在一起，做成一个资产池，然后以这个资产池的现金流作为基础，来进行资产证券化。这样我们就可以把不同风险的项目组合在一起，做成不同风险级别的产品，以对应不同风险偏好的投资人。

比如，我们郑州现在收益最高的购物中心应该是国贸360。假定国贸360在郑州有3个同样成熟的项目，收益率都很高。这时，它把这3个项目打包做一个资产包进行证券化，假定它1个项目投资是10个亿，3个项目一共投资30个亿，但是因为3个项目都是成熟项目，它很可能会估值到90个亿。因为它估值高，相应你的投资收益就会低，也许你只能拿到5%的收益，但它非常的稳定和安全。

再假定同样还是国贸360的3个项目，其中1个是成熟项目，1个是在培育期的项目，还有1个是在建的项目。这样3个项目打包在一起，做资产证券化，它的风险级别就高，因此，同样是30亿元的资产，它的估值可能就只有50亿元。它估值低，你的收益就会高，但是这里面就存在一定的风险，因为有一家培育期的项目，它的收益会有波动，还有一家在建项目，它的风险就会更大。

当然，你可能会疑惑，它只有两家在运营，一家收益还不稳定，第三家还在建，那么，我的收益怎么可能会高呢？

你不要忘了，在商业地产资产证券化投资中，你的收益是两个，一个是日常的经营分红，还有一个是退出时的资产升值。你是在它估值 50 亿时进入的，假如你退出时，它估值变成 90 亿呢？相当于你除了分红之外，你的本金翻了 4.4 倍。而上一个估值 90 亿的产品，是在资产成熟期估的值，它的收益上涨空间已经很小了，你退出时，它的资产溢价不会太高。

你投资时，可以奔着高收益去。但是在你退出的时候，它能不能从 50 亿的估值做到 90 亿估值，就是你要承担的风险。

当然，笔者在这里，只是为了说明收益对估值的影响，所以假定其他因素不变，而在商业地产估值里，还有一个重要的因素，就是地价的变化，如果在你投资期间，经营收益虽然没增加，但地价翻番，那你的收益也会大幅增加。

笔者举的案例中，分析了两种情况，大家一定会觉得第二种情况会更普遍，大家手里的多个项目都很火爆的情况比较少见，多数情况是有好有坏，而且融资往往就是为了给在建项目融的。

在商业地产项目中，在建项目实际上风险是很大的，而且国内的退出通道还不顺畅，因此，资产升值的收益还不一定能顺利地实现。

在这种情况下，一成熟项目加一普通项目加一在建项目的组合或者一成熟项目加一在建项目的组合，事实上变成风险大收益小的投资产品了。而这种情况又是普遍存在的现状。

那是不是就没有办法了呢？笔者说了资产证券化的目的是通过把风险与收益重新整合，然后匹配给适合的投资人。那么，在上面这种情况下，我们如何来匹配风险与收益，从而找到合适的投资人呢？

方法是有的，还以上面的例子来说明。我们三个项目投资额 30 亿，一个是成熟的物业，一个正处在培育期，一个是在建工程。

现在我们要为第三个项目的建设融资。也就是说，我们需要融资 10 亿元去建第三个项目。如果，我们把项目打包以后估值 50 亿，那意味着我们出售 20% 的权益，即可获得 10 亿元。我们还持有另外的 80% 的收益权。

这样我们就可以把风险和收益重新组合。假定我们在运营的两个项目平均收益是 5% 的话，第三个项目在建，它是没有运营收益的。这时，我们出售

20%的权益，投资人可能会认为资产池里有一个在建项目，因此，这个投资风险过大，而收益过低。

这时，我们自己还持有80%的权益，我们可以将这部分权益所对应的经营收益，贴补给那20%的投资者，让他们的投资收益达到10%。

但是相应的要求投资人将未来退出时的资产溢价收益转让给我们。这样，我们就在收益与风险、长期收益与短期收益之间做了一个重新分配，使各方的需求都得到了满足。

我们还可以根据所拿到的这部分长期收益来设计团队激励，也就是说，我们可以跟团队承诺，如果我们的长期收益能够兑现，比如估值从50亿增值到90亿，那么我们将拿出20%奖励给团队。

这样，我们既满足了外部投资者的收益预期，又满足了内部对在建项目的融资，同时，我们还拥有了对团队的激励手段。

因此，商业地产资产证券化的原理简单，但操作起来变化无常，是非常考验智慧，但同时又是非常有意思的一件事情。

商业地产的三大问题之资金 ┃ 12

既然资产证券化有这么多好处，为什么做的人却很少呢？

主要原因就是项目的运营管理能力，因为商业地产资产证券化依托的不是商业物业，不是说你钢筋水泥建一个购物中心就能去证券化了，资产证券化依托的是良好的净现金流收益，而且这个净现金流收益还必须有良好的未来预期，也就是从长期来看，这个净现金流必须是持续、稳定并具有长期增长的趋势。而国内商业项目的内部运营能力普遍较低，无法满足资本方对项目的基本要求。

从商业角度来讲，运营又可以分为大运营和小运营，大运营指的是整个项目经营管理，小运营特指现场管理。我们这里说的运营是指大运营。就一个项目而言，大运营又可以分为两个阶段：从选址拿地一直到项目开业叫项目管理阶段；开业之后叫经营管理阶段。

项目管理的特点是有始有终，是目标导向的。对商业项目而言，开业就是目标，在开业目标的统筹下，依据时间轴倒排工作，制定一系列的节点任务，然后再把不同的工作分解到不同的职能部门；管理的重点就是保证节点任务按时完成，因为当所有的节点任务都完成之后，开业目标也就达成了。当然，在这个过程中，还要兼顾品质目标和成本目标。

因为项目管理工作千头万绪、互相钳制，一个部门的一个环节延误，很可能会导致所有部门工作节点任务的延误。一个部门工作的失控，就会导致整个项目筹备工作的失控，所以它要求项目的筹建团队应该在各个口上都是专业人员。

但就目前的管理现状来讲，除了一线商业地产开发公司之外，大部分商业项目开发公司在专业团队上是有缺陷的。往往只有一个招商团队，而拿地、报建、设计、施工、财务等都是由住宅团队兼顾的。而且绝大多数商业项目要么是租售结合的，要么是销售返租的。因此，这里面还会牵扯到一个营销团队。而这些非专业人员组成的团队往往都是部门本位主义的，很少能站在运营的理念上看待本职工作。

当然，现在大多数项目都意识到运营的重要，所以都会提前组建商业公司，事实上，商业公司是应该在拿地阶段就该介入的。不过，我发现仍然有项目不愿提前组建商业公司，认为前面养着商业团队没有用，等到营销卖不动了或者项目封顶了，才开始组建商业团队。

这样的一个管理现状，是很难保证做出一个优质商业项目的。

一个优质的项目是资产证券化的基础，那什么是优质项目呢？笔者认为又可以分为两个层次：第一是基础资产的优质，第二是运营管理的优质。

商业地产的三大问题之资金 | 13

基础资产的形成，是项目管理阶段的成果。它是在实际招商、运营之前形成的，有些项目，特别是三、四线城市的商业项目甚至都没有意识到还有这个阶段。它包含什么内容呢？

一、拿地环节

（一）选址

优质商业项目的选址只有两种。第一是在成熟区域，这个成熟可以是商业成熟，就是处在成熟商圈中。目前，这类项目可遇不可求，而且往往地价和拆迁成本高昂。选址也可以是在非传统商圈中，因为购物中心是自成商圈的，它并不依赖于原有的商圈，但是周边的人口一定要够，也就是消费成熟的位置。

第二是选址处于城市发展方向上，现在商业和消费都不成熟，但是未来会有大量的人口导入。这种位置一定要关注城市的发展规划与政府的工作报告，越是政府支持的区域，发展前景越大，因为政府会把大量的公共资源导入这个区域以促进区域的经济增长和人口导入。

除此之外，如果你选址在正在衰落的区域，人口大量流失的区域或者长期缺乏人口导入的区域，那价值就不会高了。

（二）法律权属

第一，合规性。房地产行业是一个被政府全流程严密监控的行业。几乎每一流程节点，都必须经过政府相关部门的审批。其中很多环节都是有法律法规明文规定的，有些开发商为了赶时间或者是为了追求利益最大化，会做一些违规的事情，希望后面再去解决。现在政府制度越来越规范，如果前面违规了，后面不一定能够获得合法性。如果在合规性上有瑕疵，资本市场是不敢碰你的。

第二，土地权属的独立性。我们现在多数都是综合体项目，产品类型会非常多，如果你想把商业项目推向资本市场，在拿地阶段就要把商业地块与住宅及其他功能地块分开，然后把商业地块单独装进一家空壳公司里。否则，在未来你要想走向资本市场时，就会面临一道土增税的障碍。

二、规划设计环节

（一）物业产权统一

在目前的金融环境下，开发商做商业地产多数都会走租售结合的模式，在这种模式下，一定要把持有物业与销售物业完全隔离开。

如果把两种物业混在一起，持有物业未来的经营管理会受到散售业主的制约，会给项目后期经营埋下隐患。比如，万达的一代店，出了很多问题，还打了不少官司，有些项目还不得不采取了回购措施，然后重建。那些物业就属于混合持有型的，就是销售型物业和持有型物业混在一起的。

所以，后来万达在三代店的基础上加销售型金街时，就严格地规定必须把两种物业从物理上分隔开。

万达一代店后来也卖给了麦格理9个，当时是因为麦格理急于进入中国，而且它选得这9家店都是位于核心商圈的黄金地段。当然，因为产权不统一的问题，估值是比较低的，在万达来讲属于贱卖了。大家在很多城市看到的悦荟广场就属于这一批物业。

如果现在你再整个这样的项目，估计很少会有资本愿意投你了。

（二）物业管理的分离

现在很多项目会规划一组产品出来，比如，裙房做商业，顶上插一栋酒店，再插一栋公寓。这种项目规划是很常见。一般为了控制成本，开发商往往只做一套机电系统，来分别服务于三个产品。

当然，这种规划是没有问题的，但是如果从长期来看，最好是做三套机电系统。公寓散售掉，物业单独管理。酒店和购物中心分别交给酒店管理公司和商业管理公司去管理。这样物业管理各自独立，互不干扰。否则，物业管理没法清晰地切开，也会给项目运营管理带来不确定性。

这样的项目就算有资本方愿意投你，也会因为物业管理分不开而降低你的估值。

（三）建筑品质

房地产行业发展到今天，住宅市场已经逐渐成熟了，把产品做好越来越重要。因为消费者的鉴别能力和维权意识都提高了。你不好好做产品，要么在前面销售环节出问题，要么在后面不断有人维权。

从开发商来讲，其经营理念也有很大提升，就是你把成本压得很低，赶上市场上涨趋势，表面上你的利润很高，最后一清算，全交土地增值税了，自己没落多少，而且一波一波维权，搞得自己焦头烂额。这还不如你，把品质做好，把实惠给消费者，这样你利润也没怎么减少，还获得一个好口碑，提高你在行业里的地位。

而商业就不同了，很多项目做商业就是为了追求溢价，因此，以成本为导向在商业地产开发里还是比较普遍的。但是商业地产其实是一个平台，它是用来承载品牌的。你的商业建筑和空间是什么档次，你所能承载的品牌级数就是什么档次。而品牌级数越低，你的回报率就越低，你的资产价值就越低。

这就是为什么在商业地产里，虽然社区商业现在是个风口，大家都在关注这一块，但大家都又困扰在业绩有天花板这个难题上。

根本原因在于，除了一线城市之外，其他级别的城市，受制于社区的消费力，品牌级数基本是以国内二线和通路品牌为主。这样的品牌组合对应的建筑档次就不会特别高。

但是未来你想提升业绩，就必须随着消费力的提升，而不断提升品牌级数，这时如果你的建筑档次过低，你就会遇到障碍。要么品牌进不来，因为你不是给人家"加分"的，而是给人家"减分"的。要么你就得花大的代价进行物业改造，就像当年第一批引入奢侈品的百货公司一样，都花了不菲的价格进行物业改造。像杭州大厦为了引 LV 进来，仅改建费用就花了7000多万元。

（四）建筑设计

建筑设计要符合商业规律。它包括两个方面，首先要满足消费者的心理体验，就是动线设计要合理，能吸引消费者进店，并且能留住他们，使他们愿意长时间留在商场里，同时可以使各个店铺共享人流，没有死角。其次，平面规划、铺位分割及物业条件，要满足商户的使用功能。

（五）机电设计

机电设计除了要考虑上面所说的，满足未来资本处置时，能在物理界面上分割清楚之外，还要满足两点。第一，要做适当的预留，因为商业是动态的，是一直在调整的，机电必须为运营中的调整提供条件。第二，机电必须同时考虑初始成本和运营成本，不要把初始成本控制到极限，开发公司的成本部拿奖金了，后面运营公司的物业工程部就头疼了。资本方，在进入项目之前，会委托一家建筑设计院对你的物业做尽职调查的，如果有上面的问题，都会降低你的估值。

三、招商环节

在招商环节影响估值的因素，主要是租户组合和合约设计。

如果在你的场地里都是国际品牌、全国性连锁品牌。那你经营的成长性就可以预期，受经济周期波动的冲击就小，那你的估值就高。如果场地里都是些个体品牌、通路品牌，市场有点风吹草动，不是出现抗租就是掉铺的，肯定对你的估值有影响。

如果你的租约设计合理，在租约中充分规避了各种运营风险，那你的估值就高。如果你的租约设计对自己的保护不够，隐含大量的运营风险，就会降低你的估值。

商业地产的三大问题之资金 | 14

通过上面的分析，大家会发现，在一个商业项目还没有正式开业之前，其实它在资本市场的价值基础就已经确定了。

我们在销售商铺时，会给投资人分析，投资商铺的价值有两块，一个是持有期间的租金收益，一个是物业增值。在中国市场上，考虑到物业增值的幅度，租金收益可以忽略不计。

但是相当多的开发商自己去持有商业物业时，却对如何提高基础资产的价值，保证持有物业的增值，有点漫不经心、随心所欲。

我们都说持有的物业就是自己的"孩子"，可是我们要"孩子"的时候，生之前一定会优生，生之后一定会优育。要保证生出来的是个健康聪明的"宝宝"，生出来之后，要让他上最好的学校，请最好的老师。

可我们是怎么对待自己的持有物业呢？生之前不愿花策划费，设计费也不愿多花，随便找个设计师，莫名其妙地画张图就开始建了，建的时候把成本压到最低，一出来就是个先天不足的"孩子"。

这时还不愿请"好老师"，又是随便请个人就来运营了。

所以说很多开发商做持有物业时，观念并没有转换过来。总想的是自己能有什么收益，忘了你想收益之前得先付出。

有了优质的基础资产，只是有了能成为一个优质商业物业的条件，要想成为一个优质的项目，还必须有优秀的运营管理。

当然，如果你只有优质的基础资产，没有优质的运营管理，资本市场也会很欢迎，因为你一定是个被低估的物业，价格一定会很便宜，别人收了之后，再植入一个优秀的团队，收益很快就会大幅上升。不过，从你的角度来讲，这就没有意义了。

商业地产的三大问题之资金 | 15

如果你想做一个优质的商业项目，除了保证基础资产的优质之外，至关重要的是运营管理。因为商业地产资产证券化的基础就是你的经营性现金流收益，而这个收益是靠运营管理来实现。

也就是说，你有了一个天资聪颖的孩子，但要想真正成才，不辜负这块好料，还得有个好老师。对商业项目来讲，这个好老师就是运营管理团队。

这个道理很简单，大家都明白，但问题是笔者在现实中发现，很多开发商对运营概念的理解是不清楚的。很多开发商认为，这里所说的运营就是商场的运营部，当然，商场的运营部确实是在做运营的工作，而且也是背业绩指标的。但是他的核心工作是现场管理。我们又叫它"小运营"。

我们这里所说的运营能力是指"大运营"，是一个商场的经营能力，也就是商场创造收入和控制成本的能力。

所谓的净现金流指的就是利润，而利润＝收入－成本，不过这里的利润并不是财务报表上的利润，而是息税折摊前利润，简称 EBITDA。因为财务报表上那个利润，受商场资产结构、折旧摊销的影响，无法真实地反映商场的运营管理能力。

当 EBITDA 值出来之后，资本市场对这个商场的估值就是它的 15～30 倍。至于单个项目在这个倍数区间能取到什么值，取决于两点：一个就是你的基础资产是不是优质；另一个就是你的谈判能力。

商业地产的三大问题之资金 | 16

一个优质的商业项目是资产证券化的基础。不过当下，也许还会出现另一种情况，就是地价飞涨，导致商业物业价值上涨。

因为商业地产是一种特殊的商品，它是由土地和空间构成的，其中土地价值既是优质商业物业的一个要素，同时它又具有独立的价值。也就是说在某种情况下，即使你的基础物业有瑕疵，运营管理能力低下，但是因为你选对了址，也一样可以获得高溢价。当然，如果你的基础物业和运营管理都很优秀，你可以获得的收益会更高。

这一点在当下，特别值得开发商深思，因为我国的房地产行业正在从增量市场转入存量市场。在增量时代是现金为王的。但是在存量时代，你有钱也可能拿不住地了，这时就变成谁有资产谁是老大了。

以 SOHO 中国来讲，他采取销售策略也是正确的，或者说他当年根本就没有选择，在中国的金融环境下，它根本持有不起，只有销售一条路。但是今天，在一线城市如果有一块商业地块，大家就很少会去做销售型产品了，而一定会想办法持有的。因为增量在逐渐减少，存量就会越来越有价值。

而且，今后政府一定会想办法把住宅的价格控制住的，同时，会逐渐加大住宅在持有期间和交易过程中的成本，让投资住宅成为一件不划算的事情。但是在限制住宅的同时，会鼓励商业地产的投资，给持有型的商业地产打开金融通道，这不但会提高融资的便利性，降低融资成本，还会在持有和交易环节给予一定的减税和免税措施。

商业地产的三大问题之资金 | 17

回到正题，资产证券化其实就是商业地产通过股权的形式来融资，从而降低资金成本，同时分散风险。

笔者讲过，资产证券化是以实物资产为基础展开的，它不像公司上市，是把股权拆散了来进行融资，你要把一个实物资产拆散了，同时还不影响运营管理的统一性，就需要有一个基金来作为防火墙。

那么基金又分为公募和私募。顾名思义，公募就是可以公开募集，通俗地讲，就是你可以公开宣传、打广告，募集对象可以针对不特定的社会公众。

如果是私募就只能私下募集，而且募集对象必须针对合格投资人，在私募过程中，要严格按照法规来运作，否则很可能变成非法集资。

对于国内商业地产来说，私募是敞开的，但是一直缺乏一个公募产品，就是国际通行的 REITs。没有这个公募产品，前期的一系列资本都没有退出通道。就算在开发阶段有私募进来，因为没有退出通道，它也必须以债权的方式退出。

而债权基金往往是短期、高利率的，与商业所需的资金根本就不匹配。

如果 REITs 能够顺利推出，那么在商业地产资金链条上的一系列参与者都会被解套。因此，REITs 对商业地产的健康发展至关重要。目前，它已经箭在弦上，推出市场指日可待。

其实公募 REITs 的推出，不但能解决持有型商业地产的资金问题，政府也是最大的受益者之一。因为政府手里也有大量收租型物业，像学校、医院、高速公路等，这些有稳定现金流收入的项目都可以通过 REITs 套现，这样也解决政府的债务和资金占用问题。

上个月保利在上交所发的那只 REITs，就是在探索租赁性住房的融资问题，如果这个通道跑通，原则上政府就可以募集大量资金，来建设租赁性住房，从而有效地平抑房价。

它的推出也意味着，早已在路上的商业地产 REITs 快到站了。我们做商业地产的应该很快就会迎来 REITs 时代。

商业地产的三大问题之资金 ｜ 18

REITs 的推出，对商业地产开发商、资本方以及政府都是有好处的。

有了 REITs，开发商可以融到便宜的长期资金，资本方有了顺畅的退出通道，而政府也可以将自己手里的出租性物业变现。

REITs 虽然是一个商业性的投资产品，但是如果是政府自身有需求，则可能推进得非常快。

现在政府在推租赁式住宅，但是这块如果想形成规模，是需要资金的。同时地方政府手里还有很多地方债需要处理。REITs 产品的推出是可以解决或者是缓解上述问题的。我们的东邻日本，当年推出 REITs 就是因为经济泡沫破裂，政府手里拥有大量固定资产没法处理，所以才推出了 REITs。

而对于普通老百姓也是有好处的，因为它给老百姓增加了一个安全稳定的投资产品。

股市的起伏，风险大家都很清楚了。而楼市，特别是投资住宅，大家觉得还是很安全的。其实不然，住宅这个产品看似可以保值，但是它缺乏流动性，就像企业的固定资产属于沉没资产一样，你所拥有的住宅对你而言也是一种沉没资产。它在你的资产配置当中，只能占很小的一部分，所以普通老百姓并不适合去大量投资房产。假如你的个人资产中绝大部分都是房产的话，就意味着一旦急需用钱，你就得抛售资产，在那个时候，所谓的收益就不一定能兑现了。

特别是养老的钱，如果放在房子上，很可能这笔财富就跟你没有关系了。未来不知道会是谁去享用它。

更何况，如果你的个人资产全都是房子的话，你无疑是给自己的财富埋下了极大的不确定性，隐含了很大的风险。

按照标准普尔的家庭资产配置原则来说，一个人只有30%的钱可以用来投资于高风险的产品，这部分资产就是通过承受风险来赚取收益的。这其中又包括很多不同的产品，在这些产品之间，还有一个配置问题，这其中才包括了房产。

商业地产的三大问题之资金 | 19

西方人的财富观念是在他们年轻时会大量借钱来满足自己的消费需求，等年长之后，会把自己的资产变现，然后花钱享受人生。

一般来讲，一个西方人的一生是：年轻人大学毕业，一工作就会向银行借钱买套小房子，等结了婚再把小房子换成大房子，等到儿女长大独立了，再把大房子换成小房子，甚至有些人会租房子。

而套现出来的钱，一部分会买成股票，用来追求增值；另一部分会用于无风险的稳定性投资，其中最主流的产品就是商业地产的 REITs。

这两类投资与房子比起来，最大的特点就是流动性好，只要股市开市，你随时可以变现。

那么西方人就是这样规划自己的一生的，年轻的时候努力赚钱，购置资产，等老的时候，把资产一点点变现，拿着钱游山玩水、周游世界，等到有一天自己该离开了，钱也花完了。

而我们中国人一生都在攒钱，都在购置资产，从来没想过要找个时间去享受人生。这一方面是理念问题，更重要的是制度安排的问题，我们就没有这样一个产品，提供给大家去选择。所以在中国，你有钱，要么去炒股，要么去买房。前者是风险大，后者是没有流动性。

所以笔者认为早日推出 REITs 是皆大欢喜、多方共赢的事情。当然，这个也是很考验政府的金融监管能力，而且现在大数据技术越来越成熟，笔者相信政府是有能力做好监管的。

另外一个问题就是利益问题了，因为 REITs 这种产品收益率低，因此，它应该是免税的。这个就需要相关部门做一些利益平衡。

商业地产的三大问题之资金 | 20

因为笔者看空住宅，看好商业，所以引起很多争议。很多人反驳说，你这观点明明是反的，现在住宅被强力调控着，一旦调控力度减弱，必然是价格反弹。

而商业呢？如果按照人均商业面积来统计，中国绝大多数的城市早已处在饱和状态。在这种状态下，仍然有大量在建的商业项目，再加上电商冲击，商业怎么会有未来呢？

因为提上面这个观点的人很多，所以要在这里讲讲笔者的逻辑。

首先谈商业，这里大家要区分两个概念，商铺与商业项目。当然，这里是笔者个人做的区分，市面上是统称为商业项目的。

商铺就是独门独户，理论上可以不受左右邻居影响，能够独立出租与经营的商业物业。它的主要形式是底商、无统一经营管理的街区、写字楼或酒店配套商业以及招租型物业。

商业项目是指具有统一规划定位、统一运营管理的综合性商业物业。在这种项目里，所有店铺是在统一主题下的组合，每一家店铺都需要服从整体的规划，并与左右邻居形成合理的搭配。

我们讲商业项目的价值增值有两个来源，一个是土地增值，一个运营增值。笔者之所以做上面两种区分，是因为对于前者的商铺来讲，它只具备地段价值，而没有运营价值。因此，对于前者而言你要做的就是选对地段、选对位置。

而对于商业项目而言，它是同时具备地段价值和运营价值的。对这类项目，运营价值是至关重要的。运营如果非常成功的话，甚至可以克服地段的劣势。

笔者所看好的商业，实际上指的是这一类有统一规划定位和运营管理的商业，而且笔者这个主题讲的是资本市场，在资本市场中，所看中的又是这类项目中的优质项目。因此，这类项目绝对不是什么饱和的，而是绝对稀缺的。

说商业不行的那些人，只是人云亦云，自己根本就没有深思过。其实有一个简单的日常经验，假如你身边有一个人想创业，他想开家店，笔者问你什么事对他而言是最难的？选址嘛！找店面对他而言是最难的。如果遍地都是空铺怎么可能出现这种情况呢？

再说住宅，当然，一个人还有要持有一些住宅资产的，因为住宅是可以保值的。但是它只是你个人资产配置的手段之一，不能过大。同时，如果你的个人资产基数比较小的话，住宅资产的占比也不能过大。

原因也不是它不能获利，从目前国家严控房价的现状下，说明它是有很大的上涨空间的。但为什么不能过量呢？因为此一时不同于彼一时，一个是住宅价格已经到了一个高位了，大幅上涨的想象空间已经很小了。同时，政府的态度越来越鲜明，就是一定要控制房价。

做投资的基本原理就是两个：一个是在风险可控的基础上，追求利益最大化。一个是在收益可控的基础上，追求风险最小化。而住宅的现状是收益与风险都不可控了。在这种情况下，如果你把自己绝大多数资产都配置成住宅，那就不是投资，而是赌博了。

当然，有人会说，你不是说住宅可以保值吗？那我为什么不能多配呢？就算我没有获得收益，至少可以保住本钱呀！

事实上，你想保本必须要考虑两个问题。

第一，不能出现为了应急而抛售资产的情况。因为你投资房产时，租金是现实的收益，而房价上涨只是个浮盈，只有在你能按市场价格退出的情况下，才能兑现收益。如果你出现紧急情况，需要抛售资产，那你就很难以市场价格来退出。这时你的收益会打折的。

第二，更重要的是，你一定要把住宅资产控制在房产税的起征点上。现在住宅已经实名制了，不动产局也已经成立了，还有人幻想不会征收房产税。对住宅持有期间征税是个必然的趋势，根本不用怀疑。地方政府承担着绝大多数发展经济和城市建设的任务，它没钱怎么做事呢？当然，因为住宅是民生产品，它牵扯面太大，所以一定会有免征措施的，一套房肯定免征，甚至二套房都会免征，但是肯定你持有越多，征收越高。

商业地产的三大问题之资金 ┃ 21

笔者讲过投资住宅的风险问题，当然，笔者不否定前期投资住宅的都赚钱了，而且笔者也不否定未来房价还有上涨的可能。笔者的观点是住宅投资正在变成一件不可控的事，而且是收益与风险双不可控。

这里笔者按照自己的逻辑猜测一下，经济学上用来分析经济增长，有个费雪公式：$MV = PQ$。

M就是钱，专业的话叫货币供应量。它包括两个部分，一个是货币发行量，这个就是政府印出来的钱；另一个叫作货币乘数，就是通过银行放大的钱。货币发行量大家很好理解，但是货币乘数可能有些人就不太明白了。我们手中的现金一旦进入银行系统，就会变成一种数字游戏，成为一种记账符号，它会变出更多的钱。

比如，我们有了1000元的收入，一般会把它存入银行，更多情况下，它根本就在银行里面，我们就没有取现，因此，银行存款是我们一个基础的理财工具，我们之所以愿意把钱放在它那里，是因为可以获得利息收入。而银行为什么愿意给我们利息，是因为它会把我们的钱贷给别人，当它的贷款利息高于支付给我们的存款利息时，银行就是有利可图的。

但是如果银行把储户所有的钱都贷出去的话，储户来取钱时，它就没有钱了，这样银行就没有信用了，金融体系就会崩溃。因此，国家规定银行不能把所有的钱都贷出去，它必须交一部分钱给中央银行，这个钱叫法定准备金。

现在，笔者假定我们国家的法定准备金率是10%。

回到我们的案例，我们收入了1000元，把它存入建设银行，建设银行把它的10%，就是100元存入中央银行，它还有900元，它会把这900元再贷出去，而收到这个900元的人，会把它再存入银行，或者这个钱根本就没有出银行，它只是在不同的账户上转换了一下，那么银行在收到这900元时，会把它的10%，也就是90元交给中央银行，它还有810元可以放贷。这样循环下去，你的1000元最终会放大10倍，变成10000元。这就是银行的乘数效应。所以我们说银行是可以"创造"钱的。

货币发行量和货币乘数，这两个指标决定了一国总的货币供应量。

而货币供应量是由国家的金融制度所决定的，比如，银行的制度、法定准备金的制度等。与我们这个行业相关的就是按揭贷款制度，如果没有这个制度，根本不可能有这些年房地产行业的飞速发展，也根本不可能有那么多人利用杠杆炒房一夜暴富的。

在这个制度下，我们可以去银行借钱买房子；买完房子之后，这个钱到了开发商的手里，开发商会把它再存入银行，银行会把它再贷给另外一个人；这个人再去买房子，买完房子，开发商再存入银行；银行再贷、再买、再存，循环往复，就把一个房地产市场给托了起来。

V指的是货币流通的速度。除了银行能创造钱之外，流通速度也能制造钱。流通速度就是货币在单位时间内的交易次数，货币是一种特殊商品，一般商品在完成交易之后，就会撤出流通领域，进入消费领域或者是生产领域，但是货币不会，因为它是交易媒介，所以它会继续参与下一次交易。

比如，你向甲买了1000元的商品，支付甲1000元，甲又向乙买了1000元的商品，乙又向丙买了1000元的商品。这样你的1000元在单位时间内连续交易了四次，它实际就发挥了 4000 元的作用。

而如何提高货币流通的速度，主要是靠一国的金融创新能力，其中资产证券化就是一个重要的手段。比如，我们投资十个亿建一个购物中心，如果在正常情况下，我们需要十年才能收回投资，当然，我们不是十年后一次性收回的，而是每年通过折旧收回的，但是就算如此，我们也是有大量资金被长期占用，因此，我们才称固定资产为沉没资产。但是如果我们通过证券化的手段让你现在就可以把投资收回来，这样你就有钱可以再建一个购物中心了，而不用等到十年之后。这其实就是运用金融创新加快了货币的流通速度。

笔者把公式的左端（MV）讲完了，如果不是学金融或者经济的，可能一下子不好理解，不过没有关系，你只要知道左边讲的就是如何增加一国的货币量就可以了。因为货币充当的是交换的中介，只有在货币充足的情况下，经济才能正常发展，所以要想刺激经济发展，最简单的方法就是发钞。但是钞票发得太多，就会引发通货膨胀。因此，发钞是有个限度的，如果不能再多发钞，那就只能鼓励金融创新，加快货币流通的速度。

所以公式的左端就是一国的货币总量。那么公式右端相对简单。

P 就是产品的价格；Q 就是商品的数量。

对于一国政府来讲，左边是相对容易管控的，政府通过货币政策和金融政策，就可以有效地调整社会的货币供应量，也就是我们说的"银根紧还是银根松"。

在计划经济下，政府是把右边也管起来了，但是从我们的尝试来看，政府把商品生产和价格都管起来并不是很有效率。因此，现在我们是把生产和物价都放开了。

我们现在是通过调整左边来影响右边的。在这个等式下，其实很好理解，如果我们加大货币供应量 MV，假定物价 P 不变，那么因为钱多了，需求必然会增加。因此，就会引导供给增加，也就是商品数量 Q 会增加，这样经济就会好转。

可是如果供给端跟不上需求的增长，商品数量无法相应的增加，那必然的反应就是价格上升。如果需求是不真实的，是单纯通过金融创新创造出来的，那么也无法传导到供给端，其表现也是价格上涨，这种涨是虚涨，就是我们说的"泡沫"。

我们现在的房地产市场就是如此，第一，供给端因为受土地限制和生产周期的影响，无法大幅度增加商品数量。第二，大量投资客进行炒房，脱离了真实需求，变成一种杠杆游戏。而同时，国家为了刺激经济，一直在加大货币供应量，因此，必然表现为房价上涨。

笔者讲公式 MV = PQ，并不是在看空房地产，而是在试图让我们理解政府调控的思路。

对于右端，一方面把价格按住，另一方面尽快把投资客挤出市场，同时，不断提升居民的收入，最后顺利进入房地产长效机制。

因此，笔者认为对于投资住宅来说，未来有很大的不可控性。

而在调控住宅的同时，政府会给商业地产打开一个通道，这个主要会是在资产证券化方面，这样就引导大家把钱投到资本市场，然后通过资本市场去控制商业物业。同时，聘请专业的商管团队来进行运营管理，从而实现投资、开发、运营的分离以及专业化操作。

商业地产的三大问题之资金 | 22

因为关于住宅的观点有争论，因此，上面几篇简单做了介绍。现在还回到这一系列的正题，商业地产资产证券化。

最后，笔者给大家介绍一下 REITs。

REITs 是商业地产资产证券化的核心产品，因为它是出口，没有它，其他的金融创新都会因为没有退出通道而无法顺畅地在商业地产项目中展开。

REITs 就是以商业物业的现金流收益为基础，将整个商业物业拆成等额的受益凭证，称之为 REITs 单元。然后把这些 REITs 单元转让给普通投资人，这些 REITs 单元是可以上市流通的，就像股票一样，大家可以在证券交易所自由买卖，不受限制。

通过 REITs，商业地产开发商以及所有为其融资的机构都可以实现前期投入的变现退出。

对于普通民众，有了 REITs，可以获得一个安全稳定的投资产品，从而可以分享优质商业项目的经营收益；对于商业管理公司，可以甩掉前期投资回收的包袱，轻装上阵，只用考虑如何把项目运营好就可以了。

为了更好地理解 REITs，除了了解 REITs 的定义和作用，还要了解 REITs 的六个特点。

第一个特点是只能投资于成熟的收租型物业，不能投资于其他产业，也不能投资于房地产的开发。

第二个特点是强制性分红。这跟股票不一样，上市公司每年可以分红，也可以不分红，中国的上市公司好像就从来不分红。但是 REITs 不行，它收益中的绝大部分，基本会占到90%以上，必须在当年分配给投资人。

第三个特点是流动性。它跟股票一样是可以上市交易的，普通投资者可以在交易所自由买卖。

第四个特点是专业化。目前，在商业地产的开发中，往往是开发商一家承包，把整个产业链都做完了。REITs 推出之后，很可能促使整个行业形成专业化分工的局面。开发商只负责拿地开发。资本方负责融资，在开发阶段可能会以信托、私募为主，等到运营之后，通过 REITs 退出。而运营则会交给专业的商业管理公司，这其中有些项目会采取商管和物管合一的模式，还有些项目会从商管公司再分出一个专业的物管公司来。

第五个特点是多元化。REITs 的要求是收益稳定安全，为了达成这个目的，REITs 会考虑多元化投资来分散风险，它会在不同地域和不同业态间进行合理的资产配置。

第六个特点是免税。当然，这要看国家的政策，但是按照国际惯例来讲，对于投资者的投资收益是要免税的。

商业地产的三大问题之资金 ┃ 23

REITs 在实践中又有抵押型和股权型之分。笔者在上面的篇幅里一直谈的都是股权型的。

股权型 REITs 就是直接买资产，靠资产产生的租金获取收益；抵押型其实就是给开发商放贷，有点类似于现在基金与开发商合作的明股实债的形式，它是靠利息获取收益的。

最早 REITs 是在美国产生的，当时是以抵押型为主的，主要以借钱给开发商收取利息为主。发展到今天，绝大部分 REITs 都是股权型的，以收购并持有资产为主。

中国在 2008 年计划推出 REITs 时，一共设计了两个版本，一个是银监会牵头做的，一个是证监会牵头做的。实际版本的内容笔者是没有看过的，但是根据这两个机构的性质，笔者猜银监会那个就是抵押型的。证监会那个就是股权型的。

很遗憾的是，正当 REITs 要推行时，赶上一系列事件，REITs 这件事就被搁置了。

目前在国内，除了这两年出现的大量类似于中信启航这样的类 REITs 和最近获批的保利租赁住房 REITs 之外，在运营的 REITs 有三类。

第一类是在海外发行，通过在国内收购资产来运作的。典型的就是我们大家熟知的凯德模式。另外还有李嘉诚的汇贤投资，持有的资产就是王府井的东方广场。还有香港的领汇，它主要以社区商业为主，目前也已经进入中国，持有的项目是北京中关村的欧美汇。不过，它进来时领汇已被内地人抢注了，所以它在中国是以领展的名义在运作。

第二类是以国内资产为基础在香港发行。比如，开元的酒店信托，就是以国内的六家酒店为基础在香港发行的，其中就包括河南开封的开元名都大酒店。

第三类是国内真正的 REITs，很多人都认为国内没有做过真正的 REITs，其实国内是有一单的，就是广州的越秀 REITs，它是在 2005 年做的，整个设计非常巧妙，它是把广州的四个物业分别装进四个公司里，然后再把这四家公司整合成一个资产包，其中我们商业地产人比较熟悉的是维多利广场。但是这个 REITs 出来之后，国家就马上把路径堵死了，自此，再没有 REITs 出来。

商业地产的三大问题之资金 | 24

作为这一系列资本专题的最后一篇，笔者想跟大家分享一下越秀 REITs 的案例，笔者觉得这是一个非常经典的案例，能够跟它媲美的只有新浪海外上市的例子。

所不同的是，新浪模式成为中国互联网企业海外上市的标准模式，这才为资本提供了退出通道，也因此才成就了京东、阿里、腾讯等一系列的互联网巨头。

而越秀 REITs 则一出生，该模式就立即被政府封堵，因此使它成为国内的独此一家，并没有成为中国商业地产发展壮大的操作模式。

现在想在国内复制越秀模式，是不太可能了，但是这个模式还是值得大家研究的，从中大家可以看到资本的创造力与创新精神。

越秀是属于广东省政府的国企。它在香港有一家窗口企业——越秀投资。

越秀 REITs 的具体操作模式是，先由越秀投资在英属维尔京群岛注册了甲、乙、1、2、3、4 六家 BVI 公司；然后将广州的四个商业物业分别装进 1、2、3、4 四家公司。

1、2、3、4 四家公司是由乙公司全资控股的，乙公司又将全部股权转让给甲公司。然后越秀投资以甲公司的资产设立一个信托基金，这个信托基金即是我们所说的越秀 REITs。

越秀 REITs 将自己所持有资产拆成了 10 亿份 REITs 单位，其中越秀投资自己持有 31.3%，越秀集团持有 0.8%，其余 67.9% 散售给社会公众。发行价每份 3.075 港元，总共募集了 20 亿港元。

同时，越秀 REITs 是由越秀投资所控制的越秀房地产投资信托基金资产管理有限公司来管理，其可以向所有的基金持有人收取管理费。而四个物业的租赁管理是由越秀投资所控制的租赁代理机构负责运营，由 REITs 支付他租赁代理费及商业管理费。

也就是说交易完成之后，越秀投资一共获得了 20 亿港元的收益和越秀 RE-ITs31.3% 的股权。而这四个商业物业的实体资产和资本市场的虚拟资产都仍然控制在越秀手中，因此，越秀同时还可以获得物业和资产的管理收益。

这个交易结构设计得非常巧妙，值得我们大家深入研究。随着保利 REITs 地发行，REITs 的大门正在打开，我们所有做商业地产的人都应该认真关注这个事，REITs 真正推出之后，笔者眼中中国的商业地产的春天才算真正到来，而运营的价值也才能够得到充分的体现。

商业地产的三大问题之商品 | 25

前面笔者分享了商业地产领域里关于钱的事，在这个事上，甲方思维很重要，笔者发现有些人在这件事上，奢谈情怀、奢谈责任，这些人有一些是因为层级不够，没有当过家，不知道当家的难处。钱是做事的第一位要素。解决了钱的问题，我们就该回到商业运营了，而在运营层面，困扰我们的核心问题就是商品。

我们做商业的一定要明白一个问题，就是外面再喊什么扩大餐饮、增加体验，这些都是浮萍。我们可以看看做得好的商业，一定是商品做好，餐饮、娱乐并不一定做得强。

比如郑州的国贸 360，因为物业先天的限制和前期的规划，它的餐饮和娱乐业态是很弱的，但并不影响它成为郑州最好的商业项目。

还有郑州万象城和大卫城毗邻而居，要说体验万象城要比大卫城好太多了，但人气和业绩，大卫城就要高出很多。当然大卫城的餐饮业态做的也不错。它的 CJV 影院也是郑州观影效果最好的影院。但是它最核心的优势还是品牌全，目前国内但凡业绩好一点的服饰品牌，你几乎都可以在大卫城找到。

因此，我们做商业的或者说做零售的，还是要回归到商品本身。

现在零售出了问题其实是商品出了问题。商品出了问题又是由内外两个原因造成的，内部原因是商业企业自身的经营模式出了问题。而外部的原因是我们的制造业出了问题。

所以我们现在处在双重转型期，一方面零售业面临转型，另一方面中国制造业也面临转型。

如果再加上消费升级的因素，我们面临的是零售业、制造业以及消费者的三重拐点的叠加。这对于我们来说肯定是危机时代，但凡是危机，必然是威胁与机遇并行的。而且越是行业危机时期，越是新手和小企业逆袭的时候。

商业地产的三大问题之商品 | 26

近两年全国一直在大力宣传工匠精神，推崇匠人匠心。河南也在做中原工匠的评选，这些都表达了政府的态度。

我们做商业地产的也有一个共识就是在未来的五年内，将会有大量本土品牌崛起，这里的本土品牌不是泛指国产品牌，而是指非全国连锁的区域性品牌，它们中有很多就是我们所说的新品牌。这些品牌的创立者多数是"80""90"后，他们具有做一个好产品、成就一番事业的情怀真正的营销专家也是市场所需要的，那些"80""90"后们有情怀做产品，但市场确实是他们的短板，有营销专家出来帮他们是必须的。但是要提防的是那些"江湖郎中"。

笔者觉得企业现在缺的是产品经理型的专家。

关于产品经理这个职位，笔者最早是从宝洁公司听到的，当时还搞不明白这个职位是做什么的。这两年这个职位被互联网企业给炒得很热。

笔者理解这个职位要做的就是在市场和产品间搭一座桥梁。一方面他要推动内部研发生产出一个好产品；另一方面他还要深入了解市场，及时将市场信息反馈回内部，不要让企业表错情，费很大力气，结果做出一个市场不买账的产品来。

这样的专家才是目前我们最需要的，他不是产品专家，也不是营销专家，他是一手抓产品，一手抓市场的专家。

作为企业追求利润是天经地义的事情，我们说一个企业如果不赚钱，那它是不道德的。因为企业的职责就是为社会创造财富。如果它不赚钱就是在白白浪费社会配置给他的资源。

但是企业赚钱的过程一定要符合商业伦理，可是商业伦理这个概念，对我们来说是很陌生的，当年在 MBA 的学习里，很多同学看到有这门课都很诧异，可是我们今天所缺少的正是这个东西。

在伦理下面是道德，道德是靠舆论来约束人们的行为，可是我发现我们已经对舆论免疫了，让舆论说去吧，我走我自己的路。

再下一层就是法律了，法律其实是我们做事的底线，可是很多企业现在连这个底线都不顾了。

希望未来我们在市场中能看到越来越多的好产品，而且生产这些产品的企业都是具有商业伦理精神的，这些企业家都是具有社会责任感的。

商业地产的三大问题之商品 | 27

我们的制造业需要转型，那零售业当然也需要转型。零售在整个经济中扮演着特殊的角色，它是生产和消费的中间环节，它是一手托两家，一边是厂商，一边是消费者。它既是生产厂商的销售渠道，又是消费者的消费终端。但是这碗水并不是总能端平的，在一定时期它会偏向某一边。

严格来讲，零售业是应该跟消费者站在一起的，它应该扮演的是消费者的采购代理人，但是从三十年前那次零售转型之后，平台模式在中国零售业大行其道，在这种模式下，零售业规避掉了经营风险。因此，可以低风险的快速扩张，这成就了很多区域和全国性的零售巨头。

但是这种模式的弊端在三十年后呈现出来了，就是零售业把自己经营商品的能力给废了，所谓"欲练神功，引刀自宫"。

当零售业把经营的风险转嫁给厂商之后，其实也把市场的主导权交给了厂商。零售业退到了二房东的位置上，前台"唱戏"的变成了厂商，因此，零售业消费者采购代理的角色弱化了，而厂商销售渠道的角色被强化了。

由于厂商具有很强的倾向性，它就是要卖自己的货，而且厂商为了规避自己的风险，它又将风险向下游的代理商和经销商进行了转嫁，为了保证销量，它不断地向渠道压货，导致代理商和经销商不堪重负，所有精力都在卖货上，哪有时间去深入了解消费需求，了解了也没有用，一不用帮自己卖货，二不能影响产品开发。

笔者上面说过制造业本身就有问题，由于不能掌握核心技术，因此，只能靠模仿和低成本取胜。而在这样的一种渠道模式下，它又不了解市场。本来应该懂市场的零售商又缺位，那市场不出问题才怪呢？

对于零售商来讲，打破这种困局的办法就是重新回归零售的本质，切换至买手模式。重新把自己废的"武功"找回来。

当然，很多人一听这个就摇头，太难了，但是从零售起源那一天起，它就是做买卖的，从历史上的肩挑小贩开始，到百货商场的引入，中间隔了一个计划经济时代不说，改革开放之后，以郑州来说，当年亚细亚时代大家仍然是在做买手的。1997年丹尼斯开业才把联营模式引入河南，至今不过20多年的时间而已，跟中国整个零售业的历史相比，20多年是可以忽略不计的，凭什么就因为这短短的20多年，让我们零售人对买断商品做经营失去信心了呢？

商业地产的三大问题之商品 | 28

一般笔者在做商业规划时，会把消费者的消费分成两个层次，一个是日常性消费，一个是个性化消费。

日常性消费更偏重于物质层面，是人们基本的生活用品。这一块一般是由超市这个业态来提供服务的。个性化消费则更偏重精神层面的需求，这种消费看中的不是商品的基础功能，而是商品的附加价值，比如，流行、时尚、身份标签等。百货业态就是专门服务于这一块的。

比如，服装这个品类，它在超市和百货里都会有，但是产品定位是完全不同的。

它在超市里，就是满足消费者基本的穿衣功能，当然，消费者在购买时也会挑一下款式，但这纯属个人审美，与流行时尚一点关系都没有。而在百货里，流行时尚则是第一位的，像目前流行的快时尚中，甚至质量都会退到了第二位。

满足日常性消费这一块的业态主要是超市，按说超市一直就是自营的，虽然它不叫买手，但它叫采购。当然，也出现过租赁性的超市，就是超市里所有货架都是对外出租的，但是我只见过郑州的世纪联华这一家，在全国我还没听说过第二家。因此，可以说超市就是自营的。

但是事实是，我们的很多超市其实是伪自营，因为它虽然表面是有采购职能的，但是它并不承担经营风险，它以代销这种模式将销售风险、库存风险、损耗风险都转嫁给了供应商。它变成了一个披着自营外衣的联营模式。

所以在超市业态中才会出现两个利润，一个叫前台毛利，一个叫后台毛利。所谓前台毛利就是通过收银台完全商品销售后的进销差价，也就是超市真正经营所获得的利润。而后台毛利是超市从供应商身上收取的费用，它可以说是商场从供应商身上收取的"苛捐杂税"。这一块名目繁多，五花八门，像进场费、上架费、端头费、促销费、店庆费等。

按道理超市经营该以前台毛利为主，后台毛利只是额外的收入而已，但是确实有不少超市把后台毛利看得更重，因为超市利润很薄，前台辛辛苦苦、忙忙碌碌赚不了几个钱，而后台收的全是纯利。但是后台毛利跟消费者有什么关系呢？企业越重视后台毛利就离消费者越远，消费者最终离你而去，你怎么能怪电商呢？

在这样的模式下，超市把自己的经营风险转移给了供应商，而且自己的一部分利润也直接来自于供应商。看似超市自己的风险降低了，利润也增加了。但天下没有免费的午餐，所谓有得必有失，在这种模式下，超市实际上失去了对市场的掌控权，它的商品权和定价权都是打折扣的。而选品和定价是超市最重要的两个经营策略。

首先，供应商上新的动力是不足的，由于供应商已经为现有商品交了"买路钱"，他就会最大限度地利用现有渠道，尽可能的多赚钱。这时让他去开发新品，不但要承担开发新品的市场风险，而且还要重新交"买路钱"，这对他来说是不划算的。

所以我们会发现近年来，超市的商品结构基本没有发生变化，每次去都是老面孔，所以不要说"80""90"后了，连"70"后都不愿意去超市。因为你去了之后，它还是那些东西，既没有可逛性，又没有购买欲望。

当然，因为日常性消费基本是生活必需品，是你不得不采购的商品，也就是说，不管购买场所是不是很无趣，你都得去买。这时，这些大型超市的另一个弊端又显现出来了，就是它很不方便，它的强制动线，逼着你哪怕就是要买一瓶水，也要把卖场从里到外走个遍。

因此，我们会发现原来夹在大型超市和便利店之间，生存很困难的"标超"，业绩却逐渐好了起来。虽然它们价格可能要比大型超市高一些，但是它方便，你下了班，进去随手就可以购物，不像大型超市一定要让你上上下下地跑。

所以我们会发现超市业态的客层在发生变化，大型超市的客层逐渐老化，就是一些图便宜的老人还保持在大型超市购物。"70""80"后基本就是在社区附近的标超购物。而在一、二线城市的"90""00"后更喜欢在便利店购物。

这个在资本市场的动态中也能感受到，因为资本是对风口最敏感的，所以现在最热的一个是社区商业，一个是便利店，而且从便利店这个业态还延伸出一个无人零售的概念。

大型超市的第二个问题是定价权问题，这个问题比较复杂，表面看起来超市方是占有优势地位的一方，因为厂商都要付通道费才能进场的，因此在价格谈判上，超市理应占有上风。

事实真的如此吗？其实，现在超市的这种优势地位，在多数情况下，并不是因为自身的运营采购能力、物流配送效率、供应链优化所形成的，而是因为整个终端零售行业处于强势地位，从而给大型超市带来了行业红利。所以事实是整个超市行业挤压了制造业和供应商的利润空间，导致整个行业处于低价低利水平，而单个超市并没有形成自己的价格优势。

原因很简单，因为商品并不是超市自己买断经营的，而是由厂商在经营，货仍然是厂商的，甚至连销售人员都是厂商的。对于厂商而言，他不是在经营一家店，他经营的是整个市场，因此他不可能让某一家商场形成价格优势，因为对他来说最重要的是保证整个市场的价格水平的统一。

所以超市采购表面看起来很厉害，但事实上整个定价体系是由厂商控制的，它根本没有定价权。所以有时候我们看一个超市，会去看它宣传单页的促销单品，如果有很多知名品牌和热销商品，就说明这家超市运营得不错，厂商很支持它，但事实上这种支持是有限度的，是经过平衡的。

我们看现在发展比较好的超市，都是自采比例较大的。比如永辉，生鲜自采这块是它最大的优势，有些商品他不但可以供自己用，还有能力充当批发角色，向整个市场供货，如香蕉。

还有合肥的乐城，这是一家非常有创新精神的企业，笔者建议所有做超市的都应该去向这家企业学习一下。乐城当时开发零食这个品类时，就是去研究了淘宝，发现淘宝上食品销量最大的就是零食类，因此，它就按照淘宝上零食的热销单品来选品，因为采用自采模式，它的价格不但比淘宝上还便宜，而且毛利还很高。现在它的零食区甚至发展成一个单独的零食店——乐大嘴。

所以现在超市虽然面临竞争激烈、电商冲击这些外部问题，但是最本质的问题是，在现有这种伪自营模式下，其在商品力和价格力上缺乏核心竞争力。

商业地产的三大问题之商品 | 29

笔者认为凡是做商业的或者说做零售的，都应该有勇气和自信去经营商品。

诸如竞争、电商这些外部因素都不是实体零售的核心问题，失去顾客才是真正的问题，而作为一个零售企业，失去顾客的主要原因就是商品出了问题，其实是你先抛弃了顾客，顾客才抛弃了你。

如果想拿回商品和价格的主导权，就必须走自营的路子。说到自营大家肯定首先想到的是能力问题，特别是买手问题。但是如果是百货说买手缺乏，买手不好培养还有情可原，因为国内基本有一代百货人没有做过自营了，现在要想把买手体系建立起来的确有困难。

但是超市呢？超市一开始就是自营模式，而且有健全的采购体系。它又是为什么会把路走变形了呢？答案又要回到上一个的问题了，是资本，是金融。我们的资本既没有支持商业地产开发，也没有支持商业运营。

我们中国的零售企业其实是高负债行业，负债率要比制造业高，甚至比我们地产开发企业都高。很多人一定不理解，认为零售业现金流好的不得了，号称"提款机"，而且有些零售企业从没有向银行借过钱，怎么会是高负债呢？不错，我们的零售企业可能没有向银行借钱，但是我们向厂商、向消费者可借了不少钱。

零售企业跟厂商之间是有结账周期的，而我们的账期比其他国家基本要高出一倍，世界其他国家的账期都是在 30 天之内，我们的差不多是在 60 天左右。这个东西在财务上叫应付账款，它在资产负债表里是在负债项下的。

我们零售企业还大量销售购物卡，虽然现在有所降低，但绝对数还是不小的，这个在财务上叫预收款，它也是在负债项下的。所以我们经常会看到有些零售企业实际经营得非常好，但是因为有一些负面消息没控制好，引发供应商集体追债或者消费者集中抢购，瞬间就倒闭的事件。

所以零售企业做自营，买手能力还是其次，资金是最核心的。如果做了自营，我们不但没有了供应商的这笔钱，而且我们还要先付一笔钱出去，就是我们没了应付账款，但是会多出来一笔预付账款。

因此，零售企业的转型，资本运营这一环是绕不过的，零售企业不但缺乏买手，它也缺乏资本运营的人员。这部分是讲商品自营的，资本就不多说了，不过我们要注意的是，现在以新零售名义闯进来的公司可都是带着资本进来的。他们的资本结构先天就跟传统零售企业是不一样的。他们手里股权的钱，要比我们手里债权的钱好用。

商业地产的三大问题之商品 | 30

现在新零售领域以阿里的盒马鲜生和永辉的超级物种风头最劲。纵观全国的新零售，目前发展的比较热闹的就是日常消费这一块。其中主要又是两大版块，生鲜超市和便利店，这其实都是在分食大型超市的"蛋糕"。

首先对于便利店这块，笔者是持观望和怀疑的态度的，因为便利店在国内一直是一个叫好不叫座的业态，大家都觉得中国是个小店的王国，因此便利店应该会有大的发展。零售企业其实一直都是看好这个业态的，但它的发展却一直是不温不火的，一直都没有想象中的那么好。

现在这一波便利店热潮，其实是资本推动的，甚至有些资本方自己都已经等不及了，挽起袖子跳进来自己就开始干了。这些资本做的店笔者看过几个，从经营层面来说，不要说跟 7 – 11、全家去比了，就是跟国内的便利店企业相比，也是差很多的。

为什么大家看好便利店呢？其实几年前笔者也是很看好这个业态的。因为它是满足消费者便利性需求的。按照社会的发展趋势，便利性的需求会越来越强。为什么之前笔者对便利店很有信心，但是现在有所怀疑呢？

这要从便利店的发展历史谈起。便利店的起源是在美国，鼻祖就是 7 – 11，它最早是一个卖冰块的店，之后不断增加品类，并延长营业时间，最终创造出一种新型业态，但是它在美国和欧洲一直都没有做大。

后来日本的伊藤洋华堂把它引入亚洲，结果它在亚洲一下做火了，主要是在日本和中国台湾地区市场。因为总部反而没有加盟商做得好，所以后来日本人作为一个加盟商，反而把 7 – 11 美国总部给兼并了，这是典型的"儿子把老爸，给吃"了。

商业地产的三大问题之商品 | 31

因为便利店发展最好的是亚洲市场，其中又以日本做得最好，所以，大家一直觉得便利店在文化相近的中国一定会有大的发展，而且国内的确是遍地都是小店。

但便利店在国内却一直没有火起来，就算是在北、上、广、深这些一线城市，便利店的整体业绩也不算很漂亮。

当然，便利店的发展跟经济发展水平有关，因为它的价格是所有超市类业态里是最贵的，当居民收入水平比较低时，他宁肯麻烦一点到大卖场去购物。它跟生活节奏也是有关系的，如果大家有的是时间，便利性需求就不突出。最后还跟经营水平有关，它应该是超市类里最小的业态了，一般在 100 平方米左右。但它的经营技术反而是最高的，甚至比上万方的大卖场都高。

但以上这些并不是便利店在国内不温不火的主要原因，有一段时间笔者也很看好便利店，因此曾仔细思考过这件事。笔者觉得在国内对便利店发展影响最大的因素是土地制度。

看它的发展历史，为什么是在日本做得很兴旺呢？日本面积狭小，而且是土地私有制。

也就是说，你在日本想要找到大一点的店铺是很难的，第一，他们没有那么多土地可以拿出来做新区新城。第二，由于土地是私有的，所以房屋可能翻新了好多次了，但是占地没有变。因此，具有完整产权面积的店铺多数是在 100 平方米左右，因而，便利店在这样的市场中如鱼得水，迅速地发展了起来。

但是，回到国内，不但满大街都是商铺，而且面积大小都有，你想找一个四五百平方米的店铺是很容易的。

我们知道如果一家超市的面积在 400～1000 平方米，我们就称之为标超了。也就意味着我可以用 100 平方米把你便利店的所有的商品都覆盖掉，然后我还有 300 平方米以上，可以做你没有的品类，比如生鲜。

商业地产的三大问题之商品 ｜ 32

便利店在国内的发展还是有很大空间的，但是因为会有大量标超来分割它的市场，因此它能不能获得像在日本一样的地位，还有待观察。

说到标超，笔者倒是想把现在的盒马、超级物种这些新型业态归到标超类别里，作为一种创新型的标超来分类，因为虽然现在它们真的可以称之为"新物种"，经营形态跟之前的超市完全不同，但事实上它们跟标超的市场定位是一致的，都是满足消费者的"当日所需"。笔者的判断是它们在保持现在创新的基础上，未来一定会跟标超的运营经验结合起来的。

标超这个业态，在以沃尔玛、家乐福所引发的大卖场风潮下，有一段时间活得很艰难。首先，它不如大卖场规模大、品类全、价格低；其次，也不如遍布大街小巷的便利店、小卖铺和夫妻店方便。因此，它的定位非常尴尬。

标超这个业态还是很顽强的，它很快就找到了经营的突破口，就是生鲜，最初的标超多数是不做生鲜的，因为生鲜管理难度太大，但是在受到大卖场冲击之后，标超很快就提出了自己的解决方案，叫生鲜加强型标超，就是把生鲜这块给做了起来。

因为在消费者的"每日所需"中，最核心的商品就是生鲜类，抓住了生鲜，也就抓住了消费者的当日采购。但是，传统意义的标超实际上是一个缩小版的大卖场，它的品类规划跟大卖场是一样的。生鲜、食品、洗化和百货一个也不缺，只不过品类的深度比大卖场浅，宽度比大卖场窄而已。

在这一波"新物种"里，最早的应该就是阿里的盒马鲜生，笔者不知道它模仿的是美国的 Dean&Deluca 还是意大利的 EATALYEATALY，它跟传统标超有很大的不同。抛开大数据、线上和宅配这些科技层面的优势不说。这些"新物种"跟传统标超的不同有两个。

一个是把传统的洗化和百货品类给砍掉了，只做生鲜和食品；另一个是增加了堂食部分，其实就是把原来的美食广场跟超市合并了。

商业地产的三大问题之科技 | 33

这些零售界的新业态，目前都还没定型，都还在成长中。对于未来，每个团队的操盘手的理解和设想都不一样，甚至在一个团队的内部都会有不同的声音，但是新业态的出现，无疑是给零售变革开了个头，打开了大家的思路。

笔者以盒马为例，说说笔者的理解，盒马最大的优势是在科技技术上。

第一，信息采集。很多人不理解为什么盒马不收现金，一定要让你线上支付，原因很简单，它想要消费者的消费数据。当然，这对老年人来讲可能是件麻烦事，盒马宁肯让工作人员来帮你，也不愿意在这个问题上妥协。

这就是互联网思维与实体思维的差异。互联网的思维是线下向线上导流，追求线上流量，然后进行数据积累。而实体经营的思维是注重服务，注重产品开发，提升单店业绩，控制成本，然后密集开店。

笔者不知道盒马内部的人力结构是什么样的，但是线上和线下出身的人才应该都有的，所以它内部一定会有两种思维碰撞的。

第二，数据分析。盒马与传统超市在数据分析上的不同是，传统超市是以商品为基础进行数据分析的，它分析的是商品的分类、商品的占比、商品的销售。它对消费者的分析是缺失的，除了一部分会员之外，对于其他的消费者，它根本不知道这些人是谁，也不知道这些人卖了什么东西。那它当然没有办法进行精细的消费者画像，也就不能把需求精确到个人，不能进行个性化的商品推介和服务。

而这个是盒马最大的优势，因为互联网企业是以客户为基础进行数据分析的。也就是说它既知道你是谁，也知道你历史采购记录，它还能把你在网上的各种信息汇集起来，给你画像，从而判断你想要什么商品。

第三，分拣配送。这个是物流的部分，当然，传统超市的物流也是很强的，但是这又是两种不同性质的物流。传统超市的物流是仓到店的物流，更类似于物流行业里的零担物流，而盒马的物流是店到人的物流，它更类似于快递。

我们在盒马购物时，会听见头顶自动传输带"咯吱咯吱"运行的声音，你抬头就会看到一个个包裹依次传送着，那是为线上订单准备的货品。盒马承诺30分钟送达，也就是它必须在10分钟内完成拣货、传送和打包。这样配送员就有20分钟的送货时间，这些都需要一个高效的信息系统来支撑。

以上这三点才是盒马最核心的竞争力，这些都是需要高额技术投入的，所以它们也是实体零售向线上走的一个重要门槛。

商业地产的三大问题之科技 | 34

前面笔者分析了盒马在科技领域的部分应用，在盒马内部应该称这部分为技术，但是笔者没有用"技术"这个词，而是用了"科技"这个词，是因为在我们实体零售内部将经营也称之为技术，所以使用"技术"这个词会混淆概念。这两个都是技术，一个是科技技术，一个是经营技术。

科技是互联网企业核心优势所在，而在经营层面实体零售更胜一筹。笔者原先认为在线上、线下互相渗透的过程中，线下会更有优势，因为选址是唯一的，位置的优势具有绝对的排他性。线上企业想要大规模地在线下复制店面是很困难的。而科技只是一个工具，当它成熟了就可以应用。

但是笔者现在了解到，互联网科技背后的核心其实是算法，而这个是需要巨额投入的，它需要大量的人才、海量的资金、庞大的设备来支撑的。

很多实体零售企业连自己内部的 ERP 系统都还没有玩转呢？更有很多在建的商业项目还把信息系统当成成本去控制。在这种状况下，线下转线上也是非常困难的。在这种局面下，线上、线下各有所长，而且门槛都很高，想要顺利进入对方的领域都很难。未来零售的整合应该会主要通过并购来实现。

在这方面国外企业还是看得很清楚的，比如沃尔玛，它在美国是仅次于亚马逊的线上第二大销售商。但是它在中国就没有自建线上渠道，而是直接收购了一号店。

那么在资本运作方面，无疑线上企业要优于线下企业，线上企业从一开始就是靠资本"养"大的，对资本的偏好和需求了解的是非常透彻的，而线下企业常年都是埋头苦干，对资本是很陌生的。所以笔者再强调一下，做商业地产也好，做零售也好，资本思维是少不了的，千万要重视。

商业地产的三大问题之科技 | 35

未来会分食大型超市市场的，除了上面说的新零售业态、标超、便利店之外，其实还有两个，一个是历史悠久、年纪要比所有的商业业态都大的菜市场；一个在国外具有一定市场，国内规模不大，即消费者合作社，应该很快就会在国内大量登场。

先说年长这位，其实我们大家都很熟悉，甚至很多人每天都会跟它打交道，它就是菜市场。

在大卖场崛起的年代，很多人曾放言要颠覆菜市场，就像电商崛起要颠覆实体一样。很可惜，大卖场已经从萌芽发展到高峰，现在已经"病病歪歪"地开始下滑了，菜市场依然活得有滋有味，而且正在从"脏乱差"向"高颜值"过渡。

菜市场在跟超市生鲜区竞争的过程中，好像始终没有处过下风。道理其实很简单，就是超市生鲜的鲜度不够。

在大型超市里，除了永辉的生鲜是自采之外，其余的大多数都是采取联营的形式，是包给供应商做的。供应商肯定是考虑短期利益的，因为他的长期利益受制于超市的合约，是不可控的。因此，超市生鲜在鲜度上始终做不过菜市场，而生鲜我们都知道鲜度是第一位的。

菜市场的劣处是环境差、没有售后。如果能通过管理把这些短板解决了，那它会变成一个很强势的业态，所以现在已经有人看到了这个商机，开始尝试来给菜市场升级了。这件事难度最大的是商户管理难度大，因为这些租户都是菜贩子，缺乏现代经营意识，但是他们的优势也很明显。

首先，是商品的新鲜，他们往往能做到"当天进，当天销"。其次，他们的服务更加的人性化，我们都有在菜市场买菜的经历，时间长了，那些商户会认识你的，你来了会跟你打招呼，会知道你喜欢吃什么东西。最后，他们经营很灵活，随时可以变价和改变销售策略。

关于菜市场这一块，目前笔者看到的有三种新的做法。

第一种属于传统改进型，比如，北京的三源里菜市场，它是在原来菜市场租户的基础上，通过精选摊主，强化管理，同时维护好环境、卫生，控制好品质，打造了一个温馨的新型菜市场。

第二种属于邻里中心型，比如，上海的万有集市，它是将生鲜菜场、日用百货、日常维修、洗衣护理、家政便民到家庭快餐等集合在一起。另外，还加入了社区共享的社交空间，整个模式类似于一家小型的邻里中心。

第三种属于租户升级型，比如，深圳佳兆业龙岗项目做的市集，它的做法是引进品牌租户，而不是传统菜市场的普通摊主。例如它的猪肉店，就是被媒体热炒的，那位北大毕业回家卖猪肉的店主开的，这也算是一个网红店了。因为现在各种小品类的店铺越来越多，这类店铺的经营理念跟传统摊主的理念是完全不同的，把他们整合起来也是一种很好的模式。

菜市场是我们生活中最有烟火气、最有温度的地方，它可以是一个很有温情的地方。所以未来会有更多的菜市场进入升级通道，特别是它跟社区服务结合起来之后，它也会变成一支强大的零售力量。

商业地产的三大问题之科技 ┃ 36

说完菜市场，再来说另一个零售组织，这种零售组织在国外叫消费者合作社，在日本和中国台湾地区是由一些家庭主妇发起的，所以又叫主妇联盟。这种零售模式最早出现在英国，大概是在第一次工业革命之后，跟现代零售业态的鼻祖百货商场同期出现的，细究起来可能比百货商场出现的还要早。

按照定义它是一种消费者自愿联合组织起来的零售组织。也就是消费者自己组织、自己出资、自己拥有。

它的组织形式有两个特点：

第一，产权共有。产权归所有社员共同拥有，这有点像我们计划经济时代的集体所有制企业；也有点像我们现代的股权众筹式的企业。任何消费者都可以参加合作社，只需要缴纳一定的入社费和定额股金即可成为社员。

第二，民主管理。消费者合作社采取民主管理的模式。由所有社员组成社员大会，然后选出一个管理委员会或董事会，来负责商场的经营管理工作。为了防止大股东侵占小股东的权益，每个社员不论投资多少金额，每人只有一票选举权。

这种组织的出现是在工业革命初期，那个时代是产品短缺的时代，生产商和零售商掌握着市场的主动权，消费者只能被动地接受，因此，难免会有侵犯消费者权益、在市场交易中出现不公平的现象。

在这样的时代背景下，具有民主传统的英国人就自发地组织起来，成立了属于消费自己的零售组织消费者合作社，来对抗生产商和零售商。

商业地产的三大问题之科技 ┃ 37

由于消费者合作社这种零售组织成立的目的，就是要减少中间环节，让消费者能够得到更加实惠的商品，因此它是以低价策略切入市场的。这样它对传统零售商的市场就造成了冲击，于是传统零售商必然会利用自己的市场地位对其商品货源进行封杀。但是这种封杀没有扼杀消费者合作社，反而让它更加强大了。

首先，由于受到封杀，同一个地域内的消费者合作社就联合起来，形成了连锁的形式。而那些传统零售商还都是独立商店的模式，因此消费者合作社很快就具有了规模效应，跟厂商合作时，更有谈判力了。

其次，由于初期的封杀，确实让消费者合作社在货源上出现了问题，所以逼着消费者合作社向上游延伸到制造业、农业甚至金融业。因此，直到现在，英国的消费者合作社还是自有品牌的领导者，旗下拥有众多的自有品牌。甚至它还拥有了自己的银行——合作银行。

这种商业模式的特殊性是在它的组织形式上，而它的店面经营是以日常消费品为主的，主要是食品，然后搭配一部分非食，因此，表面看起来它就是一个超市。所不同的是，它不是由一个或若干的投资人投资经营的，而是由全体消费者投资的，而且一人一票，实行完全民主式的管理。

具体说很类似我们现在在流行的股权众筹模式，就是所有消费者共同出资作为股本金，将商场开起来，然后由民主选出的管理委员会来经营管理。

我们现在零售八大业态中的仓储会员店，就是借鉴了这种模式而发展起来的。比如，沃尔玛的山姆会员店和麦德龙，只是它们都是由单一股东运营的，消费者只需要缴纳入会费，就是办理会员卡即可消费，而不用缴纳股本金。

另外不同的是，这些会员制商业是只对会员开放的，就是你要想消费，必须成为会员。而消费者合作社是对所有人开放的，谁都可以来消费。

在消费者合作社中会员所享受的权益有两个，第一个是可以参与社员大会，拥有投票权。第二个是收益权，收益权有两个：一个是固定收益，就是所投入股本的利息；一个是分红收益，每年经营的利润结余会给股东分红，但是这个分红不是按照投资金额所占的比例来分配的，而是按照会员一年中消费金额所占比例来分配的，相当于销售返还。

商业地产的三大问题之科技 | 38

当然任何一种商业模式都有它的红利期，红利期一过，就必须要变革。就像我们现在的百货和超市经营困难，进入了转型期一样，消费者合作社在用完红利之后，它的弊端也逐渐显现出来。

首先，由于它的所有权结构复杂，最初由于受到传统零售商的挤压，才迫使在同一地域的消费者合作社联合了起来。但是当它们需要进一步跨区域联合时，这种机制的弊端就显露出来了，在这种机制下，几乎不可能完成跨区域并购。

因此，它欧洲的很多国家，大型超市很快就完成全国布局，在市场影响力和市场份额上超过了合作社。与进攻姿态的大型超市相比，处于区域市场的消费者合作社转入防守状态，我们知道防守比进攻会支付更大的成本。因此，它就逐渐失去了自己的价格优势。

其次，由于消费者合作社采取的是民主管理，是自己选出来的管理委员会负责运营管理，而这些人多数都不是专业的零售经营人员。而大型超市的管理团队基本是由专业的职业经理人构成。因此，在专业度上大大超越了消费者合作社。我们知道随着经济发展，社会进入买方市场之后，对商业的经营技术要求越来越高；而消费者合作社的管理团队在这方面就处于弱势。

由于消费者合作社存在以上的问题，它们的发展受到了制约，使它们多数都是区域型的企业。因此，我们知道 TESCO，但是对消费者合作社所知不多。而像消费者合作社比较强势的国家，比如，北欧的几个国家及中欧瑞士，我们对这些国家的零售市场又比较陌生，所以我们多数人基本不知道还有这种零售形式。

这种模式也从欧洲传到了亚洲，首先是日本，然后是中国台湾地区。所不同的是，在亚洲它是由女性所发起的，所以它在亚洲被称为"主妇联盟"。这与欧洲是不同，它在欧洲起源时，是工业革命时代，那时妇女还没有什么地位，因此，它在欧洲是由男人主导的，所以我们可以看到它在欧洲的模式设计得非常理性，也非常精妙。

但是它到了亚洲之后，模式上没有在欧洲那么严密，但是却充满理想和温情。但是如果情怀超越了理性，那也是一种局限。

商业地产的三大问题之科技 | 39

消费者合作社在欧洲起源之后，大概在一战前后传入亚洲，亚洲第一个向西方学习的国家就是日本，因此，消费者合作社在亚洲也是首先传入了日本。

但是亚洲的文化以及日本的国情是跟欧洲完全不一样的。消费者合作社这种商业形式之所以能够在英国出现，是因为在英国文化中具有民主和自治的传统。因此，在工业革命之后，社会两极分化，当时的英国政府还没有有效措施，来给贫民提供社会保障，城市平民想到的就是联合起来自救。虽然，消费者合作社的出现对传统零售商造成了冲击，但是传统零售商也仅仅是在商业规则之内，在货源上对其进行封杀。

而到了日本则不一样，这里的文化是专制，政府权力是不受限制的。所以受到冲击的传统零售商很快就说服政府，对合作社进行了打击，合作社被取缔，组织者被抓、充军，甚至有些一部分人被判了死刑。所以消费者合作社刚到日本就被打压下去了。

到了二战之后，消费者合作社在民主的浪潮下又出现了，但是这个时候超市已经蓬勃发展起来了，所以消费者合作社并没有大的发展。

但是随着日本战后经济飞速发展，食品安全问题越来越突出。实际上，日本当时面临的问题是经济发展了，社会富裕了，但是环境恶化了，食品也不安全了。

于是一帮妈妈们站了出来，她们要为自己的家庭寻找安全的食物，要让自己的孩子能够放心地吃上一日三餐。在这些主妇们的推动下，消费者合作社迅速发展壮大。目前，日本消费者合作社的零售销售额及市场份额，在日本位居第二，仅次于我们所熟悉的永旺集团。

商业地产的三大问题之科技 | 40

消费者合作社在日本能够迅速壮大，除了政治体制的变革之外，一个很重要的原因是，日本的大学一直在校园推行大学合作社。也就是日本的大学生基本都接受过合作社运作模式的训练，至于为什么日本的大学要推行合作社笔者不清楚。

因为大学的推广，日本社会对消费者合作社这种商业模式并不陌生。因此，当社会上出现商品的问题后，肩负照顾家庭生活的主妇们，马上就想到可以通过这种模式联合起来，形成自己的力量来约束厂商。

刚开始它很像是团购，只是几个妈妈联合起来去寻找安全的食品，然后一起下单来购买。随着参与的人越来越多，购买的商品的数量和品种也越来越多，逐渐就发展出专业的机构和实体商店。

它在日本的组织形式非常有意思，这种组织形式也充分体现出日本人组织纪律性强的特点。它是以四户家庭为一班，然后每班选出一个班长，由班长去负责收集每家的采购订单，收集完把订单下给合作社，合作社将所有班的订单合并汇总之后，再分别下达给经过合作社审定的工厂、供应商、农场或者是农户。

这些经过审定的工厂、供应商、农场和农户，都必须符合合作社所要求的安全生产的标准，合作社还会对他们的商品进行抽检，从而保证商品的品质和质量。

这些商品供应方在接到订单之后，会将商品送达合作社的配送中心，合作社的配送中心会根据每个班的订单进行分拣装箱，最后形成每个班一个小箱子，由物流送达班长家，班长再通知组员到自己家里取走每个人的份额。同时再开始下一轮的采购。

这种模式是非常有竞争力的，日本的合作社能成为日本第二大的零售企业就是靠的这种模式。当然，合作社也有自己的店铺，但是这种由社员产生的订单式采购，基本是店面销售额的两倍。

商业地产的三大问题之科技 | 41

中国台湾地区深受日本的影响，很多事物都是由日本引进的，消费者合作社这种商业模式也是由日本传入中国台湾地区的。

中国台湾地区当时也出现了跟日本类似的问题，就是经济高速发展，社会逐渐富裕，但是商品安全却出了问题。经济发展上去，而商品安全出问题，好像是东亚国家或地区的"通病"，谁都逃不过去。

现代商业文明是起源于西方的，它追求的是效率的不断提高，效率就是投入产出比。那么提高效率就有两个手段，一个是提高产出，一个是降低投入。

提高产出就是提高单位商品的附加值，也就是你能把单个商品越卖越贵；降低投入就是控制成本，也就是你能持续地降低生产单个商品的投入。

我们看西方的企业在这两方面做得都很好，一方面，因为品质加上品牌效应，西方进口产品都要比国内产品卖得贵，而且很多都不是贵一点点的问题。

另一方面，西方企业多数都已经将价值比较低的制造环节外包了，他们只是专注于价值比较高的研发和营销环节。而承接他们外包订单的主要就是我们东亚。一开始是日本，后来是中国台湾地区及"亚洲四小龙"，紧接着是中国大陆，现在已经开始向东南亚的越南、斯里兰卡等国家转移。

东亚的企业往往只学会了控制成本，而不会提高附加值，只会打价格战把商品卖得更低，不会把商品卖得更贵。

但是西方企业在控制成本时，品质底线是不会突破的。像美国人就能保证让自己的国民享受到低价高质的商品。相反，东亚国家在发展过程中为了控制成本，往往控制不住品质底线。因此，导致商品大范围的出现问题。

中国台湾地区在 20 年前，也发生了同样的状况。像日本一样，也是一群妈妈们站了出来，为了让孩子健康成长，为了让家庭安心饮食，以消费者合作社为组织，推行共同购买运动，积极寻找愿意按照安全生产过程制造产品的供应商，从而引发了一场生活消费革命。

商业地产的三大问题之科技 ｜ 42

20 年前台湾也出现了我们现在面临的问题，不断有食品安全问题被曝光，这时有一群妈妈们在一个妇女杂志组织的家庭主妇活动中相识并组织了起来。

这个组织当时取名就叫"主妇联盟"，一开始是以环境保护为主旨，后来组织关注的议题越来越多元化。

后来在香港举办的一次关注消费质量的国际会议上，台湾"主妇联盟"的成员了解到了日本消费者合作社的运作模式以及她们的成绩，大受鼓舞，回去后她们就决定发起共同购买的运动。她们不再只是去谴责那些不良厂商，也不再寄希望于那些厂商会良心发现，而是自己组织起来，主动去寻找安全的食品，打造一个可信赖的生产—消费生活平台。

由于"主妇联盟"的骨干是一群妈妈，所以台湾的消费者合作社运动带有女性特有的温情与理想主义。她们希望打造的是一个和谐的、多方共赢的生活平台，在这个平台上，消费者能得到安全的商品，生产者能得到合理的价格，整个社会的环境也会得到保护。

这个运动的本质是消费者联合起来，找到一群有良知的生产者，然后用消费的力量去支持他们，以一群人的力量支持另一群人，消费的一群人和生产的一群人，彼此关照，结成伙伴的关系。

在消费端它很类似于现在的团购，但是它跟团购有着本质的区别，团购的目的是追求低价，大家联合起来是去砍价的。而在消费者合作社运动中消费者联合起来是为了追求安全的商品并促进社会的和谐发展。因此，在消费者合作社中，并不追求绝对的低价，而是以市场价格接受商品，让生产者得到合理的利润，从而可以保证生产者能持续地提供高品质的商品。

比如，一斤黄瓜在地头采购是 0.5 元，到批发商手里就变成 1.5 元，再到超市货架上就变成 2 元。消费者合作社直接越过批发和零售环节，直接到地头采购，但不是以 0.5 元采购，然后 1 元卖给社员，而是以 1.5 元向生产者采购，但是生产者必须按照合作社的要求和标准去生产，采购回来，合作社在自己的商场里仍以 2 元的价格卖给社员，其中 0.5 元的差价就是合作社的费用，如果年底有盈余，就按照会员的购买金额分红。

商业地产的三大问题之科技 ｜ 43

而对于生产者来说，消费者合作社运动一方面以预购的形式，提前向生产者确定了采购数量和采购价格，这样就使生产者规避掉了市场风险；另一方面，因为消费者愿意支付较高的价格，使生产者拥有合理的利润，从而有条件按照安全的标准来生产商品，制造企业就不用无底线地压低成本了，农户也不用做A、B田了，A田自己吃，B田卖给城里人。

在这种机制下，特别是对农民的好处很多，一般来讲，农业是一个风险很高的行业，它会面临两个风险。

一个是市场的风险，农产品的市场价格一直在波动，而且农民就跳不出这个"怪圈"，今年农作物价格高了，明年种的人就多，价格就会下跌，丰收反而会伤农，而你不种了，它的价格反而又涨起来了，养殖业也是这个规律。而消费者合作社是提前就把价格锁定了，而且它不像菜贩子一样会去压榨农民，它支付的是一个非常合理的市场价格，这样农民的市场风险就被规避掉了。

但是，原则上农民还会面临另外一个风险，就是生产的风险，因为农业是一个"看天吃饭"的行业，气候、病虫害都会对农业生产造成影响。本来在这种模式下，这个风险是由农民自己承担的，因为合作社在下订单时是锁定价格、品质和数量的。如果出现了歉收或者因为客观原因造成产品不达标，原则上农民要在下一年补给合作社的。

但因为合作社的宗旨是追求生产者和消费者的和谐共生，出现这种情况，合作社一般不会坐视不理。

在西方，因为非政府组织（即NGO）比较发达，合作社一般会利用这些慈善组织、公益组织来帮助农民减少损失。比如，有一年美国有个地区发洪水，农民受到的损失很大，当地有一部分农民是跟消费者合作社签的约，消费者合作社在第一时间马上就联系一些NGO组织，为受灾农民募集慈善捐款，弥补他们的损失。

商业地产的三大问题之科技 | 44

由于消费者合作社并不是一个单纯为了消费方的利益而成立的团购组织。它所追求的是一种和谐共存的新型生产消费关系。因此，除了帮助生产方获得合理的利润，规避掉市场风险的同时，在生产方，特别是"靠天吃饭"的农业生产者出现生产风险时，往往也会主动出手相助。但是所采取的手段有所不同。

西方国家的消费者合作社在签约农户出现生产风险时，往往会采取调动NGO以及社会的力量来帮助农民降低损失。

而台湾的主妇联盟往往会采取更直接的方式来帮助农民，比如，积极说服会员仍然继续购买低于约定标准的农产品，当然，这种标准的降低是因为气候、病虫害造成的，而不是因为违反了约定的生产规范而造成的。

消费者合作社为了帮助受灾农户渡过难关，会想出各种办法来。笔者手头就有两个案例，一个是木瓜的案例，有一年有个地区遭遇台风，很多农户的木瓜还没有完全成熟就被台风打落了，正常情况下，这些青木瓜是没人会购买的。

与这些农户签约的消费者合作社，在这种情况下就积极地帮这些农户想办法，由于合作社的组织者大都是家庭主妇们，于是她们就发挥自己的特长，研发出很多青木瓜的菜谱。这样就顺利地帮助农户挽回了损失。

另一个案例是百香果，有一个农户想要引进百香果，结果引错了种子，结出来的果子个头小，卖相差，这笔投资对这个农户来讲很可能就要损失掉了。这时又是消费者合作社参与进来，最后想出了一个办法，把这批果子榨成果汁，在合作社的渠道内帮助农户消化掉了，从而降低了农户的损失。

社会问题的形成往往比较复杂，很多时候并不是单方面造成的，任何想要单方面解决社会问题的方法，都会造成一方对另一方的压制，解决了老问题又带来了新问题。消费者合作社这种模式以兼顾生产与消费者双方的利益为宗旨，促进和谐社会的形成，无疑是一种很好的尝试。

商业地产的三大问题之科技 | 45

笔者是在写商业的商品问题时，无意中写到消费者合作社这个主题，在写的过程中，朋友们给我提供了一些资料，事实上，国内早就有人在尝试了。而且在国内不但有真正的消费者合作社模式的尝试者，还有营销层面的尝试者。

我们先谈谈营销层面的尝试者，笔者觉得中国人可能是这个世界上最擅长营销的民族了。

前面笔者分析过消费者合作社的模式，如果抛开那些社会层面的理念，从消费者的角度看，它就是一种团购模式，而且团购也的确就是从消费者合作社的模式中演化出来的。如果从生产者的角度看，它就是一种预售，这种预售模式演化到当代就是商品众筹。

因此，从生产者的角度看，消费者合作社模式经过转化能变成一种非常好的营销模式。在国内比较成熟的模式有两种，一种是商品众筹的模式，比较多的用于农产品的销售。比如郑州有很多公司在新疆种枣，新疆因为气候原因，种出来的枣又大又好，但是新疆干旱缺水，所有的农业生产都需要在水利上进行大量投入。

那么为了解决前期投入的资金问题，同时还为了规避市场风险和生产风险。于是，有一部分生产者就想出了一个预售的模式。这种模式是公司先圈下一片枣林或者一块地，然后把枣林或地分割了，向消费者销售，不是卖产品，而是直接卖枣树，消费者可以来认购，他会设计一些标准的份额，最低甚至可以认购一棵枣树。

消费者买完之后，再把枣林或者枣树委托给公司经营，等于说公司把枣林的所有权转让了，但是仍然控制着枣林的经营权。同时，公司提前收到了货款，可以用这笔钱去投资水利设施或者圈更多的地。

每年红枣收获之后，公司会留下一定的比例作为管理费，剩下的会快递给消费者。如果消费者不需要消费这么多，公司会按地头价来收购，收购完把钱汇给消费者。

现在用这种模式销售农产品的非常多，甚至有一个案例是用这种模式来销售甲鱼。等于消费者提前来认养甲鱼，完了之后他帮你来养。

在自然条件下，甲鱼在冬季是会冬眠的，但是一般养殖户为了加速甲鱼的生长，会控制温度，不让它冬眠。这样本来甲鱼两年的成长期，现在就变成一年了，而且还可能涉及在甲鱼的食物里添加激素等问题。

而在你认养的模式里，公司是完全在自然的环境下来饲养甲鱼的，这样需要等两年，但是你得到的甲鱼的营养价值和安全性都是有保障的。

另一种从消费者合作社理念延伸出来的营销模式是农业地产的一种。

一般情况下，这种项目都位于城市周边，离市区并不远。开发商拿了一块农业用地，这种土地上是不能建房子的，也不能进行销售。但是开发商是做开发的，他不是做农业生产的。他需要把土地变成一种可售的商品来回现。于是大家就摸索出来一种模式。

首先，这种项目都是以农业立项的，所以他还是要做一部分农业生产的，比如，笔者在新郑就看过一个类似的项目，他就建了一部分现代化的温室用来种植小番茄，还做了一部分大棚，用来种植草莓。然后，雇佣村庄原来的农户来进行种植，等于把原来的农民变成了农业工人。但这一块根本产生不了什么利润，甚至连投入都收不回来。当然，如果碰上一个理念和营销能力都到位的开发商，他可以用上一篇讲的商品众筹的模式，提前把商品预售给消费者，从而也可以把前期投资收回来。

这类项目中用作农业生产的，往往只是一小块土地，大部分土地他会分成两部分，一部分建成可以住宿的小木屋，另一部分保留农田的形式，然后，他把小木屋和相应份额的农田整合成一个度假产品，出售给城市里的企业主、公司高管、高级公务员、退休老干部等。当然，这里出售的不可能是产权，仅是使用权而已。

这些消费者周末可以带着家人或者约上三五好友一起来住上两天，在自己的农田上干干农活，体验一下乡村生活。

平时这些农田可以由公司聘请农户代为打理，种的菜、养的鸡、下的蛋，都可以定期快递给你。如果整个项目带有建设用地，他还会建一个温泉酒店，作为会议接待。

商业地产的三大问题之科技 | 46

讲完那些营销上的应用，真正在中国实践消费者合作社理念的案例，其实在 2006 年就有了，而且跟河南有关系，因为它就发生在兰考县。

当时的发起者是中国农业大学的教授何慧丽，何教授本身也是河南人，是三门峡灵宝市的人。因为实践合作社的理念，她还在兰考挂职副县长几年。

何教授的实践是两头都在用力，她首先是在生产端组织了合作社，就是把农民组织起来，成立生产合作社，联合采购种子、化肥等农资，统一进行病虫害防治。

在消费端，她在北京组织了消费者合作社，发起包地购米运动，市民自愿参加，交 100 元，就可以在种植前按亩数包下未来的无公害大米。收获之后，兰考的农民将大米直接寄给北京的市民，每袋大米的包装袋上都会标注生产者和消费者的名字。这样生产者和消费者都会知道彼此是谁。

但是，这个运动后来并不成功，笔者分析原因是当时的无公害大米对于中国人来讲太贵了，虽然当时选择了北京作为突破口，北京人均收入相对较高，但是在 2006 年市场还没有消费升级的影子，价格还是影响消费的第一要素。

在北京不成功，何教授又把眼光放到了郑州，因为郑州和兰考之间既有动车，又有高速，交通联系紧密，城乡互动起来更方便。

一开始他们是想走传统渠道，进商超，说不定我们丹尼斯大卖场的同事当时就接待过他们。但是后来发现这条路根本走不通，因为商超有高昂的进场费、上架费等，还要押款，对于农民来讲根本承受不起。

然后又打算跟社区结合，进入社区，组织城乡互助合作社来进行销售。但是当时社区管理的理念还很滞后，也没有社区商业的概念。因此也没有获得社区的积极响应。

这些尝试发生在 2006~2008 年，很多理念都是非常超前的，在那个时代很多人都不理解，看笑话的也大有人在，都想看看一个大学教授怎么卖大米的。

但是这些尝试都是非常有意义的，它在探索怎么构建一个更加和谐的城乡关系，将农民的生计与市民的消费结合起来，共同推进社会的发展。

商业地产的三大问题之科技 | 47

笔者认为严格意义上的消费者合作社在中国目前还是很少见的，因为所谓消费者合作社必然是由消费者发起的，像日本以及中国台湾地区，就是由妈妈们组织起来，通过消费的力量去影响产生。

而从国内的这些案例来看，笔者还没有发现哪一个是完全由消费者自发组织的。笔者认为这个可能跟自治文化的缺失有关，在我们的文化下，我们可能还不清楚一群完全平等的人组织起来，没有中心，没有领导，这样的组织该怎么运作；更不要说这个组织还要超越个人的私利，去实现一个宏大的社会目标。

在朋友们发来的案例中，多数其实是由生产者发起的，类似于笔者前面讲的在新疆种枣的案例。其中比较特殊的一个案例是南京的娜家小院生态农场，有点消费者组织的雏形。

这个案例很有意思，最初其实就是一个留学回来的女士，做了妈妈之后，想让自己的孩子吃到安全的食物，她的丈夫在江苏高淳做苗木生意，公司有苗木基地，因为有这样的先天条件，她就在基地里整理出来两亩地，种植蔬菜，由于每次收获的菜自己家吃不完，她就送给左邻右舍，大家一吃，觉得这个菜又好吃、又新鲜、又安全，于是就提议，干脆多种一点，大家入伙一起来做。

后来，小区里越来越多的家庭参与了进来，使其影响力扩大到了社会上，生产也从两亩的一个菜地，演变成一个四十亩的农场，为近 100 个家庭提供安全、无污染的蔬菜。

这个案例的发起有很多机缘巧合存在，但它充分说明我们当下的社会，在安全食物方面确实存在着巨大的市场。

娜家小院虽然比较特殊，但是它的影响力有限。真正影响力大的是北京的分享收获农场，它的发起人是中国人民大学的博士石嫣，这也是一个具有理想情怀的女士。她一方面希望能解决食品安全问题，另一方面也希望解决乡村衰败问题。目前，分享收获农场为北京 1000 多个家庭提供健康农产品，同时已经初步打造了健康农产品的生态系统。

其中农场直接控制的基地有三个，通州基地、顺义基地和五常大米基地。

这三个基地的合作模式又有所不同。

通州基地是农场最早的基地，有菜地和养殖林地。最初，石嫣是希望采取日本的消费者合作社模式，先把消费者组织起来，然后以会员费去运作农场，但是后来发现在中国采用这种模式还不成熟，这个时候又受自有资金的限制，因此，没有办法去租赁土地，于是，她就采取了变通的办法，以跟农户合作的方式启动了项目。

她选择了两个农户，一个农户种植蔬菜，一个合作农户用来在林间放养鸡和猪。

顺义基地建立时，农场已经有了一定的财力，因此，采取了租赁的形式，因为土地是租赁的，使用的自由度更大。因此，顺义基地除了种植和养殖外，整个农场的配送中心和冷库也建立在这里。另外，这里还建有消费者活动中心。用来接待消费者观光体验和对孩子进行食物教育。

五常大米基地也是一个合作基地，这个基地是主动找上门来跟石嫣合作的。合作之后，农场就向五常基地派驻工作人员监督并记录生产过程，并提供技术指导，建立生产标准，还设立了农人档案。从而确保了大米的品质，并获得了消费者的信任。

商业地产的三大问题之科技 | 48

除了以上三个直接控制的基地之外，分享收获农场还管理着两家输出管理的农场，其中一家在常州，一家在天津。这个就类似于我们商业地产领域比较流形的轻资产模式。

跟我们的轻资产模式一样，分享收获向这两家农场输出管理经验和技术，利用自己的渠道帮助他们销售产品，同时向他们收取管理费。

另外，分享收获与一些生产理念一致的农场，还建立了产品层面的合作关系，比如陕西秦家的苹果、沧州杨家的梨等。一方面利用自己的会员平台，帮助这些农场销售产品；另一方面也丰富了自己的产品品类，增加了农场的收益。

这是在生产端，农场通过科学的管理方式和规范的生产标准，保证了产品的品质和安全。在消费端，它主要通过配送份额和共同购买来进行销售。

配送份额就是消费者向农场预付一定金额的费用，根据自己的需求向农场订购合适的份额，农场则按照份额中的规定将农产品配送给消费者。

在网上可以查到它的会员招募方案，一共分为两种会员，一种是友情团，预付金是3000元，针对的是初次体验者。另一种是铁粉团，预付金是8000元，针对的是深度使用者。两者享受的产品是一样的，只是铁粉团的价格会更优惠一些。

配送的商品有蔬菜、鸡蛋、鸡和猪肉。配送品种消费者可以自由搭配，每次配送费用从预付费中扣除。在配送时，农场会给消费者提供消费明细和剩余金额。

共同购买也类似于配送份额，只是配送份额采取的是家庭会员的形式，产品是宅配到家的。而共同购买类似于团购，是多个家庭集团下单，统一配送到指定的地点，然后由每个家庭自己到配送点去取。

另外，农场还有一些 B 端客户，比如，希尔顿旗下的康莱德酒店，就是农场的长年客户。

分享收获农场在行业内的影响还是比较大的，它不但提供了一种农场运营模式，也推广了一种健康的生活方式。

商业地产的三大问题之科技 ｜ 49

最后，再分享一个有意思的案例。

这个案例是惠州四季分享有机农场，这个项目的特殊之处是，它是用众筹的模式做起来的。

发起人叫张和平，在发起四季农场之前，他已经做了好多年有机农场了，但是都没有成功，这让他总结出一个道理：有机农场投入大，生产又受气候等自然条件影响，收成不稳定。因此，不能完全按照市场化的方式来运作，因为这跟资本追求利润的本性是有冲突的。

要想把有机农场做起来，必须坚持不以盈利为目的，不能过分追求投资回报率，而应该持有的理念：办农场是为了追求健康的有机生活，是为了获得新鲜的健康食材。

于是他就按照这个理念发起了众筹，参与者必须认同"不以盈利为目的"的理念，否则给钱也不要。他一共招募了 120 个股东，每股 5 万元。这样他就获得了 600 万元的启动资金。

这 120 个股东被称为"庄主"，这些庄主在农场具有双重身份，他们既是农场的股东，又是农场的消费者。因为按照张和平的招募计划，这些庄主投资 5 万，在之后的 5 年内，可以获得农场供应的健康蔬菜和免费体验餐作为回报。因此，股本投资又相当于消费的预付款。

但是跟我们现在众筹领域高喊的筹钱、筹人、筹智等所不同的是，在四季农场的众筹中，投资人仅仅是出钱，运营管理完全由张和平及团队负责，股东无权过问。

目前除了股东会员之外，普通会员也有近 1500 人。所有生产都必须严格按照有机生产标准来操作，而且他是国内有机农场中少有的始终坚持做有机认证的，而且选择的是国内最权威的认证机构，这个认证结果是欧盟以及国际社会都认可的。

产品出来之后，农场会按照会员的喜好进行装箱并配送。目前，他已经影响了很多人，将有机健康作为一种生活方式。

笔者觉得在国内缺乏自治传统的情况下，这种众筹的模式倒是很适合国内市场。这是由意见领袖们把大家组织起来，共同投资、共享收获、共创健康美好的生活。

第十一章　新零售

笔者做过一场关于新零售的分享，谈对新零售的看法。笔者认为新零售是在技术逐渐成熟的背景下，新技术在零售行业的全面应用。它体现在两大领域四个方面。

第一个领域：技术性应用

技术应用主要目标在于提高效率。这也是技术进步的意义所在，主要表现在两个方面。

1. 全渠道

全渠道就是满足消费者在任何时候、任何地点、任何方式的全天候的购物需求，它是实体、电商与移动电商的融合。在这方面线上企业落地和实体企业上线，路径是不一样的，而且各有各的困难。

2. 大数据

按照严格的概念在中国还谈不上大数据，在中国还只是企业的信息化。在信息化方面电商是走在前面的，而且这是电商的核心优势所在，电商能够知道每一个消费者看了哪些商品，收藏了哪些商品，购买了哪些商品，登录的频率是怎么样的，购物的频率又是怎么样的。

对于实体来讲，信息化并不是空白，如果没有现代信息技术的应用，像超市这种业态就不会出现，联营制百货也很难顺利运行，但是实体的短板是信息不全面和信息割裂，这个是需要用技术去弥补的。

第二个领域：消费者运营

对于零售而言，连接着生产和消费两端，因为技术的限制，所以零售更多的时候扮演的是生产者的销售代理，而不是消费者的代言人。但今天消费者变了，我们的技术也成熟了，消费者在更多地主张自己的权利，而且信息不对称的局面正在改变，因此，今天继续以经营商品为核心是不行的，必须转向经营消费者。它表现在以下两方面。

1. 场景化体验

场景越来越重要，现在我们不能只是单纯地销售商品，而是要给商品赋予一个场景，让商品拥有故事，带有情感，具有社交属性才行。

这个是实体的优势，而线上只能去玩 AR、VR 之类的噱头，而这些在现有的思维体系下，还解决不了消费者实际体验的问题。

2. 社群化运营

互联网技术给了我们连接消费者的手段，在商业历史上，我们第一次可以跟消费者 24 小时不间断地连接。但是连接之后，内容就成了至关重要的东西，而内容是要由社群来承载的。

通过消费者自发产生社群，依靠内容来凝聚社群，由社群与社群之间再形成网状连接，这个由不同社群组成的大网将会成为未来商业企业运营的核心内容。

在社群运营方面，实体和电商各有所长，但是都还未找到成熟的模式。

以上就是笔者对新零售的理解，对于实体和电商而言，各有不同的挑战。

下面笔者讲关于新零售的三个核心概念。

第一，位置。在零售进入全渠道时代，位置依然是最重要的因素。

首先，只要肉体不灭，我们就不可能真的完全在线，我们的肉体必然处于现实世界中的某一位置。其次，我们在线上的所有行为，是由我们在线下所处的位置决定的。

第二，需求。我们通常使用马斯洛的需求层次理论来分析消费者的需求，但是只要我们不自我欺骗，就会发现这个理论是混乱的，因为我们会发现人的需求根本不是分层的，而是混在一起的。因此，要分析人的需求就必须回归最原始的人性。

第三，体验。体验从来都是零售的核心，而不是今天才有体验概念的。秩序和逻辑是人类社会的基石，但它同时也是反人性的。因此，体验就是让人摆脱日常的庸常生活，进入一个全新世界。

因此笔者主张主要有以下方面。

第一，在线上、线下融合的趋势下，线下才是基础与核心，线上是延展与补充。道理很简单，线上还是线下，都是基于消费者的位置做出的判断，你想在哪里为消费者提供服务，并不取决于你，而是取决于消费者在哪里。除非我们真的让人分不清虚拟和现实，否则人是不可能纯粹生活于虚拟世界的，他生活的核心一定是现实世界。既然人是在现实世界中，那服务也必然是以现实世界为基础的。

第二，因为移动互联技术的发展，我们已经可以做到全天候在线了，在这种情况下，线上也是我们重要的生活内容之一。但是我们的线上行为是由我们线下所处的位置决定的，也就是我们线上的行为是由我们所处的现实环境塑造的。因此，即使你要在线上开展你的业务，你仍然要回到线下的现实世界来。

第三，任何一种渠道，任何一种商业模式，其基本的出发点都是人性，未来的商业是对消费者的回归，也就是对人的回归，那么对人的理解将会成为我们商业决策的重要依据。因此，笔者不排除未来企业会配置首席心理官。

以上笔者我分享的核心思想，当然未来不能设想，只能实现。商业领域无疑在迎来一场大的变革，身处这个时代，身处这个行业是我们每个商业人的挑战，也是我们的幸运。

新零售之全渠道 | 01

全渠道是指商家从线上或者实体的单一销售渠道，变成多渠道并举，目的是要满足消费者任何时候、任何地点、任何方式的购物需求。

零售之所以向全渠道的方向发展，并不是因为线上与线下之争，而是因为今天的消费者已经变成全渠道消费者了。现在对全渠道有一种简单的理解，就是"实体店＋电商＋移动电商"，这样一种理解导致大家盲目进行多渠道建设，但大多并不成功。

要做好全渠道建设，必须从商家和消费者两个角度来正确地认识。

首先，从商家角度来讲，商业企业的业态丰富多彩，不加区分的一概而论是不科学的。用我们零售人常使用的八大业态分类法来看，零售业态可以分成两大类，一类是自营的模式，包括便利店、超标、大型综超、仓储式商场、专业店和专卖店。另一类是联营或租赁模式，也就是互联网企业说的平台模式，这类商家主要就是百货和购物中心。而平台模式理论上讲是二房东模式，它又是由第一类自营类商家所构成的。比如百货，其实是由各类专卖店所构成，虽然它叫专柜。而购物中心的商家组合会更加丰富，不但有零售业态，还有餐饮、休闲娱乐和生活配套等业态。这两类模式的线下运作完全不同，因此，全渠道的模式也是完全不同的。

第二，看消费者，消费者虽然变成全渠道、全天候的，但他并不是始终在"购购购""线下购＋线上购＋移动购"，总之在哪都购。他实际的行为模式是，

"社交＋本地＋移动"，未来的消费者在业余时间或者叫休闲时间中的角色是社群化的。而无论是社群化的体验还是个人化的体验，都是基于他所处的地理位置，也就是本地化。而移动提供的是连接功能，保证消费者时刻在线。消费者这样的行为特点，也会影响我们对全渠道策略的选择。

新零售之全渠道 | 02

针对业态和消费者的不同特点，不同类型的商业企业可以设计自己的全渠道策略。对于自营类商家，因为拥有商品所有权和定价权，因此可以搭建自己的全渠道交易系统。

从实体角度来讲，就是搭建自己的线上销售渠道。

建立线上渠道又有两种做法，一种是自建线上商城；一种是利用现有的电商平台。

如果商家经营的是自有品牌，但单店经营规模小、品类少、库存量单位（即 SKU）有限，比如，各种服装、化妆品专卖店，这类商家就没有必要自建线上渠道。如果自建成本会过高，完全可以使用现有的电商平台，比如天猫、京东、唯品会等。

如果经营的是自有品牌，但单店规模较大、品类丰富、SKU 较多则可以利用现有的电商平台，也可以自建线上渠道，比如各类专业店、快时尚等。

如果经营的是非自有品牌，单店规模大、品类丰富、SKU 多，这类商家，如果也想利用现有的电商平台，会受到品牌所有者的限制，同时也会跟品牌所有者的渠道策略发生冲突，因此适合自建渠道，比如超市业态。

事实上，现在大家也是在这样做的，已经有很多成功的案例，并且也探索出了很多成熟的运作模式。

现在全渠道策略比较难的是平台类企业，比如百货和购物中心。这类平台企业虽然单店规模很大，商品也很多，但是由于它的经营模式，他们其实是没有商品所有权和定价权的。因此，他们无论是自建渠道还是利用现有的电商平台都会遇到无货可卖的困境。

因为对于自营类商家来讲，实体和电商，虽然前台不一样，但是后台是一样的，也就是商品规划是一样的，供应链是一样的，促销模式是一样的。因此，它相对容易建立多渠道的交易模式，同时，又可以实现后台所有渠道的数据整合。

但是对于平台类商家而言，实体和电商，不但前台不一样，后台也不一样，等于是要建立完全不同的两套系统，就算能建成，这两套系统也很难融合。这也就是为什么百货和购物中心做的线上商城都不成功的原因。

那么平台类商家是不是就无法建立全渠道呢？

新零售之全渠道 | 03

自营类的商家建立全渠道比较容易，而平台类商家建立全渠道会比较困难。如果把全渠道仅仅狭隘的理解为销售渠道的话，的确是这样的。但是，如果放下急功近利的想法，回到消费者身上就会发现事情并不是那么简单。

因为消费者购物并不是掏钱取货那么简单，它实际上是一个复杂的心理过程。可以分为售前、售中和售后三个阶段。

售前又包括两个过程，第一是兴趣，就是消费者开始关注商品或者品牌；第二是搜寻，消费者开始有目的的寻找商品的信息或者现场体验商品。

售中也包括两个过程，第一是比较，消费者此时已经对商品产生购买欲望，开始在不同品牌之间比较，以便做出选择；第二是成交，消费者做出品牌选择，开始谈交易条件，核心是价格。条件达成则会完成交易。

售后也是两个过程，第一是体验，这是对商品的使用体验，这个环节非常重要，决定了消费者的满意度，只有超出消费者在购物前的心理期望，才会产生高满意度；第二是分享，也就是我们说的口碑，消费者会把自己的消费体验传播出去，当然体验好的他会传播，体验差的他更会传播。

这三个阶段六大过程就是一个完整的消费行为闭环。这个闭环完成之后，他的分享会产生溢出效应，就会影响下一个消费者。如果是正面的分享，很可能会让另一个人产生兴趣，开始搜寻，于是又一个购物过程开始了。

所以如果你把视野放到消费者完整的消费行为闭环上，你就会发现全渠道并不是单纯地建立线上、线下的交易渠道这么简单，消费的六大过程并不是只有交易环节分为线上线下的，而是每一个过程都分为线上、线下的。

对于无法在交易环节建立全渠道的平台性企业，在其他五个环节都是可以建立线上渠道的，这就是连接的意义所在。

也就是平台性企业的全渠道不是建立并联的交易渠道，而是对消费行为进行纵向整合管理。这也就是我们说的"线下体验，线上连接"的意义所在。

新零售之全渠道 | 04

前面笔者分析了不同类型商家可以采取的全渠道策略，讲了自营类的商家是可以建立交易型的多渠道运营的，也就是它可以同时在线上、线下展开销售活动。而平台类商家则无法同时在线上和线下建立多个交易渠道。也就是淘宝无法再建万达，万达也无法复制淘宝。

虽然笔者前面的分析一直在强调交易，但事实上全渠道的意义并不在于交易，而是在于数据的整合。商业企业在经营过程中会产生三类数据：一是商品数据。二是用户数据，它又分为统计学数据和行为数据。三是交易数据。

对于自营类商家而言，商品数据、交易数据和部分用户数据都是可以很方便获取的。用户数据之所以是部分，是因为只有消费者成为会员，我们才能知道他的统计学数据。而行为数据虽然在实体店里，我们是可以观察的，但把它记录下来，并形成结构型可利用的数据则非常难。

再看平台性企业，这类商家数据收集的压力会更大。

首先是商品数据，这类企业并不是真正在做商品经营，他不用做进销存的，因此，平台性企业也不会有商品数据的。然后是交易数据，百货由于是联营模式，虽然它有统一收银，但事实上我们很难去记录每一笔交易的详细情况。我们得到的是品牌单笔交易的购物总额。购物中心则连这个也没有。

最后再看用户数据这一块，假如客户成为我们的会员，则我们可以拿到他的统计数据，就是年龄、性别、收入、爱好等。如果他不加入我们的会员，则这块数据我们就拿不到。至于行为数据我们则根本就采集不到。

而数据才是未来运营的核心。如何收集并分析全面的经营数据才是全渠道的真正价值所在。也就是说，全渠道的意义并不是你在前端建立了多少个销售渠道，而且你在后端能够整合多少数据，并产生经营价值。

那么如何对数据整合呢？

新零售之全渠道 | 05

为什么说全渠道的意义在数据整合呢？又该如何整合呢？

前面笔者把全渠道说得很热闹，看似也很简单，肯定有业内人士比笔者看得更透彻，但为什么鲜有成功的呢？这个就要回到企业全渠道所面临的问题上，企业全渠道难得不是前端，而是后端，要想完成全渠道建设，企业必须要解决三个问题。

第一，商品管理的问题。全渠道为了满足消费者全天候的购物需要，必须让每一个渠道都能即时响应消费者的购物请求。为此，原则上每一个渠道都必须有库存。但这样做既不经济，也没效率。

经济的做法是建立一个配送中心，实体店的配送和线上销售的配送都从这里发出。但这不是最高效的，最高效的是以每一家实体店为配送点，向辐射半径内的线上客户送货。

那么问题就来了，商品进销存如何管理，是总部来管，还是分店来管，如何控制库存，如何进行商品盘存，出入库怎么管理？如果这些问题不解决，企业的商品进销存系统立即就混乱。

第二，绩效管理的问题。销售是由人来完成的。线下是导购，线上是客服。而我们知道销售人员的收入是由底薪加佣金构成的，底薪只是个基础收入，佣金才是销售人员重要的收入来源，也是对销售人员重要的激励措施。而做好佣金管理的基础是做好业绩的归属。

问题是在全渠道体系下，一个消费者可能在线上搜寻与比较，而在线下购买；或者是在线下体验，在线上购买。在这个过程中，线上、线下的销售人员都付出了努力，那么业绩该怎么归属？

在全渠道下，有很多重要的非交易类的互动，这些互动非常重要，不但是促成最后交易的重要保证，同时还是企业经营的重要数据来源，而这些工作并没有直接产生收入，它们该如何来认定和激励呢？

第三，组织整合的问题。在企业现有的组织架构下，售前、售中和售后的服务是分属不同部门的。售前的工作更多的是归市场部、企划部或宣传部。售中是归销售部或运营部负责。而售后是归客服部负责。

大家都各管一部分，信息和数据也都是分离的，而且很多还是各自独立的。

在全渠道下，这些数据必须统合起来才有意义。比如，当消费者到店时，导购就应该知道，消费者在线上搜寻了哪些信息，浏览了哪些信息？并判断出消费者关注的核心问题在哪里？面对顾客时，就可以有针对性地为他服务。

又比如，当客服面对投诉时，他必须第一时间知道，顾客在微信朋友圈抱怨了什么，有没有在微博上发负面信息？这样他才能给顾客一个合适的解决方案。

大家现在明白，企业要想做到全渠道，就必须解决以上三个问题，而解决这三个问题，企业就要打破现在按流程组织的模式，改为按数据组织的模式。这不但涉及理念、技术，还涉及组织架构和绩效管理，无疑是企业的一次全面再造，因此，它虽然看似简单，但至今少有人成功就不难理解了。

新零售之全渠道 | 06

前面笔者谈的新零售都是站在实体商业的角度说的，下面笔者谈谈对电商全渠道的看法。

笔者认为电商做全渠道更难，因为线上和线下是完全不同的两种环境。效率和体验是电商所鼓吹的两个优势，但这恰恰是它走到线下的短板。

第一是效率，电商经营追求的是爆品和长尾。爆品是一个单品在短时间内形成巨大的销量。长尾是每一个单品的销量都很小，但是一系列小销量商品所构成的总销量会很高。这是一种单品思维。

而线下是组合思维，它考验的是经营者品类规划和商品组合的能力。由于展示空间有限，线下并不是所有商品的堆积，而是一个精选的概念。

而线上企业在这两个方面是缺乏经验的。它走到线下时，选品往往有问题，要么是不成系列，商品各自为战，不能形成有效的合力。要么选品有问题，出现滞销，形成不良库存的情况。

第二是体验，虽然线上一直在喊体验，但事实上，线上企业对体验的了解是很肤浅的，而且它先天就体验不足。零售体验要有五感：视觉、听觉、味觉、嗅觉、触觉。线上除了有半个视觉之外，其他一概没有，说半个是因为线上展示是平面，而线下是立体的。比如茵曼，在线上是不错的品牌，走到线下，体验就差了一大截。

首先它是个网红路数的店，它应该追求的是拍照分享，但它在店里会制止消费者拍照。笔者就很奇怪它要防什么？如果是防同行抄板，那它在线上展示的更全面，连细节都展示出来了，就不怕吗？如果是防人家抄空间设计和商品陈列，那就更有点自以为是。它虽然有个网红的模样，能激发你拍照分享，但它与零售的空间和陈列相比，差的不是一个段位。

拿例外的店铺来说，例外的新店设计感也很强，但是你一旦走进店铺，主角就是商品，空间、陈设都是背景，绝不喧宾夺主。而茵曼的店，就是没有重点。因此，如果线上企业不能解决效率和体验的问题，做全渠道基本就是给自己挖"坑"。

第十二章　商业地产人应该了解的经济学常识

现代社会具有选择困难症的人越来越多，笔者觉得这是大家缺少一点经济学常识，所以笔者要介绍一下个人决策的经济学原理，可能让大家在做决策时会有更好的选择。

交替关系 ｜ 01

（一）交替关系

交替关系通俗地说，就是取舍关系，就是我们中国人所说的"有得必有舍，有舍才有得"。也就是说，我们想要得到一件自己喜欢的东西，通常我们得放弃另一件我们喜欢的东西。

但是，我们在生活中总是在追求免费午餐，希望自己的选择不用付出任何代价，这违背基本的经济学原理，同时也是我们焦虑和困惑的来源。

我们所有的选择都会面临取舍，比如，现在是一个学习型社会，我计划每天利用两个小时来学习。那我可以利用这两个小时来学习我的专业，就是商业地产；同样我也可以来学习一些新的知识，像互联网，大数据，社群等方面。但是我学一个知识时，就必须放弃学另一个，我不可能同时学两个东西；而且在我学的时候，我必须要放弃睡觉、社交、游戏等选择。

我们这个社会有几个重要的交替关系，不但长期困扰我们，而且是社会矛盾之源，甚至会引发战争。

第一，"大炮和面包"。每个国家的资源都是有限的，我们是用来发展军事，还是发展民生。每个国家的选择都不一样，比如，我们中国是优先发展经济。而朝鲜则是优先发展军事。

第二，经济发展和环境保护。我们现在有很多企业是高污染的，而且污染非常严重，比如笔者在山东时，当时就有一个县，它必须要到邻县去买水吃，因为它自己的水已经被污染的无法饮用了。但是如果你要让他县里的企业可能都去添加环保措施，达标排放，那基本上他县里的企业可能都活不下来，这样会造成大量企业倒闭，老百姓都没了收入，这也很麻烦。

第三，效率与平等。这是冲突最严重的一对交替关系。冷战有大国争霸、国家利益的因素，但是如果回到治国理念上，就是效率与平等的关系。

以上这些交替关系中，每一个都是我们想要的，但事实是我们要一个，就必须得放弃另一个。知道这个原则也没法帮助大家去做选择，但是知道这个原则会让你清楚，在你做选择时，关键不是你要选什么，而是你要放弃什么。

机会成本 ｜ 02

（二）机会成本

个人决策的第二个经济学原理叫机会成本原则。

当人们面临交替关系时，每选择一个自己喜欢的东西，就要放弃另一个自己喜欢的东西。每在一件事情上多花一元钱，就会在另一件事上少花一元钱。

因此，在做选择时，一定要比较每一个方案的收益与成本。

在收益方面，困惑我们的是我们往往希望鱼和熊掌兼得。一边想要学习，从而提高自己的能力，同时还不想放弃跟朋友的约会，那这个肯定会让你陷入焦虑的，而且很可能两件事都做不好。但不管怎么样，学习跟约会的收益我们是很清楚的。

但是，成本就不是每个人都清楚的，比如上大学。收益是很明显的，可以拿到文凭，而文凭是工作的敲门砖，很多工作都是有学历门槛的。还可以学到专业知识，提高自己的职场竞争力等。

但是成本是什么呢？很多人会说这还不简单，不就是学费＋书费＋住宿费＋伙食费吗？

你再想想，你的成本真的是这个吗？首先，即使你不上大学，你是不是一样要睡觉，一样要吃饭呀。而且你在大学是住宿舍、吃食堂。宿舍和食堂的成本要比你工作时在外面租房子和买着吃成本要低。所以如果你上大学，在吃和住方面不但不是你的成本，而且还会给你带来收益。

那么是不是你的成本就是你的学费和书费呢？错！如果你不上大学，你肯定会去工作，而工作了就会有收入，这个工作收入才是你上大学的最大成本。假如你是扎克伯格，那你上大学的成本就高到惊人。

而这个成本就叫机会成本，它是指你为了得到一个东西而放弃的东西。

边际成本 │ 03

（三）边际成本

我们要想做出最优决策，很多时候不但要考虑事情的实际收益与实际成本，更要重视的是事情的边际收益和边际成本。

边际的概念很难理解，它是指你计划中的微小增量所引起的结果的改变。

比如一辆长途大巴，假如它每运营一趟，单座成本为 20 元，也就是说它的定价不应该低于 20 元。实际上它的定价可能是 30 元。这时大巴出发来到高速路口，有两个人要上车，但他们只愿意出 30 元，也就是每人 15 元。15 元是低于实际运营成本的，如果按实际成本计算，每个人要少交 5 元。那么你说司机会不会让他们上车呢？

一般的司机都会让他们上车的，因为大巴一旦发车就意味着这次交易已经完成，成本和收益已经确定。也就是说车上的乘客已经把所有的成本都摊掉啦，这时每增加一个客户，他的边际成本为 0 元，而他的边际收益是 15 元，也就是说，你即使只交他一块钱，他都赚钱。

当然，这个例子比较简单，因为就是司机不懂经济学，他也会考虑，既然已经发车，你让不让他们上车，你的成本都是那么多。而如果你让他们上车了，成本并没有增加，但是收益多了 30 元。

但是有些时候，你就不一定能算清这个账。比如你开服装店，你给每个员工每天定了 2 万元的任务，完成任务按 1.5% 来提成，如果你的员工卖到 3 万元，你愿不愿意把多出的这部分销售的提成翻倍呢？很多人是不愿意的，但事实上这是很有效的激励措施，因为在 2 万元任务内，你所有的成本都已经摊完了，包括房租、水电、人工等，你增加的这 1 万元销售，唯一的成本就是货款，如果不采取激励措施，这 1 万元可能拿不到，如果采取了激励措施，你其实是在用 150 元去博 1 万元，这个账怎么算你都划算，但如果没有这种边际思维，很可能就不愿意多付这个代价。

所以很多时候我们不是在比较实际成本和实际收益，而是在比较边际成本和边际收益。

激励效应 │ 04

（四）激励效应

由于人是根据成本收益的对比来做决策的，因此，当成本收益发生变化时，人的行为也会发生变化。这就是说人会对激励做出反应。

笔者曾提过一个服装经营的案例，这个案例其实就是经营者通过边际效应的计算之后，所采取的一项激励措施。他通过把提成翻倍的措施，改变了店员的边际收益，因此就改变了店员的行为。因为在店面任务制定合理的情况下，店员想要超额完成任务是有一定难度的，在原有的分配机制下，店员可能就懒得再去努力。但是当你把激励措施改变之后，超额的奖励会刺激店员积极地追求超额任务。因为他的上班时间没有改变，所以他的边际成本没有增加，但边际收益却提高了。

再比如，一般销售行业都会采取"低底薪＋高提成"的模式，是为了激励员工多销售，但是在这种模式下，员工会把销售放在第一位，而把服务放在次要的位置，会表现出硬性推销和过度销售的行为。而顺便为了让员工把服务放在第一位，采取的是"高底薪＋奖金"的模式，让销售业绩与绩效考核脱钩。从而让员工把工作重点从推销转向顾客服务。

因此，企业也好，社会也好，任何一个措施的推出都会改变人们的边际成本和边际收益，进而就会改变人的行为。所以，凡是政策制定者一定要小心谨慎。